单中惠 刘传德——

著

外国幼儿
教育史

上海教育出版社
SHANGHAI EDUCATIONAL
PUBLISHING HOUSE

序　言

自 20 世纪 60 年代以来，早期教育越来越被世人重视，幼儿时期被看作人的发展之关键期。许多研究成果表明，6 岁儿童的大脑重量已经达到成人脑重量的 90% 以上。如果儿童在幼儿时期受到良好的教育，其智力和体力就能得到很好的发展。

早期教育在国外一般是指从出生到 8 岁的教育，它包含了婴儿期、幼儿期和小学低年级的教育，幼儿期则是早期教育中最重要的一个阶段。但是，过去人们所说的幼儿教育，往往只是指幼儿园的教育，并不包括学前的家庭教育和社会教育，这个概念显然是太狭窄了。实际上，"幼儿教育"的概念，应该包括学前的家庭教育和社会教育。如果用这个概念来衡量幼儿教育，那就不能说幼儿园办得越多，幼儿教育就越发达。幼儿园办得多少只是幼儿教育发达与否的重要指标之一，还应该有其他的指标，例如，社会的幼儿教育设施的多少、家长文化程度的高低等，都会影响到整个幼儿教育。

在公共幼儿教育机构产生以前，学前儿童主要是在家庭中受教育的。因此，我认为，在研究教育史的时候，应该重视家庭教育这一块。然而它过去往往被忽略了，人们总是用学校教育来代替整个的教育。可以说，忽略了家庭教育这一块，也就很难理解一个民族的文化传统是怎样继承和发展过来的。

历史是一面镜子，同时，历史发展的轨迹为人们寻求事物发展的规律提供了线索。幼儿教育也不例外。今天，人们普遍重视幼儿教育，但幼儿教育如何实施？有什么规律可循？这一方面要在教育实践中通过实验来摸索，另一方面就是要通过研究教育历史来寻找。教育史研究，可以使我们的教育实践少走弯路，这就是教育史的借鉴作用。

"外国幼儿教育史"是师范院校幼儿教育专业的一门重要的基础课程。记得 20 世纪 80 年代我担任教育系系主任时，根本没有这方面的教材，只能从日本出版的《世界教育史》中找一些材料翻译出来用。现在经过多年的教学和研究，积累了大量的资料，终于写出了我国自己的《外国幼儿教育史》，真是可喜可贺。

我相信，凭着单中惠教授和刘传德教授多年从事外国幼儿教育史教学的实践和严谨的治学态度，他们撰著的这部《外国幼儿教育史》一定会对我国幼儿教育的发展起到积极的作用。

前　言

　　人类的教育随着人类社会的产生而产生，也随着人类社会的发展而发展。从某种意义上说，在人类的教育形式中，幼儿教育是最早的一种教育形式。早在原始社会中，一个新生儿在诞生后就自然地在社会生活中受到教育。因此，在原始社会的不同时期，就存在着相应的幼儿教育。

　　鉴于幼儿发展与早期教育在人的一生中的重要性，古代东方（古代埃及、古代印度）以及古代希腊和罗马都很重视幼儿教育。那时候的幼儿教育主要是在家庭里进行的。在某种意义上，古代的幼儿教育实际上是一种家庭教育，或者说，家庭是学前儿童接受教育的重要场所。

　　许多古代教育家在幼儿教育方面也提出了他们的真知灼见。早在古代希腊，哲学家和教育家柏拉图（Plato）就强调："无论如何，每个人最初所受教育的方向容易决定以后行为的性质。"[1]"孩子的本性是需要游戏的。"[2] 后来，古罗马教育家昆体良（Marcus Fabius Quintilianus）根据他自己长期的教育实践，在论及幼儿教育时也说："在儿童能说话以后，不能无所事事……7岁以前的收获无论怎样微小，为什么要轻视它呢？诚然，7岁以前学习的东西无论怎样少，但有了这个基础，到了7岁时就可以学习程度更深的东西，否则到了7岁还只能从最简单的东西学习起。"[3]

1　柏拉图.理想国[M]// 柏拉图论教育.郑晓沧，译.北京：人民教育出版社，1958：18—19.

2　柏拉图.法律篇[M]// 华东师范大学教育系，浙江大学教育系.西方古代教育论著选.北京：人民教育出版社，2001：75.

3　昆体良.雄辩术原理[M]// 昆体良教育论著选.任钟印，选译.北京：人民教育出版社，1989：15.

在文艺复兴时期,一些人文主义教育家在培养"新人"的目标下也强调幼儿教育的重要性。例如,尼德兰的伊拉斯谟(Desiderius Erasmus)就指出,教育应该从襁褓时期开始。"从来没有什么东西像在早年学习的东西那样根深蒂固。在那些年代里所吸收的东西是最重要的……"[1]值得注意的是,人文主义教育家威吉乌斯(Mapheus Vegius)和伊拉斯谟撰写了幼儿教育专著。而早期空想社会主义者莫尔(Thomas More)和康帕内拉(Tommaso Campanella)在阐述未来的理想社会过程中也描绘了理想社会的幼儿教育,超越了同时代的人文主义教育家。

但是,相对完整的幼儿教育理论体系实际上到 17 世纪时才开始提出。其标志是捷克教育家夸美纽斯(Johann Amos Comenius)1632 年所撰著的《母育学校》一书。他认为幼儿的教育应该尽早开始,并对幼儿教育的目的、内容和方法做了比较详尽而系统的论述。夸美纽斯强调指出:"任何人在幼儿时期播下什么样的种子,那他老年就要收获那样的果实。"[2]他设想,每一个家庭就是一所母育学校,母亲就是母育学校的教师;通过母育学校,能使 6 岁以前的儿童在体力、道德和智力方面为以后要学习的一切奠定基础。尽管夸美纽斯没有建立专门的幼儿教育机构而仍然采用家庭教育的形式,但他在幼儿教育历史上第一次尝试构建了幼儿教育理论体系。由于欧洲连年战祸等客观原因,夸美纽斯的幼儿教育理论到 19 世纪时才对世界幼儿教育的发展产生实际的影响。

继夸美纽斯之后,又有不少近代教育家在各自的教育著作中论及幼儿教育。例如,英国教育家洛克(John Locke)强调说:"我们幼小的时候得到的印象,哪怕极其微小、几乎觉察不到,都会对一生产生长久而深远的影

---

1 伊拉斯谟.一个基督教王子的教育[M]//华东师范大学教育系,浙江大学教育系.西方古代教育论著选.北京:人民教育出版社,2001:204.

2 夸美纽斯.母育学校[M]//夸美纽斯教育论著选.任钟印,选编.北京:人民教育出版社,1990:22.

响。"[1] 法国教育家卢梭（Jean-Jacques Rousseau）也指出："人的教育在他出生时就开始了，在能够说话和听别人说话以前，他已经受到教育了。"[2]"大自然希望儿童在成人以前就像儿童的样子。"[3] 瑞士教育家裴斯泰洛齐（Johann Heinrich Pestalozzi）在他自己的教育实践中提出了"一切为了孩子"的思想，他强调指出："母爱是最强有力的力量，感情是早期教育的自然动因。"[4]

到 18 世纪后半期，由于工业革命和社会经济的发展，大批妇女离开家庭投入了劳动力市场。在这样的情况下，专门的幼儿教育机构应运而生。法国宗教慈善家和教育家奥伯尔林（Jean Frédéric Oberlin）于 1769 年在法国的阿尔萨斯-洛林地区创办了欧洲第一所幼儿学校。随后，在欧洲国家中兴起了幼儿学校运动。19 世纪英国空想社会主义者欧文（Robert Owen）从人的性格形成学说出发，于 1809 年在苏格兰的新拉纳克开办了幼儿学校，被称为"英国幼儿学校的创始人"。他强调，在幼儿学校里要尽力使小朋友快乐，并提出了著名的幼儿学校十大原则。

在近代幼儿教育发展中占有最重要地位的是德国教育家福禄培尔（Friedrich Froebel）。他强调儿童早期是一个十分重要的时期，这个时期"对于人，对于他的现在和将来都具有无法描写的重要意义"。[5] 1837 年，福禄培尔在德国的勃兰根堡开办了一个幼儿教育机构，后于 1840 年正式命名为"幼儿园"，这是世界上第一所幼儿园。与此同时，他构建了系统的幼儿园教育体系，制作了幼儿的游戏玩具，开办了幼儿园教师训练班。福禄培尔的幼儿教育实践和理论对现代幼儿园制度的建立和发展产生了重要的影响。正因为如此，他被世人誉为"幼儿园之父"。在这一时期，法国幼儿教

1　洛克.教育漫话[M].徐诚，杨汉麟，译.石家庄：河北人民出版社，1998：3.

2　卢梭.爱弥儿（上）[M].李平沤，译.北京：商务印书馆，1978：48.

3　同上：91.

4　裴斯泰洛齐.致格瑞夫斯的信[M]//裴斯泰洛齐教育论著选.夏之莲，等，译.北京：人民教育出版社，1992：350.

5　福禄培尔.人的教育[M].孙祖复，译.北京：人民教育出版社，1991：16.

育家凯果玛（Pauline Kergomard）阐述了母育学校理论；美国教育家倡导儿童研究；爱伦·凯（Ellen Key）强调了儿童个性的发展，尤其是她的《儿童的世纪》一书影响了现代西方幼儿教育的发展。

19世纪末20世纪初，在欧美国家兴起一场广泛的教育革新运动，促进了人们儿童观及教育观念的变革，其意义是极其深远的。在这种背景下，瑞典教育家爱伦·凯于1900年提出的"20世纪将是儿童的世纪"[1]，吹响了20世纪幼儿教育改革和发展的进军号角。许多教育家依据现代心理学理论，进一步论述了幼儿的发展和教育。美国教育家杜威（John Dewey）明确指出："强调未成熟的人的早期经验的价值是非常重要的。"[2]比利时教育家德可乐利（Ovide Decroly）基于生活教育观，强调儿童的兴趣中心和游戏。英国哲学家罗素（Bertrand Russell）说："必要的道德教育开始的正确时刻是婴儿呱呱坠地时。"[3]

在现代幼儿教育的发展中，特别应该提到的是意大利教育家蒙台梭利（Maria Montessori）。1907年，她在意大利罗马创办了"儿童之家"，并在此基础上提出了科学幼儿教育方法。她强调："儿童并不是一个只能从外表观察的陌生人，更确切地说，童年构成了人一生中最重要的一个时期"。[4]蒙台梭利致力于幼儿教育实践，撰写幼儿教育理论著作，开办国际蒙台梭利学校教师培训班，因此，她成为在幼儿教育方面自福禄培尔以来影响最大的一个人。蒙台梭利的幼儿教育实践和理论对现代幼儿教育的改革与发展产生了深远的影响，她被称为"幼儿园的改革家"。

苏联教育家克鲁普斯卡娅（Надежда Константиновна Крупская）从培养无产阶级新一代人的目标出发，强调"应该在儿童生活刚开始的头几年

1　爱伦·凯.儿童之世纪[M].魏肇基，译.上海：晨光书局，1936：104.

2　杜威.民主主义与教育[M].王承绪，译.北京：人民教育出版社，1990：85.

3　罗素.教育与美好生活[M].杨汉麟，译.石家庄：河北人民出版社，1999：51.

4　蒙台梭利.童年的秘密[M].单中惠，译.太原：山西人民出版社，2021：5.

就非常慎重地对他们进行教育。这一点是非常重要的。"[1] 她主张大力发展托儿所和幼儿园，她制定幼儿园规程，发表有关幼儿教育的讲演和文章，组织幼儿教育训练班，对苏联幼儿教育事业的发展以及幼儿教育理论的建设起了很大的促进作用。

瑞士心理学家和教育家皮亚杰（Jean Piaget）毕生从事儿童的语言、认知、思维、道德发展方面的实验研究以及理论著述活动，创立了比较完整的儿童心理发展理论。他那具有独创性的儿童实验研究和理论体系，为现代幼儿教育的改革和发展提供了实验资料和理论指导。苏联心理学家和教育家维果茨基（Лев Семёнович Выготский）强调儿童言语和思维的发展，以及儿童心理与教学的关系，提出了许多有价值的观点。

随着幼儿教育理论的科学化，自 20 世纪 50 年代以来，人们越来越深刻地认识到幼儿教育对人的一生和对社会发展的重要性。尤其是意大利教育家马拉古兹（Loris Malaguzzi）1963 年在瑞吉欧创办幼儿学校，形成了举世闻名的"瑞吉欧方法"，对现代西方幼儿教育的改革和发展产生了很大的影响。

从现代世界各国幼儿教育的发展来看，重视幼儿的发展和教育已成为一个共同趋势，并且是未来教育政策的一个重要方面。当今，世界各国正积极促进幼儿教育事业的发展，制定幼儿教育发展的计划，采取措施提高幼儿入园率（有的国家甚至计划把学前教育纳入义务教育范围），进一步开展幼儿教育的实验研究，注重幼儿身体、情感和智力各方面的发展，注意加强幼儿教育机构与家庭和家长的联系。应该指出，在推进世界幼儿教育的改革和发展方面，联合国儿童基金会作出了很大的努力，并起了很大的作用。

当然，在当代外国幼儿教育的改革和发展上，还是有一些值得人们深入

1　克鲁普斯卡雅.要更加重视学前教育工作[M]// 克鲁普斯卡雅教育文选（下卷）.北京：人民教育出版社，1988：376.（克鲁普斯卡娅曾译"克鲁普斯卡雅"。）

思考的理论问题。其中包括：幼儿教育的指导思想与方法、幼儿教育与初等教育的衔接、幼儿教育机构与家庭的合作、幼儿教育的师资培养与科学研究、幼儿教育的国际交流和合作等。但是，应该认识到，只有通过当代世界各国幼儿教育改革和发展的实践，才能更全面、更科学地理解这些幼儿教育理论问题。

目 录

第二编　近代幼儿教育

第三编　现代幼儿教育

第一编

古代幼儿教育

第一章　原始社会的幼儿教育

教育是人类特有的一种社会现象，它是以教育人、造就人为基本特征的。它随着人类社会的产生而产生，并随着人类社会的发展而发展。

人类教育的历史最早可以追溯到原始社会时期。原始社会是人类社会发展的最初阶段。从原始群体到氏族社会结束的漫长岁月中，教育是与社会的缓慢发展同步进行的。原始社会初期的人类祖先最早使用的劳动工具是旧石器，进而使用新石器，再而使用青铜器、铁器等，并逐渐学会了进行原始农业、畜牧业和建造业等生产活动。人们在制造、使用劳动工具，从事生产活动的过程中，不仅获得了物质生产劳动的经验，同时还积累了有关劳动纪律、行为习俗方面的社会生活经验。年长的一代为了使年轻的一代更好地从事生产劳动和适应业已形成的社会生活，人类为了维持和延续自身的生存，就必须把积累起来的生产劳动经验和社会生活经验传授给新的一代，教育便由此应运而生。

原始社会的教育方式是同当时的生产方式、生活方式密切相关的，它完全融合在生产过程和生活过程之中。凡能独立活动和具有一定劳动能力的青少年，就要随同健壮的成人们一起，在狩猎、捕鱼、采集果实和建造洞穴等劳动中，经年长一代的具体引导和传授，逐步获得生产劳动的知识、技能与经验。所以，青年人的教育完全是在生产劳动过程中进行的。而对年幼儿童的教育则通常是在群体驻地的"家庭"中进行的。由女性和年老体弱的成人为主的群体在驻地周围的劳动和生活过程中哺育幼儿，同时也传授相关的知识和经验给年幼儿童。

根据美国人类学家、社会学家摩尔根（L. H. Morgan）撰写的《古代社会》和马克思主义创始人之一恩格斯所著《家庭、私有制和国家的起源》中的论述，"家庭"的雏形早在原始社会初期就已出现，并随着人类社会的发展、演变而相应变化。"家庭是一个能动的要素；它从来不是静止不动的，而是随着社会从较低阶段向较高阶段的发展，从较低的形式进到较高的形式。"[1]在不同阶段、不同形态的家庭中，始终存在着对儿童的教育。原始社会的幼儿教育也就随着家庭的产生而产生，随着家庭的变化而变化，并不断地向前发展。

第一节　原始社会幼儿教育的发展

原始社会十分漫长，距今约400万—1.5万年前。它通常分成四个发展时期：前氏族社会时期、母系氏族社会时期、父系氏族社会时期和军事民主制时期。原始社会的不同发展时期存在着相应的幼儿教育。

一、前氏族社会时期的幼儿教育

前氏族社会是人类社会最早的一个时期，也是原始社会最初的一个历史阶段。在当时，就已存在一种广义的"家庭"。人类最早的婚姻关系属

1　恩格斯. 家庭、私有制和国家的起源 [M] // 马克思，恩格斯. 马克思恩格斯选集（第四卷）. 北京：人民出版社，2012：37.

于群婚制。"在这里，婚姻集团是按照辈分来划分的：在家庭范围以内的所有祖父和祖母，都互为夫妻；他们的子女，即父亲和母亲，也是如此；同样，后者的子女，构成第三个共同夫妻圈子。而他们的子女，即第一个集团的曾孙子女们，又构成第四个圈子。这样，这一家庭形式中，仅仅排斥了祖先和子孙之间、双亲和子女之间互为夫妻的权利和义务（用现代的说法）。……这种家庭的典型形式，应该是一对配偶的子孙中每一代都互为兄弟姊妹，正因为如此，也互为夫妻。"[1] 人类最早的祖先们通常由几十个人或上百个人，按血缘关系和婚姻辈分建立起大家庭，结成为一个原始群体，朝夕相处在一起，进行共同劳动和共同生活。由于当时人们所处的自然环境十分险恶，他们所使用的劳动工具又十分简陋，要生存就必须结成集体。只有依靠集体的力量，才能捕获猛兽、采集食物、构筑洞穴，取得起码的生活必需品。就是这样，因受气候、地理、疾病等影响，人们的生命常受到严重的威胁，所以当时人的寿命十分短暂。从现代科学研究古人类的遗骨化石中发现，约有40%的原始人类未满14岁便已死亡。可见，当时人类的生存斗争是何等的艰难。

在前氏族社会时期，由这种血缘婚姻构筑起来的原始家庭中，为了谋求生存和照顾老幼，常常按年龄差异和体质强弱不同，分成两个人群：一群是捕猎野兽、攀摘果实的壮年男女；另一群是看管小动物、收藏猎获物和修建隐蔽所的老人与儿童。在后一个人群中，老人们则肩负有照管和教养儿童们的责任。他（她）们在现实生活中，手把手地向儿童传授有关制造和使用工具的方法、生产劳动的技能、日常生活经验和行为规则等。这种在原始人群中，老少相随、以老带小的做法，可以说是人类最早呈现出来的一种幼儿教育形态。而它是家庭形成后的必然产物。

---

1 恩格斯.家庭、私有制和国家的起源[M]// 马克思，恩格斯.马克思恩格斯选集（第四卷）.北京：人民出版社，2012：44—45.

二、母系氏族社会时期的幼儿教育

前氏族社会发展到距今 1.5 万年至 5000 年前即进入氏族社会时期。氏族社会前期是母系氏族时期，也称母权氏族公社时期。考古学家和人种学家对发掘的文物的研究表明，在母系氏族社会时期，世界五大洲都曾有人居住；当时使用的工具已得到改进，石器的类型增加了，出现了石刀、石枪、石锄、石矛；制作的技术也精巧了，进入了新石器时代；与此同时，也开始了骨器和陶器的制作与使用。随着这些生产劳动工具和技术的改进，氏族经济也得到较大的发展，采集经济逐步向原始农业过渡。亚洲、非洲、美洲，稍晚一些在欧洲，都出现了农业村落。同时，狩猎经济也逐渐向原始畜牧业过渡，对猎获的野牛、羊、马、狗、猪的驯化，使得畜牧业萌生。原始农牧业的出现，使社会生产力发生了巨大的变革，妇女也由此取得了掌权的地位。因为到了母系氏族社会，两性间的分工逐渐明确，女子通常从事耕种、编织、制陶、看守牲畜及家务劳动；男子仍承担外出打猎捕鱼劳动。相对来说，男子的劳动所得跟女子从事的农牧业比较起来，既不稳定，又不可靠，而妇女担负的种植业和畜牧业已成了人们经济生活的主要来源。这是决定母权制的重要条件之一。

母系氏族社会的婚姻关系是称为"普那路亚"（夏威夷语，即亲密的同伴）的族外婚，就是若干数目的姐妹是她们共同丈夫们的共同妻子，但是这些共同丈夫是族外的男子，而非她们的兄弟，这些丈夫彼此称为"普那路亚"；同样，一群兄弟跟若干数目的女子（族外的、非自己的姐妹）共同结婚，这些女子也互称为"普那路亚"。"如果说家庭组织上的第一个进步在于排除了父母和子女之间相互的性关系，那么，第二个进步就在于对于姊妹和兄弟也排除了这种关系。"[1]可见，普那路亚家庭比起血缘家庭来是一

---

1 恩格斯.家庭、私有制和国家的起源 [M] // 马克思，恩格斯.马克思恩格斯选集（第四卷）.北京：人民出版社，2012：46.

大进步，正如恩格斯所言："这一进步可以作为'自然选择原则在发生作用的最好说明'。"[1] 在这种家庭里，由于成年人已按性别作了劳动分工，这种分工也明显地反映在教育的实施上。儿童们在母权社会分为各种年龄等级，一个婴孩甚至不属于生母，而属于共同喂奶并一起照护所有儿童的、该群体的全体母亲们，不管她们同婴孩的个人关系如何（这种关系在长时间中也即消失了）。男女儿童在8岁之前，不分性别地生活在一起，均由共同的母亲们负责照管。孩子们在日常生活和家务劳动中学习各种社会习俗、道德行为以及生产劳动的知识和技能。有关氏族制度、婚姻规定、分配原则、风尚禁忌、血族复仇等重要教育内容，多半由老人和妇女通过讲故事的形式来传授，以启发儿童们的社会责任感。这种说教一直要延续到少年和青年时期。儿童8岁以后就男女有别了，男孩由成年男子指导，学习男子应做之事；女孩则由妇女指导，学习女子应尽之职。

三、父系氏族社会时期的幼儿教育

父系氏族时期是氏族社会的第二阶段，已是新石器时代的晚期。这时，生产工具又有了新的改进和提高。在距今约六七千年前，西亚居民掌握了炼铜技术，并制成铜锡合金的青铜工具，人类社会步入金石并用的时代。与此同时，还出现了木柄铜锄、铜铲和木犁。犁的发明和运用，促使原始农业向犁耕农业过渡，农产品显著增加，农业生产也就成了人们主要的经济活动。而在不适宜农耕的地区，畜牧业生产成了主要的经济活动。由此，出现了农业部落和牧业部落，这是人类社会的第一次劳动大分工。这一分工也把原来已经存在的家庭关系完全颠倒了过来。因为那时的农业或牧业劳动已全由男子承担，原来由妇女负责的制陶和农牧劳动都被男子取代，

---

1 恩格斯.家庭、私有制和国家的起源[M]// 马克思，恩格斯.马克思恩格斯选集（第四卷）.北京：人民出版社，2012：46.

妇女已只限于从事家务劳动。而男女在生产劳动中地位的改变，也就决定了他们在家庭中地位的变化。原来妇女在家庭中的统治地位变成男子在家庭生活中居于首位。母权氏族公社逐渐变为父权氏族公社。

在婚姻制度方面，母系氏族时期后期，原来实行的族外群婚制逐渐向对偶婚制转变。到了父系氏族时期，就过渡到一夫一妻制。世系按父系计算，财产按父系继承，从而出现了由父权维系的若干代近亲构成的家庭形式。这是一种人数可达百人至数百人的大家庭。大家庭不仅是生产单位，也负责对儿童的教育任务。家庭中的全体成员和全部财产都受家长支配，家长由成年男子担任，他对外代表家庭公社，对内管理生产，负责交换，仲裁家庭成员间的争端。家长的妻子负责管理全体女成员和安排家务工作，并和成年妇女一起共同照管幼小儿童。这一时期的每个儿童，都被视为全家族未来的成员，同样都受到精心的哺育和严格的熏陶，使他们逐渐了解家庭的惯例、氏族的礼法、历史传说、风俗禁忌和图腾信仰等社会道德。从孩提时代起，他们就要逐渐认识各种复杂的亲属和血缘关系，例如，夫妻、父子、父女、母子、兄弟、兄妹、姐弟、姐妹等。其目的在于培养尊敬长辈、遵守礼法，具有氏族部落的自豪感和责任感以及为之奋斗的精神。此外，儿童自幼开始就从旁观察成年人的生产劳动，并在游戏中模仿他们的动作行为，如制作劳动器具、设置陷阱捕猎、爬山射箭、饲养动物和播种收割等。这类模仿游戏为儿童学习和掌握实际劳动知识技能提供了机会。随着年龄的增长，他们逐渐由旁观者变为小帮手，再成长为独立的合乎要求的劳动者。

四、军事民主制时期的幼儿教育

军事民主制时期处在由原始社会向奴隶社会转化的过渡时期，是在父系氏族社会解体后出现的，距今四五千年左右。这一时期，随着生产工具和技术的进一步改进，社会劳动的进一步分工，社会生产力得到了较大的提高。物质产品除能满足氏族成员需要外，还有一定的剩余，可以用来进行产品交换，私有制也由此而萌生。由于占有财富的多寡和贫富的分化，导致家族、部落间相互争斗事件的产生，战争也随之出现。这时，为了适应实际生活的需要，在氏族部落里出现了两个主要的首领：一是酋长，由部落男子大会推选产生，专门负责维持氏族公共秩序，组织生产劳动和安排日常生活；二是军事长官，由氏族全体成员民主选出，专门负责部落军事生活，战时调遣人员指挥作战。凡不称职者，可予以撤换。这样，就在氏族民主制的基础上产生了"军事民主制"。"其所以称为'军事'，是因为战争以及进行战争的组织现在已经成为民族生活的正常功能。"[1]

为满足军事民主制的需要，对全体部落成员的军事体育训练得到重视和加强。学习使用武器和作战方法，锻炼强健的体魄，便成为每个氏族成员的必修课。这一时期的幼儿教育，也注重这一方面的培养。除了继续使儿童了解生产劳动技能和知识、社会生活习俗、道德行为规则外，军事也成为重要的学习内容。孩子从小就习弄弓箭、学射鸟兔等。当他们第一次射中飞禽或走兽时，全族还要为他们举行庆贺，以赞扬他们的勇敢行为。通常，三四岁的孩子就练习打猎、驾驶小船，这既是劳动技能的学习，也是军事素质的锻炼。此外，稍大一些，儿童们还组织社队，练习作战，男女儿童常作宿营游戏，男孩出外觅食，女孩安置营地。老人们还对孩子们继续不断地讲述光荣的业绩和祖先的军功，以引起儿童的想象，指导他们渴慕光荣；一有适宜的机会，总是告诉儿童们关于他们部落的仇敌，表示复仇是神圣的义务。[2]在此同时，人们由于对各种自然现象、天灾人祸的成因难以解答，也就产生了对精灵神怪的敬仰和畏惧心态，原始宗教、图腾崇

1　恩格斯.家庭、私有制和国家的起源[M]//马克思，恩格斯.马克思恩格斯选集（第四卷）.北京：人民出版社，2012：180.

2　滕大春.外国教育通史（第1卷）[M].济南：山东教育出版社，2005：12.

拜日益占领精神世界。

正如恩格斯所指出的："一切宗教都不过是支配着人们日常生活的外部力量在人们头脑中的幻想的反映，在这种反映中，人间的力量采取了超人间的力量的形式。"[1] 而宗教迷信都伴有各种仪式，宗教仪式的举行通常与唱歌、口诵、舞蹈等结合。由此而产生的音乐、舞蹈、绘画和体育竞技等，也成了儿童必须学习的内容。

第二节　原始社会幼儿教育的基本特征

原始社会各个时期幼儿教育的发展，明显表现出它是与社会现实需要相联系的，是争取人类生存和延续氏族群体所必需的知识、技能、习俗的传授和熏陶。当时的幼儿教育虽然还十分粗浅，但它依然是成年人对儿童施行的一种有目的、有意识的行为，并随着家庭的演变、社会的进步而不断变化和发展，带有明显的社会性。这是人类社会最初一个历史时期的、处于萌芽状态的幼儿教育，它具有以下几个基本特征。

第一，原始社会的幼儿教育是在家庭中进行的，它随着家庭模式的变化、发展而相应得到改进与发展，是与社会发展相适应和同步的。

第二，原始社会是没有阶级划分的社会，人人享受平等的受教育权。这时期的儿童是公有和公育的，教育的目的是整个氏族的生存和繁衍，教育是整个氏族生存斗争的工具，幼儿教育就体现出民主、平等的性质。

第三，原始社会的幼儿教育方式是同生产劳动和家庭生活紧密结合的，其教育内容虽然简单粗率，但又具有多方面性：受历史条件所制约，具有原始性、家族性，尤其在文化学习上更具局限性。此外，还出现不少弃婴、

1　恩格斯.反杜林论[M]// 马克思，恩格斯.马克思恩格斯选集（第三卷）.北京：人民出版社，2012：703.

外国幼儿教育史

杀婴、陪葬祭神等习俗。

第四，原始社会的幼儿教育还没有也不可能出现专门的幼教机构和专职的教师，老人和成年女性是当然的教育者，家庭及其周围驻地是自然的教育场所。

在原始社会末期，随着生产水平提高，氏族社会制度解体，私有制萌生，出现了少数特权人物。这些人在占有物质财富的同时也占有精神财富，从而也就改变了人人享有教育权的局面。专门致力于脑力活动的人逐渐增多，教育与生产劳动、与社会生活密切结合的情况开始发生变化。一种新的社会、教育制度和幼儿教育模式也就应运而生了。

拓展阅读

1. 滕大春主编：《外国教育通史》第 1 卷，"原始社会的教育"部分。山东教育出版社 2005 年版，第 1—20 页。

2. 艾格勒·贝奇，多米尼克·朱利亚主编：《西方儿童史》上卷，商务印书馆 2016 年版。

思考练习

1. 试对原始社会幼儿教育的发展作一简单的梳理。

2. 试析原始社会幼儿教育的基本特征。

第二章 古代东方的幼儿教育

早在公元前 3000 年左右，古埃及、古巴比伦、古印度和中国等，相继进入人类第一个阶级社会形态，并建成奴隶制国家。历史上常称这些国家为"四大文明古国"。它们是整个人类文明的摇篮和发祥地，也是世界文化教育事业最早得到发展的地区。这是以它们的政治、经济发达为前提才得以实现的。

地处北非的古代埃及，在公元前 3200 年左右就已建立起一个政权统一、国力强大、手工业和商业发达、城市繁荣的古王国。地处西亚底格里斯河和幼发拉底河两河流域的古巴比伦、亚述，在公元前 3000 年左右也成为奴隶制的城邦。中国历史上第一个奴隶制朝代——夏朝，建于公元前 2070 年。古印度最初形成统一的奴隶制国家是在公元前 2000 年前后。这些东方文明古国，在人类发展史上率先进入了奴隶制社会。"只有奴隶制才使农业和工业之间的更大规模的分工成为可能，从而使古代世界的繁荣，……成为可能。"[1] 在奴隶制度下，人类的教育发生了新的变化，教育内容丰富了，教育方法增多了，教育制度趋于完整。幼儿教育也在原有的基础上得到了新的发展。

---

1 恩格斯.反杜林论 [M]// 马克思，恩格斯.马克思恩格斯选集（第三卷）北京：人民出版社，2012：560—561.

第一节　古代埃及

古代埃及地处非洲北部的尼罗河流域，那里气候温暖、雨量充沛，畜牧业和农业发达，由于尼罗河的定期泛滥，冲积土地肥沃，灌溉畅通。古代埃及人民利用这得天独厚的地理条件，勤劳耕作，创建了世界上最早的文明古国。据考证，约公元前 3000 年，古埃及人就已开始使用象形文字。象形文字由表意符号、表音符号和部首符号三部分构成。表意符号以各种图画来表达一些具体的事物，如用一圆圈加一点的符号来表示"太阳"，用三条波纹的横线来表示"水"，用画成夹峙河谷的两座山峰来表示"山"等。所有表意符号都不表示词的发音。于是，人们又用一些图形表示音符，类似汉字偏旁部首的符号表示词所属的范畴，由此发展成后来的埃及世俗体文字。

在公元前 3500 年左右，古代埃及已建成上埃及和下埃及两个王国。约300 年后，南北统一形成一个农业、手工业和商业发达，城市繁荣的古王国。古王国时期，埃及的艺术、雕塑、建筑等方面已得到很大的发展。至今巍峨雄伟地矗立在尼罗河畔的数十座金字塔和巨大的狮身人面像，实为人类建筑史上的伟大奇迹。它们也是埃及悠久历史和灿烂文化的最好见证。古代埃及在天文学、历法学、数学、医学等方面都已取得了重大的成就。文化的繁荣，科学的发展也促进了古代埃及教育的兴起。古代埃及的文化、科学和教育脱胎于其社会生活和生产实际。由于尼罗河的泛滥，人们为了测定地域田亩而创立了数学、几何学；为了预测河水泛滥的周期和修渠灌溉而发展了天文学、水利学；为了适应海外贸易和军事争端的需要而开展了航海学和地理学的研究；为了制作木乃伊和诊治疾病而兴办了医学。这些专门从事文化科学事业的人才，必须通过相应的教育来培养。这也就促进了古代埃及多种学校的产生。据古代埃及文献记载，在公元前 2500 年左右的埃及古王国时期就建立有宫廷学校，用来教育王族子弟。在公元前2200 年左右的埃及中王国时期，开设职官学校，用来培训政府官员的子弟。

与此同时，为培养僧侣而开办了寺庙学校；为培养一般文秘人员而开办了文士学校。多种类型学校的建立充分反映了古代埃及社会生活的丰富和文化事业的繁荣。但这些学校的培养目标、招生对象又明显地反映出它们是专为统治阶级服务的，普通百姓家庭的子弟是不能问津的。这又鲜明地表明了古代埃及教育的等级性。

古代埃及的幼儿教育的形成和演变与上述传统等级观念密不可分。在古王国时期，教育事业尚处萌芽阶段，儿童早期的教育完全出自他们的父母。家庭就是学校，父母就是教师，此外，并无任何可被看作公共教育的设施。到了古王国末期和中王国时期，由于贫富差异的加剧，幼儿教育也就表现出显著的差别。

王族子弟为继承权力，除了幼年时期专门有乳母、奶娘、保姆等精心喂养外，稍一懂事就要进入宫廷学校学习。宫廷学校是融幼儿教育和初等教育为一体的一种教育形式，是由国家的最高统治者——法老在宫廷中专门开设的。邀请富有经验的僧侣、官吏、文人、学者任教，有时法老亲自授教。儿童除了做游戏、听故事，习字书写，学习初步知识外，从小就被灌输敬畏日神、忠诚国君的观念，还要模仿成人试行宫廷的习俗和礼仪，以便养成未来统治者所应具备的言行举止。宫廷学校对这些王族子弟的要求是相当严格的，惩戒和鞭打是常用的方法。在公元前1500年左右的新王国时期，一位名叫塔胡梯（Tahuti）的阿赫摩斯王朝的王子曾深有感触地说过："我每天挨打，如同吃饭一样的习惯和有规律。"[1]如埃及谚语所说："男孩的耳朵是生在背上的。"[2]意思是必须敲打儿童的身背才能使他们长进。由此可见，当时儿童的身心是受到极大摧残的。

官吏子弟的幼儿教育主要在家庭中进行。母亲照管饮食起居和教育女孩，父亲则负责教育男孩。除了做游戏、锻炼身体和听故事之外，男孩子

1 2 曹孚，等.外国古代教育史[M].北京：人民教育出版社，1981：21.

还要学习宗教歌曲、初步的社交礼节以及舞蹈和读写。这些内容虽然十分肤浅简单，但作为官吏子弟想为未来在政府官第谋职居位，就必须从小以父为师逐渐学习。只有较好地完成了以上家庭教育的贵族或官吏子弟，才能顺利进入政府机关开办的职官学校学习，以适应正规的基础训练和业务训练的严格要求。

属于祭祀、医学、建筑、军事等职业家庭的孩子，几乎都要重走父辈的从业道路，世代相传地去继承父业。他们从小就在家庭中接受父辈的教诲，一步一步、一年一年地逐渐了解和掌握父辈职业的秘传技艺。古罗马历史学家狄奥杜拉斯（Diodorus）叙述古埃及的幼儿教育时说过，这些孩子从儿童期起就被父亲或亲属传授各种生活需要的实际知识、能力；至于读和写，埃及人至多对他们进行肤浅的教授。[1] 接受这类技艺培养，既没有专门的教材、教学方式和时间，也没有严格的年龄阶段规定。男孩稍能懂事，就开始跟随父亲或长辈，在实际生活中通过耳濡目染获得一些感性概念；继而动手试验，并在父辈们手把手的教习下去逐步学得历代相传下来的职业技能。这种学徒式的训练完全带有模仿性和实践性，而且往往限于本家族之内。其行业秘密由不同家庭长期把持。例如，某建筑师之家曾 22 代从事建筑工程；某祭司之家 9 代世传为僧侣；某文士之家曾 7 代为世传文士。一般由父亲担负对男孩进行专业教育的职责，而女孩则限于由母亲教会其缝纫、烹饪等家庭劳动，不得参加任何职业技艺的学习。

综上所述，古代埃及的幼儿教育尚处于一个萌生阶段，它与初等教育时接时离，有的甚至融为一体，没有一个明确的年龄界限。从教育的形式上看，它具有多样性和等级性。儿童按照各自出身的不同而接受相应等级的教育。从教学内容上看，它具有实践性和职业性，一般总是与家长从事的职业相关，家长也就成为儿童学习和仿效的目标。从教育方法上看，实行

1　滕大春 . 外国教育通史（第 1 卷）[M].济南：山东教育出版社，2005：45.

家长制加体罚，儿童身心备受摧残。女孩的学习受到歧视。总之，古代埃及尚处于人类文化发展的初期，它的各项教育事业刚刚起步，因此，古代埃及幼儿教育的形式、内容都较简单，水平较低。尽管如此，古代埃及对幼儿教育之关注、办学形式之多样、学习内容之广泛实用，在当时来说是首屈一指的，在世界幼儿教育史上写下了闪光的一页。

第二节　古代印度

印度主要位于亚洲南部的印度半岛上，印度河和恒河流经其大部分地区。约公元前3000至前2000年，印度河流域已有相当优越的哈拉巴文明。可是，这个享誉世界的灿烂文化却突然消失，究属天灾、人祸，至今尚无确证。所以一般所讲的古代印度文明是从公元前2000年开始的。考古资料显示，公元前1500年左右，一个自称为雅利安人的外来游牧部落，征服了土著居民并建立了最初原始形态的国家，又经过1000年之久的历次战争，恒河下游产生了强大的奴隶制王国——摩揭陀。雅利安人逐渐占据统治地位，被征服的土著达罗毗荼人沦为奴隶，这就出现了最初的种姓区别。种姓也称"瓦尔纳"（梵语"肤色"一词音译），最初强调肤色白皙的雅利安人与皮肤黝黑的达罗毗荼人之间的肤色区别。印度古代典籍《吠陀》[1]记述了这一历史阶段的情形，故习称这一阶段为古代印度的"吠陀时期"。在这一时期相继出现和形成的种姓制度、宗教信仰，对印度的政治、经济、文化都曾产生过极大的影响。

种姓制度是印度特有的一种阶级压迫制度，出现于吠陀时期早期。它把当时不同社会分工的人群分成四个等级，也就构成四种种姓。第一等级是"婆罗门"，即掌握宗教事务的僧侣贵族；第二等级是"刹帝利"，即执掌行

1　梵语"Vada"的音译，成书于公元前2000年左右，主要内容是对神的赞歌、祭词、咒语等。

政与军事大权的世袭贵族；第三等级称为"吠舍"，即名义上具有人身自由的，从事各种生产活动的农夫、手工业者和平民等，他们必须向第一、第二等级交物、纳税；第四等级称作"首陀罗"，即被征服者或奴隶，他们处于社会的最底层。前两个等级与后两个等级由于种姓差别而尊卑极为悬殊，他们之间不得通婚、不得共食。种姓世袭相传，不得更改。种姓制度及婆罗门的权力高于一切是古代印度社会的突出特征之一，致使古代印度的意识形态、教育组织等无不打上这个烙印。

宗教信仰是奴隶主统治者用来维护阶级压迫、麻痹民众斗志的重要手段。古代印度的婆罗门教与佛教的形成与传播，正是为此目的而服务的。古代印度的教育，其中包括幼儿教育，就是以维系种姓压迫和培养宗教意识而展开的。

一、婆罗门教的幼儿教育

婆罗门教源于公元前 2000 年古代印度的吠陀教[1]，约形成于公元前 7 世纪。以《吠陀》为最古经典。信奉婆罗贺摩、毗湿奴和湿婆三大主神，把人分成四种种姓，主张《吠陀》天启、祭祀万能、婆罗门至上三大纲领。这些宗教信条为婆罗门教的幼儿教育提供了主导思想。

古代印度盛行家长制，父亲是全家之主，一切家庭生活的安排，都听命于父亲。当时，家庭在社会中的地位极其重要，它不仅是全家论事论政之所，也是父辈教育子女之地。父亲握有子女生死、买卖大权，也有教诲、培养儿童的义务。尤其婆罗门属最高一级的种姓，为保持种姓的世袭和尊严，父亲必须在家庭里悉心指导子女记诵宗教经典。这种家庭教育从儿童幼年开

---

1 古印度西北部雅利安游牧部落宗教之一，信仰多神，崇拜种种神化的自然力和祖先、英雄等。凡日月星辰、雷雨闪电、山河草木以及鸟兽动物都幻化为神，并根据他们所在位置分为天、空、地三界。但在后期的吠陀中，已有向一神教发展的趋向。

始，教育内容除了传授生活知识、基本技能、行为规范和风俗习惯外，最主要的是传诵《吠陀》。"吠陀"意译为"明"，即知识，是印度上古文献的总集。《吠陀》有广义、狭义之分。广义的《吠陀》除《吠陀本集》外，还包括《梵书》《森林书》《奥义书》《天启经》《法经》《家庭经》等；狭义的《吠陀》仅指《吠陀本集》的四部：《梨俱吠陀》《娑摩吠陀》《耶柔吠陀》《阿闼婆吠陀》，共汇集祭祀时吟诵的颂诗 1000 余首。每个婆罗门家庭中必定备有部分上述经籍文献，以供长幼相传。但《吠陀》均由梵文写成，词意晦涩、艰深难懂，且传授时不许儿童抄写笔录，不准提问，全凭口耳相传，死记硬背，牢记心间，以便在宗教节日祭祀典礼时，跟着年长者熟练诵读冗长的诗文，深表敬神的虔诚和婆罗门应尽的职责。在这种神学色彩极浓的家庭教育之下，儿童一般要经过 10 年的学习，方能完成《吠陀本集》中四部经书的一部。婆罗门家族的儿童要花费大量的时间和精力去记诵这些深奥莫测、浩繁难解的宗教术语，实为一大苦役。刹帝利、吠舍种姓的子弟，虽然也有学习《吠陀》的任务，但由于此事过于耗时费事，故不得不减少学习《吠陀》的数量，留出较多的时间来跟随父辈学习有关军事、农作、手工方面有用的实际知识。至于首陀罗种姓的孩子，则被完全剥夺接受教育的权利。奴隶主视他们为牲畜，可以随意打骂、处罚、转让和出售，把他们当作会说话的工具来使唤。

二、佛教的幼儿教育

佛教为世界三大宗教之一，相传于公元前 6 世纪左右，为古印度迦毗罗卫国（今尼泊尔境内）的王子悉达多·乔答摩（即释迦牟尼）所创立，是当时的反婆罗门教思潮之一。其基本教义是：把现实人生断定为"无常""无我"和"苦"；苦的根源在于人自身的"惑""业"；等等。"惑"指贪、瞋、痴等烦恼，"业"指身、口、意等活动。宣扬弃绝人间一切享受，主张善恶报应、生死轮回；反对婆罗门第一，强调信仰平等、普度众生，追求大彻大悟的涅槃境界。佛教教育的目的就在于传播教义、广招信徒，要求人们蔑视现实、吃苦修行，同登虚幻彼岸。

佛教的幼儿教育一般均在家庭中进行。若有家长执意要让子女将来终生为僧、尼，可申请让子女提前入寺、庵"出家"修行。普通家庭的孩子从懂事起就在信佛父母的言传身教和日常生活中接受早期的教育，主要在信仰方面、公德意识的养成方面和良好行为习惯的培养方面，通过耳濡目染初步了解有关知识和内容。具体来说，信仰方面，要求儿童对佛祖释迦牟尼（Śākyamuni）虔敬崇拜，定期跟随父母参加宗教仪式，吟诵简易经文；公德方面，要儿童坚持慈悲为本、积德行善、普度众生、悲天悯人的做人准则；行为习惯方面，要求孩子们逐步做到勤奋、早起、打坐、洁净、生活简朴、乐意吃苦。此外，还要儿童养成一种乐于助人、慷慨施舍的心态，对化缘行乞的僧徒送以食物等；准备等自己稍大一点后宣布皈依佛法，领受"五戒"[1]，以便成为一个居士。男居士称作"优婆塞"，女居士称作"优婆夷"。终生想当僧、尼者，到 8 岁时可进入寺院或尼庵去专心一意地进行"出家"修行。也有在 5—6 岁时就提前申请进入寺院或尼庵学习的。入寺、庵修行的儿童要参加一次专门的入学仪式：剪去头发，沐浴净身，着黄色宽袍，向寺、庵主持僧人行礼，口中念念有词——我受佛祖之保佑，我受大嘛（Dharma）之保佑，我受善之保佑。[2] 此后即成僧尼。寺、庵里的佛教教育更加重视道德品格教育和言行举止的训练，佛教经典、教义注释等则要天天背诵牢记，还要经常外出化缘，求得信徒们的施舍，以维持平日生计。寺、庵里对僧尼们订有衣、食、住、行、学习和修行等方面的种种清规戒律，不得违反越轨，并定期集合，各自检查反省自己的言行是否有差错。这样，经过 12 年的学习训练，经检验合格者，则可留寺、庵充当"比

---

1 即人生修行的五条戒律：戒杀生灵、戒盗财物、戒说妄言、戒淫妇女、戒饮酒类。

2 蒋建白. 印度教育概览 [M]. 北京：商务印书馆，1947：8.

丘"（即和尚）、"比丘尼"（即尼姑）。

　　古代印度的幼儿教育是与种姓制度和宗教神学密切相关的。其中，婆罗门教的教育是以维系种姓压迫制度和培养婆罗门宗教意识为核心任务的。与之相应实施的婆罗门教的幼儿教育是分别在各自家庭中进行的，以记诵《吠陀》为主要内容，以父教子代代相传。佛教教育在印度教育史上具有更重要的地位，其幼儿教育有家庭教育和寺、庵教育之分，但都是以信奉佛祖、吃苦修行、遵循教规、消极厌世为基本特征的。因此，古代印度的幼儿教育始终为浓厚的神学说教所统治。

拓展阅读

1. 曹孚等编著：《外国古代教育史》，"古代东方国家的教育"部分。人民教育出版社 1981 年版，第 13—40 页。

2. 滕大春主编：《外国教育通史》第 1 卷，"古代埃及的教育"部分，"古代印度的教育"部分。山东教育出版社 2005 年版，第 39—85 页。

思考练习

1. 简述古代埃及幼儿教育的发展及特征。

2. 简述古代印度幼儿教育的发展及特征。

3. 试析奴隶社会与原始社会在幼儿教育方面的区别及其原因。

第三章　古代西方的幼儿教育

　　靠近东方国家的希腊半岛和地中海东北部沿岸地区是西方文明的发祥地。公元前 8 世纪前后，希腊原始社会解体，逐步建立起众多的奴隶制国家。他们以一个"城市"[1]为中心，管辖四周农牧地域而形成数以百计的"城邦"。其中最强大、最重要的城邦是斯巴达和雅典。公元前 5 世纪至公元前 4 世纪是希腊城邦的繁荣时期，其政治、经济、科学和艺术等都有了高度的发展。希腊奴隶制文化在西方文化发展史上起了奠基作用。正如恩格斯所说的："没有奴隶制，就没有希腊国家，就没有希腊的艺术和科学；没有奴隶制，就没有罗马帝国。没有希腊文化和罗马帝国所奠定的基础，也就没有现代的欧洲。"[2]古代希腊在经济繁荣、科学艺术昌盛的根基上也积极发展文化，达到了西方奴隶制教育发展的高峰，成为西方古代教育完整而典型的代表。古代罗马是又一类型的奴隶制国家。古代罗马的教育是在作为希腊教育的延续与发展的意义上显现其重要性的。包括幼儿教育在内的古代希腊教育通过古代罗马的继承与传播，影响了整个欧洲的文化艺术的复兴

1　当时只是四周筑起一道土围墙以保护民众的安全而已，尚不是现代意义的城市。

2　恩格斯.反杜林论 [M]// 马克思，恩格斯.马克思恩格斯选集（第三卷）.北京：人民出版社，2012：561.

乃至现代欧美教育的发展。

第一节　古代希腊

从公元前 8 世纪左右开始，古代希腊在农业、手工业、商业方面已有相当的发展。到公元前 5 世纪至公元前 4 世纪，其物质生产方面更取得显著的进步，希腊奴隶制达到鼎盛时期。商业、航海业进一步发展，国际交往和海外贸易更为频繁。在一些城邦的经济生活中，工商业占据了越来越重要的地位。由此，工商业奴隶主贵族逐步形成和壮大，进而取代农业世袭贵族，占据统治地位。又由于经济生活的需要，许多城邦实施一种广泛的奴隶主民主政治。这种民主政治有利于经济的发展和文化的繁荣。雅典是典型的民主制城邦国家，其文学、史学、哲学、教育等方面都已有了高度的发展。然而，希腊各城邦的发展是不平衡的，其政体格局又不尽相同。斯巴达则遵循着与雅典不同的发展道路，他们的教育目的、内容、形式、方法和幼儿教育的具体做法都有很大的差异。雅典和斯巴达形成了两种各具特色的奴隶制教育模式。他们的幼儿教育实践与理论也是西方国家幼儿教育史上一份宝贵的遗产。

一、斯巴达的幼儿教育

斯巴达地处伯罗奔尼撒半岛东南部的拉哥尼亚平原，北靠高山峻岭、南临礁石海岸，中部为平坦盆地。这里虽然与外界交往不便，但土地肥沃，适宜农业经济发展，是古代希腊最大的农业城邦。

斯巴达的居民分为三类：斯巴达人是外来的征服者，是奴隶主阶级；希洛人是土著人，是被征服的奴隶；庇里阿西人是居住在边境地区的少数民族，属于无政治地位的自由民。只有不到 3 万人的斯巴达统治者是农业军事贵族，不劳而食，强迫比他们人数多 10 倍的奴隶耕种土地，实行残酷的民族压迫和经济掠夺，由此造成奴隶们的频繁起义。为了镇压奴隶的反抗，全体斯巴达人都被编入军队。这种社会状况，决定了斯巴达从幼儿教育开始，整个教育十分重视军事体育的特点。

斯巴达人为了维护其奴隶主统治，总是设法保持强大的军事势力，以便随时可以平息内部奴隶暴动，或保卫领土免受外来敌人的侵袭。此外，由于觊觎整个希腊的统治地位，斯巴达还经常发动侵略别国的战争。因此，统治阶级在教育方面提出的任务是把全体斯巴达奴隶主后代培养训练成身体健壮、性格坚强、仇恨奴隶、顺从长老的勇士。培养必须从婴儿一出生就开始抓起。斯巴达人普遍坚持这样一种信念：儿童是国家的财富，对他们进行教育是国家的职责。为了确保新生一代体质的强健，国家只准许身体和情绪正常的成年男女结婚和生育。一个婴儿出生以后，他的生命和养育权并不取决于父母的意志，而要受到两次严格的检验。首先是父母要用烈酒替婴儿洗澡，以此来对新生儿的体质作初步的考验。若婴儿发生抽搐等经受不了的情况，就让他死去。凡能经得起检验的才能活下来。接着就要送到国家官员——长老那里接受检查，发现有身体孱弱或畸形残疾的即不准养育，而被冻饿至死，抛进深渊。只有健壮的初生儿被保留下来，暂由父母抚养至 7 岁。在此期间，婴幼儿就开始接受斯巴达式的家庭教养。具体实施主要由母亲负责。孩子要从小培养不哭不闹、听话顺从的习惯。稍大一些时，他们要不计较食物的品种和好坏，不挑剔衣服的颜色和式样，经受艰难生活、吃苦耐劳和锻炼身体的种种考验，提高适应性。此外，在品德和性格方面，孩子则要始终保持知足和愉快，还要不怕孤独和黑暗。大人要经常带他们到公共娱乐场所去观赏和聆听关于英雄事迹的演出和讲解，学习英雄们的伟大言行。这给孩子们灌输了斯巴达人的人生理想和道德，以使他们逐渐形成勇敢、坚忍、顺从和爱国的思想品德，并为 7 岁后进入正规的国家教育场所接受严格训练打下基础。

二、雅典的幼儿教育

雅典是古代希腊另一个著名的城邦国家。它地处阿提卡半岛西侧，全境多属山地，不宜农耕，但有丰富的矿产和优良的海港。这样的地理环境为海外贸易和工商业发展创造了有利条件。因此，早在公元前7—前6世纪就有一部分奴隶主开始经营商业、航运，同时开办手工作坊，成为工商业奴隶主。他们与旧有的农业奴隶主之间进行了激烈的政治斗争。在斗争中，双方都尽力想把广大的自由民吸引到自己这一方来。争权夺利的过程，给雅典政治生活增添了民主的色彩。雅典的奴隶主民主政体的形成，奴隶主民主政治的实施，为雅典经济、文化的繁荣奠定了基础，使古希腊创造出辉煌灿烂的文化。

雅典的教育虽然同样是为奴隶主贵族服务的，但由于政治、经济和文化背景的不同，使其展现了一个与斯巴达完全不同的教育模式。雅典教育的培养目标是多方面的，不仅要培养英勇善战的兵士，更要把年轻一代培养成有文化知识的政治家、能说善辩的思想家、精明能干的商人和善于出谋划策的国家上层统治人才。因此，雅典教育无论在组织形式上还是内容、方法上，都比斯巴达的教育更具有广泛性、灵活性和多样性。对年轻一代不仅强调体育和道德教育，也十分重视智育和美育，对儿童实施德、智、体、美和谐发展的教育。这奠定了西方教育发展的基础。

雅典的幼儿教育也是根据以上总的要求和原则进行的。7岁以前的雅典儿童，一般要在家庭里接受良好的养护和教育。孩子刚出生时，同样要受到严格的检查。强壮者由父母认可而留在家中养育；凡不健壮或残疾者则弃置野外任其死去，或交给奴隶们去抚养，被视为奴隶的后代。贵族儿童主要由母亲对他们进行合理的喂养，创造适宜的生活环境，注意饮食卫生，并挑选有经验的奴隶来照看他们。起初是交给乳母，随后交给保姆和教仆。幼儿可以玩木偶、皮球、小马、小狼等玩具。童话和伊索寓言等故事在他们的教育中占很重要的地位。由此，幼儿学到了粗浅的行为道德观念和日常生活的小知识。在雅典人的家庭里，儿童们还常常听到母亲和女仆温柔动听的摇篮曲或其他亲切悦耳的歌曲。7岁前的男孩在妇女们的闺房里享受和女孩同样的教育。7岁后的男孩，由教仆陪同入学，同时进文法学校和音乐学校（也称弦琴学校）学习。而女孩则一直被留在家里接受家庭教育，学习读写、演奏乐器、纺织、缝纫、烹饪和刺绣等。

古代希腊幼儿教育的特点是：国家对幼儿的体质都十分重视，并采取了优选法；教育都是在家庭中进行，母亲是天然的教师；对儿童从小就开始进行道德行为的熏陶，灌输奴隶主阶级思想意识；整个幼儿教育还处在自发式的萌芽状态。

第二节　古代罗马

古代罗马是一个典型的奴隶制国家。它最初为意大利中部台伯河畔的一个小城邦，后来扩张成地跨欧、亚、非三洲的大帝国。古代罗马的历史一般可以分为三个时期：公元前753年至前510年称为"王政时期"；公元前510年至前27年称为"共和时期"；公元前27年至公元476年称为"帝国时期"。

王政时期是农村公社向奴隶制社会过渡的时期。这一时期，古代罗马是个规模不大的国家，至今缺少文史资料，当时的教育状况难以稽考。共和时期是确立奴隶制并走向繁荣的时代，教育事业有较大的发展，因时间漫长故又分为共和前期和共和后期进行阐述。帝国时期则是罗马奴隶制由鼎盛转向衰落的时期，教育也进入了一个新的阶段。

古代罗马的教育除受本国政治历史演变的影响外，还深受古代希腊的影响，因为当时罗马在科学、艺术、教育等领域远远落后于古希腊。当公元前 146 年，古罗马在军事上完全征服古希腊的时候，在文化上却被古希腊完全征服了。起初，罗马统治者全盘接受了希腊的文化和生活方式。在教育方面，古代罗马同样把希腊的文字、语言、学校、教学内容等全部承袭了下来，只是到了帝国时期才重新有所认识。古代罗马的幼儿教育也明显地带有古代希腊幼儿教育的印记。其对 7 岁前幼儿的教育，普遍是在家庭中进行的。父母是孩子的主要教师，父亲在家庭中有绝对的权威，儿童须完全听父亲的指挥，父亲对他们握有生杀大权，实行家长制方式教育。

一、共和前期的幼儿教育（约前 6—前 3 世纪）

古代罗马从公元前 6 世纪起成立了共和政体，实行的是家长农奴制度。对外经常进行军事扩张活动，国内主要从事农业生产。土地由每个家庭自己耕种或利用奴隶耕种。父亲亲自和儿子们及奴隶从事农业生产，同时还要随时准备当兵打仗，以便迎击别国的入侵或扩大自己的地域。母亲则在女儿的协助下管理家务。这种家长制、小农经济和战备要求，决定了这一时期罗马实施一种"农夫—军人"的家庭教育。男孩从幼年起就跟随其父学习农事耕作和军事本领，同时还要接受精神方面的教诲，养成敬畏神明、孝敬双亲、谦逊节制、忠勇爱国的品德。儿童在家庭中有时也学习阅读、书写、计算以及骑马、游泳、作战和使用武器，直至真正成为一名农夫或军人为止。由此，造成了古代罗马儿童生活的单调、严酷、忍耐、守纪、保守和迷信。这也就是古代罗马最早的家庭生活方式和幼儿教育的内容与要求。

二、共和后期的幼儿教育（约前 3—前 1 世纪）

古代罗马人经几个世纪的征战，领土扩大、人口增多、城市兴起，促使其政治、经济、文化日益发展和繁荣。由于受希腊文化的影响不断加深，希腊语成了贵族、商人及一切受教育者的语言，希腊哲学迅速传入罗马。数以千计的希腊教师投奔罗马，一种希腊方式的教育体系便应运而生。为适应共和制政治和文化生活的需要，培养雄辩家成为这一时期教育的根本目的。尤其是到了公元前146年，整个希腊被征服以后，大量的奴隶和财富流入罗马，使古代罗马变成了一个蓄奴制的强国。奴隶主贵族阶级逐渐向往东方的奢华，养成崇尚文明和卑视体力劳动的习惯，过去精神上的单调和严酷都消失了。随着以上这些变化，家庭幼儿教育的性质、内容和方法也发生了变化。以前是由父母自己教育子女，而此时，家庭中出现了乳母和希腊保姆及希腊教仆（系被俘的有文化知识的奴隶）。他们共同照管孩子，帮助儿童学习希腊文、拉丁文。儿童从故事中了解有名的战役和勇敢的祖先及其英雄的事迹。许多奴隶主贵族为了避免自己的孩子与平民孩子接触，即使孩子到了上学年龄，也不把他们送到初等学校去求学，而是在家庭里施以初等教育，指导孩子学习阅读、书写、计算、"十二铜表法"等课程。在思想意识上，儿童被要求养成对共和国负责与效忠的感情，发展勇敢和坚强的意志，养成整洁、谦逊和节制的习惯，提高自尊心。成人有时还组织儿童访问裁判所、军营和元老院，使他们从小就懂得一点有关宗教信仰、军人品质和政治制度等方面的初步知识。

三、帝国时期的幼儿教育（约前 1 世纪—公元 5 世纪）

帝国时期，罗马统治者为了有效而牢固地控制广大的领土和被征服的民族，对以前仅满足于培养有教养的雄辩家的教育作了改变，教育目的改为培养忠于帝国的官吏和进行文化思想灌输的教师。教育成为巩固其政权的重要手段。为此，罗马统治者建立起了一整套国家教育管理体系，采取用国库资助教育的措施，把一切教育置于国家的监督之下。国家规定教师享有一定的特权，免除教师的兵役和劳役；责成地方当局在各个城市开设一定数量的初等学校；保障教师的社会地位和其他物质利益；领取国家薪俸的教师必须经过皇帝的严格挑选，并由皇帝最后决定任免；责成地方当局对教师工作以及教学内容进行监督，对私立学校和私人教师严格管制；帝国皇帝还专门开办对皇帝子孙进行教育的宫廷学校。最后几代罗马皇帝在把基督教变成自己的精神支柱后，任用基督教徒来充当教师，致使宗教神学的力量逐渐加强，到了中世纪则达到登峰造极的地步。

在这种情况下，帝国时期的幼儿教育也变成了一种忠实执行皇帝意志的工具。但不同阶级的儿童则被灌输不同的思想意识，这也可以说是双轨制教育模式之开端。

古代罗马幼儿教育的特点是：幼儿教育普遍由家庭负责，为实现教育目的打好早期的基础。

第三节　中世纪西欧

公元476年，西罗马帝国在奴隶频频起义和北方日耳曼人入侵的双重打击下走向崩溃，结束了近千年的奴隶制统治。由此，欧洲社会进入了新的历史阶段——封建社会。从历史发展进程来区分的话，公元5—11世纪是欧洲封建社会初创时期；11—15世纪是其形成和巩固时期；15世纪末至17世纪中叶，是封建社会解体、资本主义制度萌生时期。历史上通常把公元4或5世纪至15世纪称为"中世纪"，今指介于古代奴隶制与近代资本主义之间的时代（主要用于欧洲）。"中世纪是从粗野的原始状态发展而来的。它把古代文明、古代哲学、政治和法律一扫而光，以便一切都从头做起。它从没落了的古代世界承受下来的唯一事物就是基督教和一些残破不全而且失掉文明的城市。其结果正如一切原始发展阶段中的情形一样，僧侣们获得了知识教育的垄断地位，因而教育本身也渗透了神学的性质。"[1] 恩格斯的这一精辟剖析，非常恰当地阐述了欧洲中世纪所呈现的历史概貌。当时的幼儿教育，在基督教会领域带有浓重的宗教性，在封建世俗领域则带有鲜明的等级性。

一、基督教会领域的幼儿教育

基督教起源于公元 1 世纪前后的巴勒斯坦，后来逐渐传播到欧洲和世界各国。其基本信仰是上帝创造并主宰世界，人类从始祖起就犯了原罪，故此必须认罪受苦；而只有不断祷告上帝及其儿子耶稣基督才能得救。基督教以《旧约全书》和《新约全书》为主要经典，合称为《圣经》。《圣经》是一切信徒的行为准则，务须虔诚遵循。早期的基督徒多是奴隶和贫民，对罗马统治者持有一定的反抗情绪，曾受到罗马帝国的残酷迫害。后来，不少中上层权势人物渗入该教并逐步取得领导权，改而主张效忠统治者，此举为罗马帝国当局所赏识并改迫害为利用。罗马皇帝君士坦丁于公元 313 年公布《米兰敕令》，承认基督教合法，还在公元 325 年举行了尼西亚会议，制定强制性的统一信条。公元 325 年的尼西亚会议还制定了肯定主教制和加强帝国政权对教会控制的条规，使之成为罗马统治者对广大人民进行精神奴役的工具。

在教育方面，基督教会居于垄断地位，不允许一般的世俗学校存在。教堂是唯一珍藏知识经典之地，教士就是掌握知识之人。因为一切知识都来自"神启"，一切真理都来自《圣经》，所以教育的主要任务就是使受教育者虔信上帝、熟读《圣经》，以求做一个合格的基督教徒。基督教会的幼儿教育就是从小要把他们训练成为笃信上帝、服从教会的"圣童"，从而为培养真正的基督徒奠定坚实的基础。

---

[1] 恩格斯.德国农民战争[M]// 马克思，恩格斯.马克思恩格斯全集（第七卷）.北京：人民出版社，1959：400.

基督教会的幼儿教育主要是通过基督教徒对其子女进行宗教意识的熏陶与幼儿跟随家长参加众多的圣事礼仪和节日活动来实施的。例如，当孩子稍能懂事时，就向他们灌输诸如儿童生下来就是个犯有原罪的人，人生就要准备经受无穷的苦难，学会如何忍耐服从，逆来顺受；宣扬天下老少都是上帝的子民；认为圣父、圣子、圣灵是三位一体的天主；笃信上帝是仁慈的、全能的；强调一个人只要虔诚地敬仰上帝，死后灵魂就可得救，即升入天堂。但为了死后灵魂得救，人人必须履行参加教会规定的宗教仪式和圣事活动的职责，从出生到死亡，要伴随终生。对幼儿来说，出生后第一件事就要参加由神父主持的"洗礼"或"浸礼"[1]。此后，幼儿就跟随家长到教堂或在家里欢度各种宗教节日，例如圣诞节、复活节、万圣节等，从中萌生对宗教的虔诚和好感，确信人的最大幸福就是爱上帝、爱人人，领受所谓圣灵无所不为、无所不能、全智、全能的神秘感。此外，幼儿还要更多地参加教会组织的圣事活动，例如参加主日[2]的祈祷[3]、读经（跟着诵读《圣经》）、唱诗（唱颂赞美上帝的颂词）和听"圣事论"（由教士粗浅地讲述基督教各种"圣事"的名称、由来、意义、规则等）。成人有时还组织幼儿欣赏教会音乐，陶冶其宗教情感和增强对上帝的信仰。

二、世俗封建贵族的幼儿教育

西欧中世纪既是基督教神学垄断的年代，又是帝王贵族进行封建统治的年代。基督教会对民众的思想欺骗成为维护封建统治的精神支柱，而封建贵族对民众的政治控制、经济掠夺又成为基督教会的社会保障。他们是一

1　基督教入教仪式，行礼时神父口诵经文并给儿童额上倾注圣水或让儿童浸入水池中片刻。

2　即星期日，据《圣经》称，耶稣在死后的第三日复活。基督教认为该日是星期日，故名星期日为"主的日子"，简称"主日"。

3　亦称祷告，在基督教中指基督教徒向上帝呼求、感谢、赞美等。祈祷方式分为不出声的"默祷"、出声的"口祷"、个人单独进行的"私祷"和集体进行的"公祷"。

对互为依存、结伴而行的畸形儿。

西欧中世纪封建统治的一个鲜明特征是实行等级森严的爵位制。国王为最高的世俗封建主，其下的封建贵族则分为公爵、侯爵、伯爵、子爵、男爵和骑士等许多等级。这些封建贵族独占世俗教育的特权。封建贵族的幼儿教育一般按等级分为两类。

一类是王室儿童的宫廷教育。

公元 476 年西罗马帝国灭亡之后，约经过 3 个世纪的征战兼并，西欧出现了一个强大的法兰克王国加洛林王朝。法兰克人原属游牧民族，虽英勇善战，但文化素质甚低，即使在上层王室贵族中习文识字者也不甚多。面对疆域扩展、政务繁多的情况，单凭勇猛和武力已不足取，需要知识、需要人才是当务之急。这迫使最高统治者重视起教育来并从王室儿童的幼儿教育抓起。为了培育王室的后代，王宫内专门开设了一所教育王室子弟包括幼儿在内的学校。这是西欧进入封建制社会后建立的第一所世俗的宫廷学校。参加宫廷学校的只是皇室中的王子、王孙、公主和极少数机要大臣的子弟。其教育方法多采用问答法。下面是王室子弟与教师的一段对话。

问：作品是什么？

答：是历史的保护者。

问：语言是什么？

答：是灵魂的表露者。

问：发出语言的是什么？

答：是舌头。

问：舌头是什么？

答：是空气的鞭子。

问：空气是什么？

答：是生命的保卫者。

问：生命是什么？

答：是善的愉快，恶的忧愁……

通过以上的问答，儿童学到不少作为未来统治者所必需的有关自然和社会的知识以及某些粗浅哲理。

另一类是贵族子弟的骑士早期教育。

西欧封建统治者除了利用宗教对广大人民进行精神奴役外，还要依仗武力镇压来维护其政权。在武器装备落后的年代，战争的胜负主要靠武士的格斗来决定。这种武士是封建贵族中最低一等的贵族，即骑士。他们立马横枪地冲杀和战斗。这既是保卫和扩张封建庄园的需要，也是当时一种非常时尚的竞技活动。由此，骑士的地位和作用大为提高，培训骑士的教育也应运而生并成为贵族子弟仕途的必由之路。

骑士教育是一种集封建思想意识熏陶与军事训练于一体的特殊形式的家庭教育。一名骑士的训练和养成要经历三个阶段，即出生至7岁为第一阶段；7岁至14岁为第二阶段；14岁至21岁为第三阶段。这是除了王室儿童之外，每个封建贵族子弟都必须经受磨炼和考验的必修课。第一阶段，即骑士养成的幼儿教育时期，都是在自己家里度过的。父母是教师。教育的主要任务是熏陶宗教意识，培养道德品质和身体养护意识。

宗教意识的熏陶在骑士早期教育中占有十分重要的地位，因为训练骑士的首要标准就是虔敬上帝，也就是要听命于教会，甘为宗教而献身，而此种观念的树立必须从幼年时做起。其教育的方法主要是：由母亲从孩子懂事起就不断地给其灌输有关"全能上帝的伟大""圣母玛利亚的慈爱""耶稣基督的殉难与复活""天堂与地狱"等宗教神学的初步概念，并随着儿童年龄的增长带领其参加一些宗教仪式和节日活动。这就足以使一个个稚嫩的心灵浸染上宗教信仰的色彩，为其日后成为一名虔诚的基督教徒奠定思想基础。

道德品质的培养，则是由父母共同教育儿童从小树立"忠君爱国"之心，仿效要人贵妇讲求礼节，谈吐文雅，以便成年后能坚定地效命于国王和上一级封建主。

养护身体，也是根据训练骑士的另一条标准——剽悍勇猛而提出来的。为了能够横枪立马、纵横斯杀、英勇顽强、克敌制胜，骑士必须具有健壮的体魄，而从小的养护则是关键所在。幼儿身体的养护主要包括合理的饮食，适宜的锻炼，作息制度和生活习惯的遵守。这些通常都是由母亲来指导和实施的。

西欧中世纪的幼儿教育还不是一个明确划分的学习阶段。这一时期，人们按照儿童的不同社会地位而实施不同的教育内容，神学性和等级性是它们的共同特点。就整个幼儿教育来说，西欧中世纪的幼儿教育还是比较粗浅、简单的。

第四节　文艺复兴时期的欧洲

14 世纪中叶至 16 世纪末叶，欧洲出现了声势浩大、范围广泛、影响深远的文艺复兴运动。它打着复兴古代文化、科学与艺术的旗号，其实是新兴资产阶级掀起的一场反封建的思想解放运动和文化解放运动。"尽管形形色色的中世纪的思想方法和观念，以及大量中世纪的制度法规依然残存，但是，一个新世界确实已经实现，人类历史的一个新纪元开始了。"[1]

一、批判中世纪原罪的儿童观

中世纪是从粗野的原始状态发展而来的，它把古代文明、古代哲学、政

1　德尔马.欧洲文化 [M].郑鹿年，译.上海：上海人民出版社，1980：61.

治和法律一扫而光。中世纪封建社会政治、经济和社会生活的特点决定了中世纪的教育带有浓厚的宗教性和明显的等级性，其教育目的在于培养教会的僧侣、封建官吏和骑士。

因此，在文艺复兴时期，人文主义者继承古希腊罗马文化成果和教育思想，批判中世纪的"原罪说""性恶论"，批判中世纪儿童观。在欧洲各国的人文主义者看来，中世纪基督教会和封建贵族的幼儿教育也渗透了神学的精神。其主要是通过教徒对其子女进行说教，诸如儿童生下来就是个有"原罪"的生命，只有通过禁欲、无条件地服从现世、虔诚信仰等，以求消除这种罪孽，享受来世的幸福。儿童在幼年时，就要参加名目繁多的宗教节日和礼仪活动，并被要求信仰宗教，死记硬背教义，甚至被压制独立思考。

二、提倡人文主义的儿童观

人文主义是在文艺复兴时期出现的一种以崇尚现实、强调乐观、充满生气、歌颂"人"的伟大为特征的新观念。它以"人性"反对"神性"，以"人权"反对"神权"，以"人道"反对"神道"。它主张个性解放，尊重人的价值，宣扬个人幸福高于一切，让思想冲破封建和教会的牢笼。在这种新的人生观、价值观的指引下，文艺复兴时期，科学、艺术、哲学等领域得到了惊人的发展，并获得了很大的成功。

因此，在文艺复兴时期，教育实践和理论上发生了很多具有时代意义的变革。其主要表现为：重视教育的作用，确立新的教育目标；扩大教育的对象，提倡新的教育；丰富教育内容，扩展科学知识；改善教育的条件，采用新的教学方法。

与此同时，人文主义教育家和宗教改革家提倡人文主义儿童观。具体来讲，重视儿童的天性和发展，强调儿童是正在成长和发展的新人，父母要热爱他们和培养他们，创造良好的家庭教育环境，让儿童自然地、愉快地、健康地成长；提出儿童精神、身体及道德的和谐发展，通过智育、体育、美育和德育来培养儿童的完美精神和高尚情操；主张考虑儿童的兴趣和需要，激发他们的主动性和积极性，让他们亲眼看、亲耳听、亲手做，并促进他们个性的发展。可以说，自文艺复兴起，在家庭中乃至整个社会中，儿童正在获得一种新的含义，走出他们被遗忘的角落。他们常常被描绘成正在拿着玩具嬉戏的儿童。

三、强调新的儿童教育方法

从培养身心和谐发展和知识广博的新人的目标出发，强调新的儿童教育方法。

首先，家庭的氛围有了转变。其表现为父母对孩子的人文主义情感，父母把孩子看作需要投入很多精力并使用科学方法进行照顾的生命。尽管仍然使用以前的一些方法，诸如在哺乳阶段婴儿常常被包裹起来，使用小滑车让孩子学习走路，母亲和乳母总是哼唱摇篮歌，给孩子讲童话故事和妖怪故事等，但孩子在家庭内部已成为了一个主体，并从头脑和眼睛启蒙的阶段，父母就开始对他们进行观察，分析他们的性格。而且，在家庭里，父母逐渐重视给儿童提供一个良好的环境，父母和保育员成为儿童的表率，减少对儿童的体罚等。此外，儿童的服装款式也开始现代化。

其次，重视儿童的玩耍和游戏。儿童在家中和外面都可以玩耍，不仅是因为儿童需要游戏，而且儿童也有充裕的时间游戏。对于儿童来说，游戏是一种锻炼身体的方式，也可以训练灵敏性和技巧性。例如，在法国人文主义者拉伯雷（François Rabelais）的《巨人传》中，所提及的儿童户内外游戏有 217 种。其中有：夺头彩，踢毽子，猜面背，数星星，争交椅，下围棋，骑木棍，掷骰子，传木棒，传口令，寻伙伴，过佳节，滚铁环，抓羊角，赶小猪，等等。

还有，儿童有了更多适合其年龄特点和需要的玩具。在 1532 年的一幅名为《彼特拉克大师》的版画中就这样画着：在一间宽敞的大厅中，一些小孩被关怀备至的成年人（哺乳的母亲、晃动摇篮的女仆、向女儿指着东西的父亲）围绕。他们每个人都使用着与年龄相符的玩具（用于学习走路的小车、吃饭的简单凳子、陀螺、球类、木马）。

虽然文艺复兴时期人文主义者在幼儿教育实践上并不多，但他们从培养身心和谐发展和知识广博的新人的目标出发，强调儿童的早期发展和教育。这样的儿童教育观具有积极的意义，体现了近代新兴资产阶级幼儿教育的基本要求，直接推进了文艺复兴时期幼儿教育的发展。但是，由于受到时代和阶级的局限，人们还没有论及公共幼儿教育的问题。

拓展阅读

1. 肯尼思·约翰·弗里曼：《希腊的学校》，朱镜人译，山东教育出版社 2013 年版。

2. 让-皮埃尔·内罗杜：《古罗马的儿童》，张鸿等译，广西师范大学出版社 2005 年版。

3. 格莱夫斯：《中世教育史》，吴康译，华东师范大学出版社 2005 年版。

思考练习

1. 试析古代斯巴达和雅典幼儿教育的发展及异同。

2. 试析古代罗马三个时期幼儿教育的发展及特征。

3. 简述中世纪西欧基督教会领域和世俗封建贵族的幼儿教育。

4. 简析文艺复兴时期欧洲的幼儿教育。

第四章　古代西方的幼儿教育思想

在古代希腊、罗马幼儿教育发展过程中，许多思想家与教育家从不同的阶级立场出发论述过幼儿教育的目的、意义、内容和方法。这些关于幼儿教育的见解和主张，都是他们在长期的教育实践中，根据当时社会的政治、经济和文化的需要而提出来的，是教育经验的总结，对当时幼儿教育的实施具有重要的指导作用。虽然他们受当时社会历史条件和科学技术因素的限制，大多数观点都是主观经验的演绎，但仍不失其宝贵的历史价值，其中不少精辟见解和经典著作已成为人类的文化教育财富。

第一节　柏拉图的幼儿教育思想

一、生平活动与著作

柏拉图（Plato，前 427—前 347）是古希腊著名的哲学家、教育家。他出身于奴隶主贵族家庭，是系统的以理性为基础的客观唯心主义体系的创始人。柏拉图青少年时受过良好的教育。从 20 岁起，柏拉图在苏格拉底

（Socrates，前469—前399）门下受教 8 年，是苏格拉底最得意的弟子之一。在苏格拉底被判处死刑后，柏拉图被迫逃离雅典，到过麦加拉、埃及和西西里岛等地，宣传他的政治主张，屡遭挫折。柏拉图于公元前 387 年回到雅典后，在纪念希腊英雄阿卡德谟（Akademos）的运动场中创建了"阿卡德米学园"，亦称"柏拉图学园"。柏拉图在这里执教达 40 年之久。学园的创建不仅为柏拉图提供了施展才华、进行教学活动的场所，而且成为欧洲学术思想交流的中心。学园一直存在至公元 529 年（被东罗马帝国皇帝查士丁尼下令关闭），历时达 900 余年。学园中先后涌现出许多著名的学术思想家和政治活动家，例如，亚里士多德（Aristotele）等。

柏拉图的哲学思想集中反映在他的理念论中。他把世界分为现象世界和理念世界两种。前者是指物质世界，后者是指精神世界。他认为，物质世界是不真实的、虚幻莫测的、变化无常的，精神世界才是真实的、永恒的、不变的。柏拉图认定物质的现象世界的个别具体事物，是理念的精神世界的摹本、副本，理念世界是现象世界的原型，理念是万物的本原。

国家学说、社会政治观在柏拉图的整个思想体系中占有极其重要的地位。这和他维护奴隶主贵族统治的阶级立场有密切关系。其社会政治主张主要反映在《理想国》和《法律篇》等著作中。柏拉图提出了建立完美理想国家的蓝图。他明确指出，一个理想国家应由三个阶级的人组成，即执政者、军人和农工商。由于上天在铸造这三种人的时候，分别注入了黄金、白银和铜铁，他们呈现"爱智""爱胜"和"爱利"三种心灵特点，并形成智慧、勇敢和节制三种不同品德。智慧者理性发达，能对国家大事作出正确的谋划，最适宜于成为国家的最高统治者；勇敢者意志刚强，能御敌卫国，最适宜于成为国家的保卫者；节制者习惯于克制欲望，擅长生产、制造和贩运，理应成为服从哲人和军人统治的劳动者、供养者。这三种人应能各司其职，干他们自己分内的事而不干涉别人分内的事。[1]

1　柏拉图.理想国 [M].郭斌和，张竹明，译.北京：商务印书馆，1986：154.

"理想国"是柏拉图社会政治学说的核心，也是柏拉图培养哲学王的教育思想的出发点。教育被当作建立理想国家的重要手段或工具来加以重视。他强调教育是国家的重要职责，主张实施按能力而不是按出身选拔培养人才的筛选制度，构筑了一个从优生到成人教育的理论体系。幼儿教育是其中的有机组成部分。

二、论教育的作用和任务

重视学前儿童的教育，是柏拉图教育思想中一个十分突出的特点。在西方教育史上，他是最早提出幼儿教育思想的人。柏拉图认为，教育应从幼年开始。"凡事开头最为重要。特别是生物。在幼小柔嫩的阶段，最容易接受陶冶，你要把它塑成什么型式，就能塑成什么型式。"[1]"每个人最初所受教育的方向容易决定以后行为的性质。"[2]因为幼年时性格正在形成，任何事情先入为主而为以后留下深刻的影响，幼年时期印入儿童心灵的形象，在一生中都是难以磨灭和改变的。基于柏拉图"儿童公有"的论点，幼儿教育理所当然属于国家的职责。

幼儿教育的主要任务，在柏拉图看来，应着重于道德行为的熏陶，以形成其良好的品质。他认为，人生来皆具行善的禀赋，疾恶从善乃是人的本性，而个人是否这样做，关键在于是否具有对善恶的辨别能力。一个人如果能知善，肯定会行善；如果能知恶，必然会避恶。人自幼年起就该通过坚持不懈的学习，把对善与恶的认识的最初的种子播种到心灵上，养成善良的习惯。儿童起初或许不能认识善恶的性质，这就要依据幼儿的心灵特点给予启迪。按照柏拉图的意见，痛苦和欢乐是幼儿最早萌生的知觉，其实也是他们善恶

1　柏拉图.理想国[M].郭斌和，张竹明，译.北京：商务印书馆，1986：71.
2　柏拉图.理想国[M]//柏拉图论教育.郑晓沧，译.北京：人民教育出版社，1958：18—19.

40　　　　　　　　　　　　　　　　　　　　　　　　　　　　　外国幼儿教育史

观的最初表现形式。因为凡能引起人的快乐感觉的事物，一定会引起人的爱好的情绪；同样，凡给人痛苦感觉的事物，总会使人产生憎恶的情绪。教育者则可以充分利用幼儿的这种心理现象，引导儿童恨他们所应恨的，爱他们所应爱的。久而久之，当他们获得理性的时候，就会很自然地把感性的苦乐观与理性的爱憎观和谐地集于一身了。

在幼儿道德熏陶的具体做法上，柏拉图强调要利用儿童善于模仿这一天赋本性，从小就让他们模仿那些一生忠诚、勇敢、虔诚、节制的英雄伟人的言行，使他们"从小到老一生连续模仿，最后成为习惯，习惯成为第二天性，在一举一动，言谈思想方法上都受到影响"[1]。反之，凡与贤人勇士道德标准不相符合的言行，则严格防止儿童去仿效。这是因为一个人从小所受的教育把他往哪里引导，就能决定他后来往哪里走。柏拉图一再告诫人们"先入为主，早年接受的见解总是根深蒂固不容易更改的"[2]。所以，幼儿教育必须谨慎处之。

三、论儿童优生优育

柏拉图从实现其理想国的目的考虑，在西方教育史上最先论述了优生优育的问题。他主张任何人都得过集体的公共生活；应使婚姻成为高尚的事业，明确婚姻的目的是生育优秀的后代；任何个人无婚姻自主权，婚权在于执政者，执政者为成人选择配偶。柏拉图还对男女婚龄作了严格的规定：男子为25—55岁，女子为20—40岁。国家只允许健壮的男女结婚。凡不符规定婚龄和健康标准的婚姻，则被看作不洁不义之举，为众人所不齿，其所生子女则不能享受国家的一切权利。即使合法生育的子女，从一开始就要由政府官员进行检验审查，只允许养育健壮的新生婴儿，不良孱弱的婴儿则要抛

1　柏拉图.理想国 [M].郭斌和、张竹明，译.北京：商务印书馆，1986：98.

2　同上：73.

弃。他认为只有这样，才能确保国民的身体素质，才能一代胜过一代。

柏拉图不但倡导优生，还十分强调优育。他认为，在理想国中所生子女都属于国家所有，任何母亲都不应知道哪一个婴儿是自己所生，孩子长大也不应知道谁是自己的生身父母。为了保证儿童的健康成长，国家要统一设置育儿院，把认定为优良的婴孩送入该院由专人照管。柏拉图对这种儿童早期的公育制度作了划分：儿童出生至 3 岁为第一阶段；3 岁至 6 岁为第二阶段。在第一阶段，要求儿童出生后即交给国家特设的育儿院养育，并用摇篮曲、儿歌对婴儿施加影响性教育；在第二阶段，3 岁至 6 岁的儿童要集中到附设在神庙里的国家儿童场里去，由性格温和、富有知识的保姆监护，并对儿童进行包括智、德、体、美和谐发展的教育，具体内容表现为讲述故事、诗歌等文学作品和音乐等艺术作品，进行体育锻炼，并强调寓教于乐，处处给儿童以道德的陶冶。

讲故事的目的是要帮助儿童形成成为将来国家保卫者的良好品德。为此，柏拉图强调说："我想，我们应该尽量使孩子们开始听到的一些故事必定是有道德影响的最好的一课。"[1] 也就是说，使他们长大成人时知道敬神敬父母，并且互相友爱。要做到这一点，他要求"应当对创作故事的人予以审查。他们创作得好的我们应该通过，否则删去"[2]。同样，柏拉图主张要严格选择寓言、诗歌等文学内容，把那些振奋精神、鼓舞斗志、积极向上的作品献给孩子们，同时要严厉取缔那些战争暴虐、神怪离奇、死难恐怖和贪财枉法的题材。因为这种描写神与神的拼杀搏斗、相互谋害、残暴报复、让好人受害英雄哭泣等，损害了神和英雄的形象。儿童在幼年时期若耳濡目染了这一切，就会变成残暴、凶狠、自私、胆怯或狂妄的人。

音乐对幼儿来说是必不可少的。柏拉图认为，合适的音乐教育，可以使

1　柏拉图.柏拉图论教育 [M].郑晓沧，译.北京：人民教育出版社，1958：3.

2　同上：2.

儿童身心受到陶冶，性情得到调和。旋律和曲调的雄浑、庄严和优美，能使他们精神和谐、举止有节、仪态优美。反之，如果音乐教育不合适，不免会影响孩子们的情感行为，尤其那些靡靡之音会使他们变得怯懦和软弱。

柏拉图也十分重视游戏在幼儿教育中的地位。他认为，3—6 岁儿童的本性是喜欢做游戏的，但游戏不仅仅是玩耍和娱乐，同时也是一种道德教育过程。为此，应该选派有经验的人去组织管理。他建议游戏活动要尽量做到适合儿童的年龄特点，简单、易行、自然，要有一定的规则和秩序，防止出现违反纪律的现象，通过游戏来逐渐培养孩子勇敢、聪慧、严肃和守法的性格。总之，游戏的内容和方法必须符合法律的精神，有利于国家的安定。他强调说："我们的孩子必须参加符合法律精神的正当游戏。因为，如果游戏是不符合法律的游戏，孩子们也会成为违反法律的孩子，他们就不可能成为品行端正的守法公民了。"[1]柏拉图关于游戏的见解表现了一种自相矛盾的心态。他一方面认为儿童游戏很重要，另一方面又将儿童限于玩同样的玩具和同样的游戏方式之中，外加种种纪律法规限制。这使他的整个儿童观蒙上了一层阴影。

四、论儿童心灵教育和体育

柏拉图强调儿童的心灵教育应与体育相结合，一种和谐的教育就是"用体操来训练身体，用音乐来陶冶心灵"[2]。不然的话，一生只受音乐教育而忽视体育训练的人往往只会沉溺于音乐之中，终究会变成精神萎靡、难以有任何成就的懦夫；专门从事体育运动而忽视音乐文艺教育的人，不免会变成四肢发达、头脑简单、遇事迟钝、行为粗暴的人。所以，两者不可偏废。

1　柏拉图.理想国 [M].郭斌和，张竹明，译.北京：商务印书馆，1986：140.

2　同上：70.

进而，柏拉图主张儿童的体育要和音乐一样都应是简单而朴素的。儿童的饮食要适当，生活要有规律，睡眠要充足而又不过多，训练不宜过度劳累但要能使儿童适应环境，视听敏捷。体育旨在使身体健康，不致因体弱而牵制心灵，是为了振奋儿童忠于国家、忠于职守的勇敢爱国精神。

柏拉图的幼儿教育思想在外国教育史上具有开创性的意义。他重视教育与政治的关系；他最早提出优生优育的幼儿教育体系；提出儿童心灵与体质和谐发展的观点；指出故事、音乐、游戏在幼儿教育中的重要地位和寓教于乐、慎选教材等问题。所有这些幼儿教育思想至今仍有一定的价值。

第二节 亚里士多德的幼儿教育思想

亚里士多德（Aristotle，前384—前322）是古希腊哲学家、科学家和教育家。他出生于古代希腊属地色雷斯的一个御医家庭。他从小受过良好的贵族教育。公元367年，亚里士多德来到雅典的阿卡德米学园学习，师从柏拉图达20年之久。在柏拉图死后，他离开学园周游各地，曾担任过马其顿王子亚历山大（Alexander the Great）的老师。公元前335年，亚里士多德返回雅典，在阿波罗神庙旁创办了一所名叫吕克昂（Luceion）的学校。在哲学、逻辑学、物理学、生物学、历史学、政治学、伦理学和美学等领域，他都作过深入研究并颇有建树。在《政治学》和《尼各马可伦理学》这两部著作中，亚里士多德集中阐述了他的教育理论以及幼儿教育思想。

一、论教育是国家的事业

与古希腊哲学家柏拉图一样，亚里士多德十分重视教育的政治作用，强调教育是国家的事业。他在《政治学》一书中明确指出："在我们述及的所有保全政体的措施中，最重要的一条是依照政体的宗旨对公民实施教育……最有益的法律，而且得到了其所辖的全体公民的称道，如果在政体范围内未能形成风尚及通过公民教育深入人心，这样的法律就依然是无用的。"[1]在亚里士多德看来，如果立法者忽视教育的话，那就会对政体产生危害。因此，教育应该是国家的事业，而不应该作为各个家庭的私事，因为儿童长大成人后就是国家的公民。亚里士多德特别赞扬斯巴达人在教育上的做法，因为他们尽最大的努力去教育儿童，并把儿童的教育看作整个城邦的共同责任。

从"法治"的思想出发，亚里士多德认为，教育应该成为法制教育的工具。在一个国家里，只有当公民遵守法律，社会秩序才能稳定。但是，公民遵守法律的习惯是需要经过长期的教育和培养的。因此，亚里士多德强调："谁也不会有异议，立法者最应关心的是青少年的教育，因为那些没有这样做的城邦的政体都深受其害。应该教育公民适应他生活于其中的政体，因为每一政体一开始就形成了其固有的习俗，起着保存该政体自身的作用。"[2]由此，他提出在教育方面应有立法规定，使所有公民都受到同样的教育。这无疑是西方教育史上"教育立法"思想的萌芽。

从德行培养的思想出发，亚里士多德认为，教育应该成为树立良好道德修养的手段。一个人如果没有受到很好的教育，他就不能成为一个有德行的人。在他看来，所有的公民都应该通过教育来培养好的德行，这样城邦才能有最优秀的政体，使人们能够有最善良的行为和最快乐的生活。

二、论和谐发展的教育

亚里士多德认为，人的灵魂分成植物的、动物的和理性的三个部分。由

1　亚里士多德.政治学[M].颜一，秦典华，译.北京：中国人民大学出版社，2003：186.

2　同上：267.

此出发，他主张对儿童实施和谐发展的教育，具体包括体育、德育、智育和美育等。在这一方面，亚里士多德的思想显然是植根于古代希腊雅典教育的。

（一）体育

亚里士多德认为，首先应当关心儿童的身体，对于身体的注意应先于心灵。因此，在儿童的教育中，首先要考虑的是体育。他强调：立法者应该按其意愿培育儿童的体格，使"城邦养育的儿童一开始就具有最健壮的体格"[1]。具体来讲，就是把儿童交给体育教师和角力教师，由他们来训练儿童的体质和培养体育技能。体育的目的就是使儿童具有强健的身体和勇敢的精神，这是城邦公民参加政治生活和战争的基本条件。

但是，亚里士多德指出，在体育的作用和训练的方式上应该有一致的认识，防止过早的剧烈的训练，以及避免严格的饮食限制和强制性的劳累。

（二）德育

亚里士多德认为，德育在儿童的教育中也是十分重要的。因为儿童尚不成熟，所以，他们的德性显然不只是与其自身有关，也与其周围的成年人有关。在亚里士多德看来，理智德行大多是由教导而培养起来的，因此，必须注意对儿童的道德教育，使其具有合乎德性的行为。

但是，亚里士多德指出，美好德性的特点是中庸之道，处于过度和不足的中间。这样的德性既能使人成为善良的人，又能使人圆满地实现其功能。

（三）智育

亚里士多德认为，对于儿童的智育也应该重视。因为求知是人的本性，人生来就是爱智慧的和无尽地追求知识的。在他看来，正是通过教育，人

1　亚里士多德.政治学[M].颜一，秦典华，译.北京：中国人民大学出版社，2003：261.

们获得了知识。儿童智育的科目主要是读写、体操、音乐和绘画等。

但是，亚里士多德指出，"应教授儿童那些真正必需的有用东西，但并不是教以一切有用的东西"[1]。尤其要注意的是，不要使儿童学习偏狭的和会使他们鄙俗化的知识。

（四）美育

亚里士多德认为，美育有助于儿童心灵的陶冶并影响他们的情绪和性格。他强调指出："音乐的教导很适合少年的本性，青少年们由于年龄关系极不情愿忍耐那些缺少快乐的事物，而音乐在本性上就属于令人快乐的事物。而且，音乐的旋律和节奏可以说与人心息息相通，因此一些有智慧的人说灵魂就是一支旋律，另一些人则说灵魂蕴藏着旋律。"[2]

但是，亚里士多德指出，尽管儿童在学习音乐时应该成为评判者和演奏者，但他们应有一定的限度，不要以追求职业和赚钱为目的。

三、论优生

与自己的老师柏拉图一样，亚里士多德也十分重视儿童优生的问题，但是，他的论述比柏拉图更为广泛。他的论述主要集中在以下五个方面。

一是父母的体格。亚里士多德认为，父母具有何种体格对其子女最为有利，是我们讨论儿童教育时要充分考虑的问题，因为父母的体格会对其子女的体质产生重要的影响。但是，运动员的体格和过于虚弱的体格都不好，最为适宜的是介于二者之间的体格。

二是孕妇的保健。亚里士多德认为，孕妇的保健对于子女生育来说是十

1　亚里士多德.政治学 [M] // 华东师范大学教育系，浙江大学教育系.西方古代教育论著选.北京：人民教育出版社，2001：107.

2　亚里士多德.政治学 [M].颜一，秦典华，译.北京：中国人民大学出版社，2003：277.

分重要的，因为婴儿从母亲那里获得自己的性情。因此，他建议："孕妇应自己保重，她们应当运动，要吃富于营养的食物。立法者所规定的条文，首先容易见诸实行的，就是要求孕妇每日步行到一神庙礼拜生育之神。她们的心理，不像她们的身体，应能保持安静。"[1]

三是结婚的年龄。亚里士多德认为，男女生育能力的衰退会影响胎儿身体的发育。因此，女子适合于 18 岁左右结婚，男子适合于 37 岁左右结婚。亚里士多德甚至论及成婚时间的选择，认为婚期定在冬天是十分得当的。

四是生育的时期。亚里士多德认为，生育子女要考虑婴儿在身体和心智两方面的发育。如果父母年龄太大，就会使婴儿身心发育不良或有缺陷，因此，生育时期应当是智力旺盛之年。

五是婴儿的身体检查。亚里士多德认为，婴儿诞生后，成人必须对他们的身体进行严格的检查。国家应制定一种法律，规定只允许抚养身体强健的婴儿，而丢弃身心先天有缺陷的婴儿。在某种情况下，国家可以限制每对夫妇生育子女的数量。

四、论年幼儿童的教育

遵从教育"效法自然"的原则，亚里士多德按自然的差异把一个人受教育的年龄划分为三个时期，每一个时期为 7 年。具体来讲，第一个时期是出生至 7 岁，婴幼儿教育；第二个时期是 7 至 14 岁，青春期教育；第三个时期是 14 至 21 岁，理智教育。

根据亚里士多德的观点，第一个时期的婴幼儿教育是十分重要的，因为很多东西从摇篮里就伴随着儿童。这一时期的教育可以分为出生至 5 岁和 5 至 7 岁两个阶段。

1　亚里士多德.政治学 [M] // 华东师范大学教育系，浙江大学教育系.西方古代教育论著选.北京：人民教育出版社，2001：107.

（一）出生至 5 岁的保育

亚里士多德认为，这一阶段的保育应该顺其自然，以儿童的身体发育为主。在他看来，唯有适度才能增进健康。

具体来讲，一是要注意儿童的营养。最适宜儿童的食物是含有乳成分最多的，而不能含有酒精成分。二是要及早开始训练儿童抵御寒冷。这有助于儿童健康和坚强。三是运动。成人应该协助儿童做一些适合他们所能掌握的动作而进行的运动，有时可以借助于器械。四是游戏。游戏能给儿童的肢体以充分的活动。因为儿童总是好动的，所以必须要有些事情做。但是，游戏不应是鄙俗的、易使人疲倦的或丈夫气的。五是讲故事。儿童所听的故事内容必须经过教育总监的挑选，为他们将来的人生事业做准备。六是允许儿童哭叫。因为哭叫有益于儿童的生长发育，对他们的身体是一种锻炼。儿童哭叫如同深呼吸运动一样，可以增强身体的力量。七是注重模仿。因为人是世界上最善于模仿的动物，模仿既是婴儿开始说母语和开始学习的方式，又能使儿童从中获得乐趣。

在这一阶段，亚里士多德反对让儿童进行课业学习或强制性劳动。在他看来，这会妨碍儿童的身体发育。

（二）5 至 7 岁的教育

亚里士多德认为，这一阶段的教育以养成良好的习惯为主。在他看来，人的道德品质形成主要依赖于天性、习惯和理智三个因素。其中，习惯是最重要的。因此，他要求注重儿童习惯的养成。亚里士多德强调说："道德方面的美德乃是习惯的结果。"[1]"从小就养成这样或那样的习惯不是小事情，相反，非常重要，比一切都重要。"[2]

1　亚里士多德.政治学 [M]// 华东师范大学教育系，浙江大学教育系.西方古代教育论著选.北京：人民教育出版社，2001：126.

2　亚里士多德.尼各马科伦理学 [M].苗力田，译.北京：中国人民大学出版社，2003：27.

对于这一阶段儿童的教育和成长，教育总监负有监督的责任。由于家庭环境对儿童的性格形成和习惯养成极为重要，因此，亚里士多德特别强调防止家庭环境的不良影响，尤其防止儿童与奴隶在一起。亚里士多德指出，儿童7岁以前在家中抚养，尽管他们年幼，但"耳闻目睹都很容易使他们染上不良习气。总的说来，立法者务必尽力在全邦杜绝一切污言秽语，把它当成一件事来办。因为哪怕是轻微的丑话，也会很快产生秽行"[1]。

但是，亚里士多德指出，儿童在这一阶段可以进行适当的学习。儿童在5至7岁这两三年时间里，应当观看将来要学习的事情。

在总结古希腊教育经验和吸取前人教育思想的基础上，亚里士多德结合自己的教育实践对幼儿教育提出许多有益的见解。他的不少观点源于柏拉图，但又高于柏拉图。从西方教育历史来看，亚里士多德关于教育立法、教育效法自然、和谐发展教育、儿童的优生及优育等见解，对近代西方幼儿教育思想的发展产生了广泛而重要的影响。

第三节　昆体良的幼儿教育思想

昆体良（Quintilianus，约35—95）是古代罗马著名的雄辩家和教育家。他赞同柏拉图的观点，十分重视幼儿教育，经过亲身实践和深入探讨，在幼儿教育方面提出了许多宝贵的见解，至今仍不失其借鉴意义。

一、生平和教育活动

昆体良出生于古代罗马属地西班牙。其父亲是一位颇有名气的雄辩术

1　亚里士多德. 政治学 [M]. 颜一，秦典华，译. 北京：中国人民大学出版社，2003：265.

教师，在罗马的事业颇有成就。昆体良年幼时就随父来到罗马，接受过良好的初等教育、中等教育和修辞教育。30岁时，昆体良就凭借他富于哲理的言辞和精辟的分析能力成为一名出色的律师和演说家。33岁时，昆体良在罗马皇帝的支持下创办修辞学校并任校长，此后担任了20年雄辩术教师，曾被罗马皇室委任为第一位修辞学教授。昆体良才思敏捷，能言善写，晚年时根据自己长期的教育经验和古代罗马当时教育的实际情况，写成一本教育理论专著《雄辩术原理》(又译《雄辩家的教育》)。但此书稿遗失达1300多年之久，直至15世纪才被发现，当时正值欧洲文艺复兴运动时期。它为人文主义教育家重新认识古代希腊和罗马的文化教育提供了一份难得的宝贵遗产和一条重要的历史线索。

二、论雄辩家的培养

昆体良从维护罗马帝国的统治需要出发，把培养或造就一代心地善良、精于演说的雄辩家作为他的教育目的。雄辩家在当时罗马人生活中占有十分重要的地位，诸如开展公共生活的讨论、为著名人物作颂词、战争前的动员鼓励、法庭前的慷慨辩解等都要雄辩家出面施展才华。雄辩家颇受人们的尊重。昆体良在论述培养雄辩家的教育方面有着独到的见解。

首先，他认为，要成为一名合格的雄辩家，必须具备三个条件。第一，应具备很好的道德品质。昆体良要求每个雄辩家不仅具有非凡的演说才华，而且具有一切优秀的品格，是一个善良的人。第二，应有丰富的阅历、渊博的知识。昆体良认为，只有以完备的学识奠定基础，才能使演说具有权威性、针对性和正确性，使演说具有最大的说服力。第三，演说风格要朴实自然、言简意赅、精彩动人，反对一切滥用词汇的浮华之风。

其次，昆体良认为，培养雄辩家不只是高等学府（修辞学校）的任务，也是包括幼儿教育、初等教育、中等教育在内的整个教育的共同任务。因此，必须从摇篮时开始，搞好儿童的早期教育。

三、论幼儿教育

昆体良是幼儿教育的积极倡导者。在《雄辩术原理》一书中，他论及了幼儿教育的目的、内容、方法等问题。

（一）论儿童要及早受教育

在《雄辩术原理》第一卷第一章中，昆体良开宗明义地提出："当儿子刚一出生的时候，但愿作父亲的首先对他寄予最大的希望，这样，才会一开始就精心地关怀他的成长。"[1] 在他看来，凡是每个儿童都要学习的东西，就应该早点开始学习。因为婴儿时期的所得是青年时期的收获。昆体良还告诫人们：早期年龄阶段的光阴不要浪费。"七岁以前的收获无论怎样微小，为什么就要轻视它呢？诚然，七岁以前学习的东西无论怎么少，但有了这个基础，到了七岁就可以学些程度更深的东西，否则到了七岁还只能从最简单的东西学起。"[2]

昆体良认为，未来雄辩家的培养和教育是伴随着婴儿的出生而开始的。他公开宣告："我的计划是引导我的读者从咿呀学语开始，经过初露头角的雄辩家所必需的各个阶段的教育，一直到雄辩术的顶峰。"[3] 昆体良还从儿童心理和生理方面来强调幼儿教育的必要性。他指出："还有更深一层的理由。愈是年纪小，头脑就愈易于接受小事情，正如只有在身体柔软的时期，四肢才能任意弯曲，强壮本身也同样使头脑对多数事物更难于适应。"[4] 另外，

---

1 昆体良.雄辩术原理[M]// 昆体良教育论著选.任钟印，选译.北京：人民教育出版社，1989：10.

2 同上：15.

3 同上：6.

4 同上：16.

学习初步的知识仅仅靠记忆，而儿童时期的记忆更加牢固，正因为如此，就更没有借口浪费早年的光阴。[1]

（二）论游戏

昆体良十分重视幼儿的游戏活动。他认为，儿童爱好游戏是天性活泼的标志：那种迟钝麻木、没精打采的，甚至对那个年龄所应有的激动也无动于衷的学生，是很难热心学习的。[2]在游戏活动的组织安排上，昆体良主张寓发展智力和培养德行于游戏之中。在他看来，游戏和娱乐"有助于发展敏锐的智力"[3]。在游戏中，儿童的道德品质也能毫无保留地按照本来面目表现出来。因此，教师要记住，没有哪个年龄的孩子会幼稚到不能立刻学会分辨是非。昆体良要求教师充分利用游戏这一儿童喜爱的活动方式，使游戏既成为一种娱乐，也成为一种学习，更成为一种教育的活动形式。

（三）论记忆力和创造性

昆体良明确指出："儿童能力的主要标志是记忆力，记忆力包括两个方面：敏于接受知识和记得牢固。"[4]因此，他十分重视幼儿记忆力的培养。因为对于每个要成为雄辩家的儿童来说，"记忆力是头等重要的，它可以通过练习得到加强和发展……记忆力是教师可以帮助促进其发展的唯一智能"[5]。

昆体良还认为，一个具有出众才能的儿童如果没有根基深厚而牢固的内在力量，不过像撒在土地表面而未熟即萌芽的种子，又像似稻而实非稻的杂草，收获季节未到就早已枯黄结了空实。[6]所以，儿童应该从小就逐步养

1　昆体良．雄辩术原理［M］//昆体良教育论著选．任钟印，选译．北京：人民教育出版社，1989：15.

2　3　同上：27.

4　同上：25.

5　同上：18.

6　同上：26.

成渴求知识的意愿。为了造就一个未来的雄辩家，昆体良寄希望于他们在童年时代要经常表现出勇敢、创造力，以创造为乐，虽然他们可能缺乏正确性和精确性。[1] 过头的精力旺盛是不难纠正的，麻木不仁则是不治之症。[2] 在昆体良看来，幼儿教师的主要职责就在于培养幼儿的求知欲和创造性。对待幼儿要如同对待小鸟一样，当他们的力量证明已经足够的时候，就让他们自由地飞向天空。

（四）论娇惯儿童的危害及榜样的作用

昆体良针对当时罗马社会风气不良而造成的不少现象，例如，"谩骂被当作言论自由，草率鲁莽被当作勇敢，挥霍被看作富裕"[3] 等表示深恶痛绝。尤其由于一些富有之家和无知父母本身的道德败坏，使得那些年幼的孩子在还不知道这些事是邪恶时就学会了，于是，他们变得放纵、娇气以至于说下流话。昆体良指出："他们这样满嘴污秽是不足为奇的，这是我们自己教的，他们是在听我们说话时学会的。"[4] 一旦这些孩子进了学校，便把这种道德败坏带进学校。

因此，昆体良坚决要求父母本身应成为孩子们的有效榜样，只做一切应当做的事。通过父母这面镜子，可以培养孩子对恶言恶行的厌恶。他再三希望父母应该将心思用于培养一切有利于孩子健康成长的习惯上。

（五）论反对体罚

昆体良竭力反对儿童教育中的体罚现象，提出尤其要禁止对幼儿进行体罚。他大声疾呼："对于如此纤弱、如此无力抗拒虐待的幼年，任何人都不

1　昆体良.雄辩术原理 [M]// 昆体良教育论著选.任钟印，选译.北京：人民教育出版社，1989：73.

2　同上：74.

3　同上：98.

4　同上：21.

允许滥用权威。"[1] 他认为，体罚造成众多不幸儿童的身体和心灵的创伤，对儿童施行体罚有百害而无一利。昆体良还专门给体罚列举了五大罪状。

第一，体罚事实上无疑是一种凌辱，是一种残忍行为。

第二，盛行体罚，而孩子一旦对鞭笞习以为常，教育就难以起到作用。

第三，如果儿童在幼年时期遭受体罚，长大以后往往更难以驾驭。

第四，体罚只能造就奴隶的性格，而不能培养雄辩之才。

第五，体罚的结果必然是儿童心情沮丧压抑，经常感到抑郁，产生恐怖心理。

（六）论儿童的看护者和教师

昆体良认为，必须慎重选择儿童的看护者和教师。儿童的看护者（包括奶妈、保姆）和教师必须身体健康，说话清楚正确，因为幼儿首先听到的是他们的声音，模仿的是他们的语言。这些人整天和幼儿接近，他们的一举一动、一言一行，都会直接或间接地影响着幼儿的言谈举止。

为了更好地教育幼儿，昆体良对幼儿教师提出了一系列严格而具体的要求，主要包括以下三点。

第一，教师要热爱儿童。昆体良指出，只有热爱儿童才能教育儿童。教师要以父母般的感情对待儿童，应当严峻而不冷酷，和蔼而不放纵。教师以自己理智的爱赢得儿童的尊敬，儿童也就会视教师如父母。

第二，教师要善于观察儿童和了解儿童。昆体良认为，一个高明的教师，当他接受托付给他的儿童时，应当首先弄清其能力和资质。同时，要善于精细地观察学生能力的差异，因为每个人的才能的确有着不可思议的差异。

第三，教师要正确运用批评和表扬。昆体良把这看作教育艺术之所在，

---

1 昆体良. 雄辩术原理 [M] // 昆体良教育论著选. 任钟印，选译. 北京：人民教育出版社，1989：28.

认为对于年幼儿童尤为重要。教师应该尽量和蔼，不论对错误的纠正多么严格，也要以温和的方式对幼儿进行教育。此外，教师对于孩子的错误要及早发现，及早纠正，因为错误在年幼时得不到纠正，在以后的生活中就会成为难改的积习。

关于表扬或褒奖问题，昆体良要求教师做到既不吝惜，又不滥用。因为吝惜表扬或褒奖会挫伤年幼儿童的积极性，滥用表扬或褒奖又会滋长儿童的虚荣心或自满情绪。

昆体良继柏拉图、亚里士多德之后详细而深入地探讨了幼儿教育问题。其中有关幼儿个性的培养、对幼儿教师的要求、强调榜样教育的作用、注重游戏教育方法等观点，不乏给人以启迪。特别在关于反对体罚的论述中，可以看出昆体良对儿童人格的尊重和对正面教育的强调。这一切充分说明他不愧是西方教育史上一位有远见卓识的教育家。

第四节　普鲁塔克的幼儿教育思想

普鲁塔克（Plutarch，约46—约120）是古代罗马帝国时期的作家、教育家。他出生于希腊的喀罗尼亚，从小受到良好的家庭教育。公元66—67年，普鲁塔克游学雅典，师从逍遥学派的哲学家。他曾游历各地，广为搜集历史和传说。但是，他常住喀罗尼亚，曾任那里的首席行政官，并开办了一所以讲授哲学和伦理学为主的学校。从公元95年起，普鲁塔克任雅典的德尔菲神庙的终身祭司。他一生撰写了大量著作，多数已散佚，流传下来的有著名的《希腊罗马名人传》和《道德论丛》，对后世西方思想家产生了很大的影响。在《道德论丛》中，普鲁塔克以一篇题为《论儿童教育》的论文集中阐述了儿童的早期教育问题。

一、论儿童教育的作用

（一）论天性与教育

从儿童德性的培养出发，普鲁塔克论述了天性与教育的密切关系。他认为，要完成德性的培养，就必须使天性、理智和应用三者协调一致，否则就会使德性有缺陷。其中，理智是指学习，应用是指练习。普鲁塔克强调指出："天性如果不通过教导加以完善，就是不实之华；教导如果无天性之助，就是残缺不全；练习如果没有这两者的帮助，就不能完全达到目的。"[1]在他看来，这犹如农事一般，首先是土壤必须肥沃，其次是农夫必须熟知农事，最后是播下的种子必须优良。其中，天性好比土壤，教育者好比农夫，所教的原理和概念好比种子。

在天性和教育两者中，普鲁塔克十分强调教育的作用。他认为，很多事例清楚地表明"良好的天赋能力可能由于怠惰而遭毁坏，迂缓迟钝的天赋能力也可以由教育而得到改善"[2]。因此，疏懒的学生不能获得理解最简易的事物的能力，但努力和勤奋的学生却能克服最大的困难，从而表现出强大的力量和取得成功的效果。对于培养德行和获得幸福来说，最主要的事情是良好的教育。普鲁塔克甚至认为，即使努力与天性相反，努力所产生的结果也要比天性本身所产生的结果大得多。

（二）论儿童教育

普鲁塔克十分重视儿童教育。正如英国教育学者劳伦斯（E.S. Lawrence）所指出的："普鲁塔克也了解早期教育的重要性。"[3]在普鲁塔克

1　普鲁塔克.论儿童教育[M]//昆体良教育论著选.任钟印，选译.北京：人民教育出版社，1989：243.

2　同上：244.

3　劳伦斯.现代教育的起源和发展[M].纪晓林，译.北京：北京语言学院出版社，1992：18.

看来，儿童教育在人的发展中具有重要的意义。儿童的头脑易于接受在这个年龄时期所提供的教育，正如在软蜡上容易打上印记一样。"因为儿童是柔嫩的、容易铸造成各种类型的人。而且，当儿童的灵魂还软弱易感的时候，容易接受进入心灵的任何事物的印象；但一旦长大以后，像一块坚硬的东西一样，它就难以改变了。"[1] 因此，在儿童教育上，必须谨慎小心而不要疏忽大意，尤其要给儿童提供一个良好的教育环境。在这个教育环境中，既有好的伙伴，又有好的教师。无论什么样的儿童，都能有受教育的机会，分享教育的好处。

正是考虑到儿童教育的重要意义，普鲁塔克探讨了儿童教育应采取的方针和培养他们良好习惯的方法。

二、论儿童教育的内容

普鲁塔克认为，儿童教育的内容包括以下三个方面。

一是品质培养。普鲁塔克指出，要使儿童从小就养成良好的品质。这些良好的品质具体包括：能把行动的生活、沉思的生活和享乐的生活结合起来；无论言谈上还是行动上都不鲁莽轻率，而表现出谈吐得体、合乎礼仪；说话既不过分自负，也不过于自卑；处顺境时不要洋洋得意，处逆境时也不要垂头丧气；学会保持缄默和养成说话诚实的习惯等。

二是学问获得。普鲁塔克指出，使儿童获得学问是最值得关注的重要事情。因为"在我们所拥有的一切事物中，唯有学问才是不朽的、神圣的"[2]。但是，这些学问应该是健康的、有益的，而不应该是适合低级趣味的、毫无价值的。通过听讲或观察以及阅读古代作家的著作，儿童能获得各种

1　普鲁塔克. 论儿童教育 [M]// 昆体良教育论著选. 任钟印，选译. 北京：人民教育出版社，1989：244.
2　同上：247.

知识。

普鲁塔克认为，在一切学问中，最有价值的哲学将置于最优先的地位。这里，他所说的"哲学"是指道德哲学或伦理学。因为从哲学中，人们可以理解什么是诚实，什么是虚伪，什么是正义，什么是不义，总之，懂得应当追求什么、避免什么。普鲁塔克强调指出："凡是懂得怎样按照哲学的原理处理民政事务的人，我认为就是完美的人，因为他们由此就能成为两种最伟大的事情的主人——既是其生活有益于公众的政治家，又是生活宁静的哲学家。"[1]

三是身体锻炼。普鲁塔克指出，不要忽略儿童的身体锻炼，必须把儿童送到体操学校中去锻炼身体。因为老年时期的活力是童年时期的健全体魄造就的。在普鲁塔克看来，儿童的身体锻炼一方面有助于他们养成美好的体态，另一方面有助于他们增强自己的体力。此外，要使儿童养成生活有条理的习惯，并能按节制的原则管束自己，珍惜自己的体力。

普鲁塔克还指出，作战训练是与体育锻炼相联系的，儿童通过练习掷标枪、射箭和捕猎等可以受到作战的训练。如果儿童只是习惯娇宠的生活，那么他们将是不适于作战的。

三、论儿童教育的方法

在儿童教育方法上，普鲁塔克提出了许多有益的见解。

一是教育要适于儿童的水平。普鲁塔克认为，适度的努力可以使儿童的精神得到提高，而负荷过重就会使儿童力不胜任。如果教育要求远远超出儿童的水平，给他们提出太难太重而无法完成的功课，其结果往往会使儿童灰心丧气，甚至使得他们对学习本身产生厌恶。在普鲁塔克看来，身体

1　普鲁塔克. 论儿童教育 [M] // 昆体良教育论著选. 任钟印，选译. 北京：人民教育出版社，1989：251.

的维持要靠吃饱和排泄，心智的维持也要有张有弛。

二是重视榜样的作用。普鲁塔克认为，在儿童教育中，榜样具有重要的作用。但是，存在正反两方面的榜样。首先，要使儿童以正面榜样为鉴，努力学习正面榜样，以养成自己的德行和丰富自己的智慧。其次，在给儿童树立正面榜样的同时，必须禁止他们受到反面榜样的熏染，要防止他们与坏人为伍，特别是不要与谄媚者为伍。

三是给儿童以鼓励和合理的动机。普鲁塔克认为，当儿童受到鼓励和称许时，他们会因而受到鼓舞，因此，绝不要用鞭笞或任何其他的侮辱性惩罚强迫儿童学习，因为这更适用于奴隶，而不适用于天真的儿童。他指出："对于自由民儿童，称许和申斥比任何这种不体面的处理方法都更有效。称许足以扬善，申斥足以救失。我们应视具体情况交替运用各种称许和申斥。"[1]但是，普鲁塔克也指出，对儿童的称许和奖励不要过分夸张，否则会使他们觉得自命不凡而导致精神的衰弱。

四是锻炼记忆力。普鲁塔克认为，最重要的锻炼是使儿童经常运用记忆力。因为记忆力犹如学问的仓库，它对于学问的作用甚于一切，所以，无论天性灵敏还是天性迟钝的儿童都要锻炼记忆力。在他看来，"记忆力锻炼不仅对学问的成就有极大的帮助，而且对人生的一切行动都有极大帮助"[2]。

四、论父母和教师

由儿童教育的意义出发，普鲁塔克十分强调父母的职责和教师挑选的重要性。

1　普鲁塔克.论儿童教育[M]//昆体良教育论著选.任钟印,选译.北京：人民教育出版社,1989：253.

2　同上：254.

（一）父母的职责

普鲁塔克认为，作为天然教育者的父母应该承担教育孩子的职责。儿童的哺育是父母应该重视的。具体来讲，它应由母亲自己去做。至于儿童的教育，应该由父亲负责检查，而不要把儿童托付给教仆或教师就不再过问。放弃自己职责、对孩子教育漠不关心的父母是应当受到责备的。对于自己的孩子严加监督，防止他们的行为越轨，是明智的父亲义不容辞的责任。父亲不仅要关心孩子的健康成长，而且要为孩子树立正面榜样。因此，"父亲们所应关注的最主要的事情是，他们本身应成为孩子们的有效榜样，只做一切应当做的事，避免邪恶的习惯。他们的生活本身如同一面镜子，通过这面镜子，就培养了孩子对恶言恶行的厌恶"[1]。

此外，普鲁塔克还认为，父亲对孩子的态度应该温和，脾气不要过于严厉和暴烈。有时，他们对孩子可以管得松一点，允许孩子有点自行其是的自由；有时，他们对孩子可以管得紧一点，容忍孩子犯点错误但不要动肝火。

（二）对教师的挑选

普鲁塔克认为，对教师的挑选问题是一个比其他问题都重要得多的问题。他强调指出："我们为孩子物色的教师必须是生活上无可指责的，行为上不应受到非难的，并且应具有最好的教学经验。因为诚实与美德的泉源与根蒂在于受到好的教育。正如农夫总是用叉子将嫩弱的植物支撑起来，诚实的教师也是以精心的教诲和告诫将年轻人支撑起来，使之能长出良好行为的蓓蕾。"[2]因此，普鲁塔克指出，在挑选教师时，要十分注意不要看错人，且不要贸然把孩子的教育托付给没有经验的或名声不好的甚至行为卑劣和声名狼藉的人。因为把孩子交给不称职的教师去教育，这是十足的愚蠢行为。普鲁塔克批评有些父亲不愿意多花一点钱为孩子请一位好教

1 普鲁塔克.论儿童教育 [M]// 昆体良教育论著选.任钟印，选译.北京：人民教育出版社，1989：260.
2 同上：245.

师，而宁愿杀价挑选无用的教师教育自己的孩子。这实际上是用廉价购买无知。

普鲁塔克的《希腊罗马名人传》和《道德论丛》流传甚广。文艺复兴时期的蒙田、莫尔以及 18 世纪的卢梭都十分喜欢他的作品，并在思想上受到他的影响。

拓展阅读

1. 王天一："柏拉图评传"，载赵祥麟主编：《外国教育家评传》第 1 卷。上海教育出版社 2002 年版，第 61—98 页。

2. 李文奎："亚里士多德评传"，载赵祥麟主编：《外国教育家评传》第 1 卷。上海教育出版社 2002 年版，第 99—122 页。

3. 昆体良：《雄辩术原理》，载任钟印选译：《昆体良教育论著选》。人民教育出版社 1989 年版，第 5—184 页。

思考练习

1. 试析柏拉图培养哲学王的幼儿教育思想。

2. 简述亚里士多德对幼儿教育两个阶段的分期。

3. 试析昆体良培养雄辩家的幼儿教育思想。

4. 简述普鲁塔克的《论儿童教育》。

第五章　文艺复兴时期的幼儿教育思想

14 世纪至 16 世纪的欧洲，随着封建社会制度的衰落、资本主义生产关系的萌芽、东西方交往的发展，新兴的资产阶级为谋求自身的经济利益和政治地位，掀起了一个以复兴古代希腊、罗马文化艺术为旗号的规模巨大、影响深远的思想文化运动，史称"文艺复兴运动"。

文艺复兴运动于 14 世纪发端于意大利，到 15 世纪中期以后，先后波及尼德兰（今荷兰）、西班牙、法国、英国等地。对于文艺复兴，恩格斯曾评价："这是人类以往从来没有经历过的一次最伟大的、进步的变革，是一个需要巨人并且产生了巨人的时代，那是一些在思维能力、激情和性格方面，在多才多艺和学识渊博方面的巨人。"[1] 它标志着欧洲一千多年的中世纪封建社会制度和教会势力黑暗统治的结束与古代希腊、罗马文化的复苏。其实，用"文艺复兴"一词并不尽意。因为它绝不是一次单纯的文化运动，而是资产阶级和广大群众在政治、经济、文化各个领域里进行的一次全面的反封建斗争。

文艺复兴的基本精神是"人文主义"。其主要特点是提倡以人为中心，

1　恩格斯.自然辩证法 [M] // 马克思，恩格斯.马克思恩格斯选集（第三卷）.北京：人民出版社，2012：847.

反对以神为中心；它歌颂人的伟大，要求人的尊严；它强调个性解放，主张教育应该培养身心健康、知识广博、多才多艺的新人。

在文艺复兴时期，一些人文主义教育家在人文主义精神下，从培养新人的目标出发，对幼儿教育进行了论述。人文主义教育家威吉乌斯、伊拉斯谟在幼儿教育方面写出了专著；蒙田在他的脍炙人口的《随笔集》中阐述了儿童教育观点；特别是欧洲早期空想社会主义者莫尔和康帕内拉，在阐述未来的理想社会的过程中，也描绘了理想社会的幼儿教育，闪烁了时代的光辉，超越了同时代的人文主义教育家。

第一节　威吉乌斯的幼儿教育思想

威吉乌斯（Mapheus Vegius，1406—1458）是意大利的人文主义教育家。他十分关注幼儿教育问题，于1450年写成了《儿童教育论》一书，详尽论述了人道化和个性化的幼儿教育思想。

首先威吉乌斯就胎教以及初生婴儿的健康和安全问题提出了一些具体建议。例如，要用舒适、安静、愉快的生活环境确保孕妇顺利分娩；初生婴儿必须由母乳来哺育；保证婴儿充足的睡眠；要根据幼儿的体质和自然需要提供衣服和食品，不给奢侈的食物；尽早地锻炼幼儿的耐寒能力和适应气候的能力；不给幼儿任何尖利或危险的器具；保护幼儿的人身安全，免遭一切对身体的损伤。应该说，在对科学育儿方面认识还很低的当时，这些建议对于保护婴幼儿的健康、培养其健全的体魄是极其重要的。

其次，威吉乌斯主张，成人要以经常赞扬好的行为、宽容细小过失的办法来教育儿童，既要严肃认真，又要充满赤诚和爱。在威吉乌斯看来，这是将儿童引上正道的最好的手段。

第三，威吉乌斯强调指出，父母的楷模是良好教育的首要条件。他认为，教育方法必须根据儿童个性的不同而有所区别，这是不言自明的。[1]

第四，威吉乌斯认为，儿童从懂事起就应接受高尚的礼仪教育。我们应该教育孩子要热情地问候、亲切地答礼，客人来去要殷勤有礼貌，并不拘于客人多少。[2]

威吉乌斯的幼儿教育思想重在通过对幼儿进行人道化、个性化的教育，把上层阶级的儿童培养成有才干、身体健壮而又品德高尚的新贵族和商人。

第二节　伊拉斯谟的幼儿教育思想

尼德兰人文主义者伊拉斯谟（Desiderius Erasmus，约 1466—1536）出生于尼德兰（今荷兰）鹿特丹的一个教士家庭。尽管他曾在修道院里生活了多年，由于在游历欧洲时受到了人文主义者，尤其是英国人文主义者莫尔的影响，他积极倡导人文主义。在英国期间，他曾在剑桥大学开设讲座，还帮助重建了圣保罗学校。伊拉斯谟的主要教育著作有：《愚人颂》（1509）、《论基督教君主的教育》（1516）和《论儿童早期的自由教育》（1929）。在这些著作中，他也对幼儿教育问题进行了论述。

一、论教育的重要性

伊拉斯谟认为，影响人的发展有三个因素，即天性、教育和实践。其中，最重要的是教育。他指出，如果没有精心设计的教育，天性必定是不完美的；而实践如果没有教育所提供的方法，那必定会导致毫无希望的混

1　梅根悟.世界幼儿教育史（上册）[M].刘翠荣，等，译.长春：吉林人民出版社，1986：5.
2　同上：6.

乱。[1]从君主的职责及对君主的要求出发，伊拉斯谟十分重视君主的教育。对于"当君主都是天生就会而无须后天培养"的说法，他是持反对态度的。在伊拉斯谟看来，君主的教育是至关重要的。君主必须接受教育，学习治理国家的原则以及那些有助于国家治理的技能。君主不仅需要生具良质，而且需要通过教育来防止堕落腐化或者加以改进。因此，伊拉斯谟指出："良善而睿智的君主在留意其子嗣的教养时应当始终铭记：生而注定治国者必须以国家为目标加以教养，而不是随其性情……无论君主可以塑立多少雕像，无论他可以多么煞费苦心地建造宏伟工程，他所能留下的对于自己良善之质的最佳纪念碑，也莫过于一位各方面都不逊乃父，并以自己卓越之行动再创乃父之卓越的子嗣。"[2]

与此同时，伊拉斯谟强调必须使君主受到正确的教育，以便获得对于良君来说非常需要得到的智慧。因为成长为一位良君的主要希望系于他所受到的恰当教育，所以，对于这种教育应当倍加留意。他明确指出："事实上，国家的主要希望就在于其子嗣的正确训练……这便是教育之力量。"[3]在伊拉斯谟看来，如果一个人先天出身相当完美，但后天教育却相当糟糕，那是最为不幸的。这好像由于农夫的疏忽而使良田荒芜一样。正因为如此，他呼吁人们关心儿童的教育问题，并以国家的利益为宗旨来培养儿童。

二、论教育应该从小抓起

伊拉斯谟认为，应该重视儿童的早期教育，也就是说，教育应该从襁褓时期就开始。对于君主来说，这尤为重要。他明确指出："教育必须从小抓

1　WOODWORD W H. *Desiderius Erasmus Concerning the Aim and Method of Education* [M]. New York：Teachers College Press，Columbia University，1964：191.

2　伊拉斯谟. 论基督君主的教育 [M]. 李康，译. 上海：上海人民出版社，2003：11.

3　同上：109.

起，必须配得上一位真正的君主，必须明确坚定。"[1]正因为儿童维系着举国之民的财产和道德，所以，他们的教育就应该及早受到细致的关注。

在伊拉斯谟看来，教育从小抓起的理由主要在于以下几个方面。

一是儿童早期教育有助于人的终身发展。伊拉斯谟指出："王储的心智必须从（人们所谓之）襁褓之始，当其仍保持开放、未经发育之时，即灌输以健康的思想。从那时开始，就必须在他那尚为婴儿的灵魂的处子地里播撒上道德的种子，以期随着年事渐长，阅历日丰，这些种子会逐渐地发芽、成熟，一经播下，便可以深植于君主内心，伴其终生。"[2]

二是儿童早期教育给人的印象最为深刻。伊拉斯谟认为，这是因为再没有什么能够像最初几年所留下的印象那样，刻下如此根深蒂固和难以磨灭的印记。而且，在幼儿时期，稚嫩年纪的儿童对他喜欢的任何训练都会有积极的反应，并从中吸收养料。

三是儿童早期教育有助于习惯成自然。伊拉斯谟认为，智慧和德性自有其婴幼期。有很多至关重要的东西需要在幼儿时期进行灌输，特别是德性的培养。例如，从孩童时代起就让他们熟悉荣辱观，这会给人以正确的引导。因此，必须让儿童从一开始就习惯于最好的东西。一个人若是已经习惯成自然，再要让他根除业已在其性格中扎下根的行为，那就极其困难了。

三、论幼儿教育的内容与方法

伊拉斯谟认为，幼儿教育既包括德性的培养，也包括智慧的培养。因此，幼儿教育的内容有游戏、格言、寓言等。

在幼儿教育的方法上，伊拉斯谟提及以下几种方式。

---

1 伊拉斯谟.论基督君主的教育 [M].李康，译.上海：上海人民出版社，2003：57.

2 同上：9.

一是不要把儿童看成小大人。伊拉斯谟特别要求教师不要把儿童看成小大人，并告诫教师："你的学生还是一个小孩，而你自己也曾经是一个小孩。"[1]因此，在儿童的教育中，要注意采用适合他们的直观方式。例如，把一些道德箴言刻在戒指上，画在图画中或挂在花环上。

二是寓教于游戏和讲故事中。在《论儿童早期的自由教育》中，伊拉斯谟提出对幼儿的教育采用游戏和讲故事的方式。当学生还是一个小孩时，教师可以通过令人愉快的寓言或巧妙的比喻等对他进行教导。在伊拉斯谟看来，应该使儿童从中领会到具有教育意义的东西并得到启迪。

三是树立榜样。伊拉斯谟认为，既要使儿童远离各种不良影响，又要给他们提供各种正面榜样。名人树立的正面榜样能够生动有力地激发儿童的想象力，更重要的是，它所渗透的那些观念能够成为儿童良好品性的源泉。由此，必须把一些值得称颂的人作为儿童的楷模，以帮助儿童抗御一切诱惑。在伊拉斯谟看来，要想矫正儿童的行为，最有效的方法就是为他设立一个典范。

四是对儿童和蔼可亲。伊拉斯谟十分反对教师采用打耳光、用戒尺责打等方法。他无不讽刺地指出：当有些教师"如此欺压一群年轻、幼弱的孩子的时候，就好比一只土耳其的驴子，认为自己和欺压一切下等野兽的狮子一样雄壮"[2]。

四、论教师的职责及挑选

伊拉斯谟十分强调教师职责的重要性。他明确指出："国家的一切都应归功于一位良君；但君主本人却得归功于那位以其正确的教导养成君主现

1　COLE P R. *A History of Educational Thought* [M]. London：Greenwood Press，1972：189.

2　伊拉斯谟.愚人颂[M]// 华东师范大学教育系，浙江大学教育系.西方古代教育论著选.北京：人民教育出版社，2001：227.

状的人。"[1] 因此，伊拉斯谟提出，对于勤勤恳恳、尽心尽力地负责恰当的君主教育的人，应该像那些替国家建立功勋的人一样，为他们塑立雕像、拱门和匾额。

在教师的职责上，伊拉斯谟认为，担任教育君主之责的人应该认识到他所承担的工作具有重大无比的责任。"他首先应以堪当此任的精神着手此事，不去考虑自己能从中谋取多少利益，而是思索自己能够以何种方式，把一位仁君交回给这个对其真诚善意寄予愿望的国家。"[2] 因此，"为人导师者请铭记于心，对于这个将其幸福的完美实现交托与你的国家，你所负何多"[3]！

伊拉斯谟认为，教师应该尽早开始履行自己的职责。在履行职责时，教师的目标始终如一，但又必须因时而异地采取不同的方法。例如，教师应该以悦耳的措辞讲述；教师应该当众表扬学生，而在私下才斥责学生；教师应该有值得敬重而平易近人的风格；教师应该既不因过分严苛而伤害学生，又不因过分纵容而娇宠学生；等等。在进行德性培养时，教师可以时而用暗示，时而用类推，时而用榜样，时而用格言，时而用谚语。

由于教师的职责如此重要，教师的工作如此艰辛，伊拉斯谟十分重视教师的挑选，要求从成千上万的人当中挑选出德才出众之士来担任教师。他明确指出，必须相当细致地挑选教育儿童的人，因为发现和选择理想的教师比描述理想的教师更为困难。在伊拉斯谟看来，担任教师的人应该睿智正直、纯洁高尚、年高德劭、品行清白、和蔼友善和勤勉工作等，以及他们所受的教育来自长期的实践阅历。他还特别指出，教师不能骄傲自大，不能把自己看得比最有经验的哲学家还要聪明。

此外，伊拉斯谟也提及儿童的保姆和友伴的问题。他认为，既应该把儿

1　伊拉斯谟.论基督君主的教育 [M].李康，译.上海：上海人民出版社，2003：10.
2　3　同上：14.

童交托给具有母爱的和认真负责的保姆悉心照管，也应该为儿童提供具有良好教养的友伴，这对儿童的教育是十分重要的。

第三节　蒙田的幼儿教育思想

蒙田（Michel Eyquem de Montaigne，1533—1592）是法国人文主义思想家和散文作家。他出生于法国佩里戈尔地区的一个富商家庭，曾在人文主义者开办的居耶纳中学接受人文主义教育。1580 至 1581 年间，他曾到意大利、德国和瑞士等地游览访问。1581—1585 年任波尔多市市长。晚年，蒙田回到故乡隐居，埋头于著述活动。他的主要著作是《随笔集》（1595）。其中有一些随笔是论及儿童教育问题的，如《论学究气》《论儿童教育》等，对西方幼儿教育思想的发展产生了较大的影响。

一、论教育目的

蒙田认为，教育的目的不是培养文法学家，也不是培养逻辑学家，而是培养"完全的绅士"。

首先，"完全的绅士"是身心两方面和谐发展的人，不仅具有强健的身体和优美的体态，而且具有健全的心智。蒙田强调："我希望他的外表、态度或礼节和他的身体及他的心智一起形成起来；因为，我们所训练的，不是心智，也不是身体，而是一个人，我们决不能把两者分开。"[1]在他看来，这样身体和心智两者的功用就会和谐一致，而不会相悖相斥。

其次，"完全的绅士"是兼有知识和判断力的人，不仅具有广博的知

1　蒙田.论儿童的教育[M]//华东师范大学教育系，浙江大学教育系.西方古代教育论著选.北京：人民教育出版社，2001：396.

识，而且更具有判断力。热爱和崇敬知识的蒙田强调说："知识的确是一种非常有用非常重要的品性，鄙视知识的人不过显示了他们自己的愚蠢……知识是一切美德之母，而所有罪恶都出自无知。"[1]知识"实在是人类最为贵重的珍宝"[2]。但是，在蒙田看来，与知识相比，判断力更为重要。因此，他强调培养探索一切事物的好奇心，要求学习和教育服从于培养完美的判断力。蒙田曾这样指出："虽然知识与判断力都是必需的，缺少哪一个都会显得不完美，但是，事实上判断力总应该比知识重要。没有知识，凭判断力还可以尽力设法应付，但仅有知识却永远做不到这点。"[3]

最后，"完全的绅士"是实干的事业家。蒙田反对学究式的书呆子，讥讽经院学者为一群驮着书的驴子，他们只是把知识一手转一手，其目的是卖弄好看。因此，他强调：应该使儿童"志在真实的学问，使自己得到训练，目的不在获利与获物……也不在外表的炫耀和装饰，而在于修饰和丰富他的内心，希望塑造和教育出一个有才能的、有本事的人，而不是一个空虚的学者"[4]。在蒙田看来，儿童在学到知识后，最重要的不是在口头上说，而是在行动上去做。如果他能在行动上去做，那么他就会更伟大。

二、论儿童教育的内容

蒙田认为，儿童教育的内容应该包括以下几个方面。

一是身体训练。蒙田认为，生命就是运动。因此，他反对娇养溺爱儿童。如果儿童体质柔弱，那么他的心智得不到体力的支持，心智活动就会

---

1 2　蒙田. 人生随笔 [M]. 陈晓燕，选译. 杭州：浙江人民出版社，1987：102.

3　蒙田. 论学究气 [M]// 华东师范大学教育系，浙江大学教育系. 西方古代教育论著选. 北京：人民教育出版社，2001：361.

4　蒙田. 论儿童的教育 [M]// 华东师范大学教育系，浙江大学教育系. 西方古代教育论著选. 北京：人民教育出版社，2001：375.

成为一个沉重的负担。蒙田明确指出，一切运动和锻炼，例如，长跑、击剑、音乐、舞蹈、打猎、骑马等，都应该是儿童学习的一部分。

二是德行养成。蒙田认为，通过德行养成使儿童具有勇敢、坚定、诚实、谦虚、崇尚理性、服从真理等良好品质；同时，还要使儿童具有良好的礼仪、优雅的言谈等。在他看来，学习不是为了适应外界，而是为了丰富自己，装饰自己的内心；不是为了培养有学问的人，而是为了造就能干的人。德行养成的目的就是使儿童的心灵充满对德行的热爱和敬畏。

三是知识传授。蒙田认为，对儿童传授的知识应该能教他们怎样生活，对他们是有用的。他强调说："它们都可能在一定程度上对我们有用，教我们怎样生活，怎样利用生活，一切其他事物也服务于同一目的。但是，我们特别要选择那些直接地、恰当地为这个目的服务的科学……把我们的学习局限于真正有用的东西。"[1]根据这个原则，蒙田认为，应该传授的知识包括：语言、诗歌、修辞学、逻辑学、历史、法学、哲学、几何学、数学、物理学、医学等。在他看来，学习历史可以使儿童熟悉历史上许多全盛时代的最可尊敬的人，并养成美德和判断力；学习哲学可以使儿童养成自己的智慧，并使其行为正直。

三、论儿童教育的方法

尽管蒙田并没有从事教育实践活动，但是，博览群书使他在儿童教育的方法上提出了许多独到的见解，闪烁出新时代的精神之光。

（一）发展思考力

蒙田认为，一个人要成为明哲，只有凭借自己的智慧。尽管知识也很重

1　蒙田.论儿童的教育[M]//华东师范大学教育系，浙江大学教育系.西方古代教育论著选.北京：人民教育出版社，2001：388.

　　　　　　　　　　　　　　　　　　　　　　　　外国幼儿教育史

要，但发展儿童的思考力更为重要。儿童应该能够把他们所学的东西用很多不同的形式表达出来，并且在很多不同的情况中去应用，从而使所学的东西成为他们自己的东西。这就像蜜蜂采蜜并把花液加工成蜜糖一样。因此，蒙田强调，灵魂不是一只注满水的瓶子，而是一个要生火的灶。[1] 在他看来，一个仅仅跟着别人走的人，不会去探索什么东西，也寻找不到什么东西。由此出发，蒙田反对鹦鹉学舌式的死记硬背，认为那无非是去充塞一个人的记忆。他明确指出，死记硬背并不能获得完善的知识，这只是把别人要求记住的东西保持在记忆里罢了。他甚至这样说："如果学习不能使我们的心智变得更好，不能使我们的判断力更加健全，我宁愿我的学生把他的时间用在打网球上；因为，这至少可使他的身体得到更好的锻炼。"[2]

（二）注重观察和经验

蒙田认为，不要把儿童束缚起来，因为让他们从自己的经历、遭遇和错误中来认识自己并获得知识是重要的，这是生活中一个很有用的规则。因此，所有的地方对儿童来说都是书房，使他们向大自然和社会生活学习，以便积累广泛的经验和发展判断力。蒙田明确指出："大千世界，是一面镜子，我们应该对镜自照，以便正确地认识自己。"[3] 总之，世界是儿童的教科书，它包括形形色色的特性、宗派、见解、法律和习俗……可以教会儿童正确地判断自己，发现自己的判断力有哪些不足和先天缺陷。

（三）养成良好习惯

蒙田认为，儿童的很多恶习都是萌芽于幼年时期，因此，从小就要使他

1　转引自：毛礼锐，张鸣歧.古代中世纪世界教育史 [M].武汉：湖北人民出版社，1957：106.

2　蒙田.论学究气 [M]// 华东师范大学教育系，浙江大学教育系.西方古代教育论著选.北京：人民教育出版社，2001：361.

3　蒙田.蒙田随笔集（上卷）[M].潘丽珍，等，译.南京：译林出版社，1996：174.

们养成良好的习惯。对于儿童教育来说，原谅年幼儿童的不良倾向是极其危险的。因此，他强调说："从小就要教育儿童厌恶恶习，让他们认识恶习的丑恶本质，使其不仅在行动上，更主要是在思想上厌恶恶习和避免恶习。从此，他们能在思想上识别恶习，不论其面具如何。"[1]

（四）事物学习和实际练习

蒙田认为，事物的学习应该先于语言文字的学习。文字是为事物服务的，而不是事物为文字服务。因此，他主张使文字适合事物，反对从外边找来事物去适合文字。蒙田还认为，儿童应在行动中复习功课，因为只有通过使用知识才能更好地领会知识。对学习知识和发展判断力来说，实际练习是十分重要的。例如，一个人想学习舞蹈的话，就必须自己进行练习，而不能仅仅站在一旁看舞蹈家跳舞。

（五）宽严结合

蒙田认为，在教育方法上要宽严结合，而不要以恐怖和冷酷对待学生。他反对一切粗暴行为，反对体罚，因为独断和压制只能生长出奴性。蒙田说："请不要给我谈暴力与强权。依我之见，没有东西比它们更加戕害和迷误善良的天性。"[2] 在他看来，专横和体罚实际上是一种可恶而有害的教育方法。他希望学校和教室里能点缀着鲜花和绿叶，而不是血淋淋的桦树枝。他更希望教师不仅用言辞和训示来教导儿童，而且主要用榜样来陶铸儿童。

（六）旅行

蒙田认为，旅行是一种重要的教育方法。因为教育将培养一个实干的

---

1 蒙田.论习惯 [M]// 吴元训.中世纪教育文选.北京：人民教育出版社，2005：447—448.

2 蒙田.论儿童教育 [M]// 蒙田随笔全集（第一卷）.马振骋，译.上海：上海书店出版社，2011：150.

外国幼儿教育史

事业家，所以，儿童必须了解世界和社会，了解其他民族的多彩多姿的不同生活方式，了解各式各样的人，多见世面和避免目光短浅。蒙田强调："和人们交谈来往，到国外去旅行，以及观察奇异的式样，都是非常重要的……他们主要应该观察和能够谈谈他们在那些国家所看到的人们的性情、举止和习俗，能够更加知道怎样和别人的机智摩擦一番而使自己的机智犀利起来。"[1]

（七）谨慎选择导师

蒙田十分重视导师的作用。因为儿童天性在幼年阶段的显露是不稳定的，对儿童作出判断也是困难的，所以，这就要求为儿童选择一位明智的导师。导师应该是一个最有才智的人，应该了解和引导学生，应该道德高尚和权威，应该有学问和判断力，应该有好的性情，应该用最灵活的方法去工作，应该能考虑和指导儿童的幼稚步态。蒙田强调："我宁愿推荐一位心神镇静、稳健的导师，而不愿推荐一位头脑塞得满满的人，而这两种人同样可以当导师。我还是喜欢有智慧、有判断能力、习惯文雅和举止谦逊的人，而不喜欢空空洞洞、只有书本知识的人。"[2]

作为一位思想敏锐的人文主义者，蒙田提出的教育思想在当时产生了很大的影响。特别是他的文笔优美而犀利的《随笔集》，对后世的西方教育（包括幼儿教育）产生了广泛的影响。他的教育思想后来被17世纪英国教育家洛克所吸收，并得到了进一步的发展。正如美国教育史学家孟禄（Paul Monroe）所指出的：洛克"与蒙田一致的观点是非常多的"[3]。

---

1 蒙田.论儿童的教育 [M] // 华东师范大学教育系，浙江大学教育系.西方古代教育论著选.北京：人民教育出版社，2001：379.

2 同上：375.

3 MONROE P. *A Text-Book in the History of Education* [M]. New York：The Macmillan Company，1925：520.

第四节　莫尔的幼儿教育思想

莫尔（Thomas More，1478—1535）是文艺复兴时期英国思想家和早期空想社会主义者。他出生于英国伦敦的一个法官家庭。早年曾接受良好的教育，尤其受到了古希腊哲学家柏拉图《理想国》的影响。遵照父亲的意愿，莫尔曾在牛津大学法学院攻读法律。1504 年后，他开始在政界活动，历任高官要职。莫尔以对话形式撰写了《乌托邦》一书，该书于 1516 年出版，描绘了他所设想的一个理想社会，阐述了他的早期空想社会主义思想和幼儿教育思想。

一、论普及教育

莫尔认为，乌托邦不仅是最优秀的，而且是唯一名副其实的国家。他强调指出："在乌托邦，私有财产不存在，人们就认真关心公事……在乌托邦，一切归全民所有，因此只要公仓装满粮食，就绝无人怀疑任何私人会感到什么缺乏。原因是，这儿对物资分配十分慷慨。这儿看不到穷人和乞丐。每人一无所有，而又每人富裕。"[1]

在这样一个理想的社会制度下，莫尔提出，教育是国家的事业，国家应该通过立法来实行公共教育制度，使每个儿童都受到全面的教育。因为乌托邦宪法规定：在公共需要不受损害的范围内，所有公民都应该除了从事体力劳动，还有尽可能充裕的时间用于精神上的自由及开拓。所以，在莫尔看来，在乌托邦中，"一切都在国家控制下……国家从来不强迫人民做无谓的劳动，因为国家经济的主要目的是尽可能使每个人摆脱体力重活而享受闲暇时间，只要社会需求允许的话。如此，每个人都可以开发智力。这

1　莫尔. 乌托邦 [M]. 戴馏龄，译. 北京：商务印书馆，1959：115.

才是生活的秘诀"[1]。正是通过普及教育，乌托邦的居民才能够成为有文化教养的人。

二、论年幼儿童的教育

在强调实施普及教育的前提下，莫尔十分重视年幼儿童的教育。他明确指出：因为道德思想"在童年时代完全被吸收，这些思想就会贯穿终生，对国家的安全极为有利，国家因此永不会受到严重威胁"[2]。在莫尔看来，一个人的恶习之所以根深蒂固，其原因是在他幼年的时候任其滋长。

（一）婴儿的抚育

莫尔认为，婴儿最好由母亲自己哺乳。如果不行的话，那就要为他物色一个保姆。凡是担任保姆职务的人，不仅因其慈爱而受到人们的赞扬，而且她自己也十分乐意。莫尔还提到："保姆带婴儿另在专门指定的餐室里，那儿经常生火，备有清洁用水，还放有摇篮。保姆可以把婴儿放进摇篮，也可以随意解开婴儿包裹，听其在火边自在地游戏……受到抚养的婴儿视保姆如生母一般。五岁以下婴儿都和保姆同住。"[3]

（二）幼儿教育的内容

一是身体健康。

莫尔认为，身体上享受的快乐推健康居第一位，因为一个身体健康的人肯定是享有快乐的。在他看来，乌托邦人所爱好和重视的是美观、有力和敏捷。几乎每个乌托邦人都认为健康是至上的快乐，是一切快乐的根本。只要有健康，生活就安静如意；没有健康，就完全谈不上快乐了。为此，

---

1 2　扎古尔·摩西.世界著名教育思想家（第三卷）[M].梅祖培，龙治芳，等，译.北京：中国对外翻译出版公司，1995：159.

3　莫尔.乌托邦[M].戴馏龄，译.北京：商务印书馆，1959：63.

从小就要使儿童针对寒暑的不测，饮食有度，增强自己的抵抗力。

二是知识学习。

莫尔认为，乌托邦人都喜爱学习，自小就具有致力于学习有用知识的聪明才能。凡是儿童都要学习，而大多数国民总是把工作后剩余的时间用在学习上。在他看来，耳之于声，目之于色，鼻之于味，这些都是自然赐予人类的，也是人类得天独厚的地方。莫尔还认为，要重视使儿童用祖国语言进行阅读。因为祖国语言词汇丰富，音调悦耳，比别的语言更纯洁、更能正确地表达意义。

三是道德精神。

莫尔认为，道德精神培养是十分重要的。他指出："乌托邦人特别不肯放过精神的快乐，以其为一切快乐中的第一位的、最重要的。他们认为主要的精神之乐来自德行的实践以及高尚生活的自我意识。"[1]在莫尔看来，道德精神上的正确观点，例如，珍惜生命的价值、厌恶珍珠宝石的装饰、具有高尚勇敢的品质等，都是从小由教育和优良的国家制度所鼓舞而培养的。

四是职业手艺。

莫尔认为，每个乌托邦人都要从事农业，并学习毛织业、纺麻业、泥水业、冶炼业和木工业等方面的一种手艺作为专门的职业技能。因此，儿童从小就学习农业，儿童被带到田里就仿佛被带去游戏。他们不但在田里看，而且也去操作。

（三）幼儿教育的方法

莫尔主张，第一，对儿童要相亲相爱，但又不要把他们娇养坏了；第二，任何活动只要对儿童没有害处，就不应该禁止；第三，应该使儿童快

---

1 莫尔.乌托邦 [M].戴馏龄，译.北京：商务印书馆，1959：80.

乐，既有精神方面的，又有身体方面的；第四，禁止对儿童体罚。在一首题为《致最可爱的孩子们》的诗中，莫尔曾这样写道："一直在吻着你们，没有半点打骂，即便是体罚，扫在你们身上的也只是孔雀尾巴……"[1]

在批判封建制度和封建教育的基础上，英国早期空想社会主义者莫尔描绘了理想的社会制度和教育思想。尽管其教育思想有点朦胧，但对理想社会中幼儿教育的论述却是具有积极意义的。

第五节　康帕内拉的幼儿教育思想

康帕内拉（Tommaso Campanella，1568—1639）是文艺复兴后期意大利的思想家和早期空想社会主义者。他出生于意大利卡拉布里亚区的一个贫苦农民家庭。15 岁左右，他进修道院当了一名修士，之后阅读了修道院的丰富藏书，因而成为一个学识渊博的人。他批判经院哲学。1599 年，康帕内拉因领导那波利人民反对西班牙侵略者的统治而被捕入狱。正是在狱中，他用对话体裁写成了《太阳城》一书，阐述了他的早期空想社会主义思想和幼儿教育思想。

一、论国家管理教育

在《太阳城》一书中，康帕内拉构想了一个在一切公有基础上的理想社会制度，每个公民都是社会的公仆。与此相适应，他认为，生育后代和教育后代不是个人的事情，而是国家的事情。因此，教育事业是国家领导人的职责，这是因为教育关系到国家的繁荣和利益。根据康帕内拉的设想，

1　考茨基.莫尔及其乌托邦 [M].关其侗，译.北京：生活·读书·新知三联书店，1963：112.

太阳城的教育事业是由国家管理的，三位领导人之一的"爱"来掌握有关儿童生育和抚育的事务。在他的指挥下，许多男女教师负责这一工作。国家对太阳城儿童的抚养教育一直到他成年为止。

因此，在太阳城中，不仅男女具有平等的受教育权利，而且在从事研究工作上不分性别。

二、论幼儿教育的作用

康帕内拉认为，对于太阳城来说，幼儿教育是十分重要的。他强调指出："因为，大部分的人总是不善于教养后代而使国家濒于灭亡，所以，负责人员的神圣职责是把这一点当作国家福利的重要基础来进行监督；而只有公社才能做到这一点，个人是无法做到的。"[1] 幼儿教育既包括胎教，也包括儿童 7 岁以前的教育。这是由太阳城的政治和经济制度所决定的。

在胎教上，康帕内拉提出，生儿育女的目的是保存种族，而不是为了保存个人。因此，生育后代是一个关系到国家利益而不是个人利益的问题。为了能使妇女生育健壮的后代，以及使后代成为最优秀的人物，必须注意孕妇的健康问题。在《论最好的国家》一文中，康帕内拉指出："我们把国家的扩大，建立在生育最优秀子女的这一基础之上。"[2] 因此，妇女受孕后两个星期内，不必从事体力劳动，此后只做一些轻微的工作，以便使胎儿易于吸取母体的营养而生长健壮；同时，根据医生的指示，只发给她们维护健康的食物。

在儿童 7 岁以前的教育上，康帕内拉提出，儿童出生后就由母亲在一座特设的公共大厦里进行照料。其哺乳期为 2 年，但可以根据专家的指示

1　康帕内拉.太阳城 [M].陈大维，黎思复，黎廷弼，译.北京：商务印书馆，1980：21—22.

2　康帕内拉.论最好的国家 [M]//太阳城.陈大维，黎思复.黎廷弼，译.北京：商务印书馆，1980：69.

给予延长。断乳后，儿童便按性别分别进行抚育。从 2 至 3 岁起，他们分为 4 组，由 4 位最有学问和最受人尊敬的老人来照管，以利于他们个人的发展。

三、论幼儿教育的内容和方法

在《太阳城》一书中，康帕内拉对幼儿教育的内容和方法进行了论述。

（一）幼儿教育的内容

康帕内拉认为，幼儿教育的内容按儿童不同的年龄阶段而有所不同。2 至 3 岁，太阳城的儿童在老人的照管下，就在房屋内游戏，并学习看图和读念字母。稍大以后，他们就学习体操、跑步、射箭、掷铁饼、捕猎以及其他可以均衡发展四肢的运动项目；同时，他们到野外辨识花草树木和各种石头等。儿童在一起轻松地学习字母、看图、赛跑、游戏和角力，并根据图画认识历史和各种语言。到 7 岁时，儿童将被送到一些作坊，跟着鞋匠、面包师、木匠和画师学习。

同时，太阳城的儿童从小要热爱祖国，培养爱国主义情感以及互助互爱的精神。在康帕内拉看来，"在同一时日同一星座照临时出生的儿童，他们的天分、性情和面貌大多数是相似的；因此，他们总是互助互爱，而使这个国家呈现一片和谐的景象"[1]。具体来讲，儿童应有的美德包括：宽容、勇敢、纯洁、慷慨、公正、热心、诚实、慈善、殷勤、朝气、节制等。

此外，通过游戏和体育活动，太阳城的儿童不仅使自己的身体发育很好，皮肤呈健康色，而且体格匀称，富有朝气，以实现他们的自然发展和健康。

1　康帕内拉.太阳城 [M].陈大维，黎思复，黎廷弼，译.北京：商务印书馆，1980：20.

还有，太阳城的儿童从幼年时代起就按照他天生的爱好，开始学习各种艺术。因此，儿童也穿着漂亮的花衣服。

（二）幼儿教育的方法

在幼儿教育的方法上，康帕内拉强调直观教学。他认为，应该为幼儿提供字母表，使幼儿认识周围环境和日常生活中的花草树木、鸟兽虫鱼、雨雪雷电的图画等。特别值得指出的是，在太阳城的神殿主圆顶的拱顶壁上画有星辰、南北极和地理圈等；在内外城墙上到处都挂有很美丽的图表以及标本，既有各种数学公式的图表、各种宝石与矿产的图形和标本，也有各种花草树木、动物以及手工业的劳作情形和所用工具的图案。这使得太阳城的幼儿可以通过四周城墙上的图画进行直观的学习。正因为如此，儿童在10岁以前就能毫不费力地、轻松地通过直观教学法来掌握各种学科的基本知识。在康帕内拉看来，太阳城的制度本身和墙壁上的图画就用直观的方法向人们灌输一切知识。苏联学者沃尔金（В. П. Волгин）这样指出：在太阳城中，"所有的儿童（男孩和女孩）都能受同样的社会教育。他们从幼年起，就能通过游戏获得有益的知识。这个国家的主要城市好像是一个陈列着直观教具的博物馆。孩子们由教师带领着在城市中散步和游戏，因而他们能获得最简单的科学知识"[1]。

继英国早期空想社会主义者莫尔之后，康帕内拉在《太阳城》中描绘了理想的社会制度和教育思想。尽管其教育思想有点粗陋和不完善，但在一定程度上论述了理想社会中的幼儿教育。

1　沃尔金.康帕内拉的共产主义乌托邦 [M]// 康帕内拉.太阳城.北京：商务印书馆，1980：94.

拓展阅读

1. 吴琅高："伊拉斯谟评传"，载赵祥麟主编：《外国教育家评传》第 1 卷。上海教育出版社 2002 年版，第 217—236 页。

2. 蒙田：《论儿童教育》，马振骋译，单中惠编注，上海人民出版社 2016 年版。

3. 吴元训："莫尔评传"，载赵祥麟主编：《外国教育家评传》第 1 卷。上海教育出版社 2002 年版，第 259—284 页。

4. 黄学溥："康帕内拉评传"，载赵祥麟主编：《外国教育家评传》第 1 卷。上海教育出版社 2002 年版，第 387—408 页。

思考练习

1. 简述威吉乌斯的《儿童教育论》。

2. 试析人文主义者伊拉斯谟和蒙田的幼儿教育思想。

3. 试析早期空想社会主义者莫尔和康帕内拉的幼儿教育思想。

第二编

近代幼儿教育

第六章　近代欧美和日本的幼儿教育

1640 年至 1688 年，英国进行了资产阶级革命。1688 年"光荣革命"的成功标志着资本主义社会制度取代了英国封建贵族的专制统治。历史学上常把这次革命作为世界近代史的开端。此后的两个半世纪是资本主义制度在欧洲、美洲、亚洲一些国家形成、确立和巩固的时期。欧美日社会经济、科学技术和文化事业的发展，必然要求一种新的教育制度的出现。欧洲一些国家、美国、日本几乎都在这一历史阶段建立了资本主义教育体制，包括学龄前儿童的教育。但由于社会条件和教育传统不同，各国在创办幼儿教育机构的形式、内容、方法、速度和特点等方面各有所异。

第一节　英　国

英国是最早进行资产阶级革命的西方国家。它从 15 世纪末就开始进行资本原始积累，经过 1640—1688 年的革命，建立了君主立宪制国家。这是一种资产阶级与封建贵族妥协的政体，致使当时英国的教育保留着浓重的传统色彩。尽管如此，英国的工业生产得到迅速发展，到 18 世纪末，全国各劳动生产部门都已逐步进入机械化生产阶段，使得英国的政治经济和文化生活都发生了根本的变化。

随着资本主义经济的发展，资产阶级拥有的财富越来越多，而劳动者及其子女由于失业与失学，愈来愈陷于贫困和愚昧。这种社会现象，促使人们去反思、去求索。其中一些先进的思想家开始意识到资本主义社会制度固有的矛盾。以欧文（Robert Owen）为代表的一批空想社会主义者所进行的社会与教育改革实践活动，就是在这一历史背景下产生的。近代英国幼儿教育也正是以欧文 1809 年在苏格兰新拉纳克创办幼儿学校为起点的。

一、幼儿学校运动的开展

欧文创办的幼儿学校为教育工人阶级后代进行了最早的尝试。此后，不少有识之士——开明工厂主、大臣、教士等纷纷起而效仿，一时形成了英国幼儿学校运动。

英国幼儿学校运动领导人怀尔德斯平（Samuel Wilderspin）原是欧文的助手。1818 年离开新拉纳克后，他于 1820 年在伦敦的人口稠密地区斯帕伊达尔费尔兹开办了一所幼儿学校，继续从事对劳动者幼小子女的教育事业。他用了大约 20 年的时间，周游了整个英国，致力于幼儿学校的普及。怀尔德斯平还先后被任命为中央模范幼儿学校和都柏林模范幼儿学校的校长。他直接教过的幼儿多达 2 万余名。他提出了旨在使幼儿掌握思考能力和独立获得知识的"开发教育方法"，并设计出"幼儿教育阶梯教室""教学柱""教学架""移动架""调换架"等教具和"发展课本"等教材，对促进近代英国幼儿教育的发展具有积极意义。

与此同时，在布鲁姆（H. Brougham）大臣等开明政治家、银行家、上层官吏的发起和组织下，1925 年成立了伦敦幼儿学校协会。这个协会强调幼儿学校对维护社会体制及对人的道德、政治意识的发展具有极大的好处，从而试图在整个英国普及这种学校，并大力开展有关的普及活动。这个协会虽然在 1829 年由于种种原因被取消了，但其对英国幼儿学校的普及所起的作用是具有历史意义的。

继伦敦幼儿学校协会之后，1836 年成立了英国及殖民地幼儿学校协会。这个协会是在 C. 梅欧（Charles Mayo）、E. 梅欧（Elizabeth Mayo）兄妹和雷诺鲁兹（J. S. Reynolds）的努力下成立的。该协会致力于通过培养幼儿学校教师来振兴幼儿学校事业。他们以裴斯泰洛齐的直观教学法为原则来培养幼儿学校的教师，从协会一成立就在霍尔博恩市开办了夫妇同时入学者优先的男女同校制的幼儿学校教师养成所，到 1850 年左右，成立了专以女子为培养对象的幼儿学校教师养成所。从 1843 年这个协会打通了由国库补助教师养成所的建筑和费用的道路以后，为了谋求国会补助幼儿学校教师养成所，这个幼儿教师养成所也开始接受敕任督学官的检查。据 1846 年枢密院教育委员会的记载，这"开创了英国教师养成史的新纪元"[1]。

英国及殖民地幼儿学校协会继承了伦敦幼儿学校协会的事业。它不仅在英格兰，而且在整个英国成了促进幼儿学校发展的唯一组织。它通过不断培养幼儿学校的教师来履行自己的职责。据统计，从 1836 年至 1846 年的 10 年间，这个组织培养了共计 1443 名教师。当时，全国的幼儿学校里，几乎占半数的教师是英国及殖民地幼儿学校协会的教师养成所培养的。据当时的敕任督学官弗雷泽（Thomas Fraser）报告，由英国及殖民地幼儿学校协会养成所培养的教师来领导的学校，一般强调不要硬灌专门的学术用语，而要引导幼儿关心身边的日常事物和身边发生的日常事件，对孩子们进行身体的、知识的、产业的、道德的和宗教的教育，并以实物教学、游戏教学和完人教育为原则，帮助幼儿养成良好的身心习惯。由此可见，这个协会对近代英国幼儿教育在数量和质量方面的发展都曾发挥过积极的作用。

1　梅根悟 . 世界幼儿教育史（上册）[M]. 刘翠荣，等，译 . 长春：吉林人民出版社，1986：112.

《英国工人儿童的学前教育》一书的作者 M. 克莱卡（M. Clecka）指出，1820 年至 1825 年，英国大约建立了 60 所幼儿学校；1825 年至 1827 年，至少又增加了 200 所；1840 年及之后则更多。[1] 1836 年出版的《国民教育》一书中也写道，根据怀尔德斯平所说，英国当时约有 270 所幼儿学校，各校平均约有 100 名幼儿，所以，总共约有 2.7 万名幼儿在校。[2] 这庞大的数字充分显示出英国幼儿学校运动的巨大威力。其影响持续近 30 年之久并波及欧美各国。

二、英国政府的幼儿学校政策

英国政府和幼儿学校的关系，是围绕着国库补助金的发放和接受敕任督学官的检查来展开的。英国国会通过，1833 年开始实行国库补助政策。承担劳动大众教育的幼儿学校本应成为其补助对象，但是，由于几乎所有的幼儿学校均不属于补助金交付团体的两大协会（即全国贫民教育促进会和不列颠及海外学校协会），而且这两大协会又都轻视幼儿教育，所以，在 1839 年枢密院教育委员会成立之前，幼儿学校未能成为这个政策的补助对象。直至 1840 年，根据枢密院教育委员会的备忘录，开辟了即使不通过这两大协会也能得到国库补助的通道。这时，幼儿学校才真正成了国库补助的对象。同时，枢密院教育委员会决定了受国库补助的幼儿学校的检查项目，包括学校设备、娱乐和身体锻炼、劳动、艺术模仿、学习音标、自然物等知识、阶梯教室的教学、纪律等共计 34 个方面。此外，为了确保幼儿学校教师的供给充分，枢密院教育委员会于 1853 年 8 月 20 日专门制定了"有资格教师"和"注册教师"的等级和考核制度。为了注册，教师要参加复活节举办的考试。只有在幼儿学校教学实际能力方面的实地考试和口试

---

1 2　梅根悟.世界幼儿教育史（上册）[M].刘翠荣，等，译.长春：吉林人民出版社，1986：109.

合格者，才能成为注册教师。而注册教师只有学完女子师范学校的全部课程，成绩合格者方可获得"有资格教师"称号，而其所在的幼儿学校，也将得到补助金。这样，国家通过教师资格的考试，促进了幼儿学校教师质量的提高。

综上所述，在19世纪中叶，英国政府通过国库补助金政策，通过幼儿学校教师资格考试，以及对幼儿学校的多方面检查，开辟了近代英国管理幼儿教育制度的道路，并有力地影响到世界各国幼儿教育的发展。

第二节 法 国

1789年至1794年，法国爆发了资产阶级革命，推翻了波旁王朝。革命过程中出现了几次复辟与反复辟、前进与倒退的激烈斗争，这些斗争表现在教育领域，就是资产阶级与封建势力都竭力为自己争夺教育权。法国近代幼儿教育，就是在这种历史背景下发展起来的。法国慈善家和教育家奥伯尔林（J. F. OberLin）于1769年在法国创办的世界上第一所幼儿学校，对近代法国幼儿教育的发展无疑是具有开创性意义的。

一、柯夏的托儿所

柯夏（J. Cochin）是法国七月王朝时期（1830—1848）巴黎第十二区的区长，也是一个很有见识、关心民众教育的事业家。他曾多次到英国考察教育，特别关注由欧文创办的幼儿学校的运作形式、内容和方法，并借鉴英国幼儿学校的经验，在巴黎开办起了专门招收贫穷家庭儿童的托儿所。1830年已开办6所，入托儿童数达到990多名。柯夏在他所著的《托儿所纲要》一书中指出，在公共贫民救济设施中，托儿所是最有效的、最现实的、最有力的、最有成果的。柯夏作为一名政府官员为了巩固其资产阶级政权、缓和社会矛盾，意识到对待生活于极度贫困中的工人和其他劳动者的有效办法先是救济，后是治安和教育，才能消除民众的对抗情绪，保持社会的稳定。所以，开办托儿所对国家、对父母、对每个儿童都具有经济的、社会的价值。

柯夏对托儿所的教育内容和教育方法也提出了明确的要求，强调要把宗教教育和道德教育放在首位；智育应是百科全书式的知识教育，内容包括读、写、算、历史、地理、博物、图画；教育方法提倡人道主义态度，反对任何体罚。

在柯夏的积极努力下，到 1836 年，托儿所已增加到 24 所，入托儿童已超过 3600 人。在此期间，托儿所不断受到社会各界的关注和资助。1826 年春，塞纳省贫民救济会支出 3000 法郎作为补助金资助托儿所教育，第二年又补给 5809 法郎。此后，这笔补助金年年增加，到 1836 年已达到 75408 法郎。在如此强有力的公共财政援助下，巴黎地区的托儿所教育不断地得到发展，推动了近代法国幼儿教育的发展。

二、托儿所运动的开展

塞纳省贫民救济会不仅从财政上大力支持托儿所教育，而且于 1829 年10 月 28 日专门拟定了《托儿所条例》。条例规定，现有的或将来在巴黎为贫民开办的托儿所均受贫民救济会监督。还规定，托儿所分为两种：凡费用全部或一部分由贫民救济会供给的则为公立托儿所；全部费用由个人负责的为私立托儿所。塞纳省贫民救济会曾努力扩大公立托儿所，并对它们进行具体有效的管理和监督，同时做到经常征求、采纳妇女会的意见和建议。

1830 年 2 月 3 日颁布的塞纳省贫民救济会议条例中，在托儿所领导者的任用权、经营权等方面承认了妇女会具有很大的权限，允许妇女会参加各托儿所的管理、监督事项。2月25日还任命妇女会成员米莱夫人（Mrs Mile）为塞纳省托儿所的总视学。这种贫民救济会与妇女会双方相互理解、尊重的合作关系，成为法国托儿所史上一个显著的特点。

在塞纳省的带动下，法国各地都纷纷仿效这种做法。各公共贫民救济机关和城市当局也积极为托儿所的建立提供土地和房屋，有的为其支付租费或拨给补助金等。例如，在南特市，城市当局负担了托儿所的房费；在南锡市，城市当局和贫民救济事务所为托儿所提供土地；在波尔多市，城市当局支付了补助金。里昂市虽然行动慢了一些，但在1840年，由于估计到未来托儿所带来的利益是无法估量的，城市当局也为托儿所提供了较好的物质条件和不少资金，并计划在所有区里至少各自建立一所设备齐全的托儿所。这样，在19世纪三四十年代，法国的托儿所已开始向普及化方向发展。

托儿所的这种发展，也引起了法国教育当局的关注。法国教育当局逐渐承认托儿所不仅照看和监督孩子，而且对孩子进行教育的事实。公共教育大臣基佐（Guizot Guilaliml）于1832年7月5日在给各地区知事的信中提出：要把托儿所看作初等教育的基础，托儿所的增设和启蒙教育是必要的，因此，公共教育部要与托儿所建立密切的关系。1833年4月27日，基佐要求拥有充足财源的全部市镇把设立和维持托儿所的费用列入财政预算；同时指示，公共教育部对于托儿所的发展要给予财政上的援助。这样，到1835年，公共教育部给托儿所的补助费达25900法郎，各市镇给予的经费达到24000法郎。这年年底，法国托儿所的总数已达102个。

1836年2月，新任教育大臣佩雷（L. Perret）接替了基佐的职务，也继承了他的意志，决心把幼儿教育划入初等教育管理范畴，以便加强对其统一领导。当年4月6日，佩雷向各行政当局发出"传阅文件"和"备忘录"，明确了托儿所是从属于公共教育部管辖的学校，应同其他初等学校一样受各级教育委员会的领导，并要求原妇女会和贫民救济机构委任指导、监督托儿所工作的妇女们，今后有义务向上述委员会提供有关情况。"传阅文件"和"备忘录"的实施，对法国近代幼儿教育机构——托儿所从贫民救济设施转变为公共教育设施具有决定性的作用。

三、《托儿所管理条例》的颁布与实施

为了进一步加强政府行政当局对托儿所的统一管理和监督，根据教育大臣的建议，法国政府于 1837 年 12 月 22 日发布敕令，要求全国实施《托儿所管理条例》。该条例明确规定了托儿所的性质、内容、教育方法和管理等。在法国幼儿教育史上，它是作为第一个有关托儿所教育敕令载入史册的。其由 5 章 31 条组成。第一章为"托儿所概论"，对托儿所的性质作了如下规定：托儿所或为幼儿开设的学校，是考虑到 6 岁以下的儿童需要母性的监督和最初的教育，而为他们开设的慈善设施。托儿所用必要的方法进行宗教教育，对幼儿进行读、写和算这些初步知识的最基本训练，而且这些教育与训练与教育性的、道德性的唱歌、画线及一切基本的作业结合在一起。

根据这个教育敕令，法国托儿所的行政管理被纳入 1833 年颁布的初等教育法体制之内。虽然托儿所仍然残留某些慈善团体性质，但已经被调整为受公共教育部管辖的初等教育学校模式了。

1838 年 4 月 24 日，公共教育部又作出了关于《托儿所的开设，以及在那里应给予幼儿的照顾和进行的训练》的具体规定。在对托儿所的行政和训练方面作出调整的同时，国家、地方在财政上也加强了对托儿所的援助，从而有力地促进了法国幼儿教育的发展。据统计，1838 年，有 330 个托儿所接受了这种补助；到 1840 年，接受补助的托儿所增加到 550 所，受保育的幼儿数达到 50986 名，补助金额也剧增到 245631 法郎。同年 6 月 3 日，下院议员 B. 多莱谢尔向议会提出创设国家托儿所基金的议案。他认为，这项基金对社会和托儿所有双重利益：一是由于孩子们得到了可靠的保护，从而保证了贫民、工人的劳动；二是能使贫民、工人的孩子们从小

养成守秩序、服从、爱劳动、爱清洁的习惯，长大后可成为社会有用的一员。该议案虽然遇到了阻碍，但最终获得通过。当时的教育大臣威尔曼（A. F. Willmann）曾为筹措更多的经费办好托儿所教育而提出征收"托儿所设置特别税"的设想，但没有实现。在公共教育部和中央部门的重视下，各地方议会对给予托儿所资助也表现出较大的积极性。1841 年，32 个省的议会决定提供托儿所补助金，总额达 66432 法郎。如果把它和当时的国库补助、地方补助、捐赠等合计在一起，将超过 50 万法郎。如此雄厚的资金为 19 世纪中期法国幼儿教育的发展奠定了较好的财政基础。据统计，1843 年，托儿所总数已达 1489 所，托儿数达 96192 名；到 1850 年，托儿所猛增到 1735 所，托儿数达 160244 名，是当时发展的最高水平。同年，新上任的教育部长法卢（F. A. P. de Faloux）于 3 月 15 日又颁布了《教育法》，其中第 57 条规定了有关托儿所的监督、检查、委任领导与教师的年龄、能力、道德等条件，在法律上更详尽地对托儿所作了明文规定。

四、马尔波的婴儿托儿所

为了保护贫民和工人孕妇及其新生儿的健康，当时法国专门建立了母性保护协会及婴儿托儿所。因为贫民和工人妇女一旦有了孩子，就面临着要么辞去工作守候在婴儿身边，要么把孩子送到遥远的地方去寄养，或者把孩子锁在屋内，或让年长的孩子来照顾，甚至有的迫于无奈，不得不把孩子抛弃或弄死。这已成为一种严重的社会问题。由此，引起了一些社会名流和乐善好施者的关注。当时巴黎第一区区长助理马尔波（Firman Marbean）从工作实际中深切了解了贫民、工人妇女所处的那种悲惨境地，出于同情，他于 1844 年 11 月 14 日在巴黎开设了一个婴儿托儿所。

在法国幼儿教育史上，马尔波的婴儿托儿所并不是第一个。早在 1801 年，帕斯特莱（M. Pastoret）侯爵夫人创办过育儿院，曾经收容、照看过

12 名婴儿，实质上就是婴儿托儿所。但是相比之下，马尔波所处的时代已进入产业革命大发展时期，人们已经日益认识到要充分利用妇女劳动力，必须建立起婴儿托儿所这样的保育机构。所以，当马尔波的《关于婴儿托儿所》一书发行以后，立即受到政府行政当局以及有关团体的重视和支持。在此气氛的渲染下，1845 年，巴黎的婴儿托儿所增加到 5 所；1846 年，又增加到 8 所，与此同时，在穆兰、雷恩、布雷斯特、土伦、南特等地也相继开办了婴儿托儿所。随着时代的推移，婴儿托儿所不断得到发展。法国这种婴儿托儿所的创设和发展，极大地影响了欧美其他国家，成为幼儿教育的一个重要组成部分。

第三节　德　国

19 世纪中期以前，德国尚不统一。封建割据严重阻碍了工商业的发展，因此，当时德国的经济、文化都比英国和法国落后。然而，整个欧洲政局的演变，特别是近代化产业革命的兴起，有力地促进了德国政治、经济、文化的变革，并极大地影响了德国教育的发展，其中也包括幼儿教育。德国教育家福禄培尔（Friedrich Wilhelm August Froebel）创办的"幼儿园"这一幼儿教育模式，逐渐被各国仿效。

一、巴乌利美的保育所

多特蒙德公国是德国境内的一个邦国。巴乌利美侯爵夫人[1]在摄政期间（1802—1820），出于对贫穷妇女和母亲们的人道主义关怀以及受到法国

1　即保宁公主（Princess Pauline）。

巴黎兴办托儿所的影响，曾于 1802 年，向议会提出了一个名为《把巴黎的一种育儿方式移植到多特蒙德》的提案。其中写道：现在有很多劳动妇女和母亲，由于要工作而把自己的幼小子女放在家里，常担心自己不在时孩子可能会发生事故，这使她们身在工厂而心却片刻不得安宁，造成很多原本轻松活泼的姑娘，一旦结婚生下孩子，便背上了贫困与养育儿女的重负和不幸，而有时照看不当，又使孩子们处于被损害的境地。巴乌利美认为，为了使多特蒙德的女子们从重压下解放出来，开办一个让众多被关在家里的幼儿聚集的场所——保育所，就成为一件非常高尚的、有价值的和真正具有宗教性质的事业。不久，此项提案获得通过，保育所便立即开办起来。为表彰其倡导者，人们常称之为"巴乌利美设施"。保育所主要招收一岁至四五岁的孩子，这些孩子一般来自农业劳动妇女家庭。保育所的开放时间为初夏到晚秋农忙季节的早晨 6 点到下午 8 点。12 名妇女自愿轮流值班监督，另由慈善机构贫民救济会和职业介绍所转来若干名 12 至 16 岁的女孩当保姆，负责照看孩子。这些女孩子在实际工作中经受当保姆的准备性训练，成为上层家庭有素养的保姆的来源。

幼儿进入保育所后，能得到牛奶、面包、肉汤、土豆、胡萝卜和谷物等良好的饮食，以及干净的衬衣、羊毛外衣；有人给洗澡、梳头；天好时可在庭院里玩；天气不好时在保育所大厅里玩，每天都在游戏中度过。同时，他们还接受正确使用语言、正确称呼身边的事物和唱歌以及守规矩、互助友爱、勤劳、节约等有关品行方面的教育和生活规律的教养。制定和实施多特蒙德教育政策的监督长兼传教士 F. 凯伦说，进行这些教育的目的是帮助这个城里居民的下层阶级更加顺从和更富有人情。

被称为"巴乌利美设施"的保育所，虽然其重点放在帮助贫穷的母亲摆脱育儿困境和保护婴幼儿的健康上，是一种农忙期开设的季节性的托儿所，各种教育实际处于一种附带或从属的地位，但这个设施毕竟是德国最早创办的幼儿保护和教育设施。

自巴乌利美 1802 年在多特蒙德设立保育所之后，这类保育所在 19 世纪前 20 年里，曾得到普遍的发展，相继在德国各地开办起来。各地开设者一般都把这种保育所视为贫民救济与幼儿教养相结合的设施。

二、幼儿学校和托儿所运动

早在 19 世纪初期，英国就兴起了"幼儿学校运动"，而幼儿学校传入德国并得到重视是在 1824 年。那一年，在达姆施塔特发行的《普通学校报》上刊登了伦敦幼儿学校协会的创建宗旨。报道说，伦敦幼儿学校协会贯彻着这样一种信念：公民完善的训育只有通过宗教精神和原理的教育才能持久，人类教育的最高目的只有通过这种教育才能达到；伦敦幼儿学校协会希望将该信念向热心幼儿教育的事业家进行宣传。因为当时德国产业革命已开始兴起，贫富悬殊加剧，民众为生活、为生存而不断罢工、暴动。为了平息这种此起彼伏的民众运动，安抚激动起来的贫苦百姓，制定以贫民儿童为对象的保护和教育措施越发必要。这引起了德意志和奥地利各邦政府对建立以贫民儿童为对象的幼儿学校或幼儿教育设施的普遍重视。1827 年 6 月 24 日，普鲁士教育部专门颁发了一个传阅文件，推荐了英国幼儿学校运动领导人怀尔德斯平的论文，并指出要努力迅速地建立幼儿学校。该文件认为，怀尔德斯平的文章不仅对多数学校教师在管理幼儿和对教学作适当的安排等方面有用，而且对各级地方政府和督学等也是有用的。他们在本地区可设置同样的幼儿学校，以一切有效的方法发挥其作用。因为这种幼儿学校为无人照管的孩子们提供了慈善设施，可有效地杜绝贫民儿童粗野化的根源，防止恶劣习惯的养成，并提高这些孩子们的道德水准，所以，教育部屡次极力向政府建议，在各行政区域应考虑迅速建立幼儿学校。

教育部推荐的是怀尔德斯平 1823 年在伦敦发表的《贫民儿童教育的重

要性》一书。此书后被德国商人威尔特曼（J. Wirthmann）译成德文，于1826年以《关于儿童的早期教育和英国的幼儿学校》为名在波恩出版，颇受欢迎。书中论述了这样一种观点：国家内部的治安，只有由理智的民众教育把对社会治安构成严重威胁的种种恶劣习惯、狂妄情绪完全根除的时候才能实现。因为那些贫穷的、愚昧的、无知的、容易激动的平民最容易被那些狂热的鼓动分子所利用，酿成难以收拾的局面。而从幼儿时期起就把他们教育成良好的臣民，势必能给统治者消除心头之患，还能将平民们组成优良的军队。

由于从以上观点出发对幼儿学校作了介绍，加上普鲁士教育部传阅文件的推荐，各邦政府颇为重视开设以贫民阶级为对象的幼儿教育设施。当年，美尔斯堡等地政府向全体督学发出训令：要用学校和教会金库费用购买怀尔德斯平的著作，并在所有地区设立幼儿学校。同时，还有拜恩、萨克森等各邦也接到这种指示，并建议自治县尽快建立幼儿教育设施。紧接着，1838年，普鲁士国王弗里德里希·威廉（Friedrich Wilhelm）在为柏林市批准设置幼儿教育设施中央基金的规定时专门下达了敕令。其中要求：第一，柏林市设置拥有慈善设施的维持幼儿教育事业的中央基金；第二，基金必须用于那些依靠原有努力已难以维持的幼儿教育设施；第三，基金主要来自捐助或遗产以及其他赠款；第四，如果基金的利息能支付柏林全部托儿所2年的费用，则不应动用本金，而是把利息的一半用作援助贫困设施的维持费。当利息增加到可支付托儿所3年的费用时，应把超出经费的部分用于购买市区托儿所的场地或建立托儿所和其他儿童教育设施；第五，基金管理委员会由救贫监督局、学务委员会、市议会选出的市民代表以及托儿所代表各2名成员组成，由年龄最大的市参事会会员任议长，每年应报告正式决算书。

在拜恩，1839年以内务部名义制定了一个关于托儿所的规定。它是当时针对德国各邦托儿所教育最详细的一个政策法规。它对托儿所实行加强控制而实不支持的政策。法规虽然要求各地必须开办托儿所，但又要求其必须以"足够的资金"为先决条件。这同英国和法国的既严加控制又积极支持的做法形成了极为鲜明的对照。

尽管如此，自瓦德切克（F. Wadzeck）1819 年在柏林创设了最早的常设托儿所之后，德国近代幼儿教育还是得到了较大的发展。据 1848 年统计，德国各邦建有托儿所的数量为 303 所，其中：普鲁士 109 所，符腾堡 73 所，拜恩 56 所，其他各邦 52 所，汉堡、不来梅和莱比锡等城市 13 所。到 1852 年时，又增加为 500 多所。

19 世纪前半期，整个德国的幼儿教育领域，比较著名和深有影响的是弗利德纳开展的幼儿学校运动和魏尔特开展的托儿所运动。

从 1822 年起，弗利德纳（Theodor Fliedner）在阿尔萨斯的威尔特郡担任新教派牧师。1823 至 1824 年，他参观过英国、荷兰和德意志各地的幼儿学校和慈善设施，增强了开办幼儿教育设施的决心。1835 年 5 月，他在自己教区阿尔萨斯威尔特教区建立了以贫苦儿童为对象的"编织学校"。一年之后，他把这所学校改成"幼儿学校"，聘请学有专长的女教师 H. 弗里金豪斯担任教师，接收了特别贫穷的工人子女 40 人，年龄是 2 岁到义务教育年龄。此校设备条件良好，房屋宽敞，周围有极好的游戏场地。为了培养幼儿学校的教师，同年秋天，在幼儿学校的旁边，他还办起了"看护修女养成所"。学习的课程有圣经、唱歌、算术、博物、德语、观察和家务劳动等，修学时间为 3 至 4 个月。其余时间，他就待在幼儿学校里和孩子们一起生活、做游戏。这样，到 1841 年，就已培养出 47 名女教师。其中 13 人就在幼儿学校里任课，其余的人也活跃在儿童教育界。弗利德纳开办的幼儿学校和修女养成所，给当时以莱茵省为中心的广大地区带来深远影响，促使杜伊斯堡、明斯特等城市开办了幼儿学校 27 所，拿骚、巴登、哈尔特等邦新办幼儿学校 11 所。这些学校也同时接纳弗利德纳修女养成所的毕业生担任女教师。据统计，到 1851 年，其培养的幼儿学校女教师已达 400 余人。

在弗利德纳的幼儿学校里，儿童每天活动 8 小时。学校制订了一份时间表。但弗利德纳又认为，不能像在普通初等学校里那样严格遵守这个时间表，而应该按照孩子们的心情、需求以及天气、季节情况等来适当调整。当时，德国大部分幼儿学校较为普遍地使用这个时间表（课程表）。它把宗教、道德、读、写、算、唱歌、图画、直观练习、手工劳动等列为幼儿学校的正式课程，但以游戏式教育和游戏式学习的形式来进行。

魏尔特（J. G. Wright）是福音派教会办的贫民儿童之家的教师兼督学。1832 年 7 月，阿尔古斯堡市议会提出了依靠城市金库设立托儿所的报告，并决定任命魏尔特为这所托儿所的创办人兼教师。魏尔特用了 2 年的时间，调查了德国西南部纽伦堡、莱茵、法兰克福、海德堡等 11 个城市的幼儿教育设施。在此基础上，他写出了《关于托儿所的报告》以及《关于幼儿学校和流浪儿童救贫设施的报告》。据此，阿尔古斯堡市议会发布了开设托儿所的公告。1834 年 6 月 26 日的公告中指出：市参议会充分认识到，如果忽视了儿童的早期教育，必将影响儿童的一生，这对整整一代人所造成的危害将是难以形容的；人的一生生活的基础是在幼年期奠定的，对幼儿进行身心教育具有极大的重要性。所有的专家都认为，最迫在眉睫的是设立受到承认的幼儿学校或者托儿所。公告发出后第 20 天，即 7 月 16 日，阿尔古斯堡市第一个托儿所建立，教职人员由魏尔特和另一名女教师、一名保姆组成。整个托儿所的设施包括一间游戏室、两间保育室和一个大院子。第一批接收来自手艺人、佣人和工人的孩子 59 名，其中 4 岁半至 5 岁的占绝大部分。到第二年（1835 年）8 月 5 日，托儿所的儿童猛增到 160 人。为了加强对托儿所的管理和监督，同年，援助托儿所工作的妇女会在阿尔古斯堡市成立。这个组织共有 22 人，大多数成员是出身贵族和上层社会的妇女，负责管理和经营托儿所。办所经费主要来自城市金库、妇女组织募集的捐款等，向家长收取的保育费也是财源之一。保育费为每周 10 至 120 芬尼不等，依据孩子父母的收入来定。由于入托儿童数的增加，到 1835 年又新设了两所托儿所。同样，托儿所的教师需求量也增加了。为此，魏尔特于 1838 年提出了《与托儿所相联系的培养保姆的预备学校》的提案。这个提案立即得到市议会的批准。结果，一所专门培养勤劳、聪明、能干的保姆的学校在一年内办成了，魏尔特兼任了这所学校的校长。

魏尔特站在扶助贫困者子女的立场上，尊重孩子的兴趣、动机、游戏和劳动，提出了推动托儿所及保姆学校开办的建议，并进行了实践，在德国近代幼儿教育史上是有积极贡献的。

第四节　俄　国

近代俄国是欧洲众多资本主义国家中最落后、最保守的一个国家。其教育是为封建农奴主贵族和大资产阶级服务的，广大劳动人民没有受教育的权利，全国有 70% 以上的人是文盲。在近代俄国，政治压迫、经济剥削造成弃儿遗女现象增多，成为社会一大严重问题。在社会舆论的压力下，沙皇政府着手过问城市孤儿问题。可以说，俄国近代幼儿教育是由此萌生的。

一、教养院教育

彼得一世执政时期（1682—1725）曾为大量无人照管的弃婴和儿童开设过孤儿院。后来，俄国各地纷纷开设了收容赤贫儿童的教养院。1797 年，皇后玛利亚·费道洛芙娜（Maria Feodorovna）内府接管了教养院的工作。内府原是经管各种慈善机构和贵族女子学院的民政机关，此时又经管孤儿教养院，并制定了孤儿教养院组织领导、教育和生活管理的详细规程，明确规定孤儿教养院的职责是抚养无家可归的儿童，对他们进行宗教教育，采用一些有宗教内容的书籍教他们识字。此外，还教儿童手艺，以便使他们在离开教养院后能独立谋生。

当时的俄国教养院中没有医疗设施。因此，儿童的死亡率高达70%以上。据1816年统计，托姆斯克教养院150名儿童中死亡131人；诺夫哥罗德教养院112名儿童中死亡95人；弗拉基米尔教养院236名儿童中死亡207人；沃洛涅日教养院189名儿童中死亡145人，等等。为了降低儿童死亡率，莫斯科和彼得堡的教养院曾实行了一种领养制度，将幼儿交给一般居民抚养。这在一定程度上保住了儿童的生命，但并没有改善被领养儿童的痛苦状况。因为不少领养儿童的居民常常怀着自私的念头，把儿童当作家奴或童工来使唤，逼迫他们做些粗重的家务劳动，稍不满意即施以鞭打，致使儿童的精神和肉体都遭受摧残。

对以上情况，不少社会有识之士深为担忧，并提出解决的种种办法。1832年，进步的俄国教育家奥波多夫斯基（Александр Г. Ободовский）、古里耶夫（Петр С. Гурьев）和古格里（Егор О. Гугель）等人向教养院领导人建议，在教养院内附设幼儿教育机构，为被领养儿童设立"幼儿学校"；让那些住在居民家中的孩子，白天一律到这种学校来学习。虽然主管部门没有采纳这个建议，但他们仍坚持要实施这一计划。于是，他们在奥波多夫斯基所在的葛岑教养院内用自己的资金开设了一所规模较小的实验幼儿学校，第一批收了10名在圣彼得堡近郊的葛岑村居民家中寄养的年幼儿童。古格里在这所实验性的幼儿学校中，制订了专门的培养计划，着重对幼儿进行德育和智育，强调培养他们良好、整洁的卫生生活习惯；经常组织幼儿做手工作业和开展室内、室外的游戏活动；还对年龄稍大的五六岁儿童专门讲授识字、计算和唱歌，并要求教师关心体贴孩子，给他们母爱的温暖，还规定不准用体罚。这所幼儿学校取得了相当的成功，使"儿童们开始都带着愉快的心情上学，但带着眼泪和悲酸离开学校"[1]。因为他们已不愿意再回到环境恶劣的村民家里去了。

二、孤儿院教育

俄国 19 世纪前半期，贫穷儿童教育机构除了教养院外，还存在一种由慈善机构开设的孤儿院。孤儿院专门收容那些沿街乞讨、四处流浪、无家可归、无人照看或被遗弃的儿童。由于当时农奴制对劳动者的压迫、剥削不断加重，农民被迫背井离乡，来到城市求生。而城市劳动者也常常工时过长，收入微薄，生活极度悲惨，又不时遇到停产和失业的威胁。加上沙皇政府为了挽救农奴制危机，频频发动对外侵略战争，造成许多儿童无人照管或被遗弃，成为孤儿。其中人数最多的又是幼小儿童。孤儿院就是在这种情况下产生的。

19 世纪 80 年代，在圣彼得堡和俄国其他城市里，一些善良的知识分子对这些幼儿十分担忧，着手组织社会力量来帮助这些苦难的儿童。1837 年，圣彼得堡的一个名为"劳动妇女救济院"的慈善机构中开办了最早的一个收容所。这是为那些因父母外出谋生而被遗弃的儿童设立的，其经费来源主要靠社会和个人捐赠。在这里，儿童除了能得到衣服、饮食供给外，还学习神学、阅读、书写、计算、唱歌、体操和手工等。由于办得较有成效，许多孤儿前来投奔，使收容所里的儿童人满为患。因此第二年，圣彼得堡郊区又开设了 4 个分所。在此影响下，不久，其他城市纷纷设立了孤儿院。到 1841年，仅在首都圣彼得堡就设有孤儿院 6 所，共收容儿童 920 名。

俄国孤儿院开创时期，孤儿院是由一些进步的知识分子和教育家们倡导和举办的。沙皇政府起初抱着不赞成的态度，但后来在社会舆论和进步势

1　巴沙也娃 . 教育史 [M]. 邰爽秋，邵鹤亭，陈友松，等，译 . 北京：人民教育出版社，1955：122.

力的推动下，成立了孤儿院总管理委员会。其首脑人物是皇后玛利亚·费道洛芙娜，许多实际工作还是由一些先进的俄国教育家们来完成的。19世纪前半期，俄国孤儿院事业的策划者和领导者是奥多耶夫斯基（В. Ф. Одоевский）。

奥多耶夫斯基是俄国著名的社会活动家和教育家，曾任孤儿院总管理委员会的总干事。他认为，孤儿院不但是儿童能得到管理和照顾的地方，而且也是他们能受到体育、德育、美育和智育的教育机构。[1]这是因为4岁至5岁的儿童开始很迅速的发育过程，不管你照顾不照顾他学习，不管你教不教他，从4岁起，即使不跟你学习，他也已经能自己从周围的一切事物中，从你所说的那些并不想要他所注意到的话语中，从你的行为，甚至从一切偶然发现在那些儿童周围的事物中接受到了教育。[2]可以说，每时每刻，一切事物都在影响着儿童，并会在他们幼小的心灵上留下不可磨灭的印象，但印象正确与否，是要以儿童所处的环境为转移的。[3]奥多耶夫斯基认为，儿童的智育是从他与生活现象、周围世界的密切接触开始的。教师可以帮助儿童领会和理解那些通过他个人的经验所获得的知识。在这种理解过程中，儿童的智力也就会发展起来。儿童从接触周围生活中而得到的那些不完全、不详尽的知识，可以借助教师为儿童安排的教育和教学活动而得到充实与明了。奥多耶夫斯基列举了各种能够促进儿童发展的游戏与作业，包括做各种幼儿喜欢的游戏、讲述童话、故事、唱民间歌曲、组织做连贯性的手工作业、利用图片和实物（种子、果实、动物、植物等）对儿童进行直观教学。

奥多耶夫斯基认为，在幼儿时期，对幼儿进行初步教育的最有价值的方法是谈话法，即跟儿童交谈。他强调，正确地组织与幼儿的谈话是保证教

---

1 2 巴沙也娃.教育史[M].邰爽秋，邵鹤亭，陈友松，等，译.北京：人民教育出版社，1955：126.

3 同上：126—127.

育效果的一种很伟大的艺术，并断言："生动的语言对于儿童的一切内部的发展，能够发生强有力的影响。"[1]

三、幼儿园教育

19世纪60年代，俄国成立了第一个社会和教育团体——圣彼得堡教育会，其中附设了一个幼儿园委员会。俄国近代幼儿教育进入了一个新的历史时期。

由于妇女就业人数增多，社会有关部门不得不设法解决幼小儿童的教养问题。对收养城市贫苦无靠的孤儿的孤儿院，他们持批评态度，而提出推行欧美国家所倡导的新型幼儿教育机构——幼儿园。他们对德国福禄培尔式幼儿园教育实践抱有特别浓厚的兴趣，不仅聘用了一批俄罗斯化的德国幼儿教育家，大力宣传福禄培尔的学说，还于1871年创立了圣彼得堡儿童初步教育促进会，来推广幼儿教育工作。借助这个幼教机构和政府当局的支持，俄罗斯出版了许多关于福禄培尔幼儿教育理论的书籍和杂志。其中，《幼儿园教育》杂志在宣传幼儿园的作用，研究和阐明幼儿教育理论与实践方面起着显著作用。这一杂志和圣彼得堡儿童初步教育促进会多次组织关于幼儿园教育的学术讲演和研究，介绍福禄培尔幼儿教育理论体系，使幼儿教育成为俄国整个教育体制中一个重要的组成部分。圣彼得堡、莫斯科、里加等许多大城市开办了俄国最早的一批幼儿园。这些幼儿园均由私人开办，实行收费制，运用福禄培尔的一些教育理论和方法对上层家庭的子女进行教育。

当时最好的幼儿教育机构之一是西蒙诺维奇（А. С. Симонович）的幼儿园，它于1866年至1869年开设在圣彼得堡。这所幼儿园开展音乐、舞

1　巴沙也娃.教育史[M].郜爽秋，邵鹤亭，陈友松，等，译.北京：人民教育出版社，1955：128.

蹈、图画、游戏和手工作业等方面的活动，并研究新的幼儿教育方法。不仅有选择地实施福禄培尔幼儿教育理论和方法，还对俄罗斯著名教育家乌申斯基（К. Д. Ушинский）的教育思想进行研究，并应用于幼儿园教育和教学的实践之中，取得了较好的效果。

此外，有些俄国早期的幼儿园还进行了幼儿园与初等学校相互协调、相互补偿的实验研究，对大班儿童的教学工作十分注重幼儿园与初等学校的衔接性。例如，1869 年在莫斯科开办的萨洛维叶娃幼儿园-初等学校曾进行了一种实现学前儿童教育与学龄儿童教育的统一和连贯性的实验。这所幼儿园的教养员熟悉初等学校的各种教学，而初等学校的教师也熟知幼儿园的工作方法。他们之间建立密切的交往和合作。初等学校一年级开设了易于儿童接受的运动性游戏、图画、音乐和体操等类似课程，取得了很好的效果。这种把幼儿园和初等学校结合起来，使幼儿园教养员与学校教师密切合作的经验，在俄国幼儿园理论和实践发展中，曾起过一定的积极作用。但不可否认，这一举措在各地实施过程中也曾发生过种种偏离初衷的做法，过分地强调幼儿园同初等学校发生联系，因而实质上把幼儿园办成了预备学校。例如，伊尔库茨克城的一些幼儿园教授识字、计算、外语和初等学校的一切课程；儿童学习多于游戏；游戏和唱歌只在幼儿园的小班才有，在大班中只有课间游戏。这不能不说是对幼儿身心健康的一种摧残。

在开设面向上层阶级子女的幼儿园的同时，1866 年，圣彼得堡的一个慈善机构——廉价住宅协会，开办了一所免费的人民幼儿园，专门招收劳动妇女的子女，以解决母亲离开家庭从事雇佣劳动时，她们的孩子无人照管的问题。这所幼儿园免费但有选择地接纳部分学前儿童（因要求入园的孩子太多），进行福禄培尔式的游戏和作业，按照《圣经》上的题目讲解故事，并教儿童祈祷和学习宗教知识。大班儿童也要学习识字、计算和书写。因经费主要依靠个人捐赠而没有保障，所以，这所人民幼儿园只存在了几年时间就被迫关闭了。

19世纪70年代和80年代，俄国上层阶级的幼儿园仍有所发展。据1882年不完全统计，在一些大城市中共开设有39所收费幼儿园。至19世纪末，俄国绝大多数收费幼儿园都变成升入初等学校的预备教育机构了。据1896年统计，俄国有收费幼儿园66所，而到1903年则发展到84所。

可是，沙皇政府对于劳动阶级子女的幼儿教育，没有采取任何有效的措施，仍继续推广类似玛利亚·费道洛夫娜皇后内府所设立的孤儿院作为主要的儿童救济兼教养机构。

1894年，圣彼得堡福禄培尔蒙养教育促进会凭借工厂主的资助，为产业工人及城市贫民的子女开设了免费幼儿园。1897年，该促进会又开设了第二所工厂平民幼儿园；到夏天，改为混合制的夏天幼儿园，招收学前期和学龄初期的儿童，儿童在园中做各种游戏和作业。同年，卡拉乔娃（Елизавега П. Калачева）在圣彼得堡又开设了一所平民幼儿园。此后，平民幼儿园在谢尔普霍夫、里加、基辅等工业城市也先后开设起来。但是，由于经费所限，这些平民幼儿园只能收容数额有限的儿童，不能完全满足广大城市劳动家庭幼儿要求接受公共幼儿教育的需要。必须指出，当时俄国的幼儿教育实践中存在着鲜明的阶级分化，不同阶级出身的儿童受到完全不同的待遇，并在教学中渗透了浓重的宗教意识内容或有繁重的课业负担。这些对年幼儿童身心的发展都是不利的。

第五节　美　国

北美大陆在200多年前曾是许多欧洲国家的殖民地。英属东海岸13个殖民地的人民，通过1775年至1783年的独立战争，推翻了英国的殖民统治，宣告了美利坚合众国的诞生。美国独立后，历届政府都十分重视发展包括幼儿教育在内的公共教育。

一、福禄培尔式德语幼儿园的建立

1854年，英国伦敦举办了一次以介绍教育设施和教材、教具为主要内容的教育博览会。美国政府派遣教育官员亨利·巴纳德（Henry Barnard）出席了这次教育盛会。他详细地参观了关于福禄培尔幼儿园的展览，获得了极为深刻的印象。他回到美国后，便在他本人主办的《美国教育杂志》第二卷（1856年）上发表介绍福禄培尔幼儿园的文章。可以说，这是美国最早的一篇关于幼儿园教育的文献。此后，类似的介绍文章日益增多，而巴纳德也就成为美国幼儿园运动的倡导者之一。

美国近代幼儿教育开创时期的基本做法是，将从德国引进的福禄培尔幼儿教育的理论和方法，直接应用于幼儿园教育和幼儿教师培训工作中。

美国最早的幼儿园建立于威斯康星州的维特镇，是1855年由德国舒尔茨（M. Schurz）夫人在她的私人住宅中开设的。这个幼儿园主要是为因参加反对普鲁士政权的1848年革命，遭到反动当局政治迫害而逃离祖国后移居美国的移民子女开办的，并采用德语会话和教学。

在德国时，舒尔茨曾经受到过福禄培尔的亲自指导。被驱逐到北美后，为教育自己的孩子，她开设了一个幼儿园，并吸收了邻近亲友的一些孩子，采用福禄培尔的教育方法，指导他们游戏、唱歌和做作业。继舒尔茨夫人开办起美国第一所德语幼儿园后，曾在德国同样受到过福禄培尔亲自指导的弗兰肯伯格（Caroline L. Frankenburg）又于1859年在俄亥俄州的哥伦布市开设了美国第二所德语幼儿园。此后，在美国，由德国人开设的德语幼儿园逐年增加。据统计，1870年，这类幼儿园已有10所，但最初只限于局部地区存在，而且属于自发性的、民间私营的、小规模的学前教育机构，并未引起全美教育当局的足够重视。

二、福禄培尔式英语幼儿园的开办

在舒尔茨夫人等一批按照福禄培尔的幼儿教育理论热心办园者的积极实践和宣传下，在很短的时间内，幼儿园便被社会所接受。一个兴办幼儿园的运动在美国很快地开展起来。舒尔茨夫人曾访问过波士顿，并会见了皮博迪（Elizabeth Peabody）等人，向她们介绍了福禄培尔的幼儿教育理论。可以说，这成了美国幼儿园运动的先驱者之一的皮博迪决心终生献身于幼儿教育事业的原因。

皮博迪夫人是一位才华横溢、能力出众的女强人。她的妹妹玛丽亚（Maria）是美国著名教育家贺拉斯·曼（Horace Mann）的夫人，受贺拉斯·曼的影响，也积极支持美国的幼儿教育事业。皮博迪从 1840 年起，开始在波士顿开设书店，结识了许多有识之士，并逐渐对教育理论产生兴趣。她读过许多教育名著，其中福禄培尔的《人的教育》一书给了她极大的启迪，使她产生了致力于幼儿教育工作的心愿。1859 年的一个夏日，玛丽亚与舒尔茨夫人在波士顿不期而遇，了解了一些福禄培尔幼儿教育理论和实践，并获得了开办幼儿园的详细指导，这就更坚定了她从事幼儿教育事业的决心。1860 年，玛丽亚在波士顿市比库尼街个人住宅里，开设了美国第一所采用英语会话的幼儿园。

办园以后，皮博迪深感自己缺乏幼儿教育的理论知识。为了进一步深入了解福禄培尔的教育思想，她于 1867 年专程来到德国汉堡。当时，福禄培尔去世已达 15 年之久，但她得到了福禄培尔的遗孀霍夫曼斯特（Wilhelmine Hoffmeister）夫人的亲切接待。霍夫曼斯特夫人直接指导她有关福禄培尔幼儿教育的理论和具体方法。1868 年回国后，皮博迪专门从德国聘请了富有福禄培尔式幼儿教育经验的克里格（Mathilde H. Kriege）夫人和她的女儿赴美任教。皮博迪除了继续办好原有的幼儿园外，还于 1868 年底在波士顿的幼儿园中附设了美国第一所幼儿园教师培训所，并聘请克里格夫人及其女儿担任这个培训所的第一任教师。这个培训所主要利用午后和夜间儿童休息时间进行授课。此外，皮博迪还定期发行刊物，亲自撰写文章、讲课和演说，广泛、热情地宣传福禄培尔思想，取得了很大成就。她为此贡献了自己的一生，成为美国幼儿教育事业的先驱和福禄培尔幼儿园运动的倡导人。

三、美国社会各界对幼儿教育的关注

在美国早期幼儿教育发展过程中，除了上述幼儿园之外，还相继产生了其他一些类型的幼儿教育设施。例如，1854 年纽约市保育室与儿童医院共同开办的第一个日托中心。南北战争期间，为了解决妇女参加工作后子女的入托问题，1868 年在费城也开办了这类机构。

在当时，基督教会利用幼儿教育事业作为赎罪的场所，市政当局把它作为社会改良的一项事业。因此，美国早期的幼儿教育发展分别受到教会和市政当局的关注。

美国最早（1877 年）建立幼儿园的教会是俄亥俄州托里多的托里尼特教会。该教会把开设幼儿园作为教区内的一项事业，并把幼儿园变成教会进行宗教教育和传教活动的一个场所，而且使幼儿园披上了面对社会下层开放的贫民救济慈善机构的面纱。1878 年，纽约市的安东纪念教会也设立了幼儿园。在牧师牛顿（Heber Newton）的监督下，幼儿园办得相当成功。这在当时远近闻名，该教会因此被推举为纽约的一个模范教区。1880—1896 年，开办于旧金山市的金门桥幼儿园协会，是在哈瓦德教会下属的巴依普罗俱乐部支持下成立而开展长期活动的，并开展幼儿园工作。金门桥幼儿园协会的工作成为该教区教会事务的重要内容。

教会利用幼儿教育机构进行宗教活动，最初并未引起上层教会的重视。但随着幼儿园运动的发展，以及对幼儿教师培训事业认识的提高，幼儿教育就日益被看作教会传道政策的一项重要事务。

教会幼儿园兴起的同时，美国还出现了把幼儿教育当作面对一般国民和

谋求社会改良的一种贫民救济事业的倾向。19世纪末，美国曾兴起过一场泛爱主义教育运动。这个运动强调，幼儿教育的使命是，从人道主义出发以保护幼儿不受现实生活中的不道德和不良现象的影响，进而使幼儿教育成为积极促进社会改良和改善贫民福利状况的手段之一。由此，许多著名的贫民救济机构开始把兴办幼儿园作为其救济事业的一环。美国社会福利慈善团体最早设立的一所幼儿园，是1870年在纽约开设的"慈善幼儿园"，由阿德勒（Felix Adler）负责。另外，1893年，芝加哥市成立了"家禽饲养场贫民救济协会幼儿之家"。这是一所收容200多名幼儿的幼儿园，园里的幼儿是从街头巷尾收养的。由于有充足的经费和负责的教师指导，取得了显著的成绩。

四、公立幼儿园的兴起

随着整个经济的繁荣、社会的进步和文化事业的发展，美国幼儿教育逐渐由从德国直接引进向美国式的方向转变。幼儿园变成与美国的社会生活方式相适应的一种教育设施。为此，必须把幼儿教育与公共教育制度挂起钩来，以加强幼儿园的公共教育性质，保证它在整个教育体制中的地位。皮博迪夫人早就提出过这一要求，但实际上是通过密苏里州圣路易斯市的哈里斯（W. T. Harris）博士与布洛（S. E. Blow）两人共同努力而实现的。

圣路易斯市教育局局长哈里斯早就崇尚福禄培尔的教育思想，对幼儿教育也十分关心。他亲自进行过降低小学入学年龄，在公立小学附设幼儿园，对幼儿实行免费的班级式幼儿教育的尝试，取得了显著成效。1873年，哈里斯向地方教育董事会递交了一份提案，要求把幼儿教育作为学校教育制度的一个组成部分，并为此开展了积极的活动。他招聘布洛为该市的教育科长，负责管理幼儿园和幼师的培训工作。哈里斯的提案得到了圣路易斯市教育当局的批准。同年夏天，圣路易斯市最先把幼儿园教育列为学校教育系统的一个组成部分，并在该市开设了美国第一所作为公立学校一部分的幼儿园，招收20名儿童，布洛是第一任教师。

福禄培尔遗孀霍夫曼斯特的学生贝尔特（Maria Boelte）曾于1872年在纽约开设过幼儿园教师培训学校，布洛在该校接受了一年的幼儿教师培训，并用学到的理论对幼儿进行实际指导。作为圣路易斯公立学校幼儿园的教师和监督人，布洛十年如一日，努力贯彻福禄培尔教育思想，在许多方面作出了贡献，促使美国的幼儿园运动进入一个全盛时期。1886年，她曾因身体不适而中断了一段时间的教育工作。但当身体恢复后，她又积极地举办幼儿教育讲座，继续著书立说或进行实践指导。因此，布洛被誉为美国公立学校的"幼儿园之母"。由于布洛的艰苦努力以及她与圣路易斯市教育局局长哈里斯的紧密合作、相互支持，这所幼儿园和师资培训学校取得了出人意料的成功，使该市成了吸引全国教育工作者的中心，其影响遍及全国，各地来访者络绎不绝。这种幼儿园公立化尝试的成功，有力地促进了公立幼儿园的迅速推广和普及。在圣路易斯市公立幼儿园取得成功以后，美国其他一些地区很快仿效，许多私立幼儿园便逐步被纳入公立学校教育系统。据统计，1874年在圣路易斯市只有4所公立幼儿园，1878年发展到53所，1903年已达125所。就全国来说，1870年仅有10所幼儿园；10年后的1880年，由于受圣路易斯市的影响，30个州设立了公立幼儿园。（见附表）

美国 1873—1901 年幼儿园数、教师人数和学生数统计表

年　份	幼儿园数（个）	私立园数（个）	公立园数（个）	教师人数（人）	学生数（人）
1873 年	42	—		73	1252
1875 年	95	—		216	2800
1880 年	232	—		524	8871
1885 年	415	—		905	18832
1892 年	1311	852	459	2535	65296
1898 年	2884	1519	1365	5764	143720
1900 年	4500	占总数的 $\frac{2}{3}$		—	—
1901 年	5107	2111	2996	9926	243447

从上表中可以看出，在 1873—1901 年的 28 年时间里，幼儿园的数量增加了 120 多倍，入园儿童数则增加了近 200 倍。其中私立幼儿园的数量占有很大比重，直到 19 世纪末，私立幼儿园的数量仍占约三分之二；但到 1901 年，公立幼儿园在数量上已超过私立幼儿园。

第六节 日 本

日本是亚洲第一个走上资本主义道路的国家，也是一个因长期封闭导致落后和实行开放而迅速走向繁荣富强的典型国家。1868 年，日本发动了一场轰轰烈烈的资产阶级性质的明治维新运动。在明治维新后工业革命的推动下，在福禄培尔幼儿教育理论和美国幼儿园运动的影响下，日本近代幼儿教育开始得到初步的发展。到 19 世纪末，日本的幼儿教育已初具规模，并逐步趋向普及，为日本现代幼儿教育的进一步发展奠定了基础。

一、国立幼儿园和简易幼儿园的开办

早在 1869 年，明治政府专门成立了一个开发各级各类教育的调查科，着手改造幕府时代旧教育的工作。1871 年，又设立了文部省，主管全国的文化教育事业。1872 年颁布了日本近代第一个教育法令《学制令》，具体规定了日本教育领导体制和教育制度，标志着日本教育进入了一个新的历史时期。

《学制令》第 22 章中规定，开设幼稚小学，招收 6 岁以下幼儿。虽然并未真正实施，但此项规定毕竟是日本近代幼儿教育设施方面的一个最早的规定。

1874 年 3 月，文部省决定成立以培养幼儿教育师资为目的的东京女子师范学校。这标志着日本第一所幼儿教师培养机构的正式开办。而日本正式的幼儿教育机构——幼儿园，正是从东京女子师范学校附属幼儿园的建立开始的。

关于开设东京女子师范学校附属幼儿园的原因，当时任文部省次官的田中不二麻吕在向太政大臣三条实美提交的报告中列举了三条理由："其一，为今后的幼儿园树立样板；其二，力图促进教育之发展；其三，为女子师范学校的学生提供实践园地……"[1]这所幼儿园是以美国幼儿园为榜样而设立的。行政管理上设监事（相当于园长）1人，首席保姆1人，保姆2人，助手2人。它首批招收幼儿75人，大多是富贵家庭的子弟。虽然这所幼儿园属于文部省直属的国立幼儿园，但由于当时幼儿园以及幼儿教育的必要性和重要性并未得到社会的广泛承认，再加上入园费昂贵，平民子弟难以问津。可见，当时办园的方向纯粹是为富裕阶层服务。特别值得指出的是，东京女子师范学校附属幼儿园于1877年制定了幼儿园规则，对后来日本全国各地幼儿园的兴办起了示范和推动作用。

这份幼儿园规则的主要内容包括：（1）幼儿园的办园目的是发掘学龄前儿童的天赋知觉，启迪其固有的心智，滋补其健全的体魄，使其通晓交际情谊，具备良好的言谈举止；[2]（2）入园年龄为3至6岁，但在特殊情况下也可接收2岁以上以及超过6岁的幼儿；（3）保育费每月2角5分[3]，家境贫困而难以交纳者可申请免费；（4）定员在150人左右，按5岁、4岁、3岁的年龄阶段编班；（5）每天的保育时间：6月1日至9月15日，上午8时入园，保育4小时；9月16日至翌年5月31日，上午9时入园，保育5小时；（6）除星期日和节日外，暑假为7月16日至8月31日，寒假为12月25日至1月7日；（7）保育科目有物品科、美丽科、知识科，其中包括5色球游戏等25个

1　梅根悟.世界幼儿教育史（上册）[M].刘翠荣，等，译.长春：吉林人民出版社，1986：314.

2　参见日本文部省编纂的《幼儿园教育百年史》，1979年版，第37页、第38页；《日本教育年鉴》1981年版，第55页。

3　当时小学教员的月薪为2～5元，幼儿园收费约占其月薪的十分之一。

小项目，大部分是福禄培尔的 20 种恩物游戏。

从上述规则的内容可以看出，东京女子师范学校附属幼儿园的规范要求是比较正规和严格的。由于开办这种幼儿园要投入很多资金，因此也就难以得到普及。到 1880 年，幼儿园的设置也只限于两三个府县。另一方面，文部省虽然提倡开办幼儿园，但却无力提供经费。对此，文部省在 1882 年召集的各府县学务课长会议上提出了《关于幼儿园制补充规定》，要求文部省所属幼儿园的一切费用完全自理，各地方幼儿园也应如此；幼儿园的规模不宜过大；办园方式可任意选择，但提倡设置简易幼儿园。这项措施的实行降低了幼儿园的设置标准，加上文部省的鼓励政策，使得幼儿园有了较快的发展。到 1885 年，幼儿园已由原来的两三个府县扩展到 12 个府县，幼儿园数已达 30 所，入园儿童 1893 人。

这种简易幼儿园的特点是：管理简单、设施比较简陋，实行不分年龄的半日制集体保育制度。这样可以节省开支，有利于扩大保育对象范围，适合在农村地区普及幼儿园，使那些工作、家务繁忙的劳动妇女的孩子能够在幼儿园找到一个安全场所。这既能避免他们集聚在田野、街头进行危险而恶劣的玩耍，又能解脱其父母的半日负担，使之得以安心劳动。

1884 年，文部省发出禁止学前儿童提前进入小学学习的通知，指出：让未及学龄的儿童入学接受同学龄儿童一样的教育，其害非浅，应以幼儿园方式对其进行教育。为此，可以利用一部分小学校舍，以幼儿园的教育方法，对这些儿童进行学龄前的教育。这样一来，开办幼儿园不需要独立的场地和园舍，只需在小学校内附设。这种做法有利于幼儿园的开办。此外，随着工业化的发展，大批妇女进厂工作，急需开设更多的幼儿园。这种情况促使日本幼儿园的发展受到广泛的重视并取得有效的普及。随着幼儿园的增多，为了加强国际和人际之间的相互联系与协作，各种集会与组织团体相继涌现，活动频繁，对日本近代幼儿教育的发展起到了组织保障的作用。

二、第一个幼儿园规程的颁布

1896年，在东京女子师范学校附属幼儿园成立的福禄培尔学会向文部省大臣提出建议：鉴于幼儿园在各级各类教育中尚没有明确的法律地位，政府应着手为其制定一个专门的教育令。当时，各地的幼儿园组织也纷纷提出此类要求。在社会舆论日益高涨的形势下，文部省终于在1899年6月颁布了《幼儿园保育及设备规程》。这是日本由政府颁布的第一个有关幼儿园的正式法令。此规程的颁布标志着日本近代幼儿教育进入了一个新的历史时期。该规程综合而详细地规定了日本当时幼儿园的保育目的、编制、组织、设施、设备和保育的具体内容等。它是日本幼儿教育走向制度化的重要开端，在日本幼儿教育史上具有重要意义。此后，关于幼儿园的规程虽曾经多次修订，但是直至1947年制定的《学校教育法》中作了新的关于幼儿园的规定外，幼儿园的相关规程长期以来基本保持了最初的面貌。

《幼儿园保育及设备规程》的主要内容是：（1）入园年龄为3至6岁；（2）每天的保育时间为5小时；（3）每个保姆照料的儿童数在40人以内；（4）每所幼儿园招收的儿童数为100至150人；（5）保育目的在于促进幼儿身心的健全发育，培养幼儿的良好习惯，辅助家庭教育；（6）保育内容为游戏、唱歌、谈话、手技四项；（7）园舍应为平房，设有保育室、游戏室和职员室等；（8）保育室的大小，每4名幼儿不得少于3.3平方米；（9）室内应备有恩物、绘画、玩具、乐器、黑板、桌椅、钟表、温度计和取暖设备等；（10）有关占地、饮水、采光等要求，均参照小学校令执行。

《幼儿园保育及设备规程》的特点是：对幼儿园的设置标准，编制规模，保育的时间、内容、目的都作了明文规定，并具有一定的合理性和可操作性。但它仅要求每日有5小时的保育时间，这与幼儿的父母必须整天劳动是有矛盾的，是缺乏对劳动妇女实际需求的关照的。此外，该规程并没有提出对幼儿教师素质的基本要求，也就难以保证应有的幼儿园的教育质量。

1900 年 8 月，文部省为了进一步普及幼儿教育和规定幼儿教师标准而重新修改了 1886 年颁布的《小学校令》，明确规定在小学校内可附设幼儿园。这就为各地小学附设幼儿园提供了法律依据。此外，文部省还对幼儿园的组织和教育管理作了新的规定：（1）幼儿园可设园长；（2）市町村一级幼儿园园长、保姆的录用和解聘由府县知事批准，私立幼儿园的相关事宜由设置者呈报府县知事；（3）幼儿园保育者称为保姆，保姆为女性，须具有寻常小学正教员或准教员资格，或由府县知事认可。这就使幼儿园的组织更加明朗化，有利于幼儿教师社会地位的提高。

以上述新规定为契机，日本各地相继增设了一批公立和私立幼儿园。据统计，到 1902 年，日本全国范围内，幼儿园已达到 263 所，其中国立 1 所、公立 183 所、私立 79 所，幼儿入园数达 24185 人。

三、贫民托儿所和工厂附属保育所的出现

在幼儿园得到初步发展的同时，尚有许多低收入的贫困家庭的子女，因交不起保育费或因年龄不足 3 岁而未能进幼儿园接受教育。因生活所迫，劳动妇女往往携带婴幼儿到嘈杂而又不卫生的工作场地去或者弃之家中不管，以致经常发生一些意外事故。贫困家庭婴幼儿的保育问题引起了当时日本一些有识之士的关注。1890 年，新潟县的赤泽钟美及其夫人创办了新潟静修学校幼儿保育会。这是日本第一所常设托儿所。他们宽厚仁慈、免费供养、悉心保育的人道主义行为，把日本的幼儿保育事业引向为贫民家庭孩子服务的方向。内务省对发展此类托儿所也比较重视，并提供了少量的资助。由此，托儿所在日本各地相继建立起来。例如，福冈县三井煤矿托儿所、神户市邻居托儿所、东京神田三畸町幼儿园（职责相当于托儿所）等。这类托儿所大多是同新潟静修学

校幼儿保育会具有同样性质的专为贫民子女服务的婴幼儿保育机构，一般开办于贫民区。但是，由于其经费靠个人出资或慈善机构捐助，或国家少量补助，开办和维持十分艰难。直到 19 世纪末，日本全国才有 10 所托儿所。

与此同时，日本还开始出现工厂附属保育所，以解决工厂女工劳动时婴幼儿无人照管的实际困难。例如，东京纺织株式会社于 1894 年开设了附属保育所，专门接收 100 天至 5 岁的婴幼儿。这类保育所虽有一定的福利性，但更主要的是宣传性，作为工厂招收和雇佣低廉的妇女劳动力而采用的一种手段。当然，它也为日本近代幼儿教育多样化作出了贡献。

拓展阅读

1. 梅根悟：《世界幼儿教育史》（上册），刘翠荣等译，吉林人民出版社 1986 年版。

2. 单中惠：《让我们一起生活吧——幼儿园之父福禄培尔》，"幼儿园运动的兴起"部分。华东师范大学出版社 2008 年版。

思考练习

1. 综述近代欧美日幼儿教育的发展及特点。

2. 试析近代幼儿学校运动的发展。

3. 试析近代幼儿园运动的发展。

第七章　17 世纪幼儿教育理论

　　17 世纪是欧洲从封建社会向资本主义社会转变的时期。正是在这种社会变革的背景下，新兴资产阶级的教育家和思想家对教育教学规律进行了探究，在幼儿教育方面也提出了许多新颖的观点。在这些教育家和思想家中，最有代表性的是捷克教育家夸美纽斯和英国教育家洛克。在总结前人教育思想和自己教育实践经验的基础上，夸美纽斯不仅提出了新的儿童观，而且提出了"母育学校"的设想。尤其是《母育学校》一书中对他的幼儿教育理论进行了系统阐释，凸显出后世西方幼儿教育理论的萌芽。因此，后人称夸美纽斯的思想很新颖，尤其是他的方法很新颖。英国哲学家和教育家洛克从培养绅士的目标出发，从体育、德育和智育三个方面叙述了儿童的早期教育。他在儿童早期教育方面不仅形成了一些独特的见解，而且提出了许多有价值的建议，因而推动了近代西方幼儿教育理论的发展。应该看到，尽管夸美纽斯和洛克都是对家庭幼儿教育进行论述，但是，他们的幼儿教育理论不仅闪烁了新时代的曙光，而且对后世西方幼儿教育的发展产生了重要的影响。

第一节　夸美纽斯的幼儿教育理论

夸美纽斯（Johann Amos Comenius，1592—1670）是 17 世纪捷克教育实践家和理论家。在欧洲从封建社会向资本主义社会过渡的历史时期，他吸收和继承了欧洲文艺复兴时期以来的人文主义教育思想遗产，总结了自己长期的教育实践与理论研究的经验，全面而系统地论述了新兴资产阶级的教育要求，不仅为近代西方教育理论的发展奠定了基础，而且对幼儿教育的发展做出了巨大的贡献。

一、生平活动与著作

1592 年 3 月 28 日，夸美纽斯出生于"捷克兄弟会"教派（以下简称"兄弟会"）的一个磨坊主家庭。12 岁时，夸美纽斯成了孤儿，由兄弟会给予资助读完了中学和大学。1614 年大学毕业后，夸美纽斯回到故乡担任兄弟会的牧师，并主持兄弟会学校的工作。从此，他一生始终以满腔的热情为祖国的解放、民族的独立和改革教育而积极活动。在欧洲爆发的"三十年战争"（1618—1648 年）中，由于德国占领捷克并实施迫害新教徒的宗教令，夸美纽斯同兄弟会员一起于 1628 年被迫逃亡到波兰的黎撒。在黎撒居住期间，他一面担任兄弟会学校校长，一面进行教育理论著述和编写教科书，从而在世界上获得了声誉。1641 年应邀赴英国伦敦，帮助建立一所泛智学校。1648 年重返黎撒，2 年后被推举为兄弟会主教。后来又接受匈牙利的邀请，担任其教育顾问。在此期间，他又完成了一系列的教育著作。1654 年，夸美纽斯再次回到黎撒，继续研究泛智论，其深受英国哲学家培根（Francis Bacon）的方法论思想的影响。1656 年，由于黎撒毁于波兰与瑞典之间的战争，荷兰阿姆斯特丹市议会欢迎夸美纽斯去那里居住和工作。于是，夸美纽斯在阿姆斯特丹度过了他的晚年，并将他 1627 年以后的教育著作汇编成《夸美纽斯教育论著全集》(4卷)出版。其中包括《大教学论》(1632)、《母育学校》(1632)、《世界图解》(1654)等。1670年，夸美纽斯在阿姆斯特丹去世。

夸美纽斯全面而深刻地论述了教育的作用、目的、原则、内容与方法，建构了一个比较完整的教育理论体系。在尖锐批判中世纪的经院主义教育和封建教育的基础上，他提出了"教育要适应自然"和"泛智论"思想，并制订了一个包括母育学校、国语学校、拉丁语学校和大学的学制系统。

对于0—6岁儿童的教育，夸美纽斯进行了专门的研究。夸美纽斯把它看作整个学制系统的最初阶段。他不仅在《大教学论》中用了相当多的篇幅探讨幼儿教育问题，而且又写成《母育学校》一书，作了更为深入而全面的阐述。可以说，夸美纽斯的《母育学校》是世界教育史上第一本幼儿教育专著。

《母育学校》一书，是夸美纽斯1628年用捷克文写成的，后于1632年出版。它曾被译成德文、波兰文、英文、克罗地亚文、俄文、瑞典文和意大利文等多种文字出版，受到各国的普遍欢迎。夸美纽斯所说的"母育学校"不是通常意义上的学校，而是"母亲膝前"教育的意思。因此，《母育学校》一书还专门加有一个说明性的副标题——"论六岁以下儿童的教育"。关于这本书的写作意图，夸美纽斯在《大教学论》第二十八章"母育学校的素描"中曾简要地作了阐述。他说："应为做父母与做保姆的人写一部手册，把他们的责任用白纸黑字写出，放在跟前。这本手册应对儿童应学的各种学科加以简单的描述，应当指出教导每一种学科的最适当的时机和最易灌输它们的用词与姿态。这本书的名字叫作《母育学校指南》……"[1]

1　夸美纽斯.大教学论[M].傅任敢，译.北京：人民教育出版社，1984：228.

二、论儿童的本质

在《母育学校》第一章中，夸美纽斯提出：儿童是上帝最珍贵的恩赐，是任何事物都不能与之相比拟的宝物。因此，必须给予极大的关怀。这虽然带有一定的宗教色彩，但实质上是对封建宗教意识的一种反驳。在西欧中世纪时期，占统治地位的思想观念是基督教的教义。它在人生意义上宣扬的是所谓人生而有罪的"原罪说"，妄称婴儿是带着原始的罪恶来到世上的，一生必须不断地赎罪。儿童自然就成为"赎罪的羔羊"，各种肉体的、精神的折磨也就不断地加到他们的身上。然而，夸美纽斯说："儿童们却是由至圣的三位一体举行特别会商产生出来的并且按它自己的形象来塑成的。"[1]进而又说："对于父母，儿童应当比金、银、珍珠和宝石还珍贵……金、银和其他同类的东西都是无生命的，只不过是比我们脚下所践踏的泥土要硬一点和纯洁一些；然而儿童却是上帝的生气勃勃的形象。"

夸美纽斯不厌其烦地举出许多例子反复说明"儿童是无价之宝"这一思想，不论对父母还是对国家来说都是如此。他认为，一方面，儿童产生于父母的实体本身，是父母实体的一部分，生来是颗没有被玷污的纯洁的种子，具有谦虚、善良、和睦、可亲等美德；另一方面，儿童又必然会发育长大，成为未来的博学的学者、哲学家和科学家以及国家的领导者，所以儿童也就是国家的未来。由此，夸美纽斯要求父母应该加倍地热爱儿童，要求国家更多地关心儿童的成长。

三、论幼儿教育的重要性

夸美纽斯吸收了古代希腊、罗马教育思想家和文艺复兴时期人文主义教

1　夸美纽斯. 母育学校 [M]// 夸美纽斯教育论著选. 任钟印，选编. 北京：人民教育出版社，1990：13.

育家关于儿童早期教育的理论，并总结了他本人长期教育实践的经验，对幼儿教育的重要性作了深刻的论述。夸美纽斯多次引证自然界生物成长的许多例子，反复阐述了及早对儿童进行教育的问题，认为这种早期的教育对儿童的健康发展有着重大的作用。在《母育学校》的卷首"献辞"中，他又提出了"一切都有赖于开端"这样一个基本思想。其内涵包括两方面的意思：其一，细心地和正确地组织好儿童的早期教育是防止幼儿沾染不良恶习和预防人类堕落的一个重要手段，同时，幼儿及早获得一些必要的粗浅知识，可以为他们入学以后的教育奠定坚实的基础；其二，夸美纽斯引用了古罗马政治家、哲学家西塞罗（Marcus Tullius Cicero）的话——"整个国家的基础在于童年的正确教育"。

夸美纽斯关于幼儿教育重要性的见解，是在他所处的特定历史时代与社会条件下提出来的。当时，欧洲正处于封建主义与资本主义交替的关键时期，作为反封建的新教派领袖的夸美纽斯，不断揭露和抨击封建社会的腐朽与黑暗，竭力谴责封建贵族和教会的种种罪恶。他认为，封建社会道德败坏的原因来自人心的败坏，于是寄希望于通过教育发展新的人性来医治社会的创伤，使国家和教会得到改良。而这种教育应该及早从幼儿时期抓起。夸美纽斯站在新兴资产阶级的立场上，力图以世俗的文化以及和谐发展的教育取代中世纪的经院主义教育，以正确的家庭幼儿教育取代封建专制下的贵族家庭教育，无疑是有一定的合理性和进步性的。

四、论幼儿的健康教育

夸美纽斯十分重视幼儿的体育。他在《母育学校》第五章中用了近30节的篇幅专门论述了怎样去发展儿童的健康和力量的问题。他认为，只有在儿童是活生生的身体健康的条件下，才有可能对他们进行教育。因此，他恳切地要求每一位母亲首先应该关心的是保证幼儿的身体健康。

按夸美纽斯的意见，保证幼儿身体健康要从儿童出生之前做起。首先，妇女自怀孕之日起，为了使所怀的胎儿健康地诞生到人间来，就要关心自己，注意保持身心健康，不要使胎儿受到任何损害。在孕妇和胎儿的保健方面，夸美纽斯提出了许多具体的、有益的建议，例如，孕妇凡事要有节制，不多食，不饮酒，要避免碰撞和摔倒，也不要去做斋戒，因为这些都会伤害自己的身体和力量而不利于胎儿的成长。此外，孕妇还要严格克制自己的情绪，避免惊惶、苦恼、着急、发愁等。因为如果不加注意，可能会影响新生儿的情绪气质，更有甚者，突然的恐惧和过度的刺激还会造成流产或降生一个孱弱的婴儿。为此，夸美纽斯要求孕妇保持平静而愉快的心情，并去操持一些家务和进行适量的活动，劝告她们不要过于贪眠，不要过于懒散，只有这样，才会对身心有益。

合理喂养是婴儿出生后的主要问题。夸美纽斯要求做母亲的自己给孩子哺乳。他严厉谴责当时的贵族妇女宁愿去亲昵一只小狗而不愿怀抱婴儿，以及为了保持自己外貌、体型的娇美和生活悠闲舒适而不愿照料亲生儿女的风气，指出这对幼儿的健康发展是十分有害的。

夸美纽斯还指出，婴儿断乳以后的饮食要富有营养，分量要适度，不要吃喝太烫和口味辛辣的东西。此外，夸美纽斯还特别告诫父母们，不能给幼儿随便用药，不然，这无异于使他们服毒。他还强调，儿童宜于吃天然的食物和软的、容易消化的食物。这些都是很有见地的、合乎营养学的看法。

由于幼儿的躯体、骨骼、血管都十分稚嫩脆弱，成人必须特别细心地照料他们。夸美纽斯曾说：儿童比黄金更贵重，但比玻璃更脆弱。在他看来，很容易因大人的一时疏忽而伤害幼儿的感官或四肢以致幼儿失去听力或视力，造成终身的残废。

为了保证幼儿的身体健康，夸美纽斯坚决要求儿童自幼就要建立合理的生活制度，使饮食、衣着、睡眠和活动都有一定的规律，为儿童以后良好生活习惯的养成打好基础。夸美纽斯十分赞赏当时流行的一条谚语："愉快的情绪就是健康的一半。"他要求所有的父母必须竭力设法为幼儿安排各种娱乐活动,例如,散步、做游戏、唱歌、讲故事和看图画等,使他们的生活充满欢乐愉快的气氛。这样有益于幼儿身体的健康成长。

五、论幼儿的智育和德育

夸美纽斯在重视幼儿体育的同时,还强调发展幼儿智力的重要性。这无疑是与他的"泛智论"思想紧密联系的。夸美纽斯在自己的著作中多次赞美人类的智慧,认为智慧胜过价值连城的珠宝。他风趣地说,在智慧的右手握着永恒与幸福,左手握着财富和荣誉,但必须通过勤奋、努力和学习来取得。因此,夸美纽斯认为,父母的明智不仅在于使儿童健康地生活,而且也要尽力做到使他们的头脑充满智慧,这样才能帮助孩子成为一个真正幸福的人。他还指出,成人不应以为儿童无需多大努力就能自行获得知识,就能使智力发展起来。父母应尽最大的努力去启发幼儿养成学习的习惯,并对他们进行初步的智力教育。这是父母身上肩负的一种责任。

关于幼儿初步智力教育的内容,夸美纽斯把它规定为三个方面:一是帮助幼儿通过感官积累对外部世界(自然界、人类社会和家庭生活方面)的初步观念;二是发展语言能力;三是训练手的初步技能。在《母育学校》中,夸美纽斯详细列举了幼儿"百科全书式"启蒙教育的学习科目,要求幼儿在物理学、天文学、地理学、光学、年代学、修辞学、数学以及经济学等方面,逐步去了解和掌握一些初步概念。这里虽然涉及许多学科,但就其具体内容来说,夸美纽斯要求幼儿学习的只是这些学科中最普遍、最通俗和最粗浅的内容。例如,学习物理学,只是教幼儿一些有关水、火、雨雪、花草树木和常见动物等方面的粗浅知识;学习光学,只是教幼儿知道什么是光明和黑暗,并能区别几种常见的颜色等;学习地理学,只是教幼儿认识摇篮、住房、庭院,自己居住的城市或乡村,知道什么是山河、树林、田野、道路等；学习年代学，只是教幼儿初步弄懂春夏秋冬、年月日、星期、明天、昨天等季节或时间概念；学习经济学，只是教幼儿知道家庭成员的称呼、家具和餐具的名称，以及幼儿每日生活中可见的家务管理等。此外，夸美纽斯还要求幼儿学习"教义问答"和唱赞美诗。

夸美纽斯强调，在对幼儿进行智育的同时也要对其进行德育。从改良社会道德的要求出发，他十分重视为儿童从小打下良好德行的基础。为了使幼儿道德教育收到良好的效果，夸美纽斯坚决反对成人溺爱孩子，容忍他们在毫无纪律约束下为所欲为。他强调指出，如果父母在儿童的心灵中播下任性的种子，却想收获纪律的果实，那不是非常奇怪吗？他认为，幼儿任性实际上不是他们缺乏理智，而是成人愚蠢造成的不良后果。因此，他要求自幼培养儿童的纪律观念，但又不要过于严厉，应以温和的态度对幼儿提出合理的要求。

六、论幼儿教育方法

夸美纽斯认为，父母是儿童的教育者，负有把自己的孩子教育成人的责任，但在如何教育孩子上，却有很大的学问。他要求做父母的不仅要有耐心，而且要肯下功夫去研究儿童。因为，不用勤勉的劳动而能把儿童教养成人，那是不可想象的。他希望父母和成人一定要深思熟虑，采用符合幼儿发展水平的恰当方法去教育孩子。

按照夸美纽斯的意见，在初步的智力教育层面，最有效的方法是让幼儿通过自己的感官去认识外部世界。他还具体建议运用故事来发展幼儿的智力。因为妙趣横生的故事，深入浅出的寓言，幼儿听起来不但觉得生动有趣，而且易于理解和记忆。

关于游戏，夸美纽斯认为，游戏不仅有益于儿童的身体健康，而且有助于发展肢体活动能力和智力的灵敏性。因此，他主张，不管儿童想玩什么游戏，只要不会伤害其身体或损坏东西，成人都应支持并给予帮助，而不应限制或阻止；反之，让孩子无所事事倒是有害于幼儿身心发展的。

在发展幼儿语言方面，夸美纽斯要求从一开始就应注意使幼儿发音清楚，帮助幼儿清晰地读出字母、音节和词，而且一旦开始说话就要注意纠正模糊的喉音。为了使儿童更好地掌握语言，夸美纽斯亲自编写了《语言初阶》《世界图解》等教科书。在这些教科书中，他进一步要求把语言与具体事物联系起来。他认为，文字的学习不应该离开它们所代表的事物。[1] 显然，这是他的直观性教学原则在幼儿教育中的直接运用。

此外，夸美纽斯认为，成人要以身作则，身教重于言教在幼儿教育中更显得重要。因为幼年时期儿童的思维是以具体性为特征的。成人的良好言行举止都是幼儿直接模仿的榜样。

七、论幼儿入学前的准备工作

夸美纽斯在《母育学校》中还专门探讨了幼儿入学前准备工作的问题，并提出了许多有益的建议。他认为，幼儿需要比教师所能给予他们的更多的关怀，所以最好在"母育学校"里，在母亲的保护下，自然而然地采用游戏的方式进行学习。但是，儿童到6岁时，他们的骨骼和头脑的发育日趋完善，他们已能容易地学完需要在家庭里学会的东西，这时如果再不把他们送到真正的学校中去，那无疑会使他们习惯于无益的休闲，甚至会养成类似粗野的缺点。而这类缺点一经养成，以后是很难消除的。

夸美纽斯指出，6岁入学也不是绝对的。根据幼儿各自能力发展的不同情况，入学时间可以推迟或提前半年到一年。但是，父母应该在自己孩子入学前注意以下三个方面：其一，是否已经了解应在"母育学校"知道的

1　夸美纽斯.大教学论 [M].傅任敢，译.北京：人民教育出版社，1984：149.

东西；其二，是否已具有注意力、思考力和一定的判断能力；其三，是否具有继续学习的愿望。

夸美纽斯要求父母必须认真做好幼儿入学前的准备工作，鼓励他们入学，告诉他们上学是一件十分愉快的事情，就像赶集或收获葡萄一样给人快乐；告诉他们在学校里会有其他儿童同他们一起学习和玩耍。父母可以给孩子看看为他们准备好的学习用品，赞扬未来的学校教师的善良与博学，引起他们对教师的信任与热爱的感情。他告诫父母，千万不应用学校和教师来恐吓儿童，使儿童心怀畏惧而不愿入学。

夸美纽斯在论述幼儿教育时，不仅广泛汲取了以往和当时教育思想发展的成果，而且还力图在当时科学发展的水平以及他个人对儿童生理及心理发展的认识水平上，使幼儿教育建立在一定的科学基础上。这是十分可贵的。夸美纽斯的幼儿教育理论，为近代西方幼儿教育理论的发展奠定了一定的基础，标志着西方幼儿教育研究从神学化向人本化的方向转变。

第二节　洛克的幼儿教育理论

英国哲学家、教育家洛克（John Locke，1632—1704）"是 1688 年的阶级妥协的产儿"[1]。在教育上，他提出绅士教育理论。他撰写的《教育漫话》一书，详细地论述了其包括幼儿教育在内的绅士教育思想体系。

一、生平活动与著作

洛克出身于一个律师家庭，自幼受到严格的贵族家庭教育。14 岁进入

1　恩格斯.恩格斯致康·施米特（1890 年 10 月 27 日）[M]// 马克思，恩格斯.马克思恩格斯选集（第四卷）.北京：人民出版社，2012：612.

威斯敏斯特公学。20 岁进入牛津大学学习哲学、法学和医学。毕业后留校任教，讲授希腊文、修辞学和伦理学等科目。在牛津大学的十多年中，洛克对经院哲学十分不满，对当时一些著名学者和科学家，如培根（Francis Bacon）、笛卡儿（René Descartes）、霍布斯（Thomas Hobbes）、牛顿（Isaac Newton）、玻意耳（Robert Boyle）等人的著作颇感兴趣。在致力于研究哲学的同时，他还刻苦攻读物理学、化学，特别是医学。

1665 年，洛克离开牛津大学，被任命为英驻德公使馆秘书。翌年回国，结识了艾希利勋爵（即后来的莎夫茨伯利伯爵），担任他的秘书兼家庭教师和医生。1683 年，因莎夫茨伯利反对詹姆士继承王位的活动败露，洛克受牵连遭迫害而出走荷兰。1688 年"光荣革命"后，洛克重返英国，在新政府中担任贸易和殖民地事务委员会委员等职并发表一系列重要著作，例如，1689 年发表《政府论》，1690 年发表哲学名著《人类理解论》，1693 年发表了教育代表作《教育漫话》等。

洛克从他的社会政治观和哲学观出发，提出教育的目的在于培养"绅士"，即有德行、有用、能干的人。[1] 而要培养这种人，必须从幼儿时期开始。

二、论幼儿的体育

作为一位从事过多年医学研究和自然科学工作的医生与教师，洛克对儿童身体的养护和体育提出了许多颇有价值的合理的要求。

洛克十分重视幼儿的体育。在《教育漫话》一书中，他一开始就强调指出："健康之精神寓于健康之身体"[2]，"我们要能工作，要有幸福，必须先有健康；我们要能忍耐劳苦，要能出人头地，也必须先有强健的身体"[3]。在洛

---

1 洛克 . 教育漫话 [M]. 傅任敢，译 . 北京：人民教育出版社，1985：4.

2 同上：24.

3 同上：25.

克看来，这是未来的"绅士"首先要具备的条件。

为了使儿童能有强健的体魄，洛克强调，身体的锻炼要从小抓起。首先，要让他们养成适应冷热变化的习惯。养育儿童"第一件应该当心的事是：无论冬天夏天，儿童的衣着都不可过暖"[1]。要求孩子每天（即使寒冬）用冷水洗脚或洗澡，"顶好从春天起，最初用温水，然后把水渐渐加冷……这样，我们的身体就可以适应一切，不会遭受痛苦与危险"[2]。洛克还主张绝不能娇生惯养孩子，衣被要轻薄，睡卧用硬床，多过露天生活，经受风雨的考验。他强调说："如果我们的小主人老是放在阴凉的地方，始终不让他受风吹，被日晒，免得伤了他的肤色，这种办法也许可以把他养成一个美貌的男子，可是不能把他教成一位有用的人才。"[3]

在饮食方面，洛克主张儿童过有节制的生活，每天的饮食要极清淡、极简单，两三岁前最好禁吃油腻的肉食和各种调味品，实行一日三餐，不吃零食。在洛克看来，养成这种节制的精神，无论在健康方面，还是在事业方面，都是十分必要的。[4]

在运动方面，洛克要求儿童除了坚持每天的户外活动外，还要学习游泳。他认为，户外锻炼时可呼吸新鲜空气，磨炼肌肤；游泳既有益于健康，还是应付特殊场合急需的护身技能。

三、论幼儿的德育

洛克认为，德育是形成人的健康精神至关重要的环节，德行是人生最重要、最不可缺少的品德。他认为，一个人或者一个绅士的各种品性中，德

1　洛克.教育漫话 [M].傅任敢，译.北京：人民教育出版社，1985：25.

2　同上：27.

3　同上：29.

4　同上：33.

行是第一位的，是最不可缺少的；要被人看重，被人喜爱，要使自己感到喜悦，或者还过得去，德行是绝对不可缺少的；如果没有德行，今生今世就得不到幸福。[1]

为了形成幼儿的德行，洛克强调进行理性教育。在他看来，整个德育过程，也就是理性教育的过程。理性教育是以理智为指导的教育方法，最终使儿童养成用理智来克服欲望的习惯。因此，洛克认为，一切德性与善恶的原则在于克制理智所不容许的欲望。[2]一个人要能克制自己的欲望，要能不顾自己的倾向而能纯粹顺从理性所认为最好的指导，虽然欲望在指向另外一个方向。在他看来，人的欲望分成两类：正当的即自然的欲望；不正当的即嗜欲。前者应予以满足，后者应予以制止。每一位家长都要认真地对待儿童的欲望，只有真正了解了他们的欲望是否正当，才可能实现理性教育的目的。

洛克还认为，一个有德行的人必须是理智坚强的人，是能够克制自己嗜欲的人，但并不是人人都能做到这一点的。这种品性的形成要靠后天的培养，而理性教育就承担了这一任务。

（一）理性教育要及早抓起

洛克敏锐地注意到，一般父母对待子女往往会犯一个最大的错误，那就是在儿童最纤弱、最容易支配的时候，忽视对他们的早期教育，没有要求他们养成约束自己、服从理智的习惯，致使有些儿童从小就滋生起一种骄娇蛮横的习气。

有些父母对孩子的任性、过失等行为不是理智地批评教育并引导其走向正确，而是事事迁就、一味顺从，认为孩子的种种不良行为只不过是孩子

---

1 洛克.教育漫话[M].傅任敢，译.北京：人民教育出版社，1985：138.

2 同上：47.

的天真而已。他们没有想到，一个人个性的形成是连续的，每一阶段都是在上一阶段的基础上发展起来的，幼儿时期的习惯不仅极大地影响少年期，而且对整个人生都起着举足轻重的作用。他们也没有想到，儿童是有意识的人，在最为纯洁的时候，其心灵极容易受到玷污，一旦受到玷污，这种玷污是洗不掉抹不尽的，会给他今后的人生道路产生不良的影响。

因此，洛克大声疾呼："凡是有心管教儿童的人，便应该在儿童极小的时候早早加以管教，应该使子女绝对服从父母的意志。"[1] 在他看来，父母应该在孩子记得事情以前，就坚持不懈地给予说理教育，使他们自然成性地听从父母，服从道理。

（二）理性教育的方法

洛克认为，为了使儿童幼年时顺从父母，长大后顺从理智，必须采用正确的理性教育方法。

1. 慎奖励，少惩罚

本着有益于儿童德行培养的原则，洛克坚决反对滥用奖惩来对待儿童的行为。他提醒父母，务必记住我们的培养目的是使儿童长大成为一个有理智、有德行的人。他认为，严酷的体罚是儿童教育上的一大弊端。它不仅不能达到父母所预期的目的，反而会给儿童身心的发展带来不良的后果。

既然惩罚会带来很多弊端，那么是不是换成多多奖励就行了呢？对此，洛克是持否定态度的。他认为，我们想使儿童变成聪明、善良的人，用惩罚去管教他们是不合适的；反之，把儿童捧上了天，拿他们喜爱的东西去奖励他们，去讨取他们的欢悦也是不对的。在洛克看来，要儿童去做点该做的事，便用钱币去酬劳他；要他完成一点点课业，便许愿给他买镶着花边的头巾和漂亮的新衣，这样的做法简直是牺牲了他们的德行，颠倒了他

1　洛克.教育漫话[M].傅任敢，译.北京：人民教育出版社，1985：49.

们的教育，等于教导他们去爱奢侈、骄傲、贪婪，从而为未来的罪恶奠定了基础。[1]

洛克反对滥用惩罚和奖励，但并不是取消奖惩。他说："我也承认，善有奖、恶有罚，这是理性动物的唯一的行为的动机；它们不啻是御马的缰索和鞭策，且使得一切人类去工作，去接受领导。"[2]

2. 重名誉，恶羞辱

洛克提出了"名誉"这一道德规范话题。他认为，名誉虽不完全是德行的真正原则与标准，但它离德行最近，最能反应德行，也是教育儿童的有效方法。因为儿童尚没有健全的理智，不明辨是非，只能从别人的态度中认识到错误，从而对过失行为产生羞耻心。洛克说："儿童一旦懂得尊重与羞辱的意义之后，尊重与羞辱对于他的心理便是最有力量的一种刺激。如果你能使儿童爱好名誉，惧怕羞辱，你就使他们具备了一个真正的原则，这个原则就会永远发生作用，使他们走上正轨。"[3]

洛克认为，儿童对于褒贬是极其敏感的。在日常生活中，当儿童的行为赢得称赞与鼓励时，他们会因此而欢乐和自豪；相反，当他们的行为换来周围人的不满与厌恶时，他们会因为自己的过失而痛苦和羞愧。在洛克看来，儿童对自己行为好坏的判断很大程度上取决于父母和别人对他们的态度。儿童据此找到自己被人称誉或羞辱的原因，明白自己做对或做错的事。这样，他们便会尽力不去做使自己遭冷遇的事，多做受表扬的事，朝着完美德行的方向发展。

树立儿童的名誉心和羞辱感，不仅要靠父母，也要靠周围所有人的协作。洛克强调指出，当儿童犯有过错后，周围的所有人都要采取同样的态度对待他们，这样才会对他们产生压力，使他们萌生羞耻感而去改正过错。

1　洛克. 教育漫话 [M]. 傅任敢，译. 北京：人民教育出版社，1985：53—54.

2　同上：54—55.

3　同上：55.

但是，洛克反对父母当众羞辱孩子，因为儿童都有向上的愿望和维护名誉的自尊心。

3. 少限制，多练习

不少父母为了让孩子按自己的意愿办事，不考虑孩子是否能够接受，定下很多的限制或规则。对这种做法，洛克也是反对的。他认为，对于幼儿来说，那些限制或规则极大部分是难以理解的，儿童也不可能自觉地去遵守，所以，难免要违反这些条规。限制或规则多了，势必会造成两种情况：一是孩子常常违反规则而受罚；二是虽然孩子违反了规则，但父母既不劝止，也不惩罚，视而不见，若无其事。这两种情况对儿童的理性教育都是不利的。

在少限制的同时，洛克提倡多练习。他认为，练习可以在儿童身上养成一种习惯，还可以从中发现儿童的兴趣、特长和能力，找出最适合于他们的发展道路。显然，它比定下限制或规则有用得多。

4. 树榜样，作示范

针对儿童的身心特点，洛克认为，榜样教育的针对性更强。他主张，在儿童面前树起榜样，或是正面的，或是反面的，儿童看到这些感性的东西自然就会在父母的说理教育下，明白什么是美的，什么是丑的，什么是善的，什么是恶的。这样，他们就会模仿好的行为而抵制坏的行为。

洛克指出，父母不仅要注意对孩子的榜样教育，更应该注意自身的示范。父母是孩子的启蒙老师，是孩子最直接的模仿者。父母好的行为能影响儿童，不好的行为更能影响儿童。在洛克看来，父母的不好行为不仅会影响孩子的行为，而且会削弱孩子对父母的敬仰之心。"如果谁希望自己的儿子尊重他和他的命令，他自己便应十分尊重他的儿子。"[1]

1　洛克. 教育漫话 [M]. 傅任敢，译. 北京：人民教育出版社，1985：73.

四、论幼儿的智育

在绅士教育理论中，洛克把智育放在较为次要的位置。他认为，读书、写字和学问也是必需的，但并不是最主要的。他说："我想如果有人不知道把一个有德行的，或者有智慧的人看得比一个大学者更加无限可贵，你也会觉得他是一个大傻瓜的。"[1] 在洛克看来，如果儿童不能首先在行为与品德上排除不良的邪恶的习惯，那么，知识教育上的一切成就都毫无用处。

洛克既要求未来的绅士是有才干的、善于处理世界的人，也要求他们学习知识和学问。但他首先强调幼儿智力的发展与训练、学习的根本目的是增进心的活动与能力，而不是扩大心的所有物。

在论述知识教育时，洛克认为，对幼儿来说，适宜学习写字、图画、阅读、语言、舞蹈和游戏等，应该让他们"自己去要求学习，把求学当成另外一种游戏或娱乐去追求"[2]。洛克还认为，儿童学习的内容要经常变化，不断更新，才能使他们专心勤勉地接受，而不致感到厌倦。这是因为"儿童的天性是使得他们的心理见异思迁的。只要有了新奇的事情就可以打动他们；无论见了什么新奇的事情，他们立刻就急于要尝试……所以他们的快乐差不多全是建立在更换与变化上面的"[3]。

洛克在幼儿教育方面形成了一些独特的见解，科学地按体育、德育和智育分别论述，并赋予其丰富的内涵，提出了许多有价值的建议。但是，由于洛克推崇家庭教育而反对学校教育，他的幼儿教育理论无疑是论述家庭幼儿教育的。

1　洛克.教育漫话 [M].傅任敢，译.北京：人民教育出版社，1985：151.

2　同上：152.

3　同上：165.

拓展阅读

1. 夸美纽斯：《母育学校》，载任钟印选译：《夸美纽斯教育论著选》。人民
   教育出版社 2005 年版，第 1—76 页。
2. 李文奎："洛克评传"，载赵祥麟主编：《外国教育家评传》第 1 卷。上海
   教育出版社 2002 年版，第 483—516 页。

思考练习

1. 试析夸美纽斯思想、方法新颖的幼儿教育理论及其历史价值。
2. 试析洛克培养绅士的幼儿教育理论。

第八章 18 世纪幼儿教育理论

    18 世纪在人类社会发展史上被称为"理性时代""启蒙时代"和"革命时代"。在这个时代中，西方幼儿教育理论凸显出批判精神和改革精神。法国思想家和教育家卢梭提出的自然教育理论，成为了新的儿童观和教育观的旗帜。尤其是他所阐述的幼儿教育原则和方法，更是推动了近代西方学前教育理论的发展，在西方幼儿教育史上具有分水岭的意义。如果说卢梭的教育理论是西方现代教育派理论的渊源，那么，他的儿童发展和教育理论就是现代幼儿教育理论的渊源。受到卢梭教育理论影响的瑞士教育家裴斯泰洛齐在儿童教育实践上显然作了更大的努力。他对儿童早期教育的原则和内容进行了很好的论述。特别是他的爱的教育及教育心理学化观点，更是直接影响了 19 世纪西方幼儿教育实践和理论的发展。与此同时，法国慈善家和教育家奥伯尔林创建的幼儿学校，标志着近代西方幼儿教育机构的确立。作为欧洲第一所幼儿学校，奥伯尔林的幼儿学校以及一些具有积极意义的观点对 19 世纪前半期西方幼儿学校运动的发展产生了一定的影响。

第一节　卢梭的幼儿教育理论

法国 18 世纪启蒙思想家、教育家卢梭（Jean-Jacques Rousseau，1712—1778）反对传统的封建教育，提倡自然教育，并提出了教育年龄分期思想，论述了幼儿教育的原则与方法，确立了以儿童为本位的新儿童观和方法论，对世界各国的教育（包括幼儿教育）产生了很大的影响。

一、生平活动与著作

1712 年 6 月，卢梭出生于瑞士日内瓦的一个钟表匠家庭。由于母亲早逝，他从小受父亲的影响很深。10 岁时，父亲因受一位贵族的诬告而被迫远走他乡，他被舅父送到日内瓦郊外随一位牧师学习。但他经常逃学，喜欢与村童一起嬉戏于大自然中。这养成了他爱好自然的天性，也孕育了他的自然教育思想。

1724 年，卢梭开始学习公证业务，后又转学雕刻手艺。但由于匠师的虐待，他弃业出走，开始了长期流浪的生涯。在此期间，他对下层社会的贫苦人民有了深入的了解，并对他们表示深切的同情，同时又阅读了欧洲各国思想家的著作，从中吸取了思想营养。

1740 年，卢梭开始在里昂修道院马布里（M. de Mably）大主教家里担任其两个孩子的家庭教师。尽管担任家庭教师只有 1 年时间，但使卢梭对教育问题产生了浓厚的兴趣。

此后，卢梭来到巴黎，结识了许多启蒙思想家，并成为百科全书派的成员，这使他形成了新颖的社会政治观。

1749 年夏，卢梭参加了第戎学院的有奖征文竞赛，题目是"论科学和艺术的复兴是否有助于敦风化俗"。卢梭的应征论文获得首奖，一举成名。1753 年，卢梭又以一篇题为《论人类不平等的起源和基础》的论文参加第戎学院的征文竞赛，但不幸落选。

1756 年，卢梭移居巴黎附近的乡村，专心于著述活动，三部互相联系并构成一个完整思想体系的重要著作先后问世。在文学著作《新爱洛绮丝》（1761）中，卢梭讨论了家庭及家庭教育问题；在政治著作《社会契约论》（1762）中，他阐述了自己的社会政治观；在教育著作《爱弥儿》（1762）中，他反对封建专制统治，批判封建教育制度，提倡自然教育，强调教育要适应儿童天性的发展。卢梭自称《爱弥儿》一书，构思 20 年，撰写 3年。可见，他对教育问题的重视和认真的思索。

但是，《爱弥儿》一书出版后，在当时的社会上引起轩然大波。《爱弥儿》一书不但被教会指为邪说谬论，而且也被一些有识之士反对。于是，卢梭遭受了迫害和通缉而被迫逃亡。直到 1770 年，卢梭才得到赦免令而重返巴黎。

卢梭的晚年贫病交迫，但他仍然用他那支战斗的笔，同封建政权进行毫不妥协的斗争。1770 年，他完成了自传性著作《忏悔录》。

1778 年 7 月 2 日，卢梭在巴黎近郊去世。

二、论自然教育

针对传统的封建教育残害人性和违反自然的弊病，卢梭提出了自然教育理论，即教育要"归于自然"。这是他的政治观、哲学观和宗教观的基础，也是他的教育观的基础。卢梭所提倡的自然教育，是与他的自然主义哲学观点紧密相联的。《爱弥儿》开宗明义的第一句话就是："出自造物主之手的东西，都是好的，而一到了人的手里，就全变坏了。"[1] 在他看来，人的自然本性是善良的，由于上帝的恩赐，人生而秉赋着自由、理性和良心。

1　卢梭.爱弥儿[M].李平沤，译.北京：商务印书馆，1978：5.

人最可贵的本性就是自由，人在他的行动中是自由的，性善是人人相同的，并不因人的贵贱而异。但是，在人类社会进入文明状态之后，文明人违背了自然法则，滥用自己的自由，从而产生了人与人之间的不平等现象。因此，人必须遵循自然的法则，正确地运用自己的自由。否则，就会出现这样的情况："人是生而自由的，但却无往不在枷锁之中。自以为是其他一切主人的人，反比其他一切更是奴隶。"[1]

人的另一个重要特点是理性。人类具有上帝赋予的理性，因此，能够在感觉的基础上，通过理性活动，形成复杂的观念和知识，并用来指导自己的行动。卢梭认为，在顺应自然的教育下，人的理性也得到了发展。"我们在出生的时候所没有的东西，我们在长大的时候所需要的东西，全都要由教育赐与我们。"[2]

卢梭指出，教育有三个来源，即"自然""人"和"事物"。他说："这种教育，我们或是受之于自然，或是受之于人，或是受之于事物。我们的才能和器官的内在的发展，是自然的教育；别人教我们如何利用这种发展，是人的教育；我们从影响我们的事物获得良好的经验，是事物的教育。"[3]在他看来，自然的教育、人的教育和事物的教育三方面是相互联系的，因为我们每一个人都是由这三方面教育培养起来的。如果在一个人身上这三种不同的教育互相冲突的话，他所受的教育就不好；如果这三种不同的教育是一致的，都趋于同样的目的，他就能受到良好的教育，达到他自己的目标，而且生活得很有意义。但是，在这三方面教育中，自然的教育完全是不能由我们决定的，事物的教育只是在有些方面才能够由我们决定，只有人的教育才是我们能够真正地加以控制的。所以，必须以自然的教育为中心，使事物的教育和人的教育服从于自然的教育，才能使这三方面教育圆

1　卢梭.社会契约论 [M]. 何兆武，译.北京：商务印书馆，1962：19.

2 3　卢梭.爱弥儿 [M].李平沤，译.北京：商务印书馆，1978：7.

满地相配合，并趋于自然的目标。

因此，卢梭提倡的自然教育，归根到底，就是教育要服从自然的永恒法则，适应儿童天性的发展，促使儿童身心的自然发展。人的天性发展是有秩序的，教育必须适应不同时期儿童天性的发展水平。他强调说："大自然希望儿童在成人以前就要像儿童的样子。如果我们打乱了这个次序，我们就会造成一些早熟的果实，它们长得既不丰满也不甜美，而且很快就会腐烂……儿童是有他特有的看法、想法和感情的；如果想用我们的看法、想法和感情去代替他们的看法、想法和感情，那简直是最愚蠢的事情。"[1] 因此，教育必须遵循自然，沿着自然给你画的道路前进。如果我们改变了这个自然法则，结果就是毁了孩子。

教育在适应儿童天性的同时，还要适应儿童的个性差异。卢梭说："每一个人的心灵有它自己的形式，必须按它的形式去指导它。"[2] 在卢梭看来，只有很好地了解每个儿童之后，才能对其发展给予正确的指导，使其身上的天性自由自在地发展起来。当然，适应儿童的个性差异，也包括了适应男女两性的天性差异。

总之，自然教育就是要遵循自然的发展，考虑人的发展的自然进程，并据此作为确定教育目的、原则、内容和方法的基础。卢梭强调说："这就是我的第一个基本原理。只要把这个原理应用于儿童，就可源源得出各种教育的法则。"[3]

从自然教育这个基本原理出发，卢梭明确提出，教育要以培养"自然人"为目的。在他看来，这种"自然人"是身心发达、体脑两健、不受传统束缚、天性发展的新人。他们不依从任何固定的社会地位和社会职业，能适应各种客观发展变化的需要。卢梭笔下的爱弥儿就是这种"自然人"

1　卢梭.爱弥儿 [M].李平沤，译.北京：商务印书馆，1978：91.

2　同上：97.

3　同上：80—81.

的化身："他现在已经年过二十，长得体态匀称，身心两健，肌肉结实，手脚灵巧；他富于感情，富于理智，心地是十分的仁慈和善良；他有很好的品德，有很好的审美能力，既爱美又乐于为善；他摆脱了种种酷烈的欲念的支配和偏见的束缚，他一切都服从于理智的法则，他一切都倾听友谊的声音；他具有许多有用的本领，而且还通晓几种艺术；他不把金钱看在眼里，他谋生的手段就是他的一双胳臂，不管他到什么地方去，都不愁没有面包。"[1] 这种"自然人"与传统的封建教育制度所培养出来的那种身心受压抑的人显然是不同的。

卢梭还认为，这种"自然人"是生活在社会中的自然人。培养"自然人"不是要使他成为一个野蛮的人，把他赶到森林中去。在他看来，在理性的社会制度中，每个人都能很好地发展自己的天性，又能把自己看作国家和社会的一分子，这样的人既是自然人又是公民，两者也就统一起来了。

因此，人的天性发展实际上是卢梭的最高目的。人在接受职业教育之前，必须先学习做人，这种人不是社会人而是自然人。正如卢梭所说的："只有一门学科是必须要教给孩子的：这门学科就是做人的天职。"[2]

三、论教育阶段的年龄分期

卢梭激烈批评传统的封建教育制度不顾儿童天性的发展，抹杀了儿童与成人的区别，强调应当根据儿童的特点来进行教育。在万物中，人类有人类的地位；在人生中，儿童有儿童的地位。因此，必须把人当人看待，把儿童当儿童看待。

因此，卢梭从自然教育理论出发，根据受教育者的年龄特征把教育阶段

1　卢梭.爱弥儿 [M].李平沤，译.北京：商务印书馆，1978：634.

2　同上：31.

分成四个时期。

（一）婴儿期（出生至 2 岁）

卢梭认为，人从出生到 2 岁是婴儿期。在这一时期，主要是进行体育，以身体的养护和锻炼为主。其目的是促进儿童身体的健康发展，增强儿童的体质。在他看来，体育乃是一切教育的基础。对于一个人来说，强健的身体是一切事业的基础，是个人幸福的源泉，也是个人智慧的工具。因此，当一个人出生后，就要顺应自然，通过合理的饮食、衣着、睡眠和游戏，实施正确的体育。

（二）儿童期（2 至 12 岁）

卢梭认为，从 2 岁到 12 岁是儿童期，即"理性睡眠时期"。在这一时期，主要是进行感觉教育。由于儿童的身体活动能力和语言能力都发展了，他们的感觉能力也开始发展了。成人可以开始对他们进行感觉教育，通过感觉器官的运用获得丰富的感性经验，这也为儿童下一时期的智力教育创造了条件。

但是，这一时期儿童的理性尚未发展，因而不能接受和形成观念，没有真正的判断。所以，这一时期不适合对儿童进行理性教育和知识教育。

（三）少年期（12 至 15 岁）

卢梭认为，人从 12 岁到 15 岁是少年期。这一时期是人的一生中能力最强的时期，也是生命中最珍贵的时期。在这一时期，主要是进行智力教育和劳动教育。在上一时期已经受到良好体育和感觉教育的儿童具备了接受智力教育和劳动教育的条件，因为他们的身体和感觉器官得到了发展，他们的感觉经验得到了积累并激发了寻求知识的好奇心。卢梭认为，根据自然的次序，现在是到了工作、教育和学习的时期了。

智力教育的任务不是教给儿童各种各样的知识，而是培养他们的学习兴趣，教他们寻求知识的方法，教他们怎样在需要的时候取得知识，教他们正确地估计知识的价值，教他们爱真理胜于一切。

劳动教育的任务主要是教儿童学会劳动，学会一种职业，同时促使理性的成长以及道德品质和人格的发展。

（四）青年期（15 至 20 岁）

卢梭认为，人从 15 岁到 20 岁是青年期。在这一时期，主要是进行道德教育，包括品行教育、宗教（自然神论）教育和性教育。当青年有了社会生活的准备，能抵制社会上的不良影响，并开始意识到社会关系时，就可以对他们进行道德教育了。

道德教育的任务主要是激发善良的感情，养成正确的判断力，培养坚强的意志。在卢梭看来，自然人不仅要能像农民那样劳动，能像哲学家那样思考，而且还要有正确的道德观和良好的道德习惯。

四、论幼儿教育的原则与方法

在《爱弥儿》一书中，卢梭以自然教育理论为依据，论述了幼儿教育的原则与方法。

（一）幼儿教育的原则

卢梭教育理论体系中的一个最基本的思想就是把儿童当作儿童看待，把儿童看作教育中的一个积极因素；教育要适合儿童天性的发展，保持儿童的天性。

卢梭强调指出，幼儿教育应当遵循自然的法则。具体来说，包括四点。

第一，必须让儿童充分使用大自然赋予他们的一切力量，他们也不会随便滥用这些力量。

第二，对于儿童的一切身体的需要，既包括智慧方面的需要也包括体力方面的需要，必须对他们进行帮助，使这些方面的需要得到满足。

第三，只有当儿童真正需要的时候，才去帮助他们，绝不能依从他们胡乱的想法和没有道理的欲望。由于胡乱的想法和没有道理的欲望不是自然的，因此即使加以拒绝，儿童也绝不会有痛苦。

第四，应当仔细研究儿童的语言和动作，真正地辨别他们的欲望究竟是直接由自然产生的，还是从心里想出来的。

卢梭强调指出，这些原则的精神是："多给孩子们以真正的自由，少让他们养成驾驭他人的思想，让他们自己多动手，少要别人替他们做事。"[1]只有这样，人从幼小的时候起才能限制自己，不做自己能力所不及而自取其苦的事情。

（二）幼儿教育的方法

从自然教育理论出发，卢梭还具体阐述了幼儿教育的方法。

1. 给予行动的自由

为了使儿童的身体能够得到自然发展，儿童刚从母胎出生就应当得到行动的自由。如果把这幼小生命的四肢用襁褓捆扎起来，并束缚得紧紧的，以致他们的头不能灵活转动，手脚不能自由伸展，那实际上就是剥夺儿童的自由，妨碍他们身体的自然发展，阻滞他们的血液循环，影响他们的性格和气质。正如卢梭所指出的："他们的第一个感觉，就是一种痛苦的感觉……他们……收到的第一件礼物是锁链，他们受到的第一种待遇是苦刑。"[2]

1　卢梭.爱弥儿[M].李平沤，译.北京：商务印书馆，1978：59.

2　同上：16—17.

但是，在给儿童的身体以绝对自由的同时，教育者必须小心地予以照顾，观察他们，跟随他们，以防他们有跌倒的危险，同时把一切可能会伤害儿童的东西收藏起来，使他们的双手不能接触到。

由于人最初是处在艰难和柔弱的境地，因此，其最初的声音就是啼哭。婴儿觉得他们有所需要，饿了或渴了，需要活动或无法入睡，他们就啼哭。教育者要进行观察，研究他们需要什么，找出他们的需要，并加以满足。

2. 合理的养护和锻炼

儿童的养护和锻炼应当顺应自然。卢梭认为，婴儿应当由母亲亲自哺乳，由父母亲自己养育，接触新鲜空气。儿童的饮食要合乎自然，简单而清淡。成人要让他们多吃蔬菜、水果和乳制品，还要他们养成适应吃任何食物的习惯。

在衣着上，应当让儿童穿得宽松，以利于四肢活动的自由。儿童的衣装要朴素，也不必穿得太多，能适应气候的变化即可。卢梭甚至反对给儿童裹头、戴帽、穿袜、穿鞋，认为那样不利于儿童的正常发育和养成抵抗的能力。

在睡眠上，应当使儿童有足够的睡眠时间，并对睡眠施以适当训练，使儿童的睡眠时间能随环境需要而改变。儿童的床褥也不宜过于温暖舒适，以养成在哪里都能入睡的能力。

在对儿童进行养护的同时，还应当注意对儿童进行锻炼。这既包括体格上的锻炼，使他们能够生活在一切环境中，经受自然的考验，也包括品质上的锻炼，使他们养成忍受痛苦的本领，具备克服一切困难的勇气。

在儿童的养护和锻炼中，卢梭坚决反对对儿童的娇生惯养，反对对儿童的溺爱。因此，不能因为儿童啼哭，就一切都顺从他。如果儿童由于习惯或执拗的脾气长时间地哭个不完，唯一能够纠正或防止这种坏习惯的办法，就是任他们怎样哭，你也不要去理他们。

3. 注意语言的发展

人的教育是同人的生命一起开始的。婴儿从出生的那一天起，就开始受到大自然的教育。他们一生下来就听人说话。在他们还听不懂人们向他们说话的内容的时候，由于他们的发音器官还很迟钝，他们只能一点一点地模仿成人的声音。因此，卢梭认为，为了更好地促进儿童语言的发展，成人要发使儿童听得懂的一些声音，要少，要容易，要清楚，要常常翻来覆去地发给他们听，而且，这几个音所表达的词，应当指的是成人拿给他们看的那些看得清楚的东西。

此外，成人在儿童面前说话应当说得正确，使他们觉得与成人谈话很高兴。这样，"他们在不知不觉中是会按照你们的语言去纯化他们的语言，用不着你们再去纠正"[1]。

卢梭认为，在儿童的语言发展过程中，一个十分严重的和不易预防的弊病是，成人在教孩子说话这件事情上太操之过急。成人越是操之过急，儿童的语言发展越会出现相反的效果，以致有些人终身发音都有毛病，说话也没有条理。

但是，卢梭又认为，在儿童的语言发展中要尽量限制他们的词汇。如果他们的词汇多于他们的概念，他们会讲的事情多于他们对这些事情的思考，那就是一个很大的弊病。[2] 如今看来，卢梭的这个观点显然是片面的。

4. 感觉教育

卢梭认为，人生来就具有学习的能力，但在生命刚开始的时候，婴儿的记忆力和想象力尚处在静止的状态，所注意的是正在对他们的感官起影响的东西。这种感觉经验是理性发展的基础。"由于所有一切都是通过人的感官而进入人的头脑的，所以人的最初的理解是一种感性的理解，正是有了这种感性的理解做基础，理智的理解才得以形成，所以说，我们最初的哲学老师是我们的脚、我们的手和我们的眼睛。"[3] 因此，注意对儿童进行感觉

1　卢梭.爱弥儿 [M].李平沤，译.北京：商务印书馆，1978：63.

2　同上：68.

3　同上：149.

教育，在智力教育之前先发展他们的感觉能力和充实他们的感觉经验，是十分重要的。

在人的自然发展过程中，首先成熟的官能是感官，因此，应当首先锻炼感官。锻炼儿童的感官，不仅仅是使用感官，而且要通过感官学会正确地判断，学会怎样去感受。只有这样，才能使儿童懂得怎样摸、怎样看和怎样听。然而，儿童感官的锻炼最容易为人们所遗忘，也最容易为人们所忽略。

在感觉教育中，应当同时发展儿童的视觉、触觉、听觉、嗅觉、味觉等感官。儿童愈锻炼自己的感官，他们也就会变得愈聪明。在各种感官的发展中，卢梭特别强调触觉。因为在所有的感官中，触觉运用的时间最多，而且触觉的判断是最可靠的。通过触觉，儿童可以获得关于事物的形状、硬软、大小、轻重等更准确的观念。

5．模仿

卢梭认为，儿童具有一种模仿的本能，在他们的自然发展过程中会表现出来。"人是善于模仿的，动物也是一样；爱好模仿，是一种良好的天性。"[1] 儿童的模仿，不仅表现在道德行为上，也表现在感官发展上。

因此，成人应当善于运用儿童的模仿本能，使他们模仿善良的品行，从而产生良好的道德教育效果。因为幼儿的心灵还处在懵懵懂懂的状态，所以，应当使他们模仿良好的行为，以使他们最终能够凭自己的判断和对善的喜爱去实践这些行为。

为了使儿童有好的模仿榜样，卢梭强调指出，教育者要严格地管束自己，在对儿童进行教育时应当冷静和稳重。父母和教师都要以身作则，保持纯朴，谨言慎行，对儿童起潜移默化的作用。"你要记住，在敢于担当培养一个人的任务以前，自己就必须要造就成一个人，自己就必须是一个值

1　卢梭.爱弥儿[M].李平沤，译.北京：商务印书馆，1978：114.

得推崇的模范。"[1]

同时，成人应当善于运用儿童的模仿本能，使他们养成善于观察的习惯。因为儿童是善于模仿的，他们看见什么东西都想画，照着房子画房子，照着树木画树木，照着人画人，逐渐地养成了仔细地观察物体和它们的外形的习惯。通过这种模仿，儿童的眼睛看东西可以更正确，他们的手画东西可以画得更准。

6. 自然后果法

以自然教育理论为依据，卢梭在道德教育上反对体罚，提出了"自然后果法"。他说："我们不能为了惩罚孩子而惩罚孩子，应当使他们觉得这些惩罚正是他们不良行为的自然后果。"[2] 也就是说，对于儿童的过失，不必加以责备和处罚，而要利用儿童过失所造成的自然后果，使他们自食其果，从而使他们认识其过失并改正。

儿童的自由只能受事物的限制，因此，在与自然的接触中，儿童必然会懂得应当服从自然的法则。例如，一个性情暴烈的儿童打坏他所使用的家具时，不要忙着给他另外的家具，而要让他感觉到没有家具的不方便；他打破他自己房间的窗子时，不要忙着给他配玻璃，而要让他昼夜都受风吹，成人别担心他受风寒。又如，一个儿童撒谎时，不要忙着去斥责，也不要仅仅因为他撒谎而处罚他，而要使他明白，如果他撒谎，那谎言的种种不良后果都要落在他头上，即使他以后说的真话也没有人相信，即使他没有做什么事情也会被人指责说干了坏事。通过自然后果法，儿童将会认识到，什么是对的，什么是错的，什么是应当做的，什么是不应当做的。

卢梭认为，幼儿还不能理解抽象的道德概念，还没有养成判断善恶的能力，因此，对他们进行道德说理教育是徒劳的，而且，把成人的各种道德

---

1 卢梭.爱弥儿[M].李平沤，译.北京：商务印书馆，1978：99.

2 同上：109.

要求强加到他们身上，容易使他们产生偏见。卢梭甚至说："我发现，再没有谁比那些受过许多理性教育的孩子更傻的了。""所以，最初几年的教育应当纯粹是消极的。它不在于教学生以道德和真理，而在于防止他的心沾染罪恶，防止他的思想产生谬见。"如今看来，这样的论断失之偏颇。

卢梭的自然教育理论，以及适应儿童天性发展的教育年龄分期及方法，击中了旧教育的弊病，闪烁了新教育的光辉，在西方教育史上被世人誉为新旧教育的分水岭。尽管卢梭的教育理论中存在着一些片面或自相矛盾的地方，但是，他的教育理论在历史上具有积极的进步意义，同时也促使了后世儿童观和教育观的巨大变革，实为开创新教育的一个重要的里程碑，极大地推动了近代幼儿教育理论的发展。

第二节　奥伯尔林的幼儿教育理论

法国慈善家和教育家奥伯尔林（Jean Frédéric Oberlin，1740—1826）在致力于社会和经济改革的同时，以基于游戏和儿童兴趣的新颖方法创建了欧洲第一所幼儿学校，而被誉为"幼儿学校的创始人""幼儿教育的杰出先驱者"。他的幼儿教育实践与理论谱写了法国乃至欧洲幼儿教育史的新篇章。

一、生平和教育活动

奥伯尔林 1740 年 8 月生于法国东部阿尔萨斯的斯特拉斯堡。父亲是当地一所高等文科中学的教师。从高等文科中学毕业后，奥伯尔林进入斯特拉斯堡大学攻读哲学和神学。大学毕业后，他曾于 1762 至 1767 年担任当地一位著名外科医生的家庭教师。在担任家庭教师期间，他也获得了一些医学知识，这对他以后的教育生涯有一定的帮助，但更主要的是，他在家庭教师的工作中积累了最初的教育经验。

从 1767 年 3 月起，奥伯尔林开始在阿尔萨斯和洛林交界处的施泰因塔尔地区的瓦尔德巴赫教区担任新教牧师的职位。该教区有 5 个村庄和 3 座教堂，属于一个偏僻和荒凉的山区。那里的农民数百年来遭受掠夺成性的封建贵族的剥削和压迫，在长年累月的战争和瘟疫成灾的情况下，过着贫困和饥寒交迫的生活。那里的农业生产很落后，由于山地贫瘠，加上气候异常多变，收成非常少。那里没有公路和桥梁，与外界联系很少，农民也缺少文化教养。因此，奥伯尔林在担任该地区牧师后就试图改变当地的经济和社会状况。

奥伯尔林在他的教区建立了农会银行，并通过示范的方式来改善当地农民的物质生活条件。他教农民增产丰收的耕作方法和果树的栽培方法，种植高产的农作物；从国外引进优良的马铃薯品种；帮助农民采用圈养的方法饲养家畜。先进的农业生产方式促进了农业生产的发展，使该地区的生活条件发生了惊人的变化。例如，原来，施泰因塔尔地区几乎不能为 80 户家庭提供生活必需品，这时已能为 500 至 600 户家庭提供。为了使该地区结束与整个国家的经济和文化生活隔绝的局面，奥伯尔林还为建造道路和桥梁而奔忙，并致力于发展当地的手工业，逐渐把编织业引入了家庭工场。

与此同时，受到启蒙运动思想影响的奥伯尔林也十分重视教育，努力改变该地区的教育落后状况。他始终认为，教育能把儿童培养成为文明的法国公民。原来，他的教区仅有一所学校，校舍也是破烂不堪的简陋茅舍。当地大部分居民只会讲本地的方言（一种与法语完全不同的罗马方言），这对奥伯尔林追求地区社会和经济的发展以及进行传教活动是一个极大的障碍。为此，奥伯尔林发动居民建造新的校舍，在每个村庄都建立了学校，激励居民把他们的子女送到学校里去读书，并提高教师的薪水。除宗教外，这些学校还设立了阅读、书写、计算、历史、地理、天文、农业以及日常生活技能等科目。奥伯尔林强调应该尽量使教学方法具备必要的直观性，借助一些图片、模型和实验进行教学。他还举办成人教育讲座和建立一个小型图书馆，给居民和学生介绍启蒙思想家的著作。

更为重要的是，奥伯尔林 1769 年创办了世界上第一所幼儿学校，招收了 50 个 2 至 6 岁的儿童。由于这所学校对年纪稍大的儿童也教以手工编织，故也有"编织学校"之称。奥伯尔林夫人（1784 年去世）、女编织工莎拉·班泽特（Sarah Banzet）以及奥伯尔林家的女仆路易斯·舍普勒（Louise Schepler）参加了幼儿学校的教育活动。她们照料那些需要照顾的幼儿，并在该地区农村训练助手（也称指导员），以便建立起同类的学校。尤其是舍普勒在奥伯尔林的幼儿学校中起了重要作用，为幼儿教育工作贡献了毕生的精力。

在法国大革命时期，奥伯尔林也在其活动范围内积极投身于摧毁封建社会秩序和建立一种崭新的社会秩序的斗争之中。1793 年，奥伯尔林在《致法国国民议会的信》中写道："我将以最大的热情始终不渝地忠诚于共和国。""我将全心全意地以自己的才能和尽一切力量献身于法兰西共和国。"[1]他在法国大革命时期所写的自传中又写道："我从不是教士。我从童年时期起就是战士。"[2]

奥伯尔林的社会改革和教育活动受到了当地大部分居民的欢迎，他也因此获得了国际上的声誉。

1826 年 6 月 1 日，奥伯尔林因病去世。人们为了纪念他，在当地教堂竖了一块黑色大理石纪念碑，上面刻有他的头像并题词：纪念奥伯尔林——他是这个教区的牧师和父亲，在这里服务了 59 年。[3]

1　VON MARGOT KRECKER. *Aus der Geschichte de Kleinkinder-erziehung* [M]. Berlin，1861：75—76.

2　KARL-HRINZ GUNTHER，HEINZ SCHUFFENHAUER. *Beiträge zur Geschichte der Vorschlerziehung* [M]. Berlin：Volk and Wissen Volkseigener Verlag，1961：84.

3　拉斯克. 幼稚教育史 [M]. 周竟中，译. 北京：商务印书馆，1939：103.

二、幼儿学校理论

幼儿学校的创建，是奥伯尔林在他所辖教区进行的社会、经济和教育改革以及增进地区居民福利的一个重要方面。经过幼儿学校的教育，那些原来一无所知的年幼儿童完全判若两人。他们满怀喜悦的心情，有些年纪稍大的儿童因其进步而激动得流下眼泪。

（一）幼儿学校的目的

奥伯尔林十分重视幼儿教育。他强调：在童年时期，儿童的心灵是脆弱的和具有可塑性的；我们在这些年里所播下的将不再被抹掉。[1] 因此，教区里那些无人照管和指导的年幼儿童引起了奥伯尔林的极大忧虑。他认为，在儿童早期就应该对儿童开始实施正确的教育。

奥伯尔林创建幼儿学校，旨在使其成为一种对那些无人照顾的入学前儿童进行必要的照管和通过教育使这些儿童形成良好习惯的机构。在他所辖的教区里，有个村庄的一位年轻妇女曾把邻居的孩子召集起来，教他们编织的方法。从中，奥伯尔林得到了启示而产生了创建幼儿学校的想法。于是，他毫不迟疑地与自己的夫人一起建立幼儿学校，在每一个村庄选出女监护人，并用自己的钱修复为创办幼儿学校租下的房屋，使村里的幼儿能在温暖的房子里以及在充满温柔和母爱般的监护下度过他们的美好的时期。

《奥伯尔林传略》一书曾这样写道："奥伯尔林担心儿童在他们的父母忙于家务和其他工作而无暇照管他们时会遇到什么危险或养成一种懒惰和恶劣的习惯，因此，他创建了幼儿学校，把儿童放在里面。在这些幼儿学校里，他们可以自己娱乐，也可以在温柔和慈爱的女指导员的指导下得到

1　DENISON DEASEY. *Education Under Six Years* [M]. London：St. Martin's Press，1978：19.

教育。"[1] 奥伯尔林自己也曾描述过创建幼儿学校的动机。他说，促使他尽一切可能去建立幼儿学校的原因是显而易见的。首先是因为年幼的儿童喜欢到处乱跑，家长时时要帮助他们，即使他们没有表现出什么恶劣的行为，也会染上游手好闲等许多坏习惯。其次是因为本地方言与法语完全不同，所以儿童对许多说教与诗歌的哲理根本不懂，而只知道淘气。奥伯尔林认为，幼儿学校这种教育机构的设立，至少有以下的好处：一是年幼儿童可以结束到处游荡的生活；二是年幼儿童可以逐渐养成劳动的习惯；三是年幼儿童可以得到很好的照管和监护；四是年幼儿童可以学习法语，这对他们尤为重要；五是年幼儿童可以学到一些文化知识；六是年纪稍大的儿童可以学习手工编织挣一些钱，尽管钱不算多。观察和经验使奥伯尔林相信，即使在襁褓中的婴儿，也能教以如何区别正确和错误，也能训练他们一种服从和勤勉的习惯。

曾参观过奥伯尔林创建的幼儿学校的英国教会人士坎宁安（Cuningham）夫人强调指出："年幼的儿童，当他们的兄姐进学校读书以及他们的父母忙于事务而无暇照顾他们的时候，很容易发生种种不幸的事情。奥伯尔林有见于此，所以，他决定创办幼儿学校。他的幼儿学校也许是一切幼儿学校之始祖。"[2] 在奥伯尔林看来，幼儿学校的创建，就是为了照管和指导学前儿童，使他们在进小学读书时已受过一定的训练。

总之，奥伯尔林创建幼儿学校的目的，就是通过把年幼儿童置于有规律的照管和指导之下，创造出一种有秩序的生活；通过教授正确的法语，使儿童理解法语的赞美诗和说教；同时通过手工编织的传授，使儿童学会劳动技能，培养勤劳的精神。从某种意义上来说，这种幼儿学校实际上是一种儿童日常托儿所和幼儿园的雏形。

1　WILLIAM BELL. *Memoirs of John Frederic Oberlin* [M]. London：William Bell，1835：42.

2　拉斯克. 幼稚教育史 [M]. 周竞中，译. 北京：商务印书馆，1939：102.

（二）幼儿学校的教育内容与方法

奥伯尔林创建的幼儿学校并不是每天开放的，而是一周开放 2 次，把年幼儿童集中起来进行照管和指导。

幼儿学校的教育内容包括：标准法语、宗教赞美诗、唱歌、讲童话和格言、观察和采集植物、地图知识、游戏以及手工编织方法等。

奥伯尔林认为，在儿童早期教育方面，首要的任务就是语言教育。他认为这一点对当时当地的发展来说具有很重要的意义。因此，幼儿学校的任务首先就是利用一切手段在年幼儿童中消除方言，从小就开始教他们纯正的法语。女指导员在向幼儿出示一些有关历史、动物和植物领域的图画时，图画上分别用法语和方言标上了名称。每个幼儿先用方言高声地朗读，然后再用法语说出来，最后全体幼儿一起读。

在幼儿学校里，没有固定的课时表。幼儿学校在训练幼儿养成良好习惯和克服不良习惯的同时，又给他们一些自由，使他们发展自己的能力。在上课的时候，儿童都集中在一起，围成几个大圈。每个大圈配备两位女指导员，一位负责训导和与儿童一起娱乐，另一位教以手工技能。

女指导员注意教给儿童一些对以后生活有用处的知识。其内容都是日常生活中生动有趣的事情，因此，在讲述中常常会引起儿童欢乐的笑声。女指导员有时会拿出一些取材于《圣经》和自然历史的彩色图画给儿童看，教他们把图画的内容解释出来；有时利用刻在木板上的地图，向儿童解释其中的地名，还要求儿童复述一些小故事，用这种方法来培养儿童的记忆力。奥伯尔林还开设了一个小博物馆，展览农业设施和各种工具，使儿童有机会了解实际生活的知识。

在奥伯尔林创建的幼儿学校里，对儿童的教育是与游戏结合起来进行的。"所有这些学习完全像一种游戏，一种连续不断的娱乐活动。"[1]

1　DENISON DEASEY. *Education Under Six Years* [M]. London：St. Martin's Press，1978：19.

奥伯尔林还认为，应该注意让儿童进行体育活动、游戏和娱乐活动，活动他们的四肢和增进他们的身体健康，并在这些活动中养成他们友好相处和不争吵的良好习惯。

在道德教育上，奥伯尔林认为，应该培养儿童对其父母、教师和长者的尊重，以及对同伴的富有基督精神的爱心与友情；还应该培养儿童遵守纪律、热爱劳动、爱清洁、懂礼貌和诚实等品质。但是，奥伯尔林培养儿童具有道德精神主要是从宗教观出发的，因为他认为博爱的上帝讨厌那些不良行为，例如，说谎、虚伪、骂人、不听话、吵架、不注意清洁以及懒惰等恶习。在对幼儿进行教育时，应该更好地利用鼓励和奖赏的方法。

总之，奥伯尔林创建的幼儿学校的教育内容是多方面的，并使儿童的活动不间断。在《致法国国民议会的信》中，奥伯尔林曾这样写道：幼儿学校的女指导员首先以本地方言给年幼儿童讲一些故事，然后告诉他们法语的名称，使他们逐渐习惯用法语来述说故事。为了培养儿童的动手能力，幼儿学校还教他们手工编织的方法。通过游戏活动，儿童既满足了自己的乐趣，又提高了身体素质，更重要的是学会了互相帮助和友好相处。天气晴朗的时候，女指导员同儿童一起散步，使他们了解和熟悉当地的农作物和地理环境以及对家庭有用的东西，让他们采摘一些植物并告诉其名称，还使他们知道和提防那些有毒的植物。通过使儿童反复接触自然，幼儿学校达到了让儿童牢固掌握知识的目的——这种与儿童不断进行交谈的教学方法适合某种游戏。女指导员还把奥伯尔林撰写的一些短小精悍的故事作为教学素材。如果儿童的学习积极性稍微有些降低，就让他们学习新的和有趣的事情，不断激发他们新的和富有活力的兴趣。

（三）幼儿学校的教师

为了在所辖教区对幼儿进行教育，奥伯尔林聘请当地一些心地善良的和有编织技能的妇女担任幼儿学校的指导员。其中，奥伯尔林最得力的助手就是路易斯·舍普勒。在奥伯尔林去世后，她们继续在幼儿教育领域产生了很大的影响。1829 年，舍普勒获得了由法兰西学院颁发的"伟大的道德奖"。

奥伯尔林往往先给女指导员讲解所要教的内容，以便她们更容易地对儿童进行讲解。他为所辖教区的每一个村庄训练女指导员，并用自己的钱支付她们的薪水以及校舍的租金。他认为，女指导员的主要职责就是教儿童讲纯正的法语，不让他们讲粗鄙的话；在儿童游戏时避免他们发生危险和不幸的事情；给儿童讲解有关自然、历史、地理以及圣经的知识；教一些年纪稍大的儿童学习手工编织的方法等。

奥伯尔林还认为，应该定期举行女指导员之间的经验交流活动，以便不断改进幼儿的教育工作。他希望从事儿童教育工作的、受人尊敬的人有时应该互相进行比较，至少每三个月进行一次交流；在交流会上，大家应该检查一下，是否以艺术的方法尽力把一些儿童培养成全面发展的人。[1]

奥伯尔林强调指出，幼儿学校的教师要克服偏爱和软弱的心理。如果教师出于偏爱或软弱而对有缺点的儿童给予奖励，那实际上就是欺骗儿童。因此，教师不要对儿童做出不公正的事情，也就是说，不要对儿童作出不公正的评价。

奥伯尔林还在幼儿学校里挑选年纪稍大的女孩作为教师的"助手"。

奥伯尔林的幼儿学校的实践和理论是颇有新意的，对当时法国以及欧洲一些国家的幼儿教育产生了一定的影响。

奥伯尔林唤起了社会公众对幼儿教育的极大兴趣。尽管 19 世纪英国空想社会主义者欧文并不了解奥伯尔林幼儿学校的情况，但他后来在苏格兰新拉纳克办的幼儿学校，在很多方面与奥伯尔林的模式有相似之处，但比奥伯尔林产生了更大的影响。

1　KARL-HRINZ GUNTHER, HEINZ SCHUFFENHAUER. *Beiträge zur Geschichte der Vorschlerziehung* [M]. Berlin: Volk and Wissen Volkseigener Verlag, 1961: 89.

第三节 裴斯泰洛齐的幼儿教育理论

瑞士教育家裴斯泰洛齐（Johann Heinrich Pestalozzi，1746—1827）热爱儿童，尊重儿童，提倡爱的教育理论，以忘我的精神从事教育实践活动，把毕生的精力献给了贫苦儿童的教育事业。他努力根据教育心理化的观点论述幼儿教育问题，对19世纪的欧文、福禄培尔等教育家有着深刻的影响。

一、生平活动与著作

裴斯泰洛齐1746年1月生于瑞士苏黎世的一个医生家庭。5岁时，父亲去世，他在母亲和忠诚的女仆巴贝丽的抚爱下成长。母爱以及女仆的无私精神，对他的一生影响很大。幼年时，裴斯泰洛齐常到外祖父的村庄里去，目睹了农村破产和农民苦难生活的状况，萌发了对农民处境的深切同情。

中学毕业后，裴斯泰洛齐进入了加罗林学院。在那里，他参加了苏黎世青年的革命团体，广泛阅读法国启蒙思想家的著作，研究有关社会、政治和教育问题。卢梭的著作对他的影响极大，因此，他在因参加民主改革活动而被短期拘捕后，决心通过教育来实现改善农村和农民生活状况的理想。

1768年，在友人的帮助下，裴斯泰洛齐在家乡购置了一块荒地，取名为涅伊霍夫（又译为"新庄"），开始了社会实验活动。但由于经营不善，这个示范农场于1774年宣告破产。

但裴斯泰洛齐不顾遭受失败的困境，在新庄开办了一个孤儿院。他生活在这些孤儿中间，以无私的精神进行忘我的工作。经过几个月的努力，这些孤儿的精神面貌焕然一新。然而，孤儿院因缺乏充足的经费而被迫于1780年停办。

此后 18 年，裴斯泰洛齐专心于著述活动，总结自己的社会活动和教育活动的经验。1780 年，他写成了《隐士的黄昏》，这是他的教育思想的最早阐述，被后人称为"裴斯泰洛齐的教育信条"。1781 至 1787 年，他又创作了一部教育小说《林哈德和葛笃德》。这部小说闻名于整个欧洲，获得了巨大的声誉。这是裴斯泰洛齐的主要教育著作。

1798 年，瑞士爆发了资产阶级革命并建立了共和国。1799 年 1 月，瑞士政府在斯坦兹设立了孤儿院，请裴斯泰洛齐前去主持。裴斯泰洛齐欣然接受了这一工作，开始了他的第二次教育实验活动。然而，由于战争的影响，孤儿院校舍被征用作伤兵医院，斯坦兹的教育实验活动只延续了几个月的时间就结束了。

在这之后，裴斯泰洛齐在离瑞士首都不远的布格多夫的一所小学里担任教师，他努力按照心理学的规律去发展儿童的能力。1800 年，裴斯泰洛齐与友人一起在布格多夫建立了一所学校，开始了他的第三次教育实验活动。他努力把自己的教育思想付诸实践，使教育心理化的思想逐步完善。1805 年，这所学校迁到伊弗东，改名为伊弗东学院。伊弗东学院不久就闻名于整个欧洲，成了世界儿童教育运动的中心。德国幼儿教育家福禄培尔称它为"教育的圣地"。19 世纪英国空想社会主义者欧文称裴斯泰洛齐这个善良的人正在利用他自己的知识和资财尽量造福于贫苦的儿童。伊弗东学院一直办到 1825 年。这是裴斯泰洛齐整个教育生涯中最辉煌的时期。

伊弗东学院停办后，裴斯泰洛齐回到故乡新庄生活，并写成了他的最后著作《天鹅之歌》，总结了他一生所从事的教育实验活动及其教育思想。

1827 年 2 月 17 日，裴斯泰洛齐因病在新庄去世。1846 年，瑞士人民为了纪念这位献身于贫苦儿童教育事业的伟大教育家，在他的墓前竖了一块纪念碑，碑文中写道：涅伊霍夫贫民的救星，斯坦兹孤儿的父亲，布格多夫初等学校的创始人，伊弗东的人类教育家……毫不利己，一切为人。

二、论爱的教育

在教育史上，裴斯泰洛齐是提倡爱的教育和实施爱的教育的典范。他热爱儿童，尊重儿童，并把自己的毕生精力献给贫苦儿童的教育事业。无论是在新庄、斯坦兹，还是在布格多夫、伊弗东，裴斯泰洛齐总是以无私的精神和满腔的热忱从事儿童教育工作。

在总结自己的教育实践经验的基础上，裴斯泰洛齐强调指出："教育的主要原则是爱。"[1] 在斯坦兹孤儿院，面对艰难的环境和条件，裴斯泰洛齐始终坚持实施爱的教育，靠赤诚的爱克服了各种困难。他坚信，教育者的热情将如春天的太阳使冰冻的大地苏醒那样迅速地改变孩子们的状况。后来，裴斯泰洛齐在与友人谈斯坦兹经验的一封信里这样写道："我一切为了孩子。从早到晚，我一个人和他们在一起，是我的双手，供给他们身体和心灵的一切需要。他们都是直接从我这里得到必要的帮助、安慰和教学。他们的双手被我握着，我的眼睛凝视着他们的眼睛。"[2] "我们一同哭泣，一同欢笑。他们忘却了外部世界和斯坦兹，他们只知道他们是和我在一起，我是和他们在一起。我们分享着食物和饮料，我没有家庭，没有朋友，也没有仆人，除了他们，什么都没有。他们生病，我在他们身边；他们健康的时候，我也在他们身边；他们睡觉的时候，我也在他们身边。我最后一个睡觉，第一个起身。"[3] 在他看来，儿童的幸福就是教育者的幸福，儿童的欢乐就是教育者的欢乐。由于满腔的热情和深沉的爱，裴斯泰洛齐赢得了孩子们的信任和热情，使得他的教育实验活动获得了成功，孩子们的身体、智慧和道德都得到了发展。因此，他曾这样写道：如果不能爱孩子，我不懂

1　QUICK R H. *Essays on Educational Reformers* [M]. New York：Macmillan，1924：358.

2　裴斯泰洛齐 . 与友人谈斯坦兹经验的信 [M]// 张焕庭 . 西方资产阶级教育论著选 . 北京：人民教育出版社，1979：198.

3　同上：198—199.

得还能谈到有什么规则、方法和技能。[1]他在晚年所写的《天鹅之歌》一书中也总结道："我除了对我国人民的满腔热情和爱以外，没有其他力量。"[2]德国哲学家费希特（Johann Gottlieb Fichte）也认为，裴斯泰洛齐的生活的灵魂是爱。[3]

裴斯泰洛齐认为，对儿童实施爱的教育的目的，就是解放蕴藏在儿童身上的天赋才能，并在儿童之间以及师生之间建立友好和真诚的关系。"使他们过着共同的新生活，有新的力量，在孩子们中间唤醒他们兄弟般的情谊，使他们成为热情的、公正的和亲切的人。"[4]同时，他又认为，对儿童实施爱的教育，可以使教育者获得儿童的信任和热情，并在师生之间建立一种相互信任的真诚关系。在他看来，如果教育者做到了这一点，一切其余的问题也就会随着解决了。

在实施爱的教育时，裴斯泰洛齐强调母亲对儿童的教育作用。在《林哈德和葛笃德》和《葛笃德如何教育她的子女》这两部著作中，他都把理想的母亲葛笃德作为实施爱的教育的榜样。他认为，儿童的教育从其诞生的第一天就开始了。一个母亲迫于本能的力量，精心照顾自己的孩子，喂他和保护他，使他喜欢和感觉到愉快；母亲看护着自己的孩子，满足他的欲望，在他需要帮助的时候就给予帮助。这样，爱的种子和信任的种子就在孩子的心里发芽了。他又认为，母亲是天生的和伟大的教师，也是孩子的第一位教师和向导。母亲最热爱孩子，最了解孩子，也最能观察到孩子的需要，从而尽力使孩子的本能在自我活动中得到充分的发展。因此，裴斯泰洛齐说："任何良好的教育，母亲必定能逐日地，不，每一小时地从儿童

1　裴斯泰洛齐论儿童教育 [N].光明日报，1956-1-9.

2　裴斯泰洛齐.天鹅之歌 [M]// 张焕庭.西方资产阶级教育论著选.北京：人民教育出版社，1979：208.

3　吴志尧.裴斯塔洛齐 [M].北京：商务印书馆，1948：序.（"裴斯塔洛齐"即"裴斯泰洛齐"，两者系译法不同。）

4　裴斯泰洛齐.与友人谈斯坦兹经验的信 [M]// 张焕庭.西方资产阶级教育论著选.北京：人民教育出版社，1979：199—200.

的眼睛、嘴唇、面部判断他心灵中的最微小的变化。"[1] 总之，母亲的影响比任何其他人都更为有力。母亲不仅给她的孩子第一次的物质食粮，而且给她的孩子第一次的精神食粮。母亲的力量和母亲的奉献是万能的。母爱是人类情感中最纯洁的情感，是教育的基本动力。"母亲的影响是引起爱和忠诚的开端的自然途径。"[2]

裴斯泰洛齐认为，作为儿童来说，他们也需要母爱。如果儿童得不到母亲的爱，爱和忠诚的情感就得不到发展，他们的整个发展过程就受到了危害。因此，"没有母亲温柔的手和笑脸，也就失去了微笑和魅力，而这些是一个婴幼儿的健康与快乐的自然需要"[3]。在母爱的影响下，母亲爱谁，他就爱谁，母亲信任谁，他就信任谁。儿童在感觉上对母亲的依恋和信任，首先推及父亲和兄弟姊妹，然后逐步扩大范围，及至爱全人类并意识到自己是整个人类中的一员。

如何实施爱的教育？裴斯泰洛齐认为，家庭教育是一种最好的方式。因为家庭生活的黏结力就是爱的黏结力；家庭影响如果以最纯洁的形式出现，就是人类教育中所能想象到的最高尚的因素。在充满爱和有爱的能力的家庭生活环境中，孩子肯定会变好。他主持的新庄和斯坦兹孤儿院以及布格多夫学校，始终体现了家庭教育的模式。在那里，裴斯泰洛齐的爱的感情和言行，深深地感染着每一个儿童，产生了潜移默化的榜样影响。因此，他强调指出：如果公共教育要对人类有任何真正价值的话，它必须模仿家庭教育的优点。[4] 只有这样，才能使家庭和学校之间没有任何鸿沟。在裴斯泰洛齐看来，教师应当是个心胸开阔、性情开朗、感情真挚、和蔼可亲的

1　裴斯泰洛齐.与友人谈斯坦兹经验的信 [M] // 张焕庭.西方资产阶级教育论著选.北京：人民教育出版社，1979：197.

2　3　裴斯泰洛齐.天鹅之歌 [M] // 裴斯泰洛齐教育论著选.夏之莲，等，译.北京：人民教育出版社，1992：416.

4　裴斯泰洛齐.与友人谈斯坦兹经验的信 [M] // 张焕庭.西方资产阶级教育论著选.北京：人民教育出版社，1979：197.

人，应该像父母对待自己的孩子那样，去开启孩子的心灵和引发孩子的悟性。他们实际上不是父母，但要努力做到像父母。

但是，对儿童实施爱的教育，并不是对他们无原则地放纵。裴斯泰洛齐说："当孩子们固执和难以管束的时候，我是严厉的，而且运用了体罚。"[1]在他看来，虽然教育原则告诉我们必须用说理的方式来说服儿童的心灵，而不求助于惩罚，但这个原则只是在良好的条件与情况下可以采用的。然而，在为了使儿童走上正确的道路而被迫去惩罚他们时，教育者必须要注意不能因此而失去他们的信任。

裴斯泰洛齐对儿童的热爱是无私的，他爱的对象是社会最底层的贫苦家庭的儿童。这是裴斯泰洛齐提倡和实施爱的教育的特点。因为他认为，这些贫苦家庭的儿童通常被社会所忽视或歧视，如果不给他们爱，不使他们受到良好的教育，他们的天赋才能就不能得到充分的发展，所以，他们特别需要爱的教育。可以说，裴斯泰洛齐提倡和实施爱的教育，正是为了实现他提出的教育的最终目的："发展各人天赋的内在力量，使其经过锻炼，使人能尽其才，能在社会上达到他应有的地位。"[2]

三、论教育心理化

1800 年 6 月 27 日，裴斯泰洛齐在布格多夫"教育之友协会"上作题为"方法综述"的报告，首次提出了"教育心理化"的著名论点。在西方教育史上，裴斯泰洛齐第一个提出了"教育心理化"并付诸教育实践，探索以心理学为基础来发展人的能力的有效方法。在《葛笃德如何教育她的子女》第六封信中，他写道："我长期探寻一切教学艺术的共同心理根源，因为我

1　裴斯泰洛齐.与友人谈斯坦兹经验的信[M]//张焕庭.西方资产阶级教育论著选.北京：人民教育出版社，1979：202.

2　裴斯泰洛齐.林哈德和葛笃德（下卷）[M].北京编译社，译.北京：人民教育出版社，2005：739.

确信只有通过这个共同的心理根源，才可能发现一种形式，在这个形式中，人类的教学是经由大自然自身的绝对规律来决定的。"[1]

裴斯泰洛齐所提出的教育心理化思想显然是从卢梭的自然教育理论中引申和发展出来的。裴斯泰洛齐认为，自然主义和心理学两者并不矛盾，前者推崇人的天性，后者研究人的心理。在他看来，天性和心理是同一个东西，人的天性就是人的心理。他所理解的"自然"，不仅包括物质世界，而且也包括人的心理。

裴斯泰洛齐认为，儿童像世界上最娇嫩的植物一样，需要温暖、养料、保护和宽容，但他们身上生来就潜藏着具有要求发展倾向的天赋能力和力量。这些天赋能力和力量是自然的体现，是天生固有的、和谐一致地存在于内心的。人的能力发展，其动力不在于外界而在于人的身体之中。人的有机体从它具有生命之日起，自然已确定了它的发展道路，使它逐步成长起来，并引起有机体结构在组织、形式和功能等方面的一系列变化。这种内在的动力是天赋的、不可改变。裴斯泰洛齐把天赋能力比喻成一颗树种，它蕴藏着树的全部属性，是树的精髓；它依靠自己的力量长成大树。因此，儿童来到世上，不仅拥有接受外界刺激的能力，更具有对它们加工和整理的能力。儿童将成为大自然赋予其可以而且应该成为的人。

然而，这些天赋能力是发展的。裴斯泰洛齐说："人的能力在他的一生中不断发展，这和树的情况是一样的……一棵树各自独立的部分通过其机体的无形灵魂，以其天赋的有序的统一精神共同工作，以完成共同的功能，即生产果实。人也是如此。"[2] 人的身体的各个部分都要经过从小到大、从粗

---

1 裴斯泰洛齐.葛笃德如何教育她的子女[M]// 裴斯泰洛齐教育论著选.夏之莲，等，译.北京：人民教育出版社，1992：83.

2 裴斯泰洛齐.1818年对我校师生的讲演[M]// 裴斯泰洛齐教育论著选.夏之莲，等，译.北京：人民教育出版社，1992：321.

到精、从不完善到完善的发展过程，人的能力发展也总是从简单到复杂。但是，具有高级天性的人与树并不相同，那些天赋能力的提升需要借助积极的心理活动和精心安排的练习。

人的天赋能力及其发展是教育的基础，而教育就在于发展人的天赋能力。教育要为儿童的天赋能力的充分发展提供环境和条件，并通过激发内部兴趣、提供练习和促进思考等来推动这些能力的发展。教育应与儿童心理发展的规律协调一致，使儿童获得身体、智力和道德发展的自主性。裴斯泰洛齐认为，教育应当与自然结合起来。尽管从儿童的头脑能够接受大自然的印象的那一刻起，大自然就教育了他们，但自然并不完美，因此，教育不能单纯地遵循自然，而应当帮助自然和纠正自然。

人的自然由肉体、智力和道德三个部分组成。这三个部分处在一个统一体中，是互相联系的。因此，教育应当考虑到人的全部能力的和谐发展。人的体育、智育和德育也应当是互相联系的和统一的。如果孤立地只考虑发展某一种能力，将会损害和毁坏人的天性的均衡发展。教育者应当依照自然的法则，发展儿童身体、智力和道德各方面的能力，并照顾到它们的完全平衡。也就是说，"培养智力和技能需要有适合于人类本性的、符合心理学规律的一套循序渐进的方法"[1]。

人的全部教育就是使自然天性遵循它固有的方式发展的艺术，所以，裴斯泰洛齐毕生致力于自然和教育艺术的结合。他把正确的教育比喻为园丁的艺术："成千上万棵树木在园丁的照料下开花、成长。园丁对树木的实际生长并不能有所作为，生长的原理存在于树木本身。"[2]"教育者……既没有提供生命也没有提供呼吸。他只是看守着，以防任何外部力量的伤害或干扰。

---

1 裴斯泰洛齐.葛笃德如何教育她的子女[M]// 裴斯泰洛齐教育论著选.夏之莲，等，译.北京：人民教育出版社，1992：170.

2 裴斯泰洛齐.1818年对我校师生的讲演[M]// 裴斯泰洛齐教育论著选.夏之莲，等，译.北京：人民教育出版社，1992：327.

他关照着让人们的发展沿着与其发展的法则相一致的轨道进行。但是，他必须充分地认识人类心智的特殊构造，这一构造适于将人的各种能力结合起来以实现他最终的使命。"[1]

总之，裴斯泰洛齐提出的教育心理化思想就是强调教育要符合儿童心理的发展。他深信，儿童开始有意识地接受各种事物的感觉印象时，就需要有符合心理学的训练。虽然裴斯泰洛齐对儿童的心理及其发展还没有作出真正科学的解释，但是，他已深刻地认识到教育科学应当起源于并建立在对人类天性最深入的认识的基础上。所以，他的教育心理化思想显然比夸美纽斯的"教育要适应自然"和卢梭的"教育要顺应自然"的思想前进了一步。他的思想开启了19世纪欧洲教育心理化运动。

在提出教育心理化思想的同时，裴斯泰洛齐尖锐地批判了旧学校，指出旧学校有悖于心理学，从本质上说是违反自然的和使人窒息的机器，其结果摧毁了自然赋予儿童的充满活力的能力。因此，他强调说："整个欧洲学校教育这辆马车不仅应该驾驭好，而且应该调转方向，行驶在一条崭新的道路上。"[2]

四、论要素教育

在裴斯泰洛齐的教育理论体系中，要素教育是一个重要的组成部分。他不仅从理论上进行了论证，而且付诸了实践。他晚年曾在《天鹅之歌》一书中写道："要素方法的问题，就是如何使人的才能和能力的培养与大自然的顺序相一致。我多多少少觉察到了这一问题的全部重要性，已花费了后

1　裴斯泰洛齐.1818年对我校师生的讲演[M]//裴斯泰洛齐教育论著选.夏之莲，等，译.北京：人民教育出版社，1992：327.

2　裴斯泰洛齐.葛笃德如何教育她的子女[M]//裴斯泰洛齐教育论著选.夏之莲，等，译.北京：人民教育出版社，1992：149.

半生的很大一部分精力努力解决它。"[1]

要素教育的基本含义是，教育过程要从一些最简单的、为儿童所接受的"要素"开始，再逐步过渡到更加复杂的要素，促使儿童各种天赋能力的全面和谐发展。实际上，也就是遵循大自然的秩序，使人的头脑、心灵和手得以充分发展。裴斯泰洛齐认为，在关于事物和对象的任何知识中都存在着一些最简单的要素，如果儿童掌握了这些最简单的要素，就能够认识他们所处的周围世界。因此，他说："最复杂的感觉印象是建立在简单要素的基础上的。你把简单的要素完全弄清楚了，那么，最复杂的感觉印象也就变得简单了。"[2]

正因为如此，对儿童的教育和教学工作也必须从最简单的要素开始，然后逐步扩大和加深。裴斯泰洛齐强调指出，各种教育都有最简单的要素，这是对儿童进行各种教育的依据。

体育最简单的要素是各种关节的运动。它表现为最简单的体力表现形式，例如，抛、搬、推、拉、戳、摇、转等基本动作。将这些基本动作结合起来，可以构成各种复杂的动作。这是自然赋予儿童关节活动的能力，是儿童体力发展的基础，也是进行体力活动和体育练习的要素。儿童应当从小开始就习惯于各种关节的运动，然后逐步扩展到全身的、更为复杂的体力活动。这些由简单到复杂的动作练习可以进一步发展儿童身体的力量和各种技巧。这种动作练习，还应当与感觉和思维的练习协调起来，以便使智力和体力同时得到发展。

裴斯泰洛齐认为，应当把体育和培养儿童良好的卫生习惯结合起来。例如，儿童应当经常洗手、漱口、刷牙和修剪指甲，注意自己的呼吸，在学

1　裴斯泰洛齐.天鹅之歌 [M]// 裴斯泰洛齐教育论著选.夏之莲，等，译.北京：人民教育出版社，1992：411.

2　裴斯泰洛齐.葛笃德如何教育她的子女 [M]// 裴斯泰洛齐教育论著选.夏之莲，等，译.北京：人民教育出版社，1992：80.

习或工作时都要保持端正的姿势等。

德育最简单的要素是儿童对母亲的爱。这种爱的种子是在母亲对婴儿的热爱及满足其身体上的需要的基础上产生的。这种爱反映和表现得最早。

裴斯泰洛齐认为，应当重视发展儿童的道德情感。他说："在谈到道德以前，我努力唤醒孩子们的道德感。"[1]因为他认为，在孩子们没有彻底了解他们自己所说的东西以前就迫使他们讲那些题目是不明智的。他还认为，应当重视儿童的道德行为练习。因为道德行为只有通过多次的练习才能巩固。通过道德行为练习，儿童可以学会自我控制，养成良好的意志品质，并在日常生活中表现出来。在裴斯泰洛齐看来，在全部道德习惯中，自我克制的习惯是最不容易获得的，但是一旦养成这种习惯，它就是最有益处的。

智育的最简单要素是数目、形状和语言。知识教学应当首先从观察事物开始。裴斯泰洛齐特别提到，幼儿说话的愿望和能力的发展，是与其通过观察逐渐获得的知识成正比的。在观察时，儿童必须注意三点：（1）面前有多少物体？有哪几种物体？（2）它们的外貌、形状或轮廓是怎样的？（3）它们叫什么名称？怎样用一种声音或一个词表达每一个物体？在知识教学过程中，儿童通过计算来掌握数目，通过测量来认识形状，通过说话来学习语言。

裴斯泰洛齐还认为，作为知识教学最简单要素的数目、形状和语言，还有其最简单的要素。数目的最简单要素是1；形状的最简单要素是直线；语言的最简单要素是语音。

五、论儿童早期教育

裴斯泰洛齐认为，儿童应当尽可能早地受教育，最好从出生时就开始。

---

1 裴斯泰洛齐.与友人谈斯坦兹经验的信[M]//张焕庭.西方资产阶级教育论著选.北京：人民教育出版社，1979：201.

在他看来，及早地注意儿童身体、道德和智力等方面训练，就能使其通向一个更高级的目标，即使其能够自由自在地而又充分地运用造物主所赋予的全部才能，并使这些才能朝着完善人的一切的方向发展。这种训练开始得越早，成功就越容易，越完满。

婴儿出生后的一段时期内所处的状态，是一种完全无能为力的状态。处在生命最初时期的婴儿尽管也具有动物的天性，但其作为人，与动物有着根本的差异。因为人注定要遵循更高级的天性，一旦精神方面的天性开始显露，人就必然不再允许其动物天性来支配了。[1]

在儿童早期教育中，母亲与儿童的关系最为重要。因为母爱是最强有力的力量，母亲与儿童之间的感情是早期教育的动因。裴斯泰洛齐认为，婴儿需要母亲的养护和照顾，并有相应的表现与反馈；母亲也会对婴儿的需要给予满足。这都是本能的表现。

裴斯泰洛齐提出了儿童早期教育的两条法则。

一是既不能过度溺爱，又不能放任自流。他强调说："请母亲坚定地遵循这条有效的古老法则，即对婴儿的关心要持之以恒；尽可能坚持同一种做法；如果孩子的需求是实际的，就决不要忽略它们，如果他们的需求是非分的，或者胡搅蛮缠地来表示这种需求，那么就决不能纵溺。这种做法实行得越早，越能持之以恒，孩子所获得的益处也就越大，越持久。"[2]在他看来，如果母亲忽视了这条法则，不管她的用意是多么良好，那都是不明智的。但是，母亲在开始行使权威时，应当小心行事，考虑到她自己的责任，考虑到她的做法对其孩子未来幸福的重要影响。母亲的首要责任就是竭尽全力去激励和增强婴幼儿心中爱和信任的倾向，并使之升华。

二是不仅让儿童被动地受教育，而且要使他们成为教育中的动因。裴斯

1　裴斯泰洛齐.致格瑞夫斯的信 [M] // 裴斯泰洛齐教育论著选.夏之莲，等，译.北京：人民教育出版社，1992：347.

2　同上：349.

泰洛齐认为，尽管教育是母亲的一个最神圣而又最重要的职责，但是，儿童也是他们自己的教育者，因为其不仅具有注意和记忆某些概念或事实的能力，而且还有不受他人思想支配的独立思考能力。母亲应当清楚地看到这一点，要让儿童去阅读、书写、听讲和复述，更要让儿童去思考。"要在幼儿的头脑中形成这种思考习惯——经常性的、自觉的思考习惯，没有什么能比早期发展这种习惯更为有效的了。"[1]

儿童的早期教育包括体育、智育、德育、音乐教育和绘画教育等。

（一）体育

裴斯泰洛齐认为，儿童运用四肢，增强了体质，锻炼了技巧，它有助于人的全部才能得到发展，使人的全部潜在能力得到发展。但是，母亲应当考虑到儿童的运动必须是渐进的，在安排运动时，从容易进行的运动开始，继而进行更为复杂、难度更高的运动。同时，母亲应当熟悉体育的原理，在那些初级的、预备性的运动中，根据情况选择那些最适合、最有益于她的孩子的运动。他还认为，如果体育训练得当，也有助于道德训练，因为合理的体育训练能使儿童变得更欢乐和健康，培养儿童的团体精神和兄弟般的情感、勤奋的习惯以及勇敢和吃苦耐劳等品质。

（二）智育

裴斯泰洛齐认为，母亲应当鼓励儿童的好奇心，因为好奇心这个强有力的刺激能激励儿童进行思考；同时，应当正确地对待儿童的提问，不要因为儿童不断地询问其还不理解的问题而千方百计地加以阻止，这样会扼杀儿童智力上的自主性。在儿童早期的智育中，最好采用图片和实物来启迪儿童，而抛弃令儿童感到头痛和难以忍受的纯文字的教学。但裴斯泰洛

---

1 裴斯泰洛齐.致格瑞夫斯的信 [M]// 裴斯泰洛齐教育论著选.夏之莲，等，译.北京：人民教育出版社，1992：388.

齐又认为，思维能力可以萌发于婴儿的头脑中，一旦婴儿到达一定的年龄，其周围的每一个事物都可以成为激发思维活动的工具。

（三）德育

裴斯泰洛齐认为，习惯和环境在儿童早期的德育中起着很重要的作用。因为婴儿总是很容易地习惯那些其经常见到的、与母亲关系亲密的人们的眼光和关注，所以，婴儿学会了去爱那些母亲喜欢的人，去信任那些母亲信任的人。为了发展婴幼儿的爱和信任的倾向，母亲应当注意两个方面。第一，要有始终如一的日常行为举止。因为婴幼儿不会对微小的反常现象视而不见，有些婴幼儿还讨厌这种反常。第二，不能纵容一种坏脾气。因为这很容易失去婴幼儿的爱。在早期的德育基础上，儿童开始对事物和人作出判断，并学到了道德的概念，发展了道德上的自主性。

（四）音乐教育

裴斯泰洛齐认为，早期的音乐教育可以发展儿童健全的欣赏力和健全的感觉，并对陶冶情感产生显著的影响。从这一点来说，音乐教育也有助于道德教育。因为音乐可以产生和促进那种能够通过陶冶而形成的人的最高级的情操。只有在野蛮或道德空虚的时代，音乐才会被贬低到无人问津的地步。

（五）绘画教育

裴斯泰洛齐认为，应当重视儿童天生的模仿能力，因为那些表现出好奇心的儿童，会迅速地开始运用智力和技能来仿制其所看到的东西。在绘画练习中，应当使儿童在仔细观察的基础上先画出一个物体的各个局部，然后再画出这个物体的全貌。但更重要的是，应当让儿童去临摹大自然。在绘画练习之后，还可以让儿童进行制作模型的练习。在裴斯泰洛齐看来，绘画教育有助于儿童早期的智育。

关于儿童早期的玩具和游戏，裴斯泰洛齐认为，母亲最好向儿童提供一些玩具，并经常给予其帮助。这既能激发儿童天真的快乐，又能引导其到有益的工作上去。但他又指出："要避免让他们每日每时单调地重复那些小玩艺，要使他们的微不足道的娱乐变得丰富多彩，玩耍一旦引起他们的兴趣，就会激发他们的智慧，增强他们的观察力。"[1]

为了实施儿童的早期教育，裴斯泰洛齐十分强调对母亲的教育。他强调说："总之，谁要是深切关心年轻一代的幸福，那么就应把对母亲们的教育看作是他的最高目标，如此而已，别无他途。"[2] 在他看来，在儿童的早期教育中，母亲的作用和母爱是最重要的。母亲能教给孩子各种物体的名称；母亲能和孩子谈谈家庭周围的环境；母亲能给孩子传授更多的各种各样确实有用的知识；母亲能教孩子去探究和思考。如果不清楚地看到这一点，儿童早期教育的全部希望和努力只能以失望而告终。因此，应当从教育母亲着手，使母亲认识到儿童早期教育的重要性，并在品格和知识上受到教育。据此，裴斯泰洛齐提出，需要建立培养未来母亲的学校。"这个学校教育出来的学生要去当教师，去当教育工作者；最重要的是这个学校要使女子的品格自早期岁月起就朝这个方面发展，使之能在早期教育中发挥重要的作用。"[3]

早在 1770 年 8 月，自裴斯泰洛齐的独生子出生后，他就逐日观察儿子的身体、语言和行为发展并作记录，对儿童早期的发展和教育作了较为详细的研究。裴斯泰洛齐的这本日记题为《一个父亲的日记》，是西方教育史上儿童研究的最早范例之一。

1 裴斯泰洛齐.致格瑞夫斯的信 [M]// 裴斯泰洛齐教育论著选.夏之莲，等，译.北京：人民教育出版社，1992：369.

2 同上：375.

3 同上：381.

裴斯泰洛齐既是一位教育实践家，又是一位教育理论家。尽管他的教育理论中有不尽完善和缺乏理论逻辑的地方，但是，他的教育实践和理论对欧洲各国的教育产生了极大的影响，从而在19世纪的欧洲形成了"裴斯泰洛齐运动"。他提出的爱的教育和儿童早期教育思想对以后的幼儿教育家，特别是德国幼儿教育家福禄培尔产生了直接的和重要的影响。

拓展阅读

1. 卢梭：《爱弥儿》，李平沤译，商务印书馆1978年版。

2. 裴斯泰洛齐：《致格瑞夫斯的信》，载夏之莲等译：《裴斯泰洛齐教育论著选》。人民教育出版社2001年版。

思考练习

1. 试析卢梭归于自然的幼儿教育理论。

2. 简述奥伯尔林的幼儿学校理论。

3. 试析裴斯泰洛齐"一切为了孩子"的幼儿教育理论。

第九章　19 世纪幼儿教育理论

19 世纪，社会经济和自然科学的发展为近代西方教育理论和实践增添了活力。19 世纪的幼儿教育理论也凸显出时代发展的特色。英国 19 世纪空想社会主义者欧文强调教育是实现未来理想社会的主要工具，并以性格形成学说为指导创立了新拉纳克幼儿学校，不仅强调儿童早期教育的重要性，而且阐述了幼儿学校的教育目的、原则、内容和方法，从而推动了西方幼儿教育理论的发展。德国幼儿教育家福禄培尔创办了世界上第一所幼儿园，建构了较完整的幼儿园教育体系，因而被称为"幼儿园之父"。幼儿园的创立使得近代西方从 19 世纪中期开始有了更为正规的幼儿教育机构，为近代西方幼儿教育理论的发展提供了实践的平台。与此同时，法国教育家凯果玛、美国教育家霍尔和瑞典教育家爱伦·凯也分别提出了各具特色的幼儿教育理论。凯果玛的母育学校理论强调幼儿教育机构要适应儿童身心发展的特点。霍尔在儿童心理发展上的儿童研究理论及问卷法进一步推动了幼儿教育理论的发展。爱伦·凯注重儿童个性的发展，尤其是她的《儿童的世纪》一书为现代西方幼儿教育的发展吹响了进军号角。与 18 世纪西方幼儿教育理论相比，19 世纪西方幼儿教育理论更加趋于儿童的个性发展研究以及理论的科学化。这一点后来在 20 世纪西方幼儿教育理论中得到了更加充分的体现。

第一节　欧文的幼儿教育理论

19世纪英国空想社会主义者、教育家欧文（Robert Owen，1771—1858）尖锐地批判资本主义制度，幻想建立理性的社会制度。他提出了性格形成学说以及教育与生产劳动相结合的思想，以培养全面发展的人。欧文的幼儿学校实践和理论，对英国乃至世界幼儿教育的发展产生了重要的影响。

一、生平活动与新拉纳克幼儿学校的创立

欧文1771年5月14日生于英国威尔士蒙哥马利郡新镇的一个马具师兼小五金商家庭。他自幼聪明好学，曾在小学里当过教师的助手，并养成了阅读书籍的习惯。9岁时，欧文由于家境贫困而离开学校，在一家杂货店当帮手。第二年，欧文开始去伦敦、斯坦福德和曼彻斯特等地当学徒和店员谋生。

1789年，欧文借钱与他人合作开办了生产走锭精纺机的工厂。1791年，年仅20岁的欧文应聘担任了一家拥有500名工人的棉纱厂经理。此后，欧文又与他人合资开办了乔尔顿棉纱公司并担任经理。在此期间，欧文参加了曼彻斯特文学与哲学学会，积极投身于社会活动，努力探索社会问题。

1800年1月，欧文担任了苏格兰新拉纳克一家拥有2000名工人的大棉纱厂的经理。在那里，他开始了空想社会主义的理论和实践活动。他缩短工人的劳动时间，禁止雇佣10岁以下的童工，改善工人的生活设施。同时，他开办幼儿学校、日校和夜校以及举办讲座，为工人及其子女提供教

育。1816 年元旦，包括这些文化教育机构的"性格形成新学院"开幕。欧文在性格形成新学院开幕典礼上致辞，学院旨在增进本村、邻人、英国人民乃至世界人民的利益。它主要接受工厂区的儿童，但工厂区以外的儿童也可以来。除家长每年为每个儿童支付 3 先令外，厂方每年给学校经费 1200 英镑。

值得注意的是，欧文创办的新拉纳克幼儿学校（infant school）是英国第一所幼儿学校。幼儿学校招收 2 至 5 岁的儿童。他们的在校时间只有在校学生的一半，其余时间可以在室外大草坪上自由玩耍。这所学校拥有一间长约 12 米、宽约 12 米、高约 7 米的教室，布置着以动物为主的图画和地图，还有从花园、田野和树林中采集来的自然界的实物。另外，还有大小与教室差不多、在天气恶劣的时候供幼儿娱乐的房间。在幼儿学校里，儿童很小就开始学习唱歌、跳舞和体操，并参加一些户外活动。幼儿学校取得了前所未有的成效，幼儿在那里生活得很愉快。恩格斯在《反杜林论》一书中就这样写道：欧文发明了并且第一次在这里创办了幼儿园；孩子们满一岁以后就进幼儿园；他们在那里生活得非常愉快，父母几乎领不回去。[1] 欧文自己后来也自豪地写道："在我以后所见到的学校中，没有一所能和这所最初创办的培养儿童优良性格（这是创办这所学校的唯一目的）的学校相比。"[2]

欧文在新拉纳克的社会改革活动很成功。经过短短几年的时间，那里的整个社会面貌都改变了，争吵、诉讼、酗酒、怠惰、欺诈、偷盗和淫荡等现象都绝迹了。

在此期间，欧文根据新拉纳克的改革实践写成了《新社会观，或论人类性格的形成》（1816）一书，论述了他关于人的性格形成理论。由于这部著

1　恩格斯.反杜林论 [M] // 马克思，恩格斯.马克思恩格斯选集（第三卷）.北京：人民出版社，2012：649.《反杜林论》德文版中用的是 kleinkinderschulen，故只能译为"幼儿学校"。

2　欧文.人类思想和实践中的革命或将来从无理性到有理性的过渡 [M] // 欧文选集（第 2 卷）.柯象峰，等，译.北京：商务印书馆，1981：91.

作的发表，新拉纳克的改革实践引起了英国乃至欧洲社会的广泛注意，吸引了成千上万的社会人士前来参观和考察。欧文的声誉也更高了，成了欧洲最有名的"慈善家"。1820年，他又写成了《致新拉纳克郡报告》，首次全面概述了他的空想社会主义思想。这是欧文转向空想社会主义者的标志。

1824年秋，欧文去美国，集资在印第安纳州购买了3万英亩土地，建立了一个名为"新和谐"的示范性劳动公社。"新和谐"公社自给自足，财产公有，不存在剥削与被剥削、压迫与被压迫的制度。其教育制度仍以培养理性的性格为目的，为2至5岁儿童设立了幼儿学校，为6至12岁儿童设立了小学，为青年和成人设立了夜校。但是，"新和谐"公社的试验到1828年失败了。

1829年，欧文返回英国，继续投身于英国工人运动。1839年，欧文又在汉普郡建立"和谐堂"劳动公社，但到1845年又失败了。

1849年，欧文写成了题为《人类思想和实践中的革命或将来从无理性到有理性的过渡》的小册子，对自己的全部学说作了简要的概述。

1858年11月17日，欧文在故乡去世。马克思主义经典作家对欧文的一生给予了高度的评价。恩格斯指出："当时英国的有利于工人的一切社会运动、一切实际进步，都是和欧文的名字联在一起的。"[1]

二、论人的性格形成

人的性格形成学说是欧文从事社会改革和教育实验活动的出发点。

欧文认为，人生来就具有动物倾向的幼芽，也就是具有维持生命、享受生活和繁殖生命的欲望，这就是人的自然倾向。同时，人生来还具有获得知识的官能，在成长的过程中接受、传递和比较各种观念，并使人意识到

1 恩格斯.反杜林论[M]//马克思，恩格斯.马克思恩格斯选集（第三卷）.北京：人民出版社，2012：651.

他在接受、传递和比较各种观念。在他看来，人的天赋素质都是在母胎中形成的。欧文还认为，这些自然倾向和官能在任何两个人身上都不可能完全相同，从而产生了才能上的差异。

欧文认识到，人是他的机体（天赋的能力）以及自然与社会在他周围形成的条件（环境）的必然产物。他说："儿童经过教育可以养成任何习惯和情感。这些习惯和情感同每个人身心两方面的天性倾向和能力，以及他所处的一般环境结合起来就形成一个人的全部性格。"[1] 但是，他从机械唯物主义的认识论出发，研究人的性格与环境（教育）的关系。他直接继承了 18世纪法国唯物主义者，尤其是爱尔维修（Claude-Adrien Helvétius）关于人的性格是环境的产物的思想，认为人的性格不是先天的，而主要是在后天所处的环境中形成的。在欧文的著作中，他反复地阐述这样的观点："一个人的性格不是由他自己创造的，而是外力为他创造的。"[2] 因此，社会环境是形成人的性格的决定因素。他强调说："无论过去、现在和将来，一个人永远是他出生前后所存在的周围环境的产物。"[3] "人带着这种天赋品质降生，然后由社会予以形成。"[4] 他在美国建立的"新和谐"公社的组织法中也提出：人的性格，即智力、德行和体质，决定于人的成长过程、居住地点和生活环境。正如恩格斯所指出的："罗伯特·欧文接受了唯物主义启蒙学者的学说；认为人的性格是先天组织和人在自己的一生中，特别是发育时期所处的环境这两方面的产物。"[5]

1　欧文.论工业体系的影响[M]//欧文选集（第1卷）.柯象峰，等，译.北京：商务印书馆，1965：143.

2　欧文.人类思想和实践中的革命或将来从无理性到有理性的过渡[M]//欧文选集（第2卷）.柯象峰，等，译.北京：商务印书馆，1981：93.

3　同上：84.

4　同上：99.

5　恩格斯.反杜林论[M]//马克思，恩格斯.马克思恩格斯选集（第三卷）.北京：人民出版社，2012：648—649.

欧文还认为，人的本性是善良的，人具备成为善良的人的一切素质。但如果他为邪恶的环境所包围，他的思想和行为肯定是不健全的。他说："就目前表现出罪恶的种种性格而论，过错显然不在于个人，问题在于培育个人的制度有缺点。消除那种容易使人性产生罪恶的环境，罪恶就不会产生；代之以适于养成守秩序、讲规矩，克己稳重、勤勉耐劳等习惯的环境，这些品德就可以形成。"[1] 在他看来，每个人一生处于什么样的环境，他就像顺应自然规律那样万无一失地成为什么样的人。欧文指出，在罪恶的资本主义环境中，人就会形成不良的品性和行为，滋生种种罪恶的现象，只有改变这种旧的环境，建立合理的环境，才会培养出理性的性格。在社会改革实践中，他坚持一个方针：必须改变这些有害的环境，代之以良好的环境，从而在适当的自然程序中，按照其不变的规律，用可以通过优良环境造成的优良品性来代替低劣环境所造成的低劣品性。可以说，他在新拉纳克所做的一切，就是要消除某些有助于产生、延续或增加人们早年的恶习的环境，消除社会由于愚昧而允许其形成的东西。

为了使人形成优良的性格，欧文批判资本主义社会制度，并强烈要求改革这个不合理的社会制度，用新的社会制度来代替旧的资本主义社会制度。由此出发，欧文寄希望于教育。他强调说："教育人，就是培养他的性格。"[2] "人可以经过教育而养成任何一种情感和习惯，或任何一种性格。"[3] 在他看来，运用适当的方法，即通过改变环境（尤其是教育），可以为任何社会以至整个世界造成任何一种普遍的性格，从最好的到最坏的、从最愚昧的到最有教养的性格。教育将使人学会合乎理性的感觉、思考和行动。唯

1 欧文.新社会观，或论人类性格的形成 [M]// 欧文选集（第1卷）.柯象峰，等，译.北京：商务印书馆，1965：35.

2 欧文.人类思想和实践中的革命或将来从无理性到有理性的过渡 [M]// 欧文选集（第2卷）.柯象峰，等，译.北京：商务印书馆，1981：132.

3 欧文.新社会观，或论人类性格的形成 [M]// 欧文选集（第1卷）.柯象峰，等，译.北京：商务印书馆，1965：68.

有通过为人们所正确地理解的教育，人类社会才能治理得好，而且通过这种教育也能费力最少和最令人满意地达到人类社会所要达到的一切目标。正因为如此，在新拉纳克的社会改革实践中，欧文不仅十分重视教育实验活动，而且把它看作是一个主要的组成部分。

因此，人从出生到成年，都应当用最好的方式进行教育，用合乎理性的方法培养出有理性的人。欧文建立性格形成新学院就是打算用其来直接影响人的性格形成的。欧文认为，对一个国家来说，教育下一代是最最重大的问题。他说："每一个要求治国有方的国家应该把主要注意力放在培养性格方面。因此，治理得最好的国家必然具有最优良的国家教育制度。"[1] 在他看来，因为任何社会的成员所遭遇的苦难或幸福的性质和程度取决于他们所形成的性格，所以，培养各个国民的性格便是每一个国家的最高利益所在，也是它的首要任务。对于一个国家的政府来说，最要紧的是不要使国民受到肤浅的教育，而应当使他们获得充分而实在的知识，并且应当提供有效的方法使他们受到培养理性的人所应有的教育。国家教育的全部意义在于，使未来一代养成有助于个人与国家的未来幸福的观念与习惯。

面对英国政府对千百万未受教育的贫民竟没有任何国民教育制度的情况，欧文愤怒地指出，这些贫民正因为教育不良和愚昧无知，所以养成了酗酒、偷盗、欺骗等坏习惯。他强调说："这种愚蠢的事情不能再继续下去了……应当立即为劳动阶级安排一种国家教育制度。"[2] 因为只有这样，才能使没有受到任何良好的和有用的教育的人受到教育。在欧文看来，一个全体人民都受到良好教育的国家的实力，将大大超过大部分人民受到不良教育的国家的实力。因此，只要教育制度计划得宜，一个国家就可以实现从未实现过的最有价值的改良。

1　欧文.新社会观，或论人类性格的形成 [M]// 欧文选集（第 1 卷）.柯象峰，等，译.北京：商务印书馆，1965：79.

2　同上：90.

欧文承认人的性格是遗传素质、环境和教育的产物，批判了教会所宣扬的"原罪说"，但囿于机械唯物主义认识论，他不能正确认识三者的关系，而陷入了环境决定论和教育万能论的境地。马克思对此作了批判："关于环境和教育起改变作用的唯物主义学说忘记了：环境是由人来改变的，而教育者本人一定是受教育的。因此，这种学说必然会把社会成分两部分，其中一部分凌驾于社会之上。"[1]

三、论儿童早期教育的重要性

欧文在他的社会改革实践中，注重使人生活在比较合乎人的尊严的环境中，特别是关心成长中一代的教育。他在一系列著作、演说和报告中，反复强调儿童教育应当及早开始。他说："从小培育儿童，使他们按照应走的道路去走……是最容易的形成性格的方法。"[2] 在他看来，为了培养体、智、德全面发展的有理性的人，应当在新的环境中，使人从襁褓中开始就受到能养成善良性格的教育；同时，应当没有任何偏私，使每个人出生以后就受到同样关怀备至的教育。

对于儿童早期教育的重要性，欧文从五个方面作了论述。

第一，人的性格是从出生之日起由外力形成的。欧文强调指出，为了使所有的人变得善良、明智和幸福，人们应当充分了解一个伟大的真理并始终如一地把它应用于实践。这个伟大的真理就是："无论是具有神性还是具有人性的人的性格，是由外力在他不知不觉中为他形成的，并且现在完全可以为所有的人从出生之日起就形成的。"[3] 在他看来，一个人在出生时所具

1　马克思.关于费尔巴哈的提纲 [M]// 马克思，恩格斯.马克思恩格斯选集（第一卷）.北京：人民出版社，2012：134.

2　欧文.新社会观，或论人类性格的形成 [M]// 欧文选集（第1卷）.柯象峰，等，译.北京：商务印书馆，1965：41.

3　欧文.自传 [M]// 欧文选集（第3卷）.马清槐，等，译.北京，商务印书馆，1984：353.

有的天赋能力，从出生之日起既可能受到社会良好的指导，也可能受到社会错误的指导。在社会错误的指导下，在不良环境的熏染下，在错误训练和教育的影响下，人的身心从小就会受到损害。幼儿的语言、习惯和情感，都是由周围的人在他们诞生之后灌输给他们的。因此，欧文坚持认为，应当使儿童从最小的时候起就在良好的环境中受到良好的教育，从而养成各种良好的品行，例如，公正、坦率、诚恳、仁慈等。

第二，人刚诞生就具有可以发展的天赋能力。欧文认为，人一出生后就有可能很好地发展自己的天赋能力——体、智、德等方面的能力。由于儿童幼年生活中的印象极容易在他们的意识中长期保留下来，好的种子或坏的种子在他们幼年和童年时代都会深深地和广泛地撒播下来，因此，决不能忽视儿童幼年的训练和教育。他强调说："惯于仔细观察儿童的人一定能清楚地看出，许多好事和坏事都是他们在很小的时候被教会或学会的，许多好的或坏的脾气和性情都是两岁以前养成的，许多深刻难忘的印象则是在一岁以前甚至在半岁以前获得的。"[1] 他还说："这样自幼养成的性格，对个人和社会愈是有利，就愈能持久。"[2] 在他看来，幼年时所留下的极其深刻的印象，会使儿童养成一种习惯，在以后的人生中永志不忘并经常加以应用。天赋能力及其发展的可能性，就是欧文强调儿童早期教育的出发点。

第三，从小训练，到老不变。欧文强调说："人们在幼年时期和儿童时期被培养成什么样的人，成年后也就是什么样的人。现在如此，将来也永远是如此。"[3] 在他看来，凡是在出生后就受到良好教育和指导的儿童，直到成年都明显地保留着这种教育的良好效果。然而，在当时的英国，幼儿的心理和感情很少受到应有的考虑和关注。针对这种状况，欧文指出："要为

1　欧文.新社会观，或论人类性格的形成 [M]// 欧文选集（第 1 卷）.柯象峰，等，译.北京：商务印书馆，1965：41.

2　同上：43.

3　同上：344.

人类陶冶最优良的性格，就应当从儿童出生起开始加以训练和教育；为了养成良好的性格，就必须从一岁的儿童开始进行系统的训练和教育。"[1]

第四，儿童早期教育是早期智力投资。受到良好教育的幼儿，将会成为一个强壮、健康、富有智慧、品性良好的儿童；反之，就有可能成为一个衰弱、愚昧、不健康、品性堕落的儿童。因此，欧文强调说："儿童如果没有健康的体格和良好的习惯，就不能成为国家真正有用的臣民，他们在生活中也不能自享安乐而对人无害。"[2]

第五，儿童早期教育可以提高人的智力。幼儿的父母和管理他们的人对于人性缺乏正确的认识，因此，儿童不能养成最理想的性格和促进智力的发展。欧文指出："人们至今还不知道儿童的智力有多高，儿童的能力一直是根据其所受的愚蠢的教育来估计的。如果人们从来没有教他们学会错误的东西，他们很快就会显示出很高的智力，使最不肯轻信的人也会相信人类的智力由于以往和现在的愚昧的培养方法而受到极大的损伤。"[3]新拉纳克教育实验的事实也说明，出生在新拉纳克并自幼接受早期教育的儿童，在各个方面的发展比任何一个州同一阶级的儿童好得多，在某些方面的发展甚至高于任何一个社会阶级的儿童。

四、论幼儿学校

欧文创办的新拉纳克幼儿学校，对前来参观和考察新拉纳克社会改革实践的人具有很大的吸引力。在幼儿学校里，年幼的儿童表现出了非常自然的优美风度，彬彬有礼，天真纯朴，温文尔雅，进退自如，无所畏

1　欧文.自传 [M] // 欧文选集（第 3 卷）.马清槐，等，译.北京：商务印书馆，1984：282.

2　欧文.致不列颠工厂主书 [M] // 欧文选集（第 1 卷）.柯象峰，等，译.北京：商务印书馆，1965：159.

3　欧文.新社会观，或论人类性格的形成 [M] // 欧文选集（第 1 卷）.柯象峰，等，译.北京：商务印书馆，1965：52.

惧，对自己的老师充满信任和敬爱的感情。他们彼此相亲相爱，尽情享受那种令人赏心悦目的天真的无限快乐。这一切使得来访者感到无比的惊奇和喜悦，以致大多数人觉得幼儿们新的品行难以理解。甚至一些贵族妇女在参观新拉纳克幼儿学校时，看到那些幼儿的举止、风度和知识，都含着眼泪对欧文说："欧文先生，如果我的孩子能够被训练成像这些儿童一样，我随便花多少钱都愿意。"欧文自己在晚年时也写道："这样的幼儿学校是任何国家的任何方面从来没有想到的，因为它是为实行世界上前所未有的新制度而采取的切实可行的第一个步骤……我们人类千秋万代的持久的无上幸福取决于各国及其人民是否能正确地实行这种纯正的原理和办法。"[1]

（一）幼儿学校的教育目的

欧文指出，大多数贫民和劳动阶级家庭不具备必要的条件可以使儿童在出生后形成良好的性格；做父母的百分之九十九完全不懂得怎样用正确的方法去对待儿童，特别是对待他们自己的孩子；做父母的又必须忙忙碌碌应付和处理他们自己的事务；在儿童人数不多时，难以安排适当的条件来很好地加以培养；在小圈子中以闭塞的方式教育一个、两个或少数几个儿童是不可能培养出高质量的有理性的性格的。正因为如此，欧文开始觉得有必要设立一所幼儿学校，从幼儿最早能离开父母的时候起就对他们施以陶冶品性的教育。幼儿学校为的是提供适当的设施，把孩子在幼年时代，几乎一会走路以后就接过去。通过这种方法，可以防止幼儿们沾染任何恶习，并逐步准备养成他们的最好习惯。因此，欧文强调说："我所发明并顺利地实际采用的幼儿学校，是为了走向开创一种组织和管理人类的合理制度，把人类引入尘世生活真正太平繁荣的境地而至今迈出的踏踏实实的第

1　欧文.自传 [M] // 欧文选集（第3卷）.马清槐，等，译.北京：商务印书馆，1984：233.

一步。"[1]他又说："按照原来的设想，这种学校是培养儿童的聪明、善良、仁慈和理性，以及训练他们适应全新的社会状态的第一个实际步骤。"[2]

在欧文看来，幼儿学校的建立可以达到以下一些具体目的：儿童可以在切实可行的范围内尽量远离尚未受教育的父母的错误的教育；儿童将被安置在适当的环境里，与小伙伴们一起生活和学习，养成最优良的习惯和品性；对儿童的培养和教育变得比在家庭条件下优越得多；父母无须为了照管孩子而花费时间，也无须操心和担心；父母和子女之间的眷恋感情可以得到加强，孩子在吃饭时和晚上可以回到父母的身边，双方的情爱由于这样的分离可能有所增进；家庭主妇们在少替孩子操心的同时，可以给孩子们挣得更多的生活费。

（二）幼儿学校的教育原则

欧文为幼儿学校确立了一个原则："要尽力使小朋友快乐。"[3]不仅幼儿学校的教师要遵守这个原则，而且幼儿学校的儿童也要养成永远根据这个原则行动的习惯。

与此同时，欧文还详细规定了对新拉纳克幼儿学校的十条指导原则[4]。

第一，不责骂或处罚儿童。

第二，每一位受聘的教师应当始终对所有的儿童毫无例外地在口气、表情、言语和行为上表示亲切的感情，以便在教育者和被教育者之间产生真挚的爱和充分的信任。

第三，运用直观的方法进行教学，允许被教育者经常提出他们自己的问

---

1 欧文.自传 [M]// 欧文选集（第3卷）.马清槐，等，译.北京：商务印书馆，1984：378.

2 欧文.人类思想和实践中的革命或将来从无理性到有理性的过渡 [M]// 欧文选集（第2卷）.柯象峰，等，译.北京：商务印书馆，1981：91.

3 欧文.新社会观，或论人类性格的形成 [M]// 欧文选集（第1卷）.柯象峰，等，译.北京：商务印书馆，1965：50.

4 欧文.自传 [M]// 欧文选集（第3卷）.马清槐，等，译.北京：商务印书馆，1984：364—366.

题，并通过教育者和被教育者之间无拘无束的交谈作出解释。

第四，必须用和蔼可亲和合情合理的态度回答儿童的问题。当问题的内容超出教师的知识范围时，教师应当立刻完全承认自己对这个问题缺乏了解，而不要把儿童的思想引入歧途。

第五，没有固定的室内上课时间。教师要注意，当受教育者或他们自己的脑力因室内上课而疲倦时，如天气晴朗，就应当把室内的课改为室外体育活动，如天气恶劣，就应当改为室内体育活动或音乐练习。

第六，除音乐外，教师还要让这些工人的子女进行军事训练，以使他们养成遵守秩序、服从指挥和严格要求自己的习惯，改善他们的健康状况和仪态举止。同时，教师还要指导他们学习舞蹈并跳得很熟练，以便增进他们的仪表、风度和健康状况。对男女儿童适当进行军事训练以及让他们学习舞蹈和音乐，是形成一种善良、合乎理性和幸福的性格的有力手段；在每一所为了陶冶性格而合乎理性地建立和管理的学校中，这些活动应当成为教育和训练内容的一部分。

第七，当儿童熟练地进行军训、舞蹈和音乐练习并享受到其乐趣时，这些活动就不再继续进行。当他们刚露出厌倦的样子时，就应当让他们回到室内学习智力方面的功课。如果指导得法，儿童总是以新的欢乐去学习这些功课。他们受到教师合情合理的对待时，总会心满意足地接受体力或智力方面的训练和教育。

第八，把儿童带到室外，让他们熟悉花园、果园、田地和树木，熟悉家禽、家畜和一般的自然史。这是教育工人子女的一个重要部分。

第九，训练工人的子女合乎理性地思考和行动，使他们获得一生中都有用的重要知识。

第十，把工人的子女置于比任何其他阶级的儿童更为优越的环境之中，即白天把他们安置在最完美的学校中，使他们养成最优良的性格。

（三）幼儿学校的教学内容

欧文认为，幼儿学校作为培养体、智、德全面发展的有理性的人的第一阶段，应当通过体育、智育、德育、美育和劳动教育合理地培养每个儿童。

1. 体育

一是注重幼儿的生活和营养。欧文说："应该做到使他们在适合他们年龄的气温条件下生活；用最有营养的食品哺育他们；他们的衣服要肥大而轻松。"[1] 在他看来，这是幼儿身体健康成长的一个重要条件。二是注重户外活动。欧文说："在天气和他们体力允许的条件下，应当尽量让他们在户外的新鲜空气中玩乐。"[2] "要使孩子们有强壮的身体，就必须尽量使他们呆在室外。"[3] 新拉纳克幼儿学校的儿童就是绝大部分时间在露天里和游戏场上进行活动的。三是注重体操。欧文说："指派在游戏场上管理儿童的人应当能够教导和训练儿童做体操。"[4] 男女孩子通过这种训练，既可以使身体健康，具有好的体形，又可以逐渐适应以后的军事训练的要求。

2. 智育

一是注重直接观察。欧文认为，应当使幼儿从最熟悉的事物开始获得有用的知识。他强调，教师用明显的手势和动作给受教育的幼儿示意，同他们亲昵交谈，在最初的时期以他们周围熟悉的事物为内容。[5] 通过直接观察，既可以使幼儿直接从事物形象获得真实和正确的观念，又可以激发幼儿的兴趣和好奇心。欧文指出，只要幼儿们年幼的智力能够办到，就应当使他们获得有关他们所看见的和所接触的一切事物的确切的知识，同时避免一

---

1 欧文.新道德世界书[M]//欧文选集（第2卷）.柯象峰，等，译.北京：商务印书馆，1981：35.

2 欧文.自传[M]//欧文选集（第3卷）.马清槐，等，译.北京：商务印书馆，1984：283.

3 欧文.1816年元旦在新拉纳克性格陶冶馆开幕典礼上的致辞[M]//欧文选集（第1卷）.柯象峰，等，译.北京：商务印书馆，1965：108.

4 欧文.新社会观，或论人类性格的形成[M]//欧文选集（第1卷）.柯象峰，等，译.北京：商务印书馆，1965：62.

5 欧文.自传[M]//欧文选集（第3卷）.马清槐，等，译.北京：商务印书馆，1984：28.

切错误观念的影响。因此，他甚至说："幼儿学校里的书本比无用还糟。"[1]他主张不让幼儿为书本所困扰。二是注重发展幼儿的智力。欧文强调说："如果一个人的推理能力从幼儿时期开始就得到适当的培养或训练，而且他在儿童时期就受到合理的教导，知道要排除那些自己加以比较之后认为是自相矛盾的印象或观念，那么这个人就会获得真实的知识。"[2]因为人只有具有推理能力，才能识别什么是正确的，而什么是谬误的。三是注重游戏。欧文认为，游戏是幼儿活动的主要方式，因此，对于一所幼儿学校来说，游戏场应当是一个必不可少的组成部分，使幼儿能在那里尽情玩耍和游戏。但是，欧文主张，幼儿学校不必借助任何毫无用处的儿童玩具。他说："在我们新拉纳克的安排合理的幼儿学校里，有二十多年未曾见过一件纯粹的儿童玩具了。"[3]这显然是不对的。

3. 德育

一是注重集体的道德教育。欧文认为，集体主义是新道德的基础，儿童应当从幼年起就在富于乐趣的集体生活中受到集体的道德教育。他认为，应当使幼儿把帮助周围一切人作为自己莫大的快乐。二是反对责骂、强制和惩罚。欧文强调说："在管理得合情合理的幼儿学校里是永远不需要采用惩罚手段的，应当把这看作在他们的食物中下毒一样绝对加以避免。"[4]在新拉纳克幼儿学校里，儿童在不受惩罚或不必担心受惩罚的情况下得到训练和教育，教育的唯一手段是亲切关怀和通情达理。三是反对宗教与幼儿的道德教育相联系。欧文认为，宗教神学是全世界僧侣的欺骗和胡说八道，宗教迷信必将引起人类智力的衰退，使人不能成为有理性的或善良的人。

1　欧文.自传[M]//欧文选集（第3卷）.马清槐，等，译.北京：商务印书馆，1984：283.

2　欧文.新社会观，或论人类性格的形成[M]//欧文选集（第1卷）.柯象峰，等，译.北京：商务印书馆，1965：59.

3　4　欧文.自传[M]//欧文选集（第3卷）.马清槐，等，译.北京：商务印书馆，1984：283.

4．美育

一是舞蹈，二是音乐。欧文强调指出，为了孩子们的健康和心灵美，无论男孩或女孩，都将学习舞蹈。幼儿从 2 岁起开始学习舞蹈，从 4 岁起学习唱歌。学习舞蹈和音乐能够使幼儿身体健康，体态富于自然美。

5．劳动教育

欧文十分重视儿童的劳动教育，但他认为必须考虑到他们的年龄和体力。儿童从 5 岁起至 7 岁可以适当参加一些他们力所能及的最容易的家务劳动和园艺工作，以获得一些有用的经验，并得到更大的快乐和满足。

（四）幼儿学校的教师

为了使幼儿学校成为一个合乎理性的新式的教育机构，欧文强调说，成为幼儿学校教师的条件是热爱幼儿并对他们有无限的耐心，性情温顺。为了使幼儿得到良好的训练和教育，幼儿的教师决不应当让他们听到愤怒的斥责或看到脸上有任何生气的和怒目而视的表情；幼儿教师的语调和神态应当是和善的、富有慈爱的感情的，对所有的幼儿一视同仁，毫无偏心；教师应当把幼儿看作年幼的朋友，并按照对待朋友的样子对待他们。根据这个条件，欧文挑选了织布工布坎南（James Buchanan）为新拉纳克幼儿学校的教师，同时又挑选了年轻织布女工莫莉·扬（Molly Young）为女性保育员来协助教师。欧文给他们的第一项指示是，决不可责打任何儿童，或者在说话或行动上对他们进行威胁，或者使用辱骂的语句；而是要经常和颜悦色地同他们谈话，做到态度亲切，语气柔和。尽管布坎南和莫莉·扬的文化程度低，又没有任何教学经验，但他们始终坚决地贯彻欧文的指示，从而使新拉纳克幼儿学校的实验获得了很大的成功。

欧文又指出，幼儿学校教师的训练是十分重要的，因为儿童自幼所接触的人应当先受良好的教育，否则儿童在任何情况下都绝不可能得到正确的教养。他明确地说：幼儿学校的教师"如果能够持之以恒地热爱儿童，在开始担任这项工作前又受过适当的训练……收到的成效肯定是惊人的"[1]。

欧文在新拉纳克的社会改革和教育实验活动，曾对英国社会产生了很大的影响。在长期的教育实践基础上，欧文形成了比较系统的教育思想。尽管他的教育思想带有空想的性质，但是，实际上已包含了马克思主义教育理论的萌芽。作为英国幼儿学校的创始人，欧文所创办的新拉纳克幼儿学校以及提出的颇为丰富的幼儿教育理论，推动了19世纪上半期英国幼儿学校运动的兴起。

第二节　福禄培尔的幼儿教育理论

德国教育家福禄培尔（Friedrich Wilhelm August Froebel，1782—1852）把自己毕生的精力献给了幼儿教育事业。他创办了世界上第一所幼儿园，建立了较完整的幼儿园教育体系，并倡导幼儿园运动。他的幼儿教育理论和实践对世界各国幼儿园的发展以及幼儿教育理论体系的形成和发展产生了广泛的影响。

一、生平活动与幼儿园的创立

福禄培尔1782年4月生于德国图林根地区奥伯魏斯巴赫村的一个牧师家庭。出生10个月后，母亲因病去世，从此他失去了母亲的温暖和爱。父亲第二次结婚后，继母对他关心甚少，父亲又忙于教务，因此，他常常独自在树林田野里游荡，把自然界的花草树木作为观察和思索的对象。缺乏母爱的童年和对自然界的热爱，对他以后幼儿园教育思想的形成具有很大

1　欧文.自传[M]//欧文选集（第3卷）.马清槐，等，译.北京：商务印书馆，1984：282.

的影响。

10 岁时，福禄培尔被舅舅送到国民学校读书。1797 年，刚念完国民学校年仅 15 岁的他便随一位林务员当学徒。1799 年，福禄培尔第一次进入耶拿大学学习自然科学和数学。在那里，他听过德国哲学家费希特（Johann Gottlieb Fichte）和谢林（Friedrich Wilhelm Joseph von Schelling）的讲课。但他因交不出学费，第二年就中断了学业。此后，尽管生活动荡不定，但他一直坚持自学。

1805 年，福禄培尔偶然遇到了法兰克福模范学校校长格吕纳（Anton Grüner）。曾是裴斯泰洛齐学生的格吕纳建议福禄培尔到他的学校去当教师。这个偶然的机会使福禄培尔改变了原来的想法，从此开始了他从事教育工作的生涯。从事教育工作后，他认真钻研教育著作，尤其是裴斯泰洛齐的教育著作。同时，他在法兰克福的贵族霍尔茨豪森男爵夫人的帮助下第一次前往瑞士伊弗东访问 14 天，结识了裴斯泰洛齐。

福禄培尔在法兰克福模范学校只工作了一年时间。第二年，即 1806 年，他开始在霍尔茨豪森家里担任家庭教师，一直到 1811 年。其间，他于 1808 年带着男爵的两个孩子去伊弗东，在那里既学习又任教了两年时间，深受裴斯泰洛齐教育思想的影响。

为了扩展自己的知识，实现自己的教育思想，福禄培尔先后进入哥廷根大学（1811—1812）和柏林大学（1812—1813）学习。1813—1814 年，他参加了反法战争。

1816 年，福禄培尔在施塔提尔的格里斯海姆创办了一所学校，称"德国普通教养院"。次年，学校迁往鲁多尔施塔特的卡伊尔霍。后来，他以卡伊尔霍学校教育实践经验为基础写成了《人的教育》一书，于 1826 年正式发表。由于德国反动势力的压制和迫害，从 1831 年起，福禄培尔流亡瑞士，曾在布格多夫担任一所孤儿院的院长（1834—1835）。这使他积累了解决幼儿教育问题的经验，并决心把他的教育思想全面地运用于儿童早期教育工作。在这期间，他还阅读了夸美纽斯的幼儿教育著作《母育学校》，这更有助于他的幼儿教育思想的形成。

1836年，福禄培尔回到故乡，开始设计游戏材料。第二年，他就在卡伊尔霍附近的勃兰根堡开办了一个关注发展幼儿活动本能和自我活动的机构，同时在以前的研究成果的基础上创制了一套游戏恩物及其使用说明。福禄培尔曾想把这个机构取名为"婴儿职业所"或"育婴院"，但都觉得不妥而没有确定下来。后来有一天，他和他的助手米登多夫（W. Middendorf）等人在树林中散步时，从所看到的花草树木的自然乐趣中忽有所悟，乃决定用"幼儿园"（Kindergarten）一词来命名自己创办的幼儿教育机构。他把幼儿的活动场所比作花园，把幼儿比作花草树木，把幼儿教师比作园丁，把幼儿的发展比作培植花草树木的过程。这个名称一直到1840年6月28日才正式公布于世，标志着世界上第一所幼儿园的诞生。1844年，这所幼儿园迁往利本施泰因的马林塔尔，福禄培尔本人在那里生活和工作到生命的最后时刻。

1843年，福禄培尔出版了幼儿教育专著《慈母曲及唱歌游戏集》，总结了他自己的幼儿教育工作经验。由于福禄培尔本人的努力，开办幼儿教育讲习班和训练幼儿园的教师，加上德国一些社会人士和教育家的支持，一批新的幼儿园在德国许多城市建立起来，原有的幼儿学校等机构也按福禄培尔的体系进行了改组。

1852年6月21日，福禄培尔在马林塔尔去世。1861年，福禄培尔有关幼儿教育的文章经他生前友人编辑出版，名为《幼儿园教育学》。

二、论教育的一般原理

在创建幼儿教育理论体系的过程中，福禄培尔既受到了裴斯泰洛齐、卢梭、夸美纽斯的教育思想的影响，又受到了费希特、谢林、克劳泽的哲学思想的影响。这使得福禄培尔的幼儿教育理论体系既强调了人的发展和教育适应自然的观点，又体现了万物有神论，带有宗教神秘主义的色彩。

（一）上帝是万物的统一体

福禄培尔在《人的教育》一书中开宗明义写道："有一条永恒的法则在一切事物中存在着、作用着、主宰着。这条法则，无论在外部，即在自然中；或在内部，即在精神中；或在两者的结合中，即在生活中，都始终同样的明晰和确定……这条支配一切的法则必然以一个万能的、不言而喻的、富有生命的、自觉的、因而是永恒的统一体为基础……这个统一体就是上帝。"[1] 在他看来，上帝是万物的统一体。这一原理是福禄培尔论述教育问题的出发点。

为了进一步阐述上帝是万物的统一体这一原理，福禄培尔又用"球体法则"来说明。他认为，包罗着从同一中心向各个方向扩散开来的一切东西的圆球，可以解释为无限性的象征，可以最清楚地象征一个统一体。他还认为，圆球就是统一中的多样性和多样中的统一性的表现，是无限多样性归结和导源到统一性的表现。因此，他强调说："自然界一切起作用的、活动的、富有生命的事物的结构，其根据首先在于球体所依据的法则，就是说，球体法则是自然事物的根本依据。"[2] 在他看来，球体是最完善的形体，是作为自然中一切形态和形式的统一体表现出来的，也是在最一般意义上说的最初的和最终的自然形式。

从上帝是万物的统一体的原理以及球体法则出发，福禄培尔认为，人与动物、植物一样，也是上帝的创造物，应当服从于同一条发展规律，服从于一条永恒的法则。它们最初都是不完善的，到了后来才表现为各方面均

---

1 福禄培尔. 人的教育 [M]. 孙祖复，译. 北京：人民教育出版社，1991：1.

2 同上：115.

衡的、协调的和完善的。它们都具有展现上帝精神的共同使命。因此，福禄培尔指出："一切事物的命运和使命就是展现它们的本质，也就是展现它们的上帝精神……作为明智和具有理性的人的特殊命运和特殊使命就是使他的本质，他的上帝精神，即上帝，以及他的命运，他的使命本身，成为完全的意识、活的认识和明确的观点，并自觉地和自由地在自己的生活中加以贯彻，使之发生作用，得到展现。"[1] 福禄培尔认为，人的教育就要顺应人的本性，激发和推动人有意识地和完善地展现上帝的精神，达到内部和外部的统一，并指明达到这一目的的途径和手段。人身上所具有的上帝精神，必须通过教育才能在其身上得到表现和发展。

（二）人是不断发展的

福禄培尔认为，宇宙万物都是不断发展的，作为宇宙万物中一部分的人在其生命过程中也是不断发展的，总是从一个发展阶段趋向于另一个发展阶段，最后趋向于永恒的、最终的目的，即展现上帝精神。他强调说："人和人身上的人性应当被看作外表的现象，不能看作一种已经充分发展的、完全形成的，一种已固定、静止的东西，而应当看作一种经久不断地成长着、发展着的，永远是活生生的东西，永远朝着以无限性和永恒性为基础的目标，从发展和训练的一个阶段向另一个阶段前进的东西。"[2]

因此，人诞生后就是不断发展的。人身上具有天赋本能，这使得人具有了不断发展的可能性。福禄培尔把人看作是花园里的种子，不断发展着自己的天性，充分发挥着自己的潜能。他认为，每个人诞生时就具有四种本能。一是活动的本能。这是上帝精神在人身体内部的表现。它起初表现为单纯的模仿活动，后来便表现为富于创造的活动。二是认识的本能。这是

1　福禄培尔. 人的教育 [M]. 孙祖复，译. 北京：人民教育出版社，1991：2.

2　同上：12.

潜藏在人身体内部的认识和展现万物的上帝精神的能力。三是艺术的本能。这是发展的人认识万事万物的艺术形象的能力。四是宗教的本能。这是人的发展的最终目的的表现。人的发展过程就是在上述四种本能的基础上实现内部和外部的统一，即变内部为外部、变外部为内部的过程。

福禄培尔把儿童的发展划分成三个时期：婴儿期、幼儿期、少年期。婴儿期主要是养护的时期。它也可以称为"吸吮"的时期。婴儿发展外部器官，从外界吸收和接受多种多样的东西。他们的感官和四肢进行最初的活动，表现出最初的求知欲。人的第一个发展阶段对于人，对于人的现在和将来都具有无法描写的重要意义。[1]幼儿期主要是生活时期。幼儿运用他们的身体、感官和四肢，开始自动地向外表现内在本质，使得内部的东西变为外部的东西。真正的人的教育便开始了。游戏和说话是这一阶段儿童生活的要素。少年期主要是学习时期。儿童开始为了创造物而活动，为了成果而生活，使得外部的东西变为内部的东西。因此，人进入了少年期，也就成了一个小学生了。

从整体联系的观点出发，福禄培尔批评那种把人的各个发展阶段孤立起来的观点，强调人的各个发展阶段之间的连续性。他认为，人为了完成他的使命和实现他的天职而需要经历的发展和训练，是一个永久性的连续不断前进的，始终一贯地从一个阶段向另一个阶段上升的不可分割的整体。[2]他又说："如果把人不断前进的一系列发展的年岁划分明显的界限和造成截然的对立，从而完全忽视持续不断的进步、活生生的联系和生活的本质，那是十分有害的，起阻碍作用的，甚至会发生破坏作用。"[3]在他看来，在人的整体发展过程中，前一个阶段总是为后一个阶段的发展打下基础，而后一个阶段总是前一个阶段发展的继续，各个发展阶段是紧密联系的，既不

1　福禄培尔. 人的教育 [M]. 孙祖复，译. 北京：人民教育出版社，1991：16.

2　同上：62.

3　同上：19.

能忽视，也不能跳跃。

（三）教育必须适应自然

福禄培尔认为，对于人来说，重视自然和观察自然是十分重要的。人作为宇宙万物的一部分，具有与宇宙万物一样的发展进程和规律，服从于同一条法则。人的力量、天赋及其发展方向、四肢和感官的活动，是按照它们本身在儿童身上出现的必然的次序发展的。从儿童刚诞生起，就必须按照儿童的本性去理解他们和正确对待他们，让他们自由地和全面地运用他们的能力，而不能违反他们的本性，不能把成人的形式和使命强加于他们。因此，福禄培尔强调说："一切专断的、指示性的、绝对的和干预性的训练、教育和教学必然地起着毁灭的、阻碍的、破坏的作用。"[1]他以园丁修剪葡萄藤为例，指出在葡萄藤确实应当修剪时，如果园丁在修剪中不是十分耐心地、小心地顺应葡萄树本性的话，不管园丁出自多么良好的意图，葡萄藤就可能由于修剪而被彻底毁灭，至少它的肥力和结果的能力会被破坏。

福禄培尔还认为，尽管在每一个人身上包含着并体现着整个人性，但人性在每个人身上是以完全固有的、特殊的、个人的、独一无二的方式得到表现和塑造的。因此，从儿童刚诞生起，就必须重视儿童的个性及个性发展，而不能把他们当作一个模拟出来的、没有个性差别的复制品，当作某一先辈模样的铸件。福禄培尔强调说："如果每一个人，每一个儿童最独特和最有个性地表现了自己，那么，作为上帝儿女和人类成员的人也已经表现了上帝和人的全部本质。"[2]

总之，只有在人的天性不受到干扰而自然地发展以及人的个性发展也受到重视的情况下，正确的、真正的人的教育和人的培育才能发展，才能开

1　福禄培尔. 人的教育 [M]. 孙祖复，译. 北京：人民教育出版社，1991：6.

2　同上：13.

花结果，才能成熟。

三、论幼儿园的作用和任务

在儿童的发展中，福禄培尔特别强调幼儿期的重要性。研究幼儿期的发展及教育，正是福禄培尔一生教育活动的主要方面。

在《人的教育》一书中，福禄培尔强调指出："人的整个未来生活，直到他将要离开人间的时刻，其根源全在于这一生命阶段，不管这未来的生活是纯洁的还是污浊的，是温和的还是粗暴的，是平静的还是充满风浪的，是勤劳的还是怠惰的，是功绩卓著的还是无所作为的，是迟钝而优柔寡断的还是敏锐而富有创造的，是麻木不仁、畏首畏尾的还是富有远见的，是建设性的还是破坏性的，是和睦待人的还是生性好斗的，是惹是生非的还是给人以安宁的。他将来对父亲和母亲、家庭和兄弟姊妹的关系，对社会和人类、自然和上帝的关系，按照儿童固有的和天然的禀赋，主要取决于他在这一年龄阶段的生活方式。"[1]他又指出："假如儿童在这一年龄阶段遭到损害，假如存在于他身上的未来生命之树的胚芽遭到损害，那么他必须付出最大的艰辛和最大的努力才能成为强健的人，必须克服最大的困难在其朝着这一方向发展和训练的道路上避免这种损害所造成的畸形。"[2]正因为福禄培尔认识到了幼儿期是人的一生发展中一个极其重要的阶段，所以，他创建了幼儿园这种幼儿教育机构。

福禄培尔与裴斯泰洛齐、夸美纽斯一样，认为家庭和父母在幼儿教育中占有很重要的地位，家庭生活对于儿童发展的每一个阶段乃至人的整个一生是无比重要的。但是，他又认为，许多父母没有受过任何有关幼儿教育

---

1 2 福禄培尔.人的教育[M].孙祖复，译.北京：人民教育出版社，1991：34.

的指导和训练以及缺乏幼儿教育的知识，加上他们没有足够的时间和精力去教育自己的孩子。因此，幼儿园的创建就可以解决这个矛盾。

在福禄培尔生活的时代，由于资本主义生产的发展，许多妇女甚至稍大一些的儿童都卷入了这个生产过程，父母无暇照顾和教育家庭中年幼的孩子。于是，名称不一的幼儿教育机构，例如，幼儿学校、看护学校等应运而生。这是一种时代的需要。从客观上来看，福禄培尔创建的幼儿园也正反映了这种时代的需要。

但是，福禄培尔强调指出，他创建的幼儿园与以前已存在的幼儿学校一类的幼儿教育机构是不同的。他说："'幼儿园'与通常称为'幼儿学校'的类似机构是不相同的。它并不是一所学校，在其中的儿童不是受教育者，而是发展者。"[1]因此，在福禄培尔的幼儿园里，其基本思想是帮助幼儿自我表现并由此得到发展。幼儿园教师使幼儿参加与其天性相适应的活动，带领他们到花园、树林里做游戏活动，增强他们的体质，在活动中引导他们进行观察，训练他们的感官，发展他们的活动和创造能力。幼儿园必须拥有一个供游戏用的宽敞而明亮的大房间，并与一个花园相连。只要天气许可，幼儿就应在花园里进行各种有益于身心健康的活动，例如，游戏、体操练习等。有的西方学者就指出："在一定的时期中，教育是儿童兴趣与能力的自然开展，正如花卉一般，在一定时期内展开并且显露出它的色彩……儿童和花卉没有教师或园丁也一样要生长……这两者有了人照料就生长得更好。正如园丁帮助花卉，使它在开花时把所有的美丽颜色都实现出来，同样，教师帮助儿童实现神所给予他的一切能力。福禄培尔深受这个类比的触动，把他的学校称为'儿童的花园'（幼儿园）。他把儿童放在生长发芽的种子的地位上，把教师放在细心的有知识能力的园丁的地位上。"[2]

---

1 BOWEN H C. *Froebel and Education through Self* [M]. New York：Seribner，1897：3.

2 白恩斯，白劳纳．当代资产阶级教育哲学 [M].瞿菊农，译．北京：人民教育出版社，1964：15.

1843 年，福禄培尔在他自己所写的《关于德意志幼儿园的报告书》中明确指出，幼儿园收容学龄前 3 至 6 岁的儿童，以家庭的方法助长儿童的身体发育与精神上诸能力的发展，帮助儿童养成良好的习惯。[1] 在他看来，幼儿园的具体任务是：通过直观的方法培养学前儿童，使他们参加各种必要的活动，发展他们的体格，锻炼他们的外部器官，使他们正确地认识人和自然以及增长知识，并在游戏、娱乐和天真活泼的活动中，做好升入小学的准备。

四、论恩物

为了更好地引导幼儿认识自然、丰富知识和发展能力，福禄培尔在幼儿园教育实践中创制了一套供幼儿使用的活动玩具。这套活动玩具适合幼儿教育的要求，仿照大自然事物的性质、形状和法则，体现了从简单到复杂、从统一到多样的原则，作为幼儿认识万物的初步手段。它是与儿童天性的发展相适应的。福禄培尔把这套活动玩具称为"恩物"，意指它们是上帝的恩赐。在他看来，通过使用恩物，幼儿可以由简到繁、由易到难和循序渐进地认识自然以及自然界的万物统一于上帝精神。

从上帝是万物的统一体的原理以及球体法则出发，福禄培尔创制的这套恩物的基本图形是圆球、立方体和圆柱体。他认为，圆球是上帝力量最本质的表现，是万物统一体的象征。它可以向任何方向滚动，既没有起点也没有终点，是运动无限的象征。立方体具有三维性。它同时有六个面、八个角、十二条边，表现出多种多样的几何图形。圆柱体是圆球与立方体的联结。这三种最基本的物体形态及其变化体现了统一性与多样性的结合。

具体来说，福禄培尔创制的恩物主要有六种。

1　雷通群 . 西洋教育通史 [M]. 北京：商务印书馆，1935：313.

第一种恩物是六个用不同颜色的绒毛做成的柔软圆球。圆球包括红、黄、蓝、绿、紫、白六种颜色。圆球代表球状的太阳、月亮、地球等自然物。每个圆球上系着一根细线，幼儿可以提着做各种动作。通过观察圆球的不同方向的运动，幼儿能够形成"去—来""上—下""左—右""前—后""转过去—绕过来"等空间概念。通过比较不同颜色的圆球，幼儿能够发展辨别颜色的能力。通过玩球，幼儿不仅能够训练四肢和感觉，而且能模仿母亲学会各种发音和理解词的含义。福禄培尔认为，圆球最适宜于幼儿，因为他们容易抓握，但最重要的还是圆球体现了上帝精神的统一，是运动和变化无限的象征。

第二种恩物是木制的圆球、立方体和圆柱体。它们的直径和高度是一样的。福禄培尔认为，圆球是运动的象征；立方体是静止的象征；圆柱体是球体和立方体两种形态的结合，它竖立时是静止的，它卧倒时是运动的。这三者构成了宇宙中的万物。用各种方法使圆球、立方体和圆柱体摇摆、滚动、平衡等，就能展现它们的各种特性。这一种恩物能使幼儿辨别三种物体的异同，并认识物体的各种形状和各种几何图形。

第三种恩物是一个可以分成八个相同的小立方体的木制大立方体。通过它们的组合和分割，幼儿能够认识部分与整体以及部分与部分之间的关系；同时能激发建造能力，利用八个小立方体构成宇宙中万物的形状，例如，桌子、椅子、桥、塔等。

第四种恩物是一个可以分成八个相同的小长方体的木制大立方体。通过它们的组合和分割，幼儿能够认识长方体与立方体的异同，获得长、宽、高的观念，激发建造能力。

第五种恩物是一个可以分成二十一个相同的小立方体、六个相同的大三棱柱和十二个相同的小三棱柱的木制大立方体。通过它们的组合和分割，幼儿能够认识正方形、长方形和三角形的异同，以及不同角度的变化。

第六种恩物是一个可以分成十八个相同的长方体、六个相同的小长方体和十二个相同的小方柱体的木制大立方体。借助这一种恩物，幼儿可以获得更多的练习机会训练他们的建造能力，进一步发展他们的组合能力和想象力。

在福禄培尔看来，真正的恩物应当能使幼儿理解其周围的客观世界，又能表达他们对于这个客观世界的认识；应当能表现各种恩物之间的联系；应当表现部分与部分之间的联系；应当表现整体与部分之间的关系。

尽管福禄培尔力图使恩物体现上帝是万物的统一体的思想，但他创制的恩物客观上有助于丰富幼儿的知识，发展他们的创造力和想象力，从而在欧洲各国得到了广泛的流行。

在后来的福禄培尔运动中，福禄培尔主义者把福禄培尔创制的恩物扩大为二十种，并分为游戏恩物（第一至第十种）和作业恩物（第十一至第二十种）两类。在福禄培尔主义者看来，游戏恩物是幼儿游戏的用具，除前述的六种恩物外，又增加了表现面、线、环、点的四种恩物；作业恩物是幼儿作业的材料，包括蜡纸、墙纸、画点、剪纸、贴纸、编纸、组纸、折纸、串豆手工和黏土手工等十种。实际上，这已不符合福禄培尔创制恩物的原意。

五、论游戏与作业

从儿童的能力特别是创造能力的发展出发，福禄培尔强调游戏与作业在幼儿园教育中的地位和作用，并对游戏与作业进行了颇有价值的论述。

（一）游戏

福禄培尔认为，随着幼儿期的到来，儿童进一步运用他们的身体、感官，并力求寻找内部和外部的统一。这一点特别应当通过游戏来实现。因此，游戏就是幼儿期儿童生活的一个要素。他强调说："游戏是人在这一阶段上最纯洁的精神产物，同时是人的整个生活、人和一切事物内部隐藏着的自然生活的样品和复制品。所以，游戏给人以欢乐、自由、满足，内部和外部的平静，同周围世界的和平相处。"[1] 游戏既是儿童内在本质的自发表现，又是内在本质出于其本身的必要性和需要的向外表现。可以说，游戏是儿童内部需要和冲动的表现。游戏作为儿童最独特的自发活动，成为幼儿教育过程的基础。在福禄培尔看来，一个游戏着的儿童，一个全神贯注地沉醉于游戏中的儿童，正是幼儿期儿童生活最美好的表现。从某种意义上说，幼儿园应当是幼儿游戏的乐园。

对于幼儿期儿童的发展来说，游戏绝不是无关紧要的小事，而是具有极其重要的意义。福禄培尔认为，通过游戏，幼儿第一次给他们自己描绘了世界。所以，游戏直接影响着儿童的生活和教育。"这一年龄阶段的各种游戏是整个未来生活的胚芽，因为整个人的最纯洁的素质和最内在的思想就是在游戏中得到发展和表现的。"[2] 正因为如此，福禄培尔在《人的教育》一书中恳切地呼吁：母亲啊，鼓励和支持儿童的游戏！父亲啊，保护和指导儿童的游戏！但是，福禄培尔强调指出，游戏应当适合儿童的体力和智力，并使他们认识周围的自然界和社会生活。

当儿童从幼儿期进入少年期后，他们仍需要游戏。福禄培尔认为，儿童能通过充分地享受其亲自经历的生动活泼的游戏而得到满足。但是，这一时期游戏的目的与前一时期已有所不同。"如果说前一时期，即幼儿期，游戏的目的仅在于活动本身，那么现在游戏的目的却始终是一种特定的有意识的目的，就是说，现在游戏的目的就是表现。"[3]

福禄培尔强调集体性的游戏在幼儿园中的重要性。他认为，许多最有趣味的游戏，只有在集体性的游戏中才可能进行。它能使幼儿学会尊重别人，

1　福禄培尔.人的教育 [M].孙祖复，译.北京：人民教育出版社，1991：33.

2　同上：34.

3　同上：72.

通过集体的游戏获得愉快，从而培育幼儿之间友爱和信赖的感情。

在幼儿的游戏中，福禄培尔十分注意象征主义对幼儿发展的作用，例如，一根小棍被想象成一匹马等。在他看来，这是儿童想象世界的途径。他甚至在幼儿园房间的地板上画上一个象征统一性的圆圈。每天早晨，幼儿脚踏圆圈，手拉着手，排成一圈祈祷和唱歌，以此象征集体的统一性。

福禄培尔把游戏分成三类。一是身体的游戏，主要是为了锻炼幼儿的身体。这是幼儿对自然界和周围生活中所观察到的动作的模仿。身体的游戏既可以是力量和灵活性的练习，也可以是内在的生活勇气和生活乐趣的表达。二是感官的游戏，既可以是听觉的练习，例如捉迷藏等，也可以是视觉的练习，例如辨别色彩的游戏等。三是精神的游戏，主要是为了训练幼儿的思考与判断。

正因为游戏对幼儿的发展是如此重要，所以，福禄培尔提出每一个村镇都应当为幼儿设立公共游戏场。他认为，公共游戏场将对整个社区的生活产生极大的作用，既丰富和充实了孩子的生活，又培养了他们共同的社会意识和感情，并激发和培养了他们的公民和道德的品质。因此，福禄培尔说："不管谁，如果想呼吸一下令人振奋精神的新鲜的生命气息，都得参观一下这些孩子的游戏场所。"[1]

（二）作业

福禄培尔认为，作业就是给幼儿设计的各种活动。在作业活动中，他们使用某些材料，例如纸、沙、泥土、竹、木、铅笔、颜色盒、剪刀、糨糊等，制作某种物体。通过这些作业活动，幼儿得以完善地发展。

从某种意义上来说，作业是恩物的发展。它要求幼儿将恩物的知识运用于实践。与恩物中的立体相对应的作业活动有捏泥型、拼贴纸板、折纸

1　福禄培尔. 人的教育 [M]. 孙祖复，译. 北京：人民教育出版社，1991：73.

和木刻等，与恩物中的平面相对应的作业活动有剪纸、刺孔、图片上色和绘画等。因此，福禄培尔指出，幼儿只有掌握了恩物的使用之后，才能开始进行作业活动。尽管作业和恩物是紧密联系的，但两者又有明显的区别，表现为：恩物在先，作业继后；恩物的主要作用在于吸收或接受，作业的主要作用在于表现或建造。

作业活动是幼儿的体力、智力和道德和谐发展的一个主要方法。通过作业活动，成人可以对幼儿进行初步的教育。福禄培尔制定了一套详细的幼儿园作业大纲，要求幼儿的作业活动严格遵循从简单到复杂的原则。例如，绘画这个作业活动应当从画点开始，然后是画横线和竖线以及横竖线的组合，最后才是画一些物体。但他对作业活动规定的顺序有时过于死板而表现出形式主义。

除了使用恩物而进行的作业活动外，福禄培尔还认为，幼儿也能参加一些简单的劳动，例如照料花草、初步的自我服务等。

福禄培尔最后认为，在作业活动中，教师应当对幼儿及时进行指导和帮助，培养幼儿集中注意力和认真制作的习惯，促使幼儿的表现和创造能力的发展。

在游戏和作业活动中，幼儿往往会有很想多说话的表现。他们把每一个事物都看成是有生命、感情和语言能力的，同时又相信每一个事物都在听他们说话。因此，福禄培尔强调指出，说话也是幼儿期儿童生活的一个要素。从幼儿期开始就应当对儿童进行语言训练，使他们正确地和确切地看待一切事物，正确地、确切地、肯定地和纯正地描述一切事物。[1]

作为世界上第一所幼儿园创立者的福禄培尔，是近代幼儿教育理论的奠基人。尽管他的理论与实践带有宗教神秘主义和形式主义色彩，但是，他推动了世界范围内的幼儿园运动的兴起和发展，因而被世人誉为"幼儿园

---

1 福禄培尔. 人的教育 [M]. 孙祖复，译. 北京：人民教育出版社，1991：32.

之父"。在 20 世纪初期，他所构建的幼儿园教育体系是幼儿教育领域中最流行的。他创立的幼儿园作为一种幼儿教育机构的形式一直沿用到现在；他的幼儿园教育理论，至今对世界各国的幼儿教育工作者仍有启迪的作用。

第三节　凯果玛的幼儿教育理论

法国幼儿教育家凯果玛（Pauline Kergomard，1838—1925）曾领导了 19 世纪 80 年代法国幼儿教育机构的改革，积极投身于母育学校运动，奠定了法国现代幼儿教育的基础。

一、生平和教育活动

凯果玛原名波利娜·雷克卢斯（Pauline Reclus），1838 年生于法国的波尔多。她的父亲是当地初等学校的视导员，也是君主制度的拥护者。凯果玛 10 岁时，她的母亲因病去世。不久，她的父亲又第二次结婚。7 个孩子中最小的她，与父亲和继母在一起生活。但是，凯果玛在新的家庭里生活得并不幸福和快乐，于是离家与担任新教牧师的舅舅生活在一起。她的舅妈为了增加家庭的收入而开办了一所招收女孩子的学校。舅妈在生活和教育工作中表现出来的活力、忠诚和献身精神给年幼的凯果玛留下了深刻的印象。

后来，凯果玛在回到她父亲那里不久，就进了波尔多一所培训师资的私立师范学校读书。在学校里，她学习刻苦认真，并经常到附近附设于师范学校的小学里去观察。一些年轻教师在教育和教学工作中所遇到的困难，并没有使她沮丧和失去信心。凯果玛对自己即将从事的教育职业感到高兴，愿意花费时间与儿童在一起，甚至学习研究有关童年期的理论。这在她许多年后担任总督学的工作中也有反映。

凯果玛获得教学证书后，一直从事私人教学活动。1861年，她的一个姐姐苏珊邀她去巴黎合住。在巴黎，凯果玛继续以私人教学活动谋生，同时富有魅力和活力地活跃在巴黎中产阶级社会圈子里。

1863年，凯果玛与一位布列塔尼作家朱尔·迪普莱西·凯果玛（Jules Duplessis Kergomard）结婚。她丈夫是一个拥护共和政体者，比她年纪稍大一些，曾在比利时过着流浪生活，1856年被允许回国。回国后，他作为一名记者，在巴黎的学术文化界变得著名起来。但是很不幸，在与凯果玛结婚之后，他没有什么收入，因此，家庭的担子实际上落在了凯果玛身上。

后来，在一个出版公司的激励下，凯果玛写了一系列名人传记作为儿童的读物。主编《教育学辞典》的比森（Ferdinand Buisson）曾会见了凯果玛，要求她为该书作出贡献。这次会见是一次幸运的会见，因为比森当时是初等教育总督学，后来又成为初等教育总监。由于比森的推荐，1879年，教育部部长费里（Jules Ferry）任命凯果玛为托儿所的视导员。在以后的20年里，凯果玛在重建法国的整个幼儿教育制度中作出了卓越的贡献。她改善幼儿教育机构的设施，反对传统的幼儿教育方法，提倡新的幼儿教育原则，阐述新的幼儿教育理论。她曾是法兰西第三共和国托幼教育机构改革方案起草委员会以及母育学校委员会的负责人，主持领导了这两个委员会的工作。通过自己的工作和活动，凯果玛为法国儿童的早期教育的改革吹响了号角。

1886年至1895年，凯果玛还编写和出版了一本论述学前教育工作的专著——《母育学校的教育》。这本书成为法国幼儿教育工作者的主要教学参考书。她还为母育学校的教师撰写了一本工作手册——《2至6岁的儿童》，尽可能为她们提供实际的帮助。

从1882年起，凯果玛主持编辑了《幼儿教育》杂志，并在这份杂志上发表了许多有关幼儿教育的文章。1886年，凯果玛被任命为法国最高的教育行政机构——公共教育高级委员会的成员。

1925 年，凯果玛因病去世。在她的葬礼上，当时的初等教育总监莱帕
（M. Laipe）在讲话中指出：在凯果玛被任命为托儿所的视导员之前，她肯
定已熟悉裴斯泰洛齐和福禄培尔的著作，但是，她吸收从德国教师那里得
到的东西，并认为不管什么东西，只要对我们有用处和有益处就加以吸收。

二、母育学校理论

在母育学校运动中，凯果玛不仅积极促进母育学校的发展，而且对母育
学校的理论进行了比较系统的论述。

（一）母育学校的性质与任务

根据法国的教育传统，幼儿教育机构历来属于慈善事业的一部分，18
世纪中期始办于农村地区。其任务主要是在农忙季节收容和照管幼儿。从
这个意义上讲，它谈不上进行了真正的幼儿教育。从 19 世纪 20 年代起，城
市里也开始建立了看管幼儿的教育机构，其名称叫"托儿所"。它仍是一种
慈善事业。法兰西第三共和国成立后，设立了由凯果玛负责的托幼教育机
构改革方案起草委员会。1881 年 6 月 16 日，该委员会决定将托儿所改造成
母育学校（école maternelle），使它由慈善事业变成国民教育体系中的一个
组成部分。同年 8 月 2 日的政令第一条对"母育学校"下了这样的定义：母
育学校是基础教育的设施，男女儿童在那里将共同接受体、德、智全面发
展的教育。

尽管基本法律已经通过，但旧的托儿所的气氛和传统仍支配了法国幼儿
教育领域。因此，凯果玛强调指出，母育学校的设立就是为了改变这种旧
的气氛和传统。她认为，将托儿所改名为母育学校，正说明幼儿教育机构
的目的是双重的，既是社会的，又是教育的。社会的，意指解决母亲不能

照顾自己的孩子这个社会问题；教育的，意指要像一个聪明而挚诚的母亲那样施行教育。[1]在凯果玛看来，母育学校的目的就是看护和教育幼儿。

凯果玛认为，母育学校并不是一所学校。由于生活应该是一切教育体系的基础，因此，母育学校的重要任务是使儿童了解外部世界，同时使儿童更好地完成从家庭生活到学校教育的过渡。当时，有些母育学校采取初等学校的做法：主任教师在大声地朗读课本时，许多幼儿的眼睛看着她但毫无表情；一位比较年轻的教师监视着幼儿，要求他们集中注意力。针对这种情况，凯果玛严肃指出：几乎所有熟悉儿童的人都不会感兴趣于这种教育，因为这种教育已使母育学校变成了一所学校，具有了学校一切不合适的特征。[2]

在凯果玛的大力提倡下，母育学校在法国发展得很快。根据 1887 年 1月 18 日法国公共教育部的命令，有 2000 个居民以上的市镇须设立一所母育学校，有 1200 个居民以下的城乡地区可以开办附设于初等学校的幼儿班。这种母育学校的教育是免费的、自愿的、世俗的和男女混合的。市政当局有责任对所有母育学校的教师提供训练，并支付她们的工资。这个命令明确规定母育学校是初等教育的机构，同时又指出："母育学校不是通常所说的学校。它形成了从家庭生活到学校教育的过渡，在保持家庭生活的影响和温情的同时，又把儿童引向学校教育的工作和常规之中。"[3]母育学校的这个特点至今仍保持着。

（二）母育学校的基本原则

凯果玛认为，母育学校的基本原则主要有以下两条。

一是必须尊重儿童的个性和创造精神。凯果玛认为，母育学校的基本

1　人民教育出版社"外国教育丛书"编辑组 . 六国教育概况 [M].北京：人民教育出版社，1979：184.

2　DENISON DEASEY. *Education Under Six Years* [M]. London：St. Martin's Press，1978：71.

3　同上：72.

原则应该是遵循儿童的发展规律及其特点。任何否认和忽视儿童个性的教育形式都是错误的。因此，她强调："当我们交给儿童一个现成的事实去学习，并期望儿童去服从一种教育时，他是不能吸收这种教育的。实际上，我们正在干涉儿童在智力和道德上的自由。无论如何不应该使儿童服从这种教育。"[1]

二是尊重儿童的自由。凯果玛认为，在每一个家庭里，儿童具有较大的自由。因此，在幼儿教育机构里，在母育学校里，同样应该使儿童具有较大的自由。在她看来，母育学校应该是一个儿童具有自由的更大规模的家庭，由教养员（她是一大批幼儿的"母亲"）来管理。凯果玛激烈地反对守旧的传统纪律。她曾这样说："在我们的母育学校里，教育的模式着眼于使儿童自己明确什么是好的行为和什么是错事。如果要我在纪律与没有秩序和喧闹之间作出选择的话，我宁愿选择没有秩序和喧闹，因为喧闹和没有秩序至少对我表明：儿童是真正生活着的！"[2]正因为如此，凯果玛拒绝了"福禄培尔式"的幼儿园，使它从未变成法国的幼儿教育模式。在她看来，"福禄培尔式"的幼儿园是依附于缺乏独创性地运用恩物的程序的。1890年，她在《幼儿教育》杂志上发表文章，其中这样写道："一所福禄培尔式幼儿园并不真正是一所法国学校。"

（三）母育学校的教育内容和方法

凯果玛认为，母育学校应该成为男女儿童如同在家庭里生活和受到慈爱母亲照管的地方。她强调，在母育学校里，所有的儿童都要"受到同样的照顾，玩同样的游戏。简单地说，因为男孩和女孩在一起生活，所以他们的智能保持均衡，他们能得到更快的成长。男孩体力强壮，举动粗野，由

1　DENISON DEASEY. *Education Under Six Years* [M]. London：St. Martin's Press，1978：68.

2　同上：66.

于和女孩在一起，就会控制自己，变得有礼貌。女孩的气质比较腼腆、胆小，共同生活之后，就会变得更勇敢。在那里，男孩的手指锻炼得越来越灵巧，女孩的身体锻炼得越来越矫健。对于母育学校来说，教育男女儿童并肩携手过着协调、整洁的生活是很重要的"[1]。进入母育学校的儿童为 2 至 6 岁，他们按年龄被分成两个组（2 至 4 岁、5 至 6 岁），后来又被分成小（2 至 4 岁）、中（4 至 5 岁）、大（5 至 6 岁）三个组。如果母育学校的儿童人数达到 50 人，那么，主任教师就应该配备助手。

从幼儿教育机构要适应儿童身心发展的特点出发，凯果玛论述了母育学校的教育内容和方法。

第一，母育学校应该注意幼儿的清洁卫生和身体健康。1879 年，法律规定开始实施儿童身体健康检查，但凯果玛发现没有一所教会办的托儿所是积极支持和重视儿童身体健康检查的。经过凯果玛的提倡和建议，到 1888 年时，儿童身体健康检查已成为所有幼儿教育机构的一个必要措施，市政当局任命的医生每周到母育学校去巡视一次。与此同时，凯果玛认为，母育学校应该重视幼儿的体力活动。在她看来，儿童的体力活动不仅有助于提升儿童双手的灵巧性，而且还能陶冶儿童智慧的心灵。

第二，母育学校应该采用游戏和活动的方式。这表明，尽管法国幼儿教育制度中没有采用"福禄培尔式"的幼儿园，但是，福禄培尔式幼儿园最好的特点被吸收了。凯果玛认为，对游戏和活动的爱好是儿童的天性；游戏和活动在儿童的体力、智力和道德发展中具有巨大的作用。通过游戏和活动，幼儿在身体、听觉和触觉方面得到训练。由于凯果玛的提倡，游戏的原理进入了法国的母育学校。她强调指出："一个忙碌的儿童几乎不需要看管和监视。"[2] 为了使幼儿更好地进行游戏和活动，凯果玛认为，应该使用

1　梅根悟. 世界幼儿教育史（上册）[M]. 刘翠荣，等，译. 长春：吉林人民出版社，1986：367.

2　DENISON DEASEY. *Education Under Six Years* [M]. London：St. Martin's Press，1978：74.

任何儿童都能用来进行制作的东西，例如，用泥土、沙、铲、小水桶、小手推车、抹布、碎木块、纸以及树叶等来代替课本和书写的石板。

第三，母育学校的"智力"课程应该由日常生活知识、唱歌、散步运动、讲故事、绘画以及观察和模仿、提问和回答等方面组成，而不应该是阅读、书写和计算。每节课的时间最多不超过20分钟。1889年，母育学校调查委员会提出报告：过早的智力教育对儿童的健康和身体发展是一种"灾难性的影响"。凯果玛同意和支持这种观点。在她看来，母育学校的"智力"课程应该培养儿童一定的注意力、技能、自信心和良好的品质。

第四，母育学校应该重视道德教育。凯果玛认为，道德教育在母育学校中是极其重要的，应该从幼儿进入母育学校的第一年就开始。它是建立在幼儿已有意识的基础上的。因为通过观察，凯果玛发现儿童早在具有说话能力之前就已有正确的知识和错误的知识。她要求母育学校的教养员应该使儿童养成初步的良好习惯，使他们相信世界上的一切美好事物都是劳动的结果，懒散是万恶之母。凯果玛还认为，道德教育可以通过有关家庭问题的问答和交谈，以及唱歌的方式来进行。

第五，母育学校应该禁止宗教教育。凯果玛坚决反对福禄培尔把基督教信念置于他的教育哲学的中心，反对对幼儿进行宗教教育。第一次视察母育学校时，凯果玛大吃一惊，因为她看到幼儿在通过死记硬背和反复祈祷的方法背诵教义问答手册。后来，由于凯果玛的努力，在母育学校里，爱国主义教育代替了原来流行的宗教教育，民族文化代替了原来每天都教的教义问答手册和《圣经》故事。尽管凯果玛的这种观点和做法受到了激烈的反对和批评，但她毫不动摇。

第六，母育学校应该有适合幼儿发展和教育的必要设施。凯果玛指出，原来托儿所的设施基本上是不适合幼儿的，例如，幼儿用的桌子太高，而且固定在地板上；缺少供幼儿休息的场所和小床，致使他们只能在肮脏的地板上打瞌睡等。她认为，为了保证幼儿身心健康发展，必要的设施是不可缺少的。由于凯果玛的提倡，1887 年 1 月 18 日法国公共教育部的命令列举了母育学校应该具备的设施条件，例如，母育学校要有独立的校舍，幼儿所使用的保育室和设施都要设在楼下，要有游艺室和带小庭院的游戏场，要有准备幼儿食物的厨房，要有供幼儿使用的厕所，正门口应设有家长接待室，等等。

凯果玛在以一种新的精神指导母育学校的实践中，论述了具有新的原则的幼儿教育理论，推动了法国幼儿教育的发展。她那颇有新意和独创性的幼儿教育理论的提出，比蒙台梭利、德可乐利和杜威早。凯果玛的幼儿教育实践和理论在法国得到了普遍的承认和理解。"母育学校"作为法国幼儿教育机构的名称一直沿用到现在。

第四节　霍尔的幼儿教育理论

美国心理学家和教育家霍尔（Granville Stanley Hall，1844—1924）长期从事儿童心理和教育问题的研究。他于 1883 年发表的题为《儿童心理的内容》的研究论文，是 19 世纪末 20 世纪初在欧美国家出现的儿童研究运动的基石之一。霍尔作为儿童研究运动的创始人，被人们誉为"儿童研究之父"，特别是他的儿童教育观对后世的影响至今尚存。

一、生平活动与著作

霍尔 1844 年 2 月生于美国马萨诸塞州的一个农庄。在农庄度过童年时期的他从小就表现出强烈的求知欲望和远大抱负，发誓要在世界上做些事情并且要有所成就。1863 年，霍尔进入威廉学院学习。在所学的一些学科中，进化论给他留下了很深的印象，并对他以后的心理学观点产生了重要的影响。1867年大学毕业后，他进了纽约协和神学院当牧师。1868—1871年，他曾赴德国波恩大学和柏林大学学习哲学、神学、生理学和物理学等。

1871年回国后，霍尔在俄亥俄州的安蒂奥克学院任教。在1874年阅读了德国心理学家、现代实验心理学创始人冯特（Wilhelm Maximilian Wundt）的《生理心理学原理》一书后，他下决心学习研究心理学。从1876年起，他在哈佛大学任英语教师，同时又在美国心理学家詹姆斯（William James）教授的指导下进行学习和研究。1878年，霍尔以一篇关于空间肌肉知觉的论文获得美国的第一个心理学博士学位。

1878年，霍尔第二次去德国学习。在莱比锡大学，他成了冯特的第一个美国学生。1880年回国后，他曾应哈佛大学校长的邀请于每周六演讲教育问题，颇受学生们的欢迎。同时，他利用问卷法对波士顿幼儿园的儿童进行了研究。

从1881年起，霍尔在约翰斯·霍普金斯大学任教，并于1883年在那里创建了美国第一个心理学实验室。包括杜威（John Dewey）、卡特尔（James McKeen Cattell）在内的一批美国著名心理学家和教育家都曾经是他的学生。当时，他就决定把精力集中在尚未探索的儿童发展问题上。1887年，霍尔又创办了美国第一份心理学刊物《美国心理学杂志》（至今仍在出版发行）。这份杂志和他于1891年创办的《教育研究》杂志（今为《发生心理学杂志》）发表了许多儿童研究和心理与教育方面的研究成果，极大地推动了美国心理学和儿童研究运动的发展。1915年，他又创办了《应用心理学杂志》。

1888年，霍尔担任了刚建立的克拉克大学的第一任校长，并在研究生院任教。就职前，他曾赴德国、英国和法国考察大学教育。在他的领导下，克拉克大学成了当时美国儿童心理学和儿童研究的中心。据统计，霍尔在克拉克大学期间曾培养了81名心理学博士，其中有以研究心理测验和个别差异著称的心理学家推孟（Lewis Madison Terman）和著名儿童心理学家格塞尔（Arnold Lucius Gessell）。在霍尔的倡议下，美国心理学会于 1892 年成立，他本人被选为该学会第一任主席。当代美国著名教育史家克雷明（Lawrence Arthur Cremin）指出，在 19 世纪 90 年代里，霍尔作为美国心理学和教育学最重要的人物之一而崛起；到 19 世纪末 20 世纪初，霍尔在美国心理学界和教育界已是一个举足轻重的人，在追求新颖做法的教师和教育学教授中早已产生了广泛的影响。[1]

1920 年，霍尔从克拉克大学退休，但仍继续致力于著述活动。1924 年 4 月 24 日，他因病在马萨诸塞州的伍斯特去世。

霍尔一生撰写了 14 本专著和 350 多篇论文，涉及心理学的每一个分支以及儿童心理和教育的研究。其中最重要的和最有影响的是 1904 年出版的《青春期》，最完整地反映了他的儿童心理研究成果，确定了儿童心理学研究的年龄范围，并为美国教育理论界的一些根本性变化铺平了道路。

二、论儿童发展与教育

霍尔是达尔文进化论的崇拜者和宣扬者。他以进化论为主导思想研究发展心理学方面的问题，研究人类和动物的发展以及适应和发展的关系问题，研究儿童心理发展的问题。他认为，儿童心理的发展在任何时候都离不开生理的发展。人的心理发展和生理发展是平行的。在第一个生物细胞形成时，就有了心理行为的潜在可能。随着生活的高级形式出现，神经系统及时地发展了，心理生活也发展到了一个新的高度。在他看来，进化不仅表现在生理方面，也表现在心理方面。儿童的心理生活随生理的进化而进化。儿童的心理发展包括一系列的进化阶段。在进化的不同阶段，就出现了语言、艺术、意识、情感和心灵等。尽管霍尔的主要兴趣在儿童心理的进化

1　克雷明 . 学校的变革 [M]. 单中惠，马晓斌，译 . 上海：上海教育出版社，1994：114.

方面，而不是在生理的进化方面，但他并没有把两者对立起来。

由于霍尔接受的个体心理发展是种族进化历史复演的理论，因此，他用复演说来解释儿童的发展。霍尔强调指出，儿童的个体发展复演了种族的生活史。在他看来，婴儿最初的自发活动可以看作种族祖先的生活。个体发生和发展的过程，实际上就是种族发生和发展过程的重演。儿童从出生起，就重演着种族的变化和发展。儿童的心理生活和个人行为的一系列发展阶段，或多或少相当于种族从原始状态到文明社会的阶段。

由于复演说提出种族进化史上最早出现的活动在个体发展中最先表现出来，因此，霍尔认为，在儿童个体发展的早期（婴儿期和幼儿期），个体发展的动力主要来自种族祖先的遗传。儿童个体在发展的过程中，接受了种族祖先在特定的生存环境中形成的适应外界环境的某种习惯。总之，儿童早期的个体发展几乎都是由遗传决定的。

霍尔把儿童的发展过程分为四个时期。第一个时期为婴儿期（出生至4岁）。在这个时期，儿童的身体和心理迅速发展。与此同时，儿童的感觉器官很活跃。第二个时期为幼儿期（4至8岁）。在这个时期，儿童的理解能力差，但通过感觉器官逐步加深对事物的认识。幻想和想象对儿童的心理发展起着极其重要的作用。霍尔强调指出，8岁以前的儿童复演了类人猿时期的生活方式，表现为动物的好动，思维推理能力处于休眠状态，大脑和智能的发展远远落后于肢体的发展。儿童的本能和冲动需要得到正确活动的保证，并为下一个发展阶段做准备。第三个时期为青少年期，或称青春前期（8至12岁）。儿童精力充沛，并处于性格形成时期。霍尔认为，在这个时期，儿童复演了后类人猿时期原始人的生活方式，表现为对外界刺激的敏感，多样化活动受意志和欲望所支配，理智、道德、信仰、情感等开始缓慢地发展。第四个时期为青春期（12至25岁）。在这个时期，随着社会影响的增加，人的思维和情感迅速地发展，复演的本能则大大减弱。霍尔认为，这个时期恰如人类历史中的现代文明时期。它是个体的第二次生命的开始，也是真正的教育的开始。

霍尔强调指出，儿童个体发展的四个时期正代表了种族历史的不同阶段。儿童在发展过程中会表现出各种冲动。这些冲动是儿童未来高级发展的前奏。没有这些冲动，儿童未来高级发展就不可能实现。但是，在这些原始冲动中，有些冲动本身是可能导致不良行为的。霍尔认为，只有让它们在儿童个体发展早期的适当时候发泄掉，儿童个体才能正常地发展。如果在儿童个体发展早期不让它们发泄掉，就会阻碍和损害儿童个体的发展。如果使它们推迟到成年期才发泄出来，就会给社会和个人带来危害。

根据复演说，霍尔认为，现代人是种系进化到目前为止的结果，又是种系进化过程中的过渡产物。由于任何一个阶段的发展是对下一个阶段出现的正常刺激，那么，为了使未来人有一种更好的复演倾向，现代人需要通过教育不断提高，趋于完善。因此，霍尔十分强调教育必须遵循复演的顺序，适应儿童在不同的发展时期表现出的不同需要。教育应该使儿童发展过程中依次出现的各种活动本能充分地展现出来。一切有效的教育都必须以儿童的发展为基础。教育的艺术就在于深入地研究儿童，更好地引导儿童对自然发生兴趣。霍尔强调说："应该确信，没有什么东西像正在生长中的儿童身心那样值得去爱，值得去尊重，值得去为其服务。"[1]

在儿童教育方面，霍尔指出，儿童的发展和品性的形成与肌肉的协调有着密切的关系，强调活动对儿童发展和教育的重要地位。他反对当时在美国学校教育领域里占统治地位的主知主义教育，尖锐指出主知主义教育超越了儿童的成熟程度，不符合儿童的发展过程，违反了儿童的心理特点。

霍尔强调，教育应该遵循儿童个体发展过程中的本性和需要，给予儿童有关自然的知识，鼓励儿童到自然环境中去活动。在他看来，当时美国的都市化实际上破坏了儿童复演种族祖先生活方式的场所。只有简朴的乡村生活

1　克雷明.学校的变革[M].单中惠，马晓斌，译.上海：上海教育出版社，1994：117.

才能使儿童在个体发展中尽情发泄种族祖先遗传的各种本能和冲动，并得以正常地发展。显然，霍尔的这种观点受到了卢梭自然教育理论的影响。

从进化论和复演说出发，霍尔探究了儿童生理和心理的发展，试图说明儿童心理发展的规律并使之应用到儿童教育工作中去，要求教育者遵循儿童发展规律对儿童进行教育。为此，他被称为"心理学上的达尔文""美国儿童心理学之父"。但是，霍尔提出的复演说错误地把个体发展过程和种系进化过程完全等同起来，这显然是缺乏科学根据的。复演说作为一种儿童发展理论体系，现在基本上已被心理学和教育理论界所否定。

三、问卷法与儿童研究

对儿童发展具有浓厚兴趣的霍尔十分重视并大力提倡儿童研究。他认为，儿童研究是新的心理学运动的一个重要方面。它有助于在学校和家庭之间建立新的联结，也有助于加强教师和儿童之间的了解以及各级学校教师之间的合作。他强调说："教师应该研究每一个儿童。"[1] 通过儿童研究，教师了解了儿童的特点，就不会把儿童看成是提线木偶。在 1882 年全国教育协会会议上，霍尔在他的报告中主张以儿童研究作为新教育学的核心。后来，他又出版了一本题为《儿童的研究》的小册子。因此，儿童研究以霍尔担任校长的克拉克大学为基地，在当时逐渐成为波及整个美国的一场运动。

在儿童心理的研究上，问卷法并非霍尔首创，因为英国心理学家高尔顿（Francis Galton）以前早就使用过。但是，霍尔比高尔顿更广泛地使用了问卷法，在研究中对儿童的心理发展进行了系统的调查和详细的记录。美国明尼苏达大学教授古迪纳夫（F. L. Goodenough）在他的《实验的儿童研究》一书中指出："霍尔如此广泛地使用问卷，以至于问卷法与他的名字联

1　SOL COHEN. *Education in the United States: A Documentary History. Vol. 3* [M]. New York：Random House，1974：1846.

结在一起。"[1] 尽管霍尔曾在德国莱比锡大学师从冯特，但他对冯特的实验室研究方法并不感兴趣，并认为冯特的工作范围和目标太狭隘，有很大的局限性。霍尔认为，研究儿童的最好方法是使用问卷法。其主要手段有两种：一是作为被试者的儿童自己回答精心准备的问卷；二是通过父母和教育者对儿童搜集资料。最后，研究者在积累大量样本资料的基础上进行统计分析和研究。由于问卷是为一个特定的目的设计的，因此，问卷法获得的资料信息比较集中于一个特定的和明确的领域。而且，由于问卷法可同时请许多儿童来参加，因此，它可以在较短时间里获得大量有代表性的样本资料。在霍尔看来，通过问卷法可以更好地了解儿童的心理及其发展，并在这个基础上进行有针对性的教育。这对心理学和教育学上许多问题的研究是很有意义的。由于霍尔广泛使用和大力提倡问卷法，问卷法很快就成为儿童研究的最主要方法，取代了以前流行的实录儿童发展的传记方法。

与冯特仅仅偏重感觉生理和心理方面的研究不同，霍尔的问卷法研究涉及儿童的各个方面。从 1894 年到 1903 年，霍尔和他的同事、学生一起设计并印发了 102 种问卷，开列的问题十分广泛。据统计，到 1915 年，霍尔他们已使用过 194 种问卷。为了使通过问卷法而得到的样本资料真实可靠，霍尔不仅注意合理地选择问题，将各种问题归类并形成一定的系统，而且还注意选择主试人，训练主试人掌握问卷法的要求并能及时地对问卷上所开列的问题加以修正。

1880 年 9 月，霍尔在波士顿小学开学后不久主持了对刚入学的 400 名 6 岁儿童的调查。这是霍尔使用问卷法的一个典型例子。这份问卷共开列了 134 个问题，其中包括动物、植物、人体结构、气象、地理、数学、工具、颜色等方面。调查结果表明，在动物方面，80% 的儿童不知道蜂房是什么，77% 的儿童不知道乌鸦，65.5% 的儿童不知道蚂蚁，63% 的儿童不知道

1　GOODENOUGH F L. *Experimental Child Study* [M]. New York：Century，1931：8.

松鼠；在植物方面，92.5%的儿童不认识小麦，91.5%的儿童不认识榆树，89%的儿童不认识白杨树和柳树；在人体结构方面，94%的儿童不知道他们的胃在什么地方，90%的儿童不知道他们的肋骨在什么地方；在气象方面，78%的儿童不知道露水是什么，73%的儿童从未见过冰雹，65%的儿童从未见过彩虹；在数学方面，92%的儿童不知道三角形，56%的儿童不知道正方形，35%的儿童不知道圆，28.5%的儿童不懂数字"5"的含义；在工具方面，65%的儿童没有见过锉刀，64.5%的儿童没有见过犁，62%的儿童没有见过铁锹，61%的儿童没有见过锄头，等等。[1] 根据这个调查结果，霍尔提出了一些改进儿童教育工作的建议和措施。例如，应该让儿童多接触实物，并向他们说明这些实物与他们生活的关系；应该给儿童提供到农村去的机会，使他们熟悉自然界，为入学做准备；教师应该了解刚入小学的儿童应掌握多少知识，使教育建立在儿童研究的基础之上，等等。

霍尔广泛使用的问卷法以及他的儿童研究理论使得美国许多教育工作者相信教育必须基于心理学的研究。因此，问卷法后来在美国成为了解和研究儿童心理发展的一种重要手段。它使教师能够根据儿童的直接反应和成人的回忆，而不是凭教师个人的主观臆断来进行儿童教育工作。这对儿童心理研究和儿童教育工作无疑是有一定意义的。但是，问卷法缺乏有效的控制，因而会发生儿童回答问卷时漫不经心或相互仿效的情况，也可能发生因儿童猜测而使成人满意的情况，以致所获得的样本资料不很精确，从而削弱了它的真实性和科学性。从这一点来看，使用问卷法所得到的统计数据和结果分析只能为儿童教育工作提供参考。

霍尔的问卷法与儿童研究吸引了许多热情的追随者，促进了儿童研究运动在欧美国家的兴起和发展。据统计，到第一次世界大战前夕，已有25个国家建立了全国性的儿童研究协会，创办了约20种儿童研究杂志，并出版

---

1 SOL COHEN. *Education in the United States: A Documentary History. Vol. 3* [M]. New York：Random House, 1974：1835—1837.

了大量儿童研究方面的书籍。尽管儿童研究运动后来渐衰，但它肯定了对儿童采取经验研究的重要性，使得儿童研究成了现代教育科学研究活动的一个组成部分，以及现代儿童心理学研究的一个重要辅助手段。

四、游戏理论

霍尔十分强调游戏在儿童生理和心理发展中的作用。他认为，儿童的游戏最明显地表现出儿童个体发展的动力主要来自种族祖先的遗传。为了使儿童能够正常地发展，应该允许儿童进行各种自发的活动。在儿童个体发展早期，这些自发活动通常以游戏的形式表现出来。因此，儿童早期的教育特别要依赖于游戏活动来进行。

在游戏的作用方面，霍尔反对把游戏看作未来生活的准备。他认为，儿童的游戏是在复演人类进化的历史。它实际上是种族祖先活动的重复，是遗传的原始本能的作用。儿童的游戏活动是本能的、没有意识的，也就是说，它是儿童为本能和冲动所驱使而表现出来的。尽管有些原始本能在成熟之前已经消失，但许多原始本能用游戏形式继续起着作用。由于这些游戏活动促进了种族祖先的进化，因此，儿童自发地进行游戏活动，就能促使自身的迅速发展，顺利地走完复演的过程。霍尔甚至认为，如果想了解种族祖先时代成人从事什么样的活动，最好看一看儿童的游戏。显而易见，霍尔对游戏的看法是与他的复演说相联系的。

但是，霍尔也强调，游戏是儿童生活的最主要特征。无论何时何地，游戏总是儿童的别名。游戏活动不仅可以促使儿童身体的发展，增强体力，而且可以培养儿童的自信心和意志力，使儿童感到快乐，还可以发展儿童的个性和技巧能力。因此，"在最纯粹的游戏上可以有身体和精神的统一"[1]。

---

1 霍尔.青年期的心理与教育 [M].李浩吾，译.上海：世界书局，1929：94.

在霍尔看来，游戏对于儿童来说是最好的教育，既能锻炼人的躯体，又能锻炼人的头脑。游戏活动能引导儿童的本能和冲动向健康的方面发展。在游戏活动中，儿童有充分的自由活动的余地，以适应其本能和冲动的需要。霍尔强调说："游戏因为由内在的遗传的冲动而起，在有机地联系各种本能上，是最好的一种方法。本能这类东西，若放置不管，就有倾向错误方向的危险；而欲引导之于善良的方向，就有赖于游戏之必要。"[1]儿童的早期教育必须包括游戏活动。对于儿童来说，只有尽其游戏本能，才能发展成更富于人性和更大度的人。

霍尔认为，儿童游戏的范围同人类生活一样广大。游戏种类之多，超出社会产业和职业的种类。但是，游戏会因儿童年龄、男女性别以及季节的差异而有所不同。在儿童发展的不同阶段，游戏活动会表现为不同的方式。在霍尔看来，随着儿童年龄的增长，社会对于儿童的游戏有越来越重要的作用。当儿童进入青少年时期后，童年时期的游戏活动形式也就不存在了，但仍会有出自其兴趣与适应其本能和冲动需要的活动，例如，体育竞赛和军事训练等。这个时期的游戏活动显然带有合作和竞争的性质，一切动作也更具有某种确定的目的。

为了使儿童更好地进行游戏活动，霍尔强调，父母和教育者应该给儿童提供最有利于进行游戏活动的环境，并正确指导儿童的游戏活动。他说："过早地教以游戏与工作的区别是不行的。教育的第一步恐怕还应当从正确地指导儿童的游戏着手。"[2]但霍尔认为，教育者可以尝试使工作寓有游戏的精神，或使游戏寓有工作的精神。他还认为，儿童进行游戏活动不能过度，否则反而会有损于儿童的身体和活力。总之，教育者应该研究和利用游戏活动，将游戏活动作为引导儿童接受教育的契机。

1　霍尔.青年期的心理与教育[M].李浩吾，译.上海：世界书局，1929：138—139.

2　同上：136.

霍尔作为儿童研究运动的创始人，是推动美国儿童心理学研究的最有影响力的人物。他毕生致力于儿童心理的研究，并试图把发展心理学运用到儿童教育上去。尽管霍尔的理论有片面和不完善之处，但他的理论无疑在当时的美国心理学和教育学界产生了巨大的影响。他倡导的儿童研究运动在较大程度上推动了儿童发展与教育观的变革以及 20 世纪前半期美国幼儿教育的发展。

第五节　爱伦·凯的幼儿教育理论

瑞典教育家爱伦·凯（Ellen Key，1849—1926）提倡热爱儿童和尊重儿童，保卫儿童的权利，注重儿童个性的发展和教育。她于 1900 年出版了《儿童的世纪》一书，明确提出 20 世纪将是儿童的世纪[1]。这在世界上产生了广泛而深远的影响，有力地推动了现代幼儿教育理论和实践的发展。

一、生平活动与著作

爱伦·凯 1849 年 12 月 11 日生于瑞典南部的斯莫兰，原名卡罗琳娜·苏菲娅–凯（Karolina Sofia-key）她父亲是瑞典著名历史学家、激进党的领袖，曾被选为第一届国会议员和国务大臣。她母亲的思想也颇为激进。爱伦·凯的母亲十分关心妇女问题和教育问题，对女儿的要求极为严格。在这富有自由思想和文化气息的家庭环境中，爱伦·凯自幼喜爱读书，热爱自然，爱好音乐。17岁时，她因自己的两个姐妹被溺死，而潜心于人生问题，钻研基督教义。后来，她读了莎士比亚（William Shakespeare）、司各脱（John Duns Scotus）、歌德

1　爱伦·凯.儿童之世纪 [M].魏肇基，译.上海：晨光书局，1936：104.

（Johann Wolfgang von Goethe）和易卜生（Henrik Johan Ibsen）等人的著作，曾想当一名作家，但在母亲的劝说下，转而对社会改革问题产生了兴趣。

1868年，爱伦·凯全家迁往斯德哥尔摩。从那时起，爱伦·凯开始向妇女杂志《理想》投稿。她也曾随父亲到欧洲许多国家漫游，参观名胜古迹，研究绘画雕刻。回国后，爱伦·凯开始担任父亲的秘书，同时学习研究卢梭、斯宾塞（Herbert Spencer）、尼采（Friedrich Nietzsche）、达尔文（Charles Robert Darwin）等人的著作，这构成了她的思想的基础。

1879年以后，由于父亲在事业上的失败以及父母先后去世，爱伦·凯只得独自谋生，生活处境颇为困苦。但她并没有灰心丧气，决心怀着把真理用于人类福利事业的热情，致力于民众教育。在为《家庭杂志》撰稿的同时，她担任了女子学校的教师，后又在工人学校兼课。

爱伦·凯很早就对妇女权利问题的研究感兴趣，曾积极参加保卫母亲和儿童权利的妇女运动。大约在1900年，爱伦·凯放弃了其他一切工作，完全致力于宣传自己的主张和澄清自己的观点。

从1903年起，爱伦·凯主要在国外讲学。与此同时，她还发表各种著作，对当时欧洲思想界产生了较大的影响。她的著作主要论述妇女问题和儿童教育问题，有《儿童的世纪》、《妇女运动》（1909）、《恋爱与婚姻》（1911）、《年轻的一代》（1914）等。尤其是《儿童的世纪》一书曾被译成多种文字而成为举世闻名的儿童教育经典著作。凡是谈论新教育的人，没有不提到它的。美国《妇女家庭杂志》的主编博克（Edward Bok）甚至把该书最精彩的第三章"儿童的教育"印成单行本，发行甚广。

爱伦·凯一生未婚，1926年4月25日去世。

二、论幼儿发展与教育

从进化论观点出发，爱伦·凯认为，儿童一生下来就具有种族的遗传素质。在适应环境的过程中，儿童身上的遗传素质会受到环境的影响，但儿童同时又会表现出一种与种族方式不同的倾向，即个性的发展。因此，决不能把具有自主发展能力的儿童当作一个抽象的观念，一个没有个性的机体，一个可以被人们任意捏塑的东西。爱伦·凯明确提出，人们没有权力为新生命制定法则，正像他们没有能力为天上的星辰指定运行轨道一样。[1]

对于幼儿生理和心理发展的观察，不仅是可能的，而且是十分必要的。爱伦·凯强调，幼儿心理之研究，开始于幼儿诞生时，继续在其游戏中，在其工作中，在其休息中，而进行每日的比较研究，需要一个人的专门注意。[2] 在她看来，应该把尊重儿童的个性与对儿童的整个生活的细心观察联系起来；应该注意发展儿童的个性，而不能加以压抑或者把成人的个性硬栽到儿童身上去。她呼吁：幼年时的教育，必须着眼于加强个性。[3] 具体来说，就是应该允许儿童有自己的意志，想自己的思想，获得自己的知识，形成自己的判断。

爱伦·凯认为，尽管讨论儿童个性的新理论那么多，也制定了儿童的保护条例，但是，破裂的家庭生活、愚劣的学校制度、过早的工厂劳动和不良的街头生活等，使得幼儿的身心不能得到健康和充分的发展。她曾举了这样一个例子：对英国兰开夏郡 2000 个幼儿身高与体重调查的结果表明，只有 151 人是真正健康强壮的，其余的都在健康的标准之下，其中有 198 人是很糟糕的。因此，爱伦·凯明确指出："我们需要新的家庭，新的学校，新的婚姻，新的社会关系……"[4]

爱伦·凯还认为，教育的职责就是要在儿童的内心和外界创造出一个美丽的世界，让他们在里面长大。这对培养健康的、强有力的、幸福的和

1　爱伦·凯 . 儿童的教育 [M]. 沈泽民，译 . 北京：商务印书馆，1933：82.

2　爱伦·凯 . 儿童之世纪 [M]. 魏肇基，译 . 上海：晨光书局，1936：191.

3　同上：197.

4　爱伦·凯 . 儿童的教育 [M]. 沈泽民，译 . 北京：商务印书馆，1933：63.

健全的人来说是必要的。在《儿童宪章》一文中，她曾写道：在未来社会的法规中，第一位的和最重要的条款是儿童的权利。[1] 由于现代心理学的发展以及社会的进步，儿童被尊为神圣者的时代将会到来。在爱伦·凯看来，20世纪将是儿童的世纪。它具体表现在两个方面：一是成人了解儿童的特点；二是成人注意保护儿童天真纯朴的个性。但是，爱伦·凯又认为，应该让幼儿懂得自由行动的一个条件是不妨碍他人；使幼儿知道如果个人的快乐妨碍别人的快乐，别人就会来禁止他的快乐；使幼儿知道要养成一定的自制能力。

应该培养幼儿的独立精神，让其与实际生活相接触，而不要在一种矫揉造作的环境中成长。爱伦·凯认为，应该让儿童时时刻刻和人生的真实经验相接触，玫瑰花要让他们玩，刺也不要摘去。[2] 当幼儿在生活中接受真正的教育时，不要使他们处在"不要动！""动不得！"的呵斥声之中。爱伦·凯甚至还提到，儿童接近危险东西的时候，这件东西如可以让他们去经验，那就不妨让他们自己去经验一下。[3] 例如火，孩子戏火的时候，母亲呵斥他是没有用的，他不过是等母亲不在的时候再玩就是了。让他给火烫一下，然后他真不会再惹它了。在爱伦·凯看来，儿童接触实际生活，不仅积累了生活经验，而且可以养成很好的气质，发展自己的能力。

由于幼儿的模仿能力很强，善于学习大人，因此，要给幼儿提供好的榜样。爱伦·凯强调说："榜样是习惯的基础，而习惯是人格的基础。"[4] 因为当大人都在做着好事时，幼儿也会学会做好事；大人都在享受着自然与艺术的美时，幼儿也会知道享受自然与艺术的美，并不用大人去教。在爱伦·凯看来，要激起幼儿的本能发展和促使其个性的发展，只有使幼儿仿

1　ELLEN KEY. *The Younger Generation* [M]. New York：G. P. Putnam's Sons，1914：132.

2　爱伦·凯. 儿童的教育 [M]. 沈泽民，译. 北京：商务印书馆，1933：30.

3　同上：25.

4　同上：53.

226

效好的榜样，并让其自由发展。

要绝对禁止体罚。对儿童的教育要依靠大脑，而不是利用手臂。爱伦·凯认为，责罚鞭打所唤起的是奴隶性格，而不是自由精神。体罚的方法不仅摧残了幼儿身心的发展，而且建立了一种错误的道德。她满怀着对儿童热爱的心情说："使孩子们无端吃苦是何等不自然而又可鄙夷的事！我一想起，心里便无限的难受，所以，接触一个我知道他曾打过孩子的人的手，便油然起了嫌恶之心，在街上听见一个孩子被体罚的威逼，便合不拢我的眼睛。"[1] 在她看来，幼儿发展与教育问题是一个复杂的心理学问题，有些人以为用一顿鞭打就可以把它解决了，实际上是不可能的。凡在幼年时因说谎而被鞭打的人在心理上所受到的损伤程度，往往千百倍于在幼年时说谎而没有被鞭打的人。责罚鞭打会使儿童懒惰的更懒惰，固执的更固执，倔强的更倔强，甚至会使儿童产生憎恨或报复的心理。因此，爱伦·凯强调，家庭和学校一天还要用体罚这种教育方法，野蛮性格将一天在儿童心中自行发展，而人类将一天不免于无穷的损失了。[2] 当然，她也不主张用物质的报酬去引诱儿童。因为物质引诱方法的结果与责罚鞭打方法的结果同样坏。爱伦·凯说，她曾看见过有些孩子被贿赂了去洗澡，有些被威逼着去洗澡，但是两者同样的不能使他们的勇敢或自制力或意志力得到进步。[3]

三、论家庭教育与父母

爱伦·凯十分强调家庭教育以及家庭与父母在幼儿发展和教育中的重要作用。她认为，家庭不仅应该是幼儿肉体的家庭，而且也应该是幼儿灵魂

---

1 爱伦·凯. 儿童的教育 [M]. 沈泽民，译. 北京：商务印书馆，1933：39.

2 同上：36.

3 同上：42.

的家庭。因为健全的家庭生活是儿童真正幸福的人格发展的基础。一个坦诚、友爱、勤勉和一往无前的家庭有助于儿童善良、勤劳以及诚挚等品质的培养，促使他们生理和心理充分发展。

在爱伦·凯看来，家庭不应该是儿童到学校学习的预备室。一个理想的家庭应该是欢悦的、温暖的和平等的，充满着和谐一致的气氛，儿童能与成人一起工作、一起读书、一起谈话和一起娱乐。家庭应该建立合理的秩序，安排富有教育意义的环境，提供一切条件，允许儿童根据自己的兴趣、爱好和能力充分自由地活动。把家庭里的一些实际工作分派给儿童，在儿童可以自己做到的事情上，让他们自己利用时间认真地去做，养成一种不用监督就能自觉去做的习惯。爱伦·凯甚至主张，为了使儿童更好地接触自然，住家最好搬到乡村里去。

在家庭教育中，孩子的父母，尤其是母亲负有重要的责任。忽视孩子发展和教育的父母还应该受到训诫。但是，爱伦·凯反对父母对孩子的一切进行包办代替。她强调，一个母亲和许多仆役团团围绕儿童，代替儿童做上学的预备，帮助其回忆事情的习惯必须废除。[1]在她看来，母亲在家里帮孩子做功课，替孩子想玩耍的方法，房间乱了替他整理，东西掉了替他捡起……在这样的"保护"下，孩子的工作欲、忍耐力、发明和想象的天赋以及一切为儿童所应有的品质都会衰弱而变得被动。在这样的家庭里长大起来的儿童，将是习惯于受人服侍的人。母亲教孩子的心太热了，反而会使他的人格迟钝起来。从某种意义上来说，这是现代教育的退步。

爱伦·凯认为，出版一本《父母指南》是最需要的。父母必须认识儿童早期教育的重要性，学习心理学的知识，认真细致地对儿童进行观察，尊重儿童的个性，才能避免家庭教育中的盲目、过失以及反复无常的现象，例如，对孩子一会儿打，一会儿吓，一会儿又用物质去引诱等。父母对待

1　爱伦·凯.儿童的教育 [M].沈泽民，译.北京：商务印书馆，1933：65.

孩子既不能溺爱，又不能凶残。爱伦·凯认为，无论是溺爱的父母，还是凶残的父母，两者虽然方法不同，但他们不懂得孩子应该有自己的意见，自己理想的幸福，自己的正当兴趣和地位，因此造成孩子的痛苦是一样的。[1] 在她看来，这两种父母同样都是不了解他们孩子的感情和需要。他们的做法实际上压抑了儿童个性的发展。

在家庭里，母亲往往会用她的智慧和慈爱去保护孩子，会让孩子依照自己的法则去生长。爱伦·凯指出，这就是不自私的母性。正因为如此，母亲很乐意把她的生命力、心灵和精神中的最好部分分给正在长大的孩子，她为使孩子更好地走向广阔的世界而丝毫没有一点要回报的思想。因此，爱伦·凯强调，母亲必须真实地知道没有比教育具有更伟大意义的社会活动，而在教育中没有可以代替在家庭中她自己的适当感染力的东西。[2] 但是，必须防止这样的情况：有些母亲一天到晚专门使她们的孩子的神经处于兴奋状态。爱伦·凯认为，这样的情况是不利于儿童的发展和教育的，会使儿童的工作变成一种困苦，使儿童的游戏失去趣味。

父母在家庭里应该平等地对待孩子，不要随意地对孩子发布命令。这意味着不要照父母自己心中要变成怎样的人而去影响孩子，而要让孩子随他自己的本性去接受印象的影响，不要欺骗孩子或用暴力，而要以相当于孩子自己的品性的严肃和诚恳对待他。[3] 她认为，当孩子与父母一起平等地生活时，他就能从父母的生命之源和能力中获得自己所需要的养料，以促使他自己个性的生长。如果父母常常以粗暴的态度对待孩子，想用训斥乃至鞭打的方法来使倔强的孩子驯服，那不但没有效果，反而会把许多要不得的东西给了孩子。因此，和儿童玩耍，也要有很大的艺术性才行。当儿童不知道他们将做什么事的时候，大人切不可替他们做；大人又切不可把任

1　爱伦·凯. 儿童的教育 [M]. 沈泽民，译. 北京：商务印书馆，1933：75.

2　爱伦·凯. 儿童之世纪 [M]. 魏肇基，译. 上海：晨光书局，1936：159.

3　爱伦·凯. 儿童的教育 [M]. 沈泽民，译. 北京：商务印书馆，1933：5.

何教育的理想放在脑子里，而是要完全走到儿童的思想和想象的世界里去才行。[1]

在家庭里，父亲和母亲应该一起担负教育孩子的责任。爱伦·凯认为，做父母的应该懂得，孩子需要生理上和心理上的温暖，如果没有这种温暖，孩子的生活将永远是苦闷的。因此，她说："男子与妇女……一起去养育新时代的人，由于此种新时代的人，将来有一天，新的社会才会被组成。"[2]

关于儿童的玩具，爱伦·凯强调，我们应该准备充分的工具和材料让孩子们自造玩具，以模仿成人的奢华为能事的玩具最要不得。[3] 在她看来，父母不要用价钱昂贵的玩具来损害儿童的本性，因为这些价钱昂贵的玩具只会助长儿童的吝啬的占有欲，而使其发明和创造的能力不能得到发展。

在注重家庭教育的同时，爱伦·凯过分强调了母亲的地位和作用。她认为，在幼儿训练的最重要时期，母亲应该完全离开那种为获得生活费用的劳动。[4] 爱伦·凯甚至提出，没有比把母亲拉回到孩子，拉回到家庭那样的社会制度之计划，那样的教育之纲领更重要的东西了。[5] 这显然是片面的和倒退的。

为了能更好地对幼儿进行教育，爱伦·凯主张开设家庭学校。"家庭学校应被考虑为理想的方法。"[6] 尽管爱伦·凯并没有否定托儿所和幼儿园的作用及其对母亲的益处，但是，她却片面地认为幼儿园只不过是制造工厂，提出母亲的第一件要事是把幼儿从幼儿园制度下解放出来。她曾这样说过："无论为个性之发展，无论为情绪之发展，家庭实际上更优于幼儿

1　爱伦·凯. 儿童的教育 [M]. 沈泽民，译. 北京：商务印书馆，1933：68—69.

2　爱伦·凯. 儿童之世纪 [M]. 魏肇基，译. 上海：晨光书局，1936：81.

3　爱伦·凯. 儿童的教育 [M]. 沈泽民，译. 北京：商务印书馆，1933：68.

4　爱伦·凯. 儿童之世纪 [M]. 魏肇基，译. 上海：晨光书局，1936：79.

5　同上：67—68.

6　同上：195.

园和学校。"[1] 对此，苏联教育家克鲁普斯卡娅指出：爱伦·凯批评了现代的幼儿园和学校，却想用家庭去取代它们，她在这里犯了一个方法论上的错误。[2]

对于妇女、儿童、婚姻以及道德行为问题的深刻论述，使爱伦·凯被誉为"瑞典的雅典娜"。虽然她没有躬行幼儿教育实践，但是，她提倡热爱儿童和尊重儿童，注重儿童的早期教育，促使儿童个性的发展，倡导理想的家庭，强调家庭及父母在幼儿发展与教育中的作用，对现代幼儿教育理论与实践的发展产生了很大的影响。特别是她提出的"儿童的世纪"的口号，吹响了 20 世纪幼儿教育改革与发展的进军号角。然而，爱伦·凯轻视幼儿园的作用，这显然是片面的和消极的。

拓展阅读

1. 欧文：《新社会观，或论人类性格的形成》，载《欧文选集》第 1 卷，柯象峰等译。商务印书馆 1979 年版，第 2—100 页。

2. 单中惠等编译：《福禄培尔幼儿教育著作精选》，华东师范大学出版社 2009 年版。

1　爱伦·凯. 儿童之世纪 [M]. 魏肇基，译. 上海：晨光书局，1936：194.

2　克鲁普斯卡雅. 家庭与学校 [M]// 克鲁普斯卡雅教育文选（上卷）. 卫道治，译. 北京：人民教育出版社，1987：74.

思考练习

1.试析 19 世纪英国空想社会主义者欧文的幼儿教育理论。

2.试析福禄培尔的幼儿园教育理论体系。

3.简述凯果玛的母育学校理论。

4.简述霍尔基于儿童研究的幼儿教育理论。

5.试析爱伦·凯的预言"20 世纪将是儿童的世纪"的历史意义。

第三编

现代幼儿教育

第十章　20 世纪发达国家的幼儿教育

从 20 世纪起，尤其是 60 年代以来，世界各国都越来越重视教育的社会地位和重要作用，认识到教育必须从基础抓起，必须加强和改进幼儿教育。以往为学前儿童提供的教育，主要是为了父母外出工作时孩子能够有人照顾，而现代幼儿教育则要求由专门接受过幼儿教育师资培训的人来教育孩子。幼儿教育问题，直接关系到每个家庭、每位家长，它已成为全社会关心的一项公共教育事业。因此，世界上一些发达国家都根据其各自的社会、经济、文化等特点，在幼儿教育方面提出了一系列改革和发展措施，规划部署并付诸行动。

第一节　美　　国

19 世纪末 20 世纪初，美国的工业生产总值已超过了其他资本主义国家，直至整个 20 世纪继续处于领先地位。这固然有其政治、经济、文化、民族等多方面的原因，但重视教育和重视人才的培养、使用，不能不说是其中一个重要因素。在这种背景下，美国的幼儿教育在 20 世纪以后，尤其是在第二次世界大战以后得到了迅速的发展。在 20 世纪的最后十年，美国幼儿教育机构的注册率持续增加。

一、20 世纪前半期的幼儿教育

在 20 世纪前 20 多年间，美国的幼儿教育没有得到应有的发展。这既有第一次世界大战前后种种不利因素的原因，也有当时许多家长乃至教育界人士反对进行福禄培尔式或蒙台梭利式的公共幼儿教育的原因。第二次世界大战爆发后，美国成为盟军的大后方和军火供应地，使得大量妇女投入生产过程。这种情况下，美国的幼儿教育发展有了转机。

（一）"蒙台梭利运动"的兴起

意大利幼儿教育家蒙台梭利在罗马创办的"儿童之家"获得了成功，蒙台梭利式的教育方法也引起了世人的关注。各国的幼儿教育工作者纷纷到罗马访问和研究，使得蒙台梭利式的教育方法迅速地传播到世界各地，从而出现了"蒙台梭利运动"。在这场运动中，美国走在世界各国的前列。1910 年，蒙台梭利方法及教具传入美国。1912 年，《蒙台梭利方法》英译本在美国出版。据资料记载，此书一出版立即引起了轰动，读者争相购买，在 5 个月内该书再版 6 次。1913 年前后，美国报刊大量登载介绍蒙台梭利方法式的教育的文章。蒙台梭利本人也在这一年访问了美国，促使"美国蒙台梭利协会"成立，蒙台梭利学校纷纷建立。可以说，"蒙台梭利运动"此时在美国达到了顶峰。但不久，这场运动便冷却了下来。其主要原因是蒙台梭利式的教育方法遭到行为主义心理学家们的猛烈抨击。他们指责蒙台梭利所实施的感官训练是一种严重脱离儿童实际生活的孤立的教育。特别是在 1913 年举行的"国际幼儿园联盟"第二十次大会上，美国教育家克伯屈（William Heard Kilpatrick）也作了批评蒙台梭利方法的发言，认为蒙台梭利的理论和实践是属于19世纪中期的东西。虽然这场"蒙台梭利运动"时间短促，匆匆而过，但它对美国幼儿教育的影响却是十分深远的，特别是促使人们去重新思考幼儿教育的原则、内容和方法问题。

（二）保育学校的兴办

英国幼儿教育家麦克米伦姐妹雷切尔·麦克米伦（Rachel McMillan）和玛格丽特·麦克米伦（Margaret McMillan）曾创办保育学校。这是一种专门为保证穷苦大众家庭的幼儿身体健康和预防疾病流行而建立的全日制幼儿教育机构。1915年，美国一批上层知识妇女——芝加哥大学教授夫人组织，因受麦克米伦姐妹的影响也自发地以集体协作形式开办了美国第一所保育学校。到1933年，美国各地的保育学校已有300多所。由此，一个以芝加哥为中心向全国扩展的保育学校热潮兴起了。许多幼儿教育界人士强调全社会关心幼儿教育，要求把家庭教育与幼儿教育结合起来。为了加强组织协调工作，原先的"母亲联合会"被改称为"家长与教师联合会"，其活动范围由州、县扩大到全国乃至世界。1929年，有2万个分会，会员人数约138万人；到1940年时，分会增加为2.6万个，会员人数增加为200万人。

（三）托儿所的建立

20世纪30年代的经济危机，使美国的劳资纠纷和社会矛盾增多。美国政府为稳定政局和缓和矛盾，于1933年10月批准建立托儿所，专为失业人员和劳工子女免费服务，提供生活照顾和学前教育的机会。到1938年时，由联邦紧急救济总署建立的托儿所承担了为20万个劳工子女免费服务的工作。当时，建立和运营这种托儿所是一项新兴的运动。这种托儿所不仅提供有营养的食物，使劳工子女得以健康成长，而且实施了与各年龄组相适应的课程，配备了受过短期专业培训的幼儿教师。这种托儿所在当时普遍受到好评，深受家长们的欢迎。但第二次世界大战爆发后，联邦紧急救济总署于 1943 年停止对这些托儿所发放经费，致使托儿所经费困难，入托人数明显下降，由 72.5 万人下降为 60 万人。

二、20 世纪后半期的幼儿教育

20 世纪 50 年代以前，幼儿教育在美国尚未引起人们足够的重视，也没有相应的法规来加以保障。应该说，从 60 年代起，在美国，幼儿教育的地位才发生了根本的变化。

（一）"开端计划"的实施

1962 年，迈克尔·哈灵顿（Michael Harrington）所著的《另一个美国》一书出版。他在书中指出，美国有四分之一的人生活在贫困线以下，其中有 300 万人生活在极度贫困线下。他们的子女得不到适当的早期教育，以至于不会讲完整的句子，不会握笔，有的连自己的名字都不知道。这些孩子入小学后很难适应学习环境的要求。因此，为了缓和这种矛盾，约翰逊总统提出了"向贫穷宣战"的口号，提出应首先解决贫困线以下不足 6 岁儿童的教育问题。1965 年，美国开始在全国范围实行"开端计划"（Head Start Program），为贫困家庭儿童实施补偿教育，希望为这些儿童的一生奠定一个良好的基础。"开端计划"的目标主要是：为学前儿童体检看病，开展社会服务与家庭教育，加强对志愿服务人员的培训与使用，开展对儿童心理的服务，为儿童入小学做好准备等。

由于实施大规模的补偿教育，社会幼儿教育机构——日托中心如雨后春笋般地开办起来。据统计，1965 年，接受"开端计划"的 3 至 5 岁儿童有 53.618 万人，1972 年已超过 100 万人。美国教育界许多人士都肯定"开端计划"的作用。1982 年，10 多名儿童研究学者的纵向和跟踪研究表明："开端计划"对促进儿童智力、语言、社会情感等方面的发展均有明显的作用，其教育的有效性随时间的推移而逐渐增强。20 世纪 70 年代以来，参加过"开端计划"的儿童的认知发展标准分数几乎是 1965 至 1969 年时的 2 倍。

1981 年，美国国会通过《开端计划法》，使"开端计划"得到了立法保障，并增加联邦财政拨款。1990 年，联邦政府对这项计划的财政拨款增加到 14 亿美元。

（二）"蒙台梭利运动"再次兴起

20 世纪初期曾轰动一时的蒙台梭利方法在美国消沉约 40 年之后，在 60 年代又重新引起了人们的兴趣。人们对蒙台梭利的幼儿教育理论和实践重新加以研究。由此，"蒙台梭利运动"又一次在美国兴起。其主要原因是 1957 年苏联成功地发射了第一颗人造地球卫星，使美国大为震惊。经过反省和思考，美国决心大抓教育，以便彻底改革教育和科技的落后状态。在幼儿教育方面，人们对蒙台梭利方法可谓驾轻就熟。到 70 年代初，美国各地的蒙台梭利协会重新开展活动，对蒙台梭利的儿童观、教育观及方法等进行多种类型的探讨和研究。在此推动下，数百所蒙台梭利学校涌现。到了 80 年代，美国的"蒙台梭利运动"更向纵深方向发展，蒙台梭利方法由原来只在私立幼儿园采用转为在公立幼儿园中得到大力推广。许多美国教育家认为，公立幼儿园的教育标准基本上能够与蒙台梭利方法成功地结合起来，尤其在计算机教育、审美教育、品格教育方面都取得了可喜的成果。据统计，到 1989 年底，美国的蒙台梭利学校总数已达 4000 多所。蒙台梭利式的教育法在儿童早期教育方案中的应用已得到了推广。

（三）儿童早期教育与智力开发热潮

20 世纪 60 年代，对儿童发展有重大影响的遗传决定论和环境决定论越来越受到一些幼儿教育专家和学者的批判。例如，美国教育心理学家麦克维克·亨特（J. McVicker Hunt）在其《智力与经验》（1961）一书中强调，婴儿期是决定人的理性活动差异的重要时期。从婴儿时期开始，在儿童的周围安排多种多样的教具和音响设备供其观赏与聆听，可以提早丰富其生活经验，从而可以诱导和加速儿童理性的发展。如果儿童到了 4 岁才接受教育，为时已晚。此后，研究者对儿童早期智力开发虽然有不同见解，但更多的是倾向于宜早不宜迟。这促使美国联邦当局以及广大家长以最大的热情和更多的财力、精力去实施儿童的早期教育，以便最有效地开发儿童的智力。于是，一个儿童早期教育与智力开发的热潮迅速地在全国兴起并得以持续。到 80 年代，幼儿教育已成为美国教育系统中最有生气和发展最快的一部分。

三、美国幼儿教育机构的类型

20 世纪 60 年代以来，美国幼儿的入园率剧增。华盛顿特区调查局交流部公布的统计数据显示：1964 年，3 至 5 岁儿童的入园率约为 25%，1970 年增加至 70% 左右，1978 年已达到 91% 左右。为适应不同社会阶层学前儿童的需要，美国的幼儿教育机构大致有以下几种。

（一）幼儿家庭教育组织

从母亲怀孕到孩子 1 岁这个阶段，教育孩子的责任是属于父母的。当胎儿在母体内时，准父母就要接受正确的指导，学习一些心理学、教育学的知识。训练学校和指导中心就是为满足此类需要而设立的。婴儿出生后，就由志愿者组织（家长与教师联合会等）和政府机构（各州、市卫生局以及各种研究中心和诊所等）到家庭里对新生儿进行教育。

（二）托儿所

托儿所是对 1 岁以后幼儿进行教育的托幼机构。托儿所虽不是家庭，但应使幼儿像在家里一样，受到很好的照顾。开办托儿所的目的是为幼儿的生活作出适当安排，通过科学的育儿方式使他们的生活社会化。在托儿所里，成人应鼓励幼儿共同生活、共同游戏，培养他们良好的生活卫生习惯，促进他们社交活动能力的发展。学习内容是由教师根据所观察和了解到的幼儿发展情况而制定的。托儿所主要通过游戏的方式进行学习，发展幼儿的智力，培养其情感和语言能力。

托儿所的组织形式：有全日制和半日制；有公立的、私立的和教会办的；有独立的和附属于小学的。托儿所一般招收 1 至 4 岁的儿童。

（三）幼儿园

美国幼儿园一般招收 5 至 6 岁儿童，但也招收 3 岁甚至 3 岁以下的儿童。幼儿园以半日制的为主，也有全日制的幼儿园。幼儿园的任务首先是照顾好幼儿的健康，为他们安排好各种小组游戏和集体生活，培养他们独立活动的能力和良好的行为品质；其次是培养幼儿对学习的兴趣。幼儿园主要通过游戏、讲故事、音乐、美术和手工等活动，促进幼儿各方面的发展，帮助幼儿为将来入小学做准备。幼儿园每天的活动主要包括以下几个方面：(1) 自由活动，幼儿可以利用室内的各种设备自己安排活动；(2) 学习活动，教师面向全体或部分幼儿进行阅读、语言和算术教学；(3) 吃点心或用餐；(4) 全班活动，包括音乐、口语、讲故事等活动；(5) 户外活动。

美国幼儿园普遍受以下几种幼儿教育理论的影响，例如，福禄培尔的理论、蒙台梭利的理论、进步派的理论、传统派的理论等。

第二节　苏　联

苏联的幼儿教育在世界幼儿教育史上占有十分重要的地位。其受国家重视的程度、学前教育网的建立和发展速度、幼儿教育科学研究的进展和成就，曾走在世界各国的前列。

一、苏联幼儿教育体制的建立与发展

十月革命前，俄国的教育是专为农奴主贵族、大资产阶级服务的，广大人民没有受教育的权利。当时，全国约 70% 以上的人是文盲，幼儿教育则更是剥削阶级子女所独有的享受。1917 年，俄国共有幼儿园 280 所左右，都集中在大城市，大部分是私立的，重养而不重教。

十月革命胜利后，苏维埃政府十分重视幼儿教育，通过颁布法令、制定规程、扩建幼儿园等有效的措施，促进了幼儿教育事业的发展。

（一）十月革命胜利至 20 世纪 30 年代的幼儿教育

十月革命胜利后，在列宁的关怀下，专门负责组织领导幼儿教育工作的机构——教育人民委员部学前教育局成立，并立即着手进行苏维埃学前教育方针政策、原则措施的制定工作。1917 年 11 月，教育人民委员部颁布了《关于学前教育的公告》，明确提出了在苏维埃共和国的教育制度中，学前教育是整个学校制度中的一个组成部分，因此，必须把它有机地同国民教育的整个制度联系在一起。学前教育的任务是使儿童的身心得到全面的发展。儿童公共免费教育必须从儿童初生时开始，要为广大工农子女开办更多、更好的免费的托儿所和幼儿园。1918 年 10 月 16 日，苏维埃中央执行委员会颁布了《统一劳动学校规程》和《统一劳动学校基本原则》，其中明确规定：对所有 6 至 8 岁儿童实行统一的、免费的幼儿园义务教育，在统一劳动学校中应包括幼儿园的教育。在 1919 年 3 月召开的俄共（布）第八次代表大会上，把学前教育的性质和任务写入了党纲，其中明确指出：儿童的公共学前教育是学校教育事业的基础之一，必须对全体儿童实施共产主义和全面发展的教育；为了解放妇女，应立即设立学前教育机构，例如，托儿所、幼儿园和托儿站等。苏联社会活动家、教育家克鲁普斯卡娅，在领导、组织和创建新型的社会主义学前教育事业中，曾作出了杰出的贡献。据统计，到 1920 年，幼儿教育机构已有 4700 多所，入托入园的儿童已达25.4 万名。

20 世纪 30 年代，随着苏联第一个五年计划的胜利完成，经济得到恢复，工业化计划和农业集体化顺利实施，广大妇女以极大的热情投身到社会主义建设中去。这样的社会现实对幼儿教育提出了新的需求。1930 年 6 月，联共（布）第十六次代表大会通过决议，规定全国各工矿企业、城镇地区有义务开办托儿所和幼儿园，以适应经济建设和女工需要，所需的经费主要来自国家的拨款和筹集社会资金两个方面。此后，不仅幼儿园、托儿所的数量迅速增多，各地还兴办了各种夏令班、农忙班、长日班、晚夜班等幼儿教育机构，以满足不同类型家长的实际需要。

为了保证幼儿教育的质量，1932 年，教育人民委员部颁布了《幼儿园教学大纲草案》，规定了幼儿园音乐、体育、美术、劳动等方面的教学内容。1938 年，为了使幼儿教育机构的运作步入正轨，明确幼儿园的工作任务、内容、方法和类型，以及幼儿园教师的具体职责范围，教育人民委员部颁布了《幼儿园规程》和《幼儿园教养员工作指南》。这是在克鲁普斯卡娅的直接指导和组织下制定出来的。这两个重要文件的制定与颁布，极大地推动了苏联幼儿教育事业的发展。据统计，到 20 世纪 30 年代末，苏联已有幼儿园 24.5 万所，入园儿童数已超过 100 万。

（二）20 世纪 40 年代至 50 年代的幼儿教育

在卫国战争时期，苏联大量妇女听从祖国召唤上前线到敌后，但更多的是进工厂做工，使入园儿童的数量大大增加，而幼儿园的数量却不能满足这种需要。为了解决这个问题，苏联政府拨款建立了许多新的幼儿园或在原有的幼儿园内增加班级数，延长幼儿在园时间或扩大全托名额等。由于战争原因，许多工厂、企业、机构撤退到后方。它们撤到哪里，幼儿园就开办到哪里，以满足战时的需要。这一时期，幼儿教育工作的主要任务是：保护儿童的生命安全，引导儿童健康成长，同时加强对他们的爱国主义教育。

1945 年 5 月，苏联人民彻底打败了德国法西斯，开始了战后恢复工作。幼儿教育工作者依靠政府和自己的力量，迅速恢复了幼儿园。为了恢复国民经济和发展生产，大批妇女进工厂参加劳动，幼儿园教育由此得到了较大的发展。

20 世纪 50 年代以前，苏联幼儿教育按年龄段分为两部分：从出生到不满 3 岁的婴幼儿入托儿所，托儿所由各加盟共和国的卫生部领导；3 至 7 岁的儿童入幼儿园，幼儿园由所在加盟共和国的教育部领导。为了加强儿童早期教育，苏联在 20 世纪 50 年代进行了幼儿教育体制的改革，建立了“保教合一”的教育体系。1959 年，苏共中央颁布了《关于进一步发展学前教育机构，改善学前儿童教育和医疗服务的措施》，把两个阶段的学前教育合并为统一的托幼机构。

（三）20 世纪 60 年代至 80 年代的幼儿教育

20 世纪 60 年代起，苏联的幼儿教育有了新的发展，体现了正规化、科学化、系统化的特点。1962 年，苏联学前教育研究所与医学科学院联合制订了《托儿所—幼儿园统一教学大纲》。这个大纲消除了以前幼儿教育过程中的脱节现象，更多地反映了幼儿各年龄阶段身心发展的特点，提出了幼儿发展各阶段体、德、智、美应达到的水平和要求，强调幼儿教育的顺序性和系统性，要求通过各种活动（日常生活、游戏、劳动、作业等）来保证儿童个性的全面发展。

1969 年，苏联将小学四年制改为三年制，因此对《托儿所—幼儿园统一教学大纲》作了相应的修订。在以后的 20 多年中，这个大纲又进行了多次补充和修改。其主要原则是：（1）大纲内容要与共产主义教育的任务相一致；（2）教育与教学应统一；（3）保证儿童从婴儿到入学前这段时间内教育和教学过程的完整性和连贯性；（4）在游戏、学习、劳动和日常生活的各种活动中，对儿童进行教育。

20 世纪 60 年代，苏联幼儿教育科学研究的重点放在研究儿童生理和心理发展的可能性以及实现这个可能性最适宜的教育条件上。研究表明，如果适当地组织教育过程，幼儿在生理和心理发展方面，完全有可能大大超过原有的水平。因此，苏联把幼儿教育的起始年龄向下延伸，主张尽早开始教育，从出生第一年就对婴儿进行有目的、有计划、有组织的教育活动，并从训练感官入手。

20 世纪 70 年代至 80 年代起，苏联加强了对年轻一代的劳动教育和职业指导，把教学和生产劳动结合起来，进一步强调综合技术教育是学校和生活联系的纽带，在全面发展教育中居于特别重要的地位。因此，各级各类学校均加强了对学生的劳动教育。幼儿园也有计划、有组织地对幼儿进行劳动教育。1982 年的《幼儿园教育大纲》增加了 5 至 7 岁儿童的劳动内容，扩大了劳动范围，包括家务劳动、园地劳动、纸工、纺织、缝制娃娃衣物、穿针打结、缝制小口袋等。大纲还规定，让幼儿学习使用锤子、锯子、锥子等劳动工具，或者用天然材料编织篮子、小草帽等，从小培养幼儿的劳动习惯和技能。

1984 年，苏联又颁布了《幼儿园教育和教学标准大纲》（第十次修订本），要求通过更系统的教育和教学活动，促使幼儿得到全面发展。1989 年，苏联国家教育委员会还公布了《学前教育构想》，提出了强调儿童个性全面发展的教育策略，但是由于苏联于 1991 年底解体，相关的具体构想并没有拟订出来和付诸实施。

二、苏联幼儿教育机构的类型

苏联的幼儿教育机构主要有以下几种。

（一）托儿所—幼儿园

这是苏联最流行的一种教育机构。其收托儿童约占所有受公共幼儿教育儿童的 60%，招收 2 个月至 6 岁的儿童。托儿所—幼儿园按幼儿年龄分为 7 个班级：（1）早期第一班（2 个月至 1 岁）；（2）早期第二班（1 岁至 2 岁）；（3）小班（2 岁至 3 岁）；（4）小中班（3 岁至 4 岁）；（5）中班（4 岁至 5 岁）；（6）大班（5 岁至 6 岁）；（7）小学预备班（6 岁至 7 岁）。小学预备班为儿童入小学做好心理和生理的准备。经过 8 年的实验，从 1984 年秋季开始，苏联将入小学的年龄由 7 岁降至 6 岁。此外，单独的托儿所和幼儿园仍有少量存在，托儿所只招收 2 个月至 3 岁的儿童，幼儿园则招收 3 岁至 6 岁的儿童。

（二）疗养幼儿园

这是一种专门设在市郊或林区，拥有医疗设备的幼儿教育机构。它有风景优美的花园和广场，可供儿童休息和游戏。这种幼儿园配有特别的医生，专门负责幼儿的保健工作。幼儿在医生的指导下接受各种身体锻炼，例如日光浴、空气浴、冷水浴等，以增强他们的体质。每期疗养时间为 3 至 4 个月。入园儿童除了接受积极的医疗体育活动外，还要接受其他教育。

（三）幼儿之家和学前儿童之家

这是一种专为 2 个月至 7 岁的孤儿或家庭困难的儿童设置的托幼机构。幼儿之家供 3 岁以下的儿童入托，学前儿童之家招收 3 至 7 岁的儿童。这种托幼机构旨在使儿童感到亲切温暖，如同在自己家里一样。因此，教师对儿童全面负责，保证每个儿童获得全面发展，培养各种必要的技能技巧，为他们进入小学做好准备。

（四）特殊儿童幼儿园

这是一种专门为聋、哑、盲、智力落后及有缺陷的儿童设立的幼儿教育机构。特殊儿童幼儿园根据儿童的各种情况制订特殊教育大纲以改进或补偿这些儿童的教育，为他们进入特殊学校学习做好准备。

此外，还出现了一种面向体弱儿童的幼儿园。这种幼儿园基本上与普通幼儿园相似，所不同的是专门招收易生病的幼儿，对他们进行细心的照顾和健身护理。这种幼儿园的伙食标准也比普通幼儿园高。它有效地降低了幼儿的发病率。

第三节　英　国

与其他发达国家相比，20世纪英国的幼儿教育发展是比较缓慢的。这主要是由于认识上的片面而导致行动上的迟缓。英国历届政府只重视初等教育与中等教育而不重视幼儿教育，只是在有限的人力和物力条件下去实施幼儿教育。1972年12月，英国教育和科学部发表了题为《扩大教育计划》的白皮书，制订了发展幼儿教育的计划（1974—1984）。英国政府增加了对幼儿教育事业的投资（1981—1982年幼儿教育经费为1.2亿英镑），加上发展幼儿教育计划的实施，使得英国的幼儿教育提高到一个新的水平。这极大地推动了英国社会上下对幼儿教育的关心和支持。20世纪80年代，英国掀起了普及幼儿教育的热潮。

一、20 世纪前半期的幼儿教育

在历来重视家庭教育的英国，幼儿教育最初的目的是方便参加工作的贫困家庭母亲。幼儿教育专以劳动民众的子女为对象，上层社会人士对此并不重视。这种传统一直延续到了 20 世纪：国家所关心的是 5 岁至 11 岁儿童的初等义务教育，而把 5 岁以下幼儿的教育留给社会去解决。20 世纪初，由英国教育家麦克米伦姐妹创办的保育学校承担了这一艰难的社会责任。麦克米伦姐妹最初于 1908 年开设的是实验诊疗所，后来改称"学校治疗中心"，到 1913 年才称为"保育学校"。它采用福禄培尔与蒙台梭利兼而有之的教育方法，招收贫民和工人家庭的幼儿，取得了成功，受到了社会的好评。到 1919 年时，英国已有保育学校 13 所。1923 年，还成立了"保育学校联盟"。

第一次世界大战后，英国经济衰退，阶级矛盾日趋尖锐，劳动人民不仅为争取工作，而且也为争取教育权进行斗争。迫于民众的压力，并考虑到资产阶级本身的利益，英国国会于 1918 年通过了《费舍法案》。其中规定：地方教育当局应为 2 岁至 5 岁儿童设立保育学校，教学内容以活动和艺术课为主，强调"以儿童为中心"，使幼儿身心得到发展。在《费舍法案》的影响下，这一时期英国的幼儿教育有所发展，地方教育当局开办了一些保育学校，并改善了保育学校的卫生条件。但由于战后英国经济面临种种困难，保育学校的经费始终未能得到较好解决，致使英国的幼儿教育发展相当缓慢。1938 年，据教育大臣报告，英国 46 个地方教育当局开办保育学校仅57 所。

在这一时期，美国教育家杜威的实用主义教育理论对英国的幼儿教育产生了很大的影响。英国的保育学校和幼儿学校都把"做中学"和"以儿童为中心"作为其基本原则。与此同时，蒙台梭利的自由教育思想也传入英国，尤其对私立幼儿教育机构影响较大。在此影响下，英国开办了一些蒙台梭利式的"儿童之家"以及师资训练班。1935 年 8 月，世界教育大会在伦敦召开，蒙台梭利参加了会议并宣传了她的幼儿教育理论，扩大了蒙台梭利式的教育方法在英国的影响。这一时期，多种幼儿教育方式在英国并存。

二、20 世纪后半期的幼儿教育

第二次世界大战爆发后，因生产军用物资的需要，大批妇女参加了工作，同时带来了对幼儿教育的迫切需要。人们意识到，应该多办一些幼儿教育机构，以便照顾参加工作的妇女的孩子。为了满足这种需要，英国一些慈善机构和福利团体开办了一些幼儿保育机构。第二次世界大战后，所有这些机构于 1946 年 4 月 1 日都移交给了地方教育当局。这时，幼儿保育机构已达 353 所，到 1948 年时则超过了 398 所。

值得指出的是，英国政府 1944 年颁布了一项重要教育法令，即《巴特勒法案》。这个法案以 1918 年的《费舍法案》为蓝本，确定了英国现代教育体系的基础。其中对幼儿教育作了重要的规定：地方教育当局应当为那些未达 5 岁的儿童做好开办保育学校的准备，或在一些学校内设置幼儿班，以方便儿童入学。这个法案还规定，凡 2 岁至 5 岁的儿童都应该进保育学校。这些保育学校是英国国民教育制度的一个组成部分，其主要任务是发展幼儿的智力和体力。法案又规定，地方教育当局应该提供保育学校和保育班的经费。由于 1944 年的教育法案明确规定保育学校由国家教育部门和地方教育当局管辖，此后，幼儿教育就处于国家和地方的双重管辖之下，促进了幼儿教育事业的发展。

第二次世界大战后，特别是 20 世纪 60 年代以来，随着科学技术的迅速发展和生产力的不断提高，人们越来越重视早期教育和智力开发问题，英国也不例外。1963 年的《普洛登报告》就是一个例证。这份报告是在对英国初等教育的各个方面进行 4 年的调查研究的基础上写成的。报告的最后部分着重对英国的幼儿教育状况和改进提出了以下建议。

第一，英国幼儿教育机构应该大量增加，希望到 1980 年时所有 3 岁至 5 岁儿童都能进入幼儿教育机构。

第二，幼儿教育活动中应该增加教育因素。凡受政府资助的面向 3 岁至 5 岁幼儿的教育机构，应在幼儿活动计划中增加更多的教育成分，应接受教育科学部门和地方教育当局的双重管辖。

第三，提高幼儿教育师资的素质。所有幼儿教育机构都应由合格的教师来领导。合格教师与幼儿的比例应不小于 1：10。幼儿教育机构中还应有受过专门训练的保育员来协助教师工作。保育员与儿童的比例也不能小于 1：10。

第四，地方教育当局应该资助新办的幼儿教育机构。幼儿教育机构应建立在高等院校附近，以便在教学和科研方面得到帮助。

第五，强调补偿教育的重要性。必须帮助贫困家庭的儿童，对有语言障碍及潜在学习困难的儿童进行补偿教育。

《普洛登报告》是英国幼儿教育史上一个极其重要的文件。它对英国幼儿教育的发展起了巨大的推动作用，也引起了世界各国的广泛注意。

20 世纪英国的幼儿教育虽有很大的发展，但远不能满足社会的需要。

三、英国幼儿教育机构的类型

英国的幼儿教育机构主要有保育学校和保育班。此外，还有由卫生部门管辖的日托中心和由家长自行筹资管理的游戏小组等。

（一）保育学校和保育班

保育学校是独立的幼儿教育机构，招收 2 至 5 岁的儿童。保育班则附设于小学，招收 3 至 5 岁的儿童。

根据 1945 年英国政府颁布的《保育学校规程》，开办保育学校和保育班的目的是：（1）为幼儿提供医疗服务；（2）培养幼儿良好的习惯和品行；（3）为幼儿提供良好的学习环境，使他们能够学到适合于他们年龄的知识。

在行政管理上，保育学校和保育班归国家教育和科学部以及地方教育当局管辖。地方教育当局享有实际的自治权，负责提供保育学校和保育班经费及教师的聘任。

在教育组织和设备方面，保育学校的标准为：3 至 4 岁幼儿，每班不超过 30 人，配备教师和助手各 1 人；2 岁的幼儿，每班为 15 人，配备教师、助手、副助手各 1 人。保育班最多招收 30 人。政府对保育学校的设备条件作了具体规定。每所保育学校必须有空地、游戏场、游戏室、衣服保管室、盥洗室、卫生设备、饭厅、午睡厅、主任教员室、职员室（包括医务室）、大型玩具等。全日制保育学校应有厨房，半日制保育学校必须有加热设备。

在教育内容方面，保育学校和保育班无正式规定的课程。教育内容主要由校长决定。幼儿日常活动由他们自己选择，以自由游戏为主。课程安排是从室外的自由游戏开始，然后再到室内做一些安静的游戏。在幼儿自由活动时，教师要回答幼儿的提问，解决幼儿之间的纠纷，并教育幼儿相互合作和彼此尊重，同时尽可能地发展幼儿的语言能力，提高他们的智力水平。有时教师也组织一些唱歌、跳舞、讲故事等集体活动，只有在这时，教师才对全班幼儿进行统一的管理。可见，保育学校和保育班的教学方法往往是以个别指导来进行的。

（二）日托中心

日托中心主要招收由社会救济部门送来的或母亲外出工作无人照管的 5 岁以下的儿童，一般属社会服务性质。大多数日托中心是全日制的，半日制的极少。日托中心在卫生保健方面提供的服务是高水平的，但其教育和教学水平以及工作人员的素质却较低。日托中心受国家卫生部和地方卫生局双重管辖。其经费来源是多种多样的：地方当局、工厂、私人等。

（三）游戏小组

游戏小组由儿童救济基金会于 1919 年在伦敦创办。其目的是抚育第一次世界大战后贫困不幸的儿童。20 世纪 60 年代，保育学校和保育班以及日托中心的发展不能满足人们对公共幼儿教育的要求，许多幼儿不能入托。这时，英国一些妇女为这些儿童组织了一个游戏小组。英国政府支持了这种做法，并在报上发表报导，鼓励民众成立游戏小组。于是，从 1961 年起兴起了一场"游戏小组运动"。这场运动在"还给孩子游戏场地"的口号下迅速地发展了起来。1962 年，游戏小组协会成立。在该协会的积极推动下，从 1963 年至 1968 年的 5 年内，英国成立了约 1500 个游戏小组，到 1972 年增加为 7000 多个，参加游戏小组活动的幼儿超过 25 万名。

游戏小组的具体任务是：协助家长了解 5 岁以下儿童的需求；保证为儿童组织丰富的有积极意义的游戏活动；鼓励家长参加游戏小组及其他幼儿教育机构的活动；在教育方面帮助儿童及家长；与政府和各级学校合作，建立、发展游戏小组与其他组织的良好关系；探讨每一个儿童取得进步的方法。

游戏小组的活动场地一般是租用或免费借用附近的俱乐部、教会大厅、福利中心、贫民救济社、放学后的校舍等。游戏小组以每天早晚活动为多，每次活动时间一般为 2.5 小时。每次活动内容分成三个部分：一是自由游戏；二是吃点心及自我服务；三是室外活动或室内活动（唱歌、跳舞、绘画）等。游戏小组虽然经费不足、设备条件差又缺乏经过专门训练的教师，但它是一种应急的措施，而且是一种比较灵活的教育组织形式，因此仍然受到家长和社会的欢迎。

20 世纪 90 年代以来，幼儿教育的重要性以及保育学校和保育班的意义已为广大英国民众所理解，希望把自己的子女送入保育学校和保育班的人数日益增多，这给英国幼儿教育的发展带来强大的刺激。

第四节 法 国

自 1769 年奥伯尔林创办欧洲第一所幼儿学校以来，法国的公共幼儿教育已有 200 多年历史。从 1830 年起，法国的幼儿教育机构就归属教育部管辖，这在世界教育史上可谓是国家办幼儿教育之开端。在中央集权的教育行政体制下，法国一直比较重视幼儿教育的发展。尤其是在第二次世界大战后，法国的幼儿教育得到了更快的发展。

一、第三共和国时期的幼儿教育

法兰西第三共和国时期曾两度出任教育部长的费里（Jules F. C. Ferry）主持制定了 1881 和 1882 年的教育法令，即法国历史上实施最久的《费里法案》。其中规定，实施幼儿教育的母育学校招收男女儿童，考虑到他们体、德、智的协调发展，实施免费、统一的教育。这确定了 20 世纪法国的幼儿教育制度。

1886 年 10 月，法国又颁布了《戈勃莱法案》。该法案明确规定，凡是超过 2000 人的居民区都应开办幼儿学校，免费招收 2 至 6 岁儿童；儿童毕业后即可升入与它相衔接的小学。当时，法国的幼儿学校既有公立的，也有私立的；既有单独开设的，也有附设于小学的。此外，还有小学附设幼儿班（主要在农村）和半日制幼儿学校等。1887 年，法国政府为加强对幼儿教育的管理，专门颁布了一个关于学龄前儿童教育的大纲的通告。通告强调，所有幼儿教育机构都应受到国家和社会的重视，经费和师资应予保证，并应注重儿童身心全面发展。通告中涉及的幼儿教育的具体内容包括：体操、呼吸练习、游戏、表演、感觉练习、手工制作、背诵、绘画、语言训练、观察练习、道德行为的基本训练，以及读、写、算的初步练习等。这个大纲的主要特点是：儿童活动内容颇为丰富。

由于政府的重视和有关法律的保障，到 20 世纪初，法国进入母育学校或幼儿学校的儿童已达 60 多万人，为法国幼儿教育的发展打下了良好的基础。

第一次世界大战后，法国教育开始向民主化和现代化方向发展。在当时"统一学校运动"的影响下，幼儿教育虽不属于义务教育范围，但政府给予了资助。

二、第二次世界大战后的幼儿教育

在第二次世界大战期间，法国成为欧洲的主要战场。战争使法国的经济和文化教育遭到了严重的破坏。战后，法国政府在医治战争创伤、恢复和发展经济的过程中，十分重视教育的改革以及幼儿教育的振兴。由此，法国兴建起许多母育学校（有的也称幼儿学校），以便为那些参加工作的妇女提供方便。法国政府和社会越来越认识到幼儿教育的社会价值和重要性，因而发展幼儿学校显得更加重要了。为了使幼儿教育与初等教育衔接得更好，法国从 1957 年 10 月 1 日开始，将入小学年龄由原来的 6 岁提前到 5 岁9 个月。

20 世纪 70 年代，法国的幼儿教育有了较大的发展，幼儿入园率跃居世界首位。据统计，1972 年，法国幼儿的入园率约为 40%；到 1980 年，4 至5 岁儿童的入园率约为 97%，5 至 6 岁儿童的入园率约为 99%。而且，政府特别重视提高幼儿教师的素质。1979 年 4 月 26 日，当时的教育部部长向公众介绍了对幼儿教师和小学教师新的培养方法，并宣布从 1979 年下半年开始实行。

20世纪80年代以来，法国为了让更多的幼儿受到教育和适应现实生活，除了继续发展幼儿学校外，还成立了一些民间托幼组织和试验性的幼儿教育机构。这些组织机构的特点是适应性强，可以根据不同职业家长的需要来运作，因地制宜，方便灵活，期限短，费用少。例如，有一种称为"温和过渡的形式"的试验性机构，收托16个月至5岁的儿童，每天活动2小时，主要内容是游戏、画图、唱歌、阅读等。又如，儿童"假期中心"和"休息中心"，每期20至22天，招收4至6岁儿童。再如，"微型托儿所"，在新建公寓中留出部分房间，招收10至12个3岁以下儿童，以解决就近入托问题。法国幼儿教育机构朝着小型、多样、灵活、家庭化方向进行尝试。

三、法国幼儿教育机构的类型

法国的幼儿教育机构主要有：托儿所、幼儿班、幼儿学校以及保育室和日间托儿所等。

（一）托儿所

托儿所是法国幼儿教育机构中最古老的一种形式，招收2至5岁儿童。其任务是通过适合幼儿年龄特点的幼儿教育课程，使幼儿接受良好的礼貌和行为方面的教育，逐渐适应未来的初等教育。

（二）幼儿班

幼儿班在法国幼儿教育的发展中占有主要的地位。幼儿班最初以初等学校的附属班的形式存在，后来有些幼儿班采用独立开办形式，招收2至6岁儿童。

（三）母育学校

法国的母育学校（有的也称幼儿学校）与其他国家的幼儿园相似，是法国幼儿教育机构的主要形式，招收 2 至 6 岁的儿童，对他们在身体、道德和智力方面给予必要的关怀和教育，使他们得到全面的发展。母育学校一般按年龄组分成 3 个班：小班（2 至 4 岁）；中班（4 至 5 岁）；大班（5 至 6 岁）。目前，有人不同意如此严格地按年龄划分班级的做法，提出要按儿童的发展阶段分班。其教学内容最初是游戏、唱歌、体操，随后是美术、工艺、手工、语言和观察能力的训练，最后是教儿童读、写、算的初步知识。母育学校的教师要重视幼儿心理和生理上的发展变化。

（四）保育室和日间托儿所

保育室和日间托儿所是第二次世界大战后为适应劳动妇女的需要而出现的形式。儿童在这里接受应有的照顾和教育。目前，这类幼儿教育机构已有较大的发展。

第五节　德　国

20 世纪德国幼儿教育的基本方针是由 1920 年的德国全国学校会议和 1922 年颁布的《儿童福利法》决定的。其要点是：幼儿园不是教育制度的一环，而是社会福利制度的一环。这一直影响着 20 世纪德国幼儿教育的发展模式。

一、德意志国时期的幼儿教育

在第一次世界大战中，德国战败，德意志帝国也随之崩溃。1919 年通过《魏玛宪法》，宣布废除君主政体，实行共和制，建立德意志国。德意志国按民主的原则对教育进行了改革，强调德国的所有儿童都享有受教育的权利，使他们在身体、精神和社会方面成为有才能的人。同时，德国设立了公共儿童保护机构——儿童保护局，负责监督和指导民间儿童福利事业，承担《儿童福利法》第4条规定的给婴幼儿、学童等提供福利设施的任务，既设立公立幼儿园，又鼓励民间慈善团体和宗教团体开办幼儿教育机构。其结果是，公立幼儿园发展迟缓，办私立幼儿园受到热情支持。据统计，1930年，私立幼儿园（包括保育所）已发展到8000所之多，入园儿童数达50万，而公立幼儿园才开设50所。由此不难看出，当时人们对公立和私立两种幼儿园所持的不同的心态。

二、纳粹统治时期的幼儿教育

1933年，纳粹党头目希特勒上台，疯狂推行法西斯专政。整个德国几乎变成了一个大军营，确立了法西斯教育体制。纳粹政权为了实现称霸世界的野心，把一切社会文化和教育设施都置于法西斯政权统治之下，幼儿园、保育所等幼儿教育机构也不例外。到20世纪30年代末，所有的幼儿教育设施都置于国民福利部的管辖之下，包括宗教团体和私人所办的幼儿教育机构。1941年，纳粹政府还专门发布文件把这种管理体系明确规定下来。在加强军国主义统治的同时，纳粹政府对各种民主的幼儿教育理论严加抵制，把蒙台梭利运动和福禄培尔协会视为洪水猛兽，甚至于1933年勒令停止了前者的活动，1934年取缔解散了后者。幼儿园的教师和保育员被强制参加法西斯教师工会，接受效忠法西斯政权的教育。1939年又规定，教师必须是纳粹党所支持的国家意志的执行者。这样，纳粹政府已把整个幼儿教育完全置于法西斯魔爪之下。

三、联邦德国时期的幼儿教育

1949 年 9 月，在美、英、法占领的德国西部，成立了德意志联邦共和国（简称"联邦德国"）。早在 1945 年监督委员会的第一号法令中，就把 1934—1945 年间纳粹政权采用的中央集权的教育行政体制和各项法西斯教育政策全部废除，改为地方分权制，教育上的各种重大问题都归各州自行处理。幼儿教育也由各州自己制订发展计划并加以实施。由于联邦德国的幼儿教育不属于国家规定的义务教育范围，因此，国家并不要求每个儿童在入小学前一定要进幼儿园。此外，幼儿园不归教育行政部门管辖，而由私人、教会、社会团体和福利组织开办。因此，各州幼儿教育发展存在着很大的差距。以 1970 年为例，全国 3 至 5 岁儿童的平均入园率为 33%，其中，巴登-符腾堡州 3 至 5 岁儿童的入园率已达 53%，而石勒苏益格-荷尔斯泰因州同年龄儿童的入园率只有 10%。到 1974 年，联邦德国 3 至 5 岁儿童的入园率已超过 50%，巴登-符腾堡州已超过 90%，居各州之冠。

20 世纪 70 年代以来，在世界各国尤其是美国的影响下，联邦德国的幼儿教育得到了重视，发展更为迅速。1980 年，联邦德国 3 至 5 岁儿童的平均入园率已达 65%，但政府仍在采取有效措施提高入园率。

德国的幼儿教育有着较悠久的历史。早在 1840 年，德国幼儿教育家福禄培尔就创办了世界上第一所幼儿园。但同其他一些发达国家相比，联邦德国的幼儿教育就显得比较落后了。面对幼儿教育发展中的一些实际问题，联邦教育和科学部积极采取措施，例如，专门开设学校幼儿园，纠正幼儿教育偏重智力开发的问题，编写和推广新的幼儿教材，协调各州幼儿教育的发展等，以求联邦德国的幼儿教育能有新的发展。

联邦和各州都没有明确规定幼儿园的教育大纲和教育方法，但各州对幼儿园的教育目的有如下的规定：（1）幼儿园是协助家庭对幼儿进行教育的机构；（2）幼儿园为培养优良的个性和为幼儿的全面成长打下良好的基础。幼儿园的教学内容主要有两类：（1）语言教学，包括说、听、会话、看图会话、唱歌、朗诵、游戏活动等；（2）观察能力和思维能力的培养，包括日常生活中经常遇到的色彩、形态、数量和时间等概念的辨别能力训练，并开展游戏、音乐等活动。

1990年，德国统一。同年，政府颁布《青少年福利法》，其中规定各州应承担扩建幼儿园的义务。1993年，德国又作出发展学前教育的决定，使得3至6岁儿童进幼儿园得到了法律保障，但东部和西部儿童的入园情况存在着较大差异。

四、德国幼儿教育机构的类型

德国的幼儿教育机构均称为"幼儿园"，一般招收3至5岁的儿童。幼儿园每个班有25至40人。每所幼儿园的设施包括：游戏室、存衣间、教养员和保育员办公室、室外活动场、作业活动室、厨房、浴室等。

幼儿园分为四种。

（一）大众幼儿园

大众幼儿园多为全日制，主要招收下层社会家庭的儿童。它通常由社会团体、教会以及慈善机构开办，并从所在地区的市镇得到资助。大众幼儿园设备比较简陋，收费较少。

（二）上午制幼儿园

上午制幼儿园规定，家长上午把孩子送去，下午把孩子领回家。入这种幼儿园的孩子的母亲一般都不工作，经济条件也比较优越。之所以要在上午把孩子送进幼儿园，主要是想使孩子在入小学前培养起一定的独立生活能力，增强其社会和集体观念，促使他们更快地认识周围世界，进而使他们更快地适应小学学习的环境。这种幼儿园一般为私人开办，设备条件和教师素质比较好，但收费较多。

（三）学校幼儿园

有些儿童身体发育很好，虽然年龄已到进入小学义务教育阶段，但智力发育较晚，在整体上还没有达到进小学学习的水平。学校幼儿园就是专为这些孩子开办的。其目的是使儿童身心的发展达到入小学的要求，但不进行读、写、算的教育。其教育内容分为两个方面：一是语言教育，包括听、说、会话、看画册、唱歌、诗朗诵、即兴游戏等；二是培养观察能力和思维能力，包括学习日常生活中常用的色彩概念、形状概念、数量概念、时间概念、节奏感等，开展学习游戏。学校幼儿园由教育部门和地方行政当局联合开办，采取义务制，学习年限为1年。学校幼儿园原来只在少数几个城市试办，之后在各地普遍开办。

（四）特殊幼儿园

特殊幼儿园是专门为那些身体有残疾、智力发展不正常的儿童开设的幼儿教育机构。这种幼儿园承担双重职能：医疗和教育。其目的在于从小对儿童进行特殊的治疗和教育活动，使他们最大限度地恢复身体和智力，并使身心得到最理想的发展，以便使他们今后能更好、更快地适应特殊学校或基础学校的学习条件以及生活环境。

德国幼儿教育虽由各州自己掌握，但无论哪一种幼儿园，都比较重视用音乐、游戏和电视广播等现代化教育手段对幼儿进行训练。

第六节　日　本

明治维新后，经过 40 年的工业化进程，至第一次世界大战时期，日本已发展成为亚洲最发达的国家之一。日本的幼儿教育也在适应其政治和经济，特别是军事上的起伏跌宕而不断变化。第二次世界大战后，日本政府采取特殊的保护措施大力恢复和发展教育，也推动了幼儿教育的发展。

一、第二次世界大战前的幼儿教育

20 世纪初，日本的幼儿教育作了相应的调整。1900 年颁布的《小学校令施行规则》中规定，幼儿园可以附设于小学校内。这无疑是有利于幼儿园发展的。

1911 年，日本文部省重新修改了《小学校令施行规则》，对其中有关幼儿园的条款也作了重大的修改，明确规定，幼儿园的保育内容主要是游戏、唱歌、谈话和手工技巧四项，取消了原来对此四项内容的具体指示，允许各地自行安排；幼儿园的时间由管理者和开办者自定，但须经府县知事批准；幼儿园的设置规模要进一步扩大，由原来规定的每所幼儿园 100 至 150 人增加为 120 至 200 人。日本当局采取以上举措的主要原因是：（1）因战事频繁需要照看的幼儿增多；（2）基于加强各项管理的需要；（3）迫于欧美儿童中心主义、自由保育思潮的压力。

1926 年 4 月 22 日，日本政府颁布了《幼稚园令》，这是日本教育史上第一个单独的幼儿教育法令。该法令首次明确了幼稚园（即幼儿园）在日本教育制度中的位置，规定幼稚园教育为学校教育体系中的一环；幼稚园以保育幼儿身心健康发展、培养善良性格、辅助家庭教育为目的；放宽幼稚园的入园规定，由原来的 3 岁入园改为不满 3 岁也可入园。此外，《幼稚园令》还规定了幼稚园园长和保姆的资格，并要求提高幼稚园保姆的社会地位和工资待遇。《幼稚园令》的颁布促进了日本幼儿园的迅速发展，平均每年新增幼儿园约 100 所。到 1936 年，日本全国幼儿园数已达到约 1890 所。但这一时期，日本幼儿园的分布极不平衡，少数大城市幼儿园数约占幼儿园总数的 50%，市町幼儿园约占 39.5%，而农村幼儿园却只占约 4.5%。与此同时，日本的私立幼儿园增加迅速，已形成私立幼儿园占优势地位的局面。此外，一些社会慈善团体和个人也开始兴建各种免费保育所。

二、第二次世界大战后的幼儿教育

1945 年 8 月，日本无条件投降，美国以反法西斯盟军的名义占领了日本，并以"非军事化"和"民主化"的方针，敦促日本进行了战后的各项改革，包括教育改革。

（一）二战后及 20 世纪 50 年代的幼儿教育

第二次世界大战后，日本新宪法规定日本必须建成一个和平的国家，发展教育被视为立国兴邦之本。1947 年 3 月 31 日，日本颁布了两个重要的教育法案：《教育基本法》和《学校教育法》。前者确定教育要采取尊重学术自由、机会均等的方针；确定实施男女同校和九年制免费义务教育；规定了教师必须履行的职责，保证要给予教师应有的地位和良好的待遇。此外，《教育基本法》也提出了鼓励发展幼儿教育和家庭、社会教育等方面的原则性条款。《学校教育法》十分详尽地阐述了各级各类教育的目标。其中第 77 条规定：幼儿园以保育幼儿，创造适宜的环境去促进幼儿身体和精神发展为目的。第 78 条又详细规定了幼儿园教育要达到的五个目标：（1）为了幸福的生活，培养幼儿的健康和安全习惯，求得身体各项机能的协调发展；（2）通过让幼儿积极参加幼儿园内的集体生活，培养幼儿的合作、自主和自立精神；（3）帮助幼儿正确理解周围的社会生活和事物，使之养成正确的处世态度；（4）指导幼儿正确使用语言，培养幼儿对童话、画册等的兴趣；（5）通过音乐、游戏、绘画等培养幼儿的创作兴趣。

随着二战后日本经济的迅速恢复，以及社会政治、教育的重大改革，幼儿教育也得到了复兴。据统计，全国幼儿园总数由 1950 年的 3500 所，猛增到 1953 年的 6000 所。1947 年 12 月，日本又颁布了《儿童福利法》，明确规定：保育所是以保育婴幼儿为目的的设施；父母因参加劳动或疾病等原因无力对其子女进行保育时，政府有义务让其子女进保育所；保育所设备及所需费用的三分之一至二分之一由国库负担；地方负担四分之一至三分之一；入所儿童的费用原则上由家长交纳，但家庭贫困无力支付时，则由国家或地方当局支付。与此同时，日本还制订了奖励和补助幼教机构，明确保育所设施、设备、职员、保育时间、保育内容等的指令性文件，为幼儿教育的发展提供了法律依据和良好的条件。

（二）20 世纪 60 年代至 80 年代的幼儿教育

20 世纪 60 年代以来，人类已进入以核子、电子和空间技术为标志的新技术革命时代。人们普遍认识到，要加强科学技术的发展，必须发展教育和培养人才。作为教育基石的幼儿教育也自然成了竞争的重要领域。此外，随着幼儿教育科学研究的深入，越来越多的教育科学研究也表明，学前阶段是所有儿童发展的关键时期。日本的幼儿教育以此为契机，进入了一个新的发展阶段。

1961 年 6 月，日本参议院文教委员会通过了振兴幼儿教育的决议。决议提出：（1）要采取根本措施，处理好幼儿园教育与保育的关系；（2）重新研究幼儿园设置基准，以便进一步促进幼儿园的发展；（3）充分调查公立幼儿园教职员的实际待遇状况，从速采取改善措施；（4）为便于宗教法人所设立的幼儿园转为学校法人，要采取特别法律措施；（5）采取财政上的措施，以帮助私立幼儿园的经营。

在全社会越来越重视幼儿教育的情况下，日本文部省也加快了振兴幼儿教育的步伐。1964年，日本开始实行幼儿园教育七年计划（称"第一次幼儿园教育振兴计划"），要求1万人口以上的市、町、村的5岁儿童入园率达到60%。到1971年时，这一入学率已达到63.5%，实现了计划。

1971年6月，中央教育审议会向文部大臣提交了一份咨询报告——《关于今后学校教育综合扩充准备的基本政策》。文部大臣在此基础上提出了从1972年开始实行幼儿园教育十年计划（称"第二次幼儿园教育振兴计划"），要求到1982年实现4至5岁儿童入园率达到100%的目标（事实上未能实现）。

为了鼓励增设幼儿园，日本政府大幅度地增拨开设新幼儿园的设施和设备补助费，并对私立幼儿园所收个人保育费较高现象作了调整，提高对私立幼儿园的补助。从1972年开始，日本政府又对幼儿园实行奖励制度，采取了一系列国库补助的办法。这些政策对普及幼儿教育，促进幼儿园的发展起了积极的作用。1964年后，日本的幼儿园以平均每年300所的速度递增。1972年后，幼儿园数量持续上升。到1976年，日本幼儿园建立100周年之际，幼儿园数量已有13492所，1985年增加为15220所。保育所的发展更为迅速，到1975年已有18230所，1985年增加为22904所。

1991年，文部省第三次制定幼儿园教育振兴计划。其重点是进一步推动3岁儿童的保育。

日本幼儿教育的内容分为6个领域，是由文部省1956年公布的《幼儿园教育纲要》规定的。1964年，文部省对这个纲要作了修订，其要点如下：（1）健康，包括保健、运动和安全三个方面；（2）社会，包括个人生活、社会生活和对社会的认识；（3）自然，包括热爱自然，了解简单的自然常识，掌握一些日常的生活技能和数量关系；（4）语言，主要是教育孩子养成听人说话的正确态度，学会语言的正确用法；（5）音乐，主要是音乐的表现能力和身体动作表现能力的培养；（6）绘图创作，主要是对绘画、制作方面能力的培养。

三、日本幼儿教育机构的类型

日本的幼儿教育机构主要有以下两种。

（一）保育所

保育所招收出生至 6 岁的婴幼儿，实行全日制。其主要任务是为缺乏保育条件的家庭的子女进行保育和教育，多为公立，经费由国家和地方负担，入所费根据幼儿家庭的收入情况而定，贫困家庭子女可免费入所。这种幼儿教育机构由厚生省管辖。保育所的教育大纲由国家统一制定。

（二）幼儿园

幼儿园是日本幼儿教育机构的主要形式，作为学校教育体制的组成部分，实行半日制。其主要任务是对 3 至 6 岁的幼儿进行教育。幼儿园的经费由国家、地方当局、私人和公共团体资助，由文部省管辖。幼儿园的教育大纲由国家统一制定，幼儿园的学费等由家庭支付。据统计，1981 年，日本的幼儿园数超过 1.5 万所，入园儿童已达 230 万人。

为了进一步明确保育所和幼儿园的不同职责，厚生省曾于 1961 年公布了入保育所的 7 项具体条件：（1）家长在居住区以外工作；（2）家长在居住区内无工作；（3）没有母亲；（4）母亲处于生孩子时期；（5）母亲需要治病；（6）家庭发生了灾难；（7）某些特殊情况需要给予保护等。凡符合上述条件之一者，根据《儿童福利法》第 24 条规定，经所在地区市、町、村负责人批准后就可入所。

为了协调保育所和幼儿园的工作，文部省和厚生省于 1963 年达成协议：保育所只限缺乏保育条件的家庭的幼儿进入，其他有条件的家庭的幼儿一律进幼儿园。

拓展阅读

1.梅根悟主编：《世界幼儿教育史》（下册），梁忠义等译，吉林人民出版社
  1986 年版。

2.周采主编：《比较学前教育》，人民教育出版社 2010 年版。

思考练习

1.简述 20 世纪美国幼儿教育的发展。

2.简述 20 世纪苏联幼儿教育的发展。

3.综述 20 世纪英国、法国和德国幼儿教育的发展。

4.简述 20 世纪日本幼儿教育的发展。

第十一章　20 世纪幼儿教育理论

　　20 世纪以后，西方社会生活发生了很大的变化，这对教育提出了新的要求。欧洲新教育运动和美国进步教育运动促进了西方幼儿教育的革新，推动了西方幼儿教育理论的发展。美国教育家杜威提出新的儿童观和教育观，对西方幼儿教育理论的发展产生了巨大的冲击，20 世纪西方幼儿教育理论无一不受到其影响。当然，更值得注意的是，意大利教育家蒙台梭利创建了闻名于世的"儿童之家"，构建了一种颇具特色的幼儿教育理论体系，因而在幼儿教育领域成为自福禄培尔以来影响最大的一位教育家，被誉为"幼儿园教育的改革家"。与之同时代的比利时教育家德可乐利和英国教育家罗素也开办了各自的幼儿教育机构，形成了自己的幼儿教育理论。苏联教育家克鲁普斯卡娅在幼儿教育实践中重视幼儿教育理论的建设和发展，不仅奠定了苏联幼儿教育理论的基础，而且推动了苏联幼儿教育事业的发展。此外，瑞士心理学家和教育家皮亚杰构建的儿童心理发展理论以及倡导的儿童教育基本原则，苏联心理学家和教育家维果茨基阐述的儿童心理和教育的理论，以及意大利教育家马拉古兹在瑞吉欧幼儿学校实践中形成的幼儿教育理论，无疑对西方幼儿教育的改革和理论发展产生了很大的影响。

第一节　杜威的幼儿教育理论

美国哲学家和教育家杜威（John Dewey，1859—1952）是实用主义哲学最有影响力的代表人物之一，也是实用主义教育理论的创始人。他的教育理论不仅对美国，而且对许多国家的幼儿教育和学校教育产生了巨大而深刻的影响。

一、生平活动与著作

杜威1859年10月生于美国佛蒙特州柏林顿的一个杂货商家庭。在父母的影响下，杜威自幼养成了阅读书籍的习惯。但他不满当时公立学校的传统教育方法，十分喜爱课余阅读和户外活动。

1875年，杜威进入佛蒙特大学。在大学期间，达尔文的进化论使他开阔了眼界。哲学教授托里（H. A. P. Torrey）使他对哲学产生了兴趣。1879年大学毕业时，杜威由于学习成绩名列前茅而成为美国大学优秀生全国荣誉组织的会员。

1882年4月，杜威的第一篇哲学文章——《唯物主义的形而上学假说》在美国的《思辨哲学杂志》上发表。同年秋天，杜威进入了约翰斯·霍普金斯大学读研究生。在那里，霍尔（G. S. Hall）教授和从密歇根大学来的客座教授莫里斯（G. S. Morris）对杜威的影响很大，尤其是后者使他对黑格尔哲学产生了极大的兴趣。

1884年获得哲学博士学位后，杜威到密歇根大学任教，一直到1894年（其中1888—1889年在明尼苏达大学任教）。在此期间，杜威开始对教育感兴趣。他作为教师俱乐部的成员，积极参与了中等学校师资的培训工作。此外，美国心理学家詹姆斯（W. James）1890年出版的《心理学原理》一书对杜威的思想产生了很大的影响。因此，杜威逐渐认识到，当时流行的教育方法是与儿童发展的心理学原理不相协调的。这激起了杜威进行教育实验的想法。

1894 年，杜威接受了新成立的芝加哥大学的聘请，担任哲学、心理学和教育学系的系主任，并承担研究生的教学工作。正是在这一时期，杜威开始形成有特色的哲学思想，并进行了影响很大的教育实验活动。1896 年 1 月，杜威创办了芝加哥大学实验学校，通称"杜威学校"（Dewey School）。它招收 4 至 14 岁的儿童，进行课程、教材和方法的改革实验活动，有效地把教育理论和实际结合了起来。作为一个教育实验室，其任务是按照近代心理学所揭示的智力活动和发育过程的原则来观察儿童教育。[1] 杜威在这期间发表了许多重要的教育论著。

从 1904 年到 1930 年退休，杜威一直在哥伦比亚大学哲学系和师范学院任教。除了在国内作演讲旅行外，他还到过日本、中国、土耳其、墨西哥和苏联等国进行访问和讲演。1930 年后，杜威是哥伦比亚大学的荣誉退休哲学教授。

杜威曾担任过美国心理学会的主席、美国哲学学会的主席以及美国大学教授联合会的第一任主席。由于杰出的学术成就和名望，杜威曾被法国巴黎大学、中国国立北京大学、挪威奥斯陆大学和美国的一些大学授予名誉博士学位。

1952 年 6 月，杜威患肺炎在纽约去世。

杜威一生在哲学、教育和心理学等方面写了约 40 本著作和 700 多篇文章。其中主要的教育著作有：《我的教育信条》(1897)、《学校与社会》(1899)、《儿童与课程》(1902)、《民主主义与教育》(1916) 和《经验与教育》(1938) 等。

---

1 杜威.学校与社会[M]// 杜威教育论著选.赵祥麟，王承绪，编译.上海：华东师范大学出版社，1981：65.

二、实用主义经验论

杜威继承和发展了美国哲学家皮尔斯（C. S. Peirce）和詹姆斯的实用主义哲学，并把它具体应用到社会事务和教育领域中。关于哲学和教育之间的密切关系，他明确指出："哲学可以说是教育的最一般方面的理论。""教育乃是使哲学上的分歧具体化并受到检验的实验室。"[1]

杜威认为，经验是人的有机体与环境相互作用的结果（或称统一体），是人的主动尝试行为与环境的反作用形成的一种特殊的结合。行动和结果之间的连续不断的联系和结合就形成了经验。但是，杜威所说的"经验"具有无所不包的性质，把人（经验的主体）和环境（经验的客体）以及经验的过程都包括在内，并把它们看成是同一过程的不同侧面，相互联系以至合而为一。杜威认为，精神和物质两者属于同一个东西，这就是那些构成自然的事件的复合。[2]在杜威看来，"存在即被经验"，人的主观经验是客观世界存在的基本前提。没有人的兴趣和愿望构成的主观经验，也就谈不上客观世界中一切事物的存在。杜威还认为，经验包含一个主动的因素和一个被动的因素，这两个因素以特有的形式结合着；在主动的方面，经验就是尝试；在被动的方面，经验就是经受结果。[3]例如，一个儿童要认识手伸进火焰会灼伤手指，他就必须亲自去尝试一下，把手伸进火焰中去，只有当这个行动和他遭受的疼痛联系起来时，他才知道手伸进火焰意味着灼伤。这就是所谓的"从经验中学习"。杜威认为，没有这种真正有意义的经验，也就没有学习。

尽管杜威宣称自己的哲学可以称为"经验主义的自然主义"或"自然主

1　杜威.民主主义与教育[M]// 杜威教育论著选.赵祥麟，王承绪，编译.上海：华东师范大学出版社，1981：229—230.

2　洪谦.西方现代资产阶级哲学论著选辑[M].北京：商务印书馆，1964：200.

3　杜威.民主主义与教育[M]// 杜威教育论著选.赵祥麟，王承绪，编译.上海：华东师范大学出版社，1981：174.

义的经验主义"，并企图使它具有客观的、科学的外观，但其实质上是一种主观唯心主义的哲学。他把整个客观的自然（环境）消融在人的主观经验之中，而把客观的自然（环境）变成了主观经验的东西，甚至是虚幻的东西，实际上也就是把主观的经验看成是第一性的，而把客观的自然（环境）看成是第二性的。正如列宁所批判的：实用主义"宣扬经验而且仅仅宣扬经验"[1]，"在'经验'这个字眼下，毫无疑问，既可隐藏哲学上的唯物主义路线，也可隐藏唯心主义路线。"[2]

杜威曾给教育下了一个专门的定义："教育就是经验的改造或改组。这种改造或改组，既能增加经验的意义，又能提高后来经验进程的能力。"[3] 到晚年时，他又把自己的教育哲学概括成一句话："教育以经验为内容，通过经验，为了经验的目的。"[4] 可以说，"经验"是杜威教育哲学中最重要的一个词，也是他的教育理论体系的核心。

三、儿童观

杜威认为，儿童是具有独特生理和心理结构的人。儿童的能力、兴趣和习惯都建立在其原始本能之上，儿童的心理活动实质上就是其本能发展的过程。如果没有促使儿童本身发展的潜在可能性，那么儿童就不可能获得生长发展。

杜威认为，人的本能与冲动是潜藏在儿童身体内部的一种生来就有的能力，基本上是原封不动一代代传下去的。这些本能与冲动就是儿童教育最根本的基础。杜威强调指出，儿童身上潜藏着以下四种本能。

---

1 列宁.唯物主义和经验批判主义[M]// 中共中央马克思恩格斯列宁斯大林著作编译局.列宁选集（第二卷）.北京：人民出版社，2012：234.

2 同上：114.

3 杜威.民主主义与教育[M]// 杜威教育论著选.赵祥麟，王承绪，编译.上海：华东师范大学出版社，1981：159.

4 JOHN DEWEY. *Experience and Education*[M]. New York：Collier Books，1963：29.

其一，语言和社交的本能。这种本能是在儿童的交谈和交流中表现出来的。儿童能很有兴趣地把自己的经验说给别人听，也能很有兴趣地去听取别人的经验。语言本能是儿童社交表现的一种最简单的形式。

其二，制作的本能。这是一种建造性的冲动。儿童开始总是对游戏活动和动作感兴趣，进而就有兴趣把各种材料制作成各种具体的形状和实物。

其三，研究和探索的本能。这是一种探究性的冲动。尽管在儿童时期还谈不上什么科学研究活动，但儿童总是喜欢观察和探究。

其四，艺术的本能。这是一种表现的冲动。儿童会在绘画、音乐等活动中表现出艺术方面的能力。

在儿童的这四种本能中，杜威认为，最重要的是制作的本能。这四种本能会使儿童表现出四方面的兴趣。儿童的每一方面的兴趣都产生于每一种本能。杜威强调说："这四方面的兴趣是天赋的资源，是未投入的资本，儿童的生动活泼的生长是依靠这些天赋资源的运用获得的。"[1]尽管儿童处于"未成熟的状态"，但其具有一种积极的、向前发展的能力。这种能力具有两个主要特征：一是"依赖性"，依赖周围环境而提升；二是"可塑性"，人所具有的各种能力都不是一成不变的。

杜威认为，儿童与成人在心理上存在着很大的差别。成人是在社会生活中已有一定职业和地位的人，负有特定的责任，已养成了某些习惯；但是，儿童的主要任务是生长，养成不定型的各种习惯，为其以后生活的特定目标提供基础和材料。因此，儿童的心理不是一个固定的实体，而是一个生长的过程。在生长的过程中，天生具有好奇心的儿童能利用环境养成某种习惯，形成某种倾向。

尽管儿童生活在个人接触显得十分狭隘的世界，但这个世界是一个儿童具有个人兴趣的世界，而不是一个事实和规律的世界。归根到底，它是儿童

1　杜威.学校与社会[M]//杜威教育论著选.赵祥麟，王承绪，编译.上海：华东师范大学出版社，1981：38.

自己的世界。它具有儿童自己生活的统一性和完整性。为了使儿童更好地生长，杜威认为，关键是提供适当的环境以及适当的新刺激，提供儿童生长的条件，使儿童的各种能力不断地发展。

杜威所说的"生长"是指儿童本能发展的各个阶段。他以心理学为基础，把儿童发展的过程分为三个阶段。第一阶段是游戏期（4 至 8 岁）。这是儿童通过活动和工作而学习的阶段。儿童所学的是"怎样做"，方法是"从做中学"。第二阶段是自发的注意时期（8 至 12 岁）。这个阶段的儿童能力逐渐增强，可以学习间接知识（但间接知识必须融合在直接知识之中），并按解决问题的需要控制自己的行动。第三阶段是反射的注意时期（12 岁以后）。这个阶段的儿童开始学习系统性和理论性的科学知识，并掌握科学的思维方法。

杜威强调指出："教育必须从心理学上探索儿童的能量、兴趣和习惯开始。"[1] 在他看来，人的长期成就是各种能力慢慢地生长的结果。儿童期实际上就是儿童的本能发展的时期。儿童的教育也就是帮助儿童天赋能力正常发展。成熟需要经过一定的时间和一定的阶段，揠苗助长的做法必将伤害儿童的长远发展。因此，杜威认为，尊重儿童发展的过程，就是尊重儿童生长的需要和时机。如果急于得到生长的结果而忽视了生长的过程，那是极端错误的。

四、"教育即生活"与"学校即社会"

早在 1897 年发表的《我的教育信条》一文里，杜威就明确指出："教育过程有两个方面：一个是心理学的，一个是社会学的。它们是平列并重的，

---

1 杜威.我的教育信条[M]// 杜威教育论著选.赵祥麟，王承绪，编译.上海：华东师范大学出版社，1981：3.

哪一个也不能偏废；否则，不良的后果将随之而来。"[1] 由此出发，他提出了两个口号："教育即生活"与"学校即社会"。

首先，杜威提出了"教育即生活"。他说："生活就是发展，而不断发展，不断生长，就是生活。"[2] 但是，没有教育就不能生活，所以教育即生活。在他看来，最好的教育就是"从生活中学习""从经验中学习"。教育就是给儿童提供保证生长或充分生活的条件，而不问他们的年龄大小；教育就是儿童现在的生活过程，而不是将来生活的预备。当儿童出生时，教育就在无意识中开始了。这种教育不断地发展儿童个人的能力，熏染其意识，形成其习惯，锻炼其思想，并激发其感情和情绪。

杜威还认为，生活就是生长，儿童的发展与成长就是原始本能生长的过程。他说："生长是生活的特征，所以教育就是生长；在它自身以外，没有别的目的。"[3] 这样，杜威就把生物学上的一个名词"生长"搬用到教育上来了。在他看来，教育绝不是强迫儿童去吸收外面的东西，而是要使人类与生俱来的能力得以生长。儿童教育的目的就在于，通过组织保证继续生长的各种力量，以便使教育得以继续进行。

在杜威的教育理论体系中，"教育即生活""教育即生长""教育即经验的改造"实际上都是同一个意思。尽管在论述这一基本观点时，杜威批判了传统教育的弊病，但在一定程度上忽视了教育和生活两者之间的区别。

其次，杜威提出了"学校即社会"。他认为，学校应该成为一个小型的社会，一个雏形的社会，使得每个学校都成为一种雏形的社会生活，以反映大社会生活的各种类型的作业进行活动；当学校能在这样一个小社会里引导和训练每个儿童成为社会的成员，用服务的精神熏陶他们，并授予有

---

1 杜威.我的教育信条[M]//杜威教育论著选.赵祥麟，王承绪，编译.上海：华东师范大学出版社，1981：2.

2 杜威.民主主义与教育[M]//杜威教育论著选.赵祥麟，王承绪，编译.上海：华东师范大学出版社，1981：154.

3 同上：158.

外国幼儿教育史

效的自我指导的工具，我们将有一个有价值的、可爱的、和谐的大社会的最深切而最好的保证。[1]

杜威还认为，学校不应该仅仅被当作一个传授某些知识的场所，但学校也不是社会生活的简单重现。"学校即社会"的具体要求有二。其一，学校本身必须是一种社会生活，具有社会生活的全部含义。其二，校内学习与校外学习联结起来，两者之间应有自由的相互影响。学校作为一种特殊的环境，其功能就在于简化和整理所要发展的倾向的各种因素；把现存的社会风俗纯化和理想化；创造一个比儿童任其自然时可能接触的更广阔、更美好、更平衡的环境。

尽管杜威提出的"学校即社会"是针对传统学校弊病的，但它在一定程度上消解了学校与社会两者之间的界线。

五、思维与教学

（一）"思维五步"与"教学五步"

针对传统教育忽视儿童思维能力培养这一点，杜威强调指出，教学活动应该能激起儿童的思维，培养他们的思维习惯和能力。他认为，思维就是明智的学习方法，就是在教学过程中明智地经验的方法。"所谓思维或反省，就是识别我们所尝试的事和所发生的结果之间的关系……没有某种思维的因素，不可能产生有意义的经验。"[2]

杜威认为，思维的过程包括了感觉问题所在，观察各方面的情况，提出假定的结论并进行推理，积极地进行实验的检验等。具体来说，它可以分

---

1 杜威.学校与社会 [M]// 杜威教育论著选.赵祥麟，王承绪，编译.上海：华东师范大学出版社，1981：21，28.

2 杜威.我们怎样思维 [M]// 杜威教育论著选.赵祥麟，王承绪，编译.上海：华东师范大学出版社，1981：176.

成五个步骤：（1）产生疑难的情境；（2）确定疑难所在，并从疑难中提出问题；（3）提出解决问题的种种假设，引起观察和其他心智活动以及搜集事实材料；（4）推断哪一种假设能够解决问题；（5）通过实验，验证或修改假设。这种思维过程一般被后人称为"思维五步"。杜威指出，这五个步骤的顺序并不是固定的，在实际生活中有时两个步骤可以结合起来，有时几个步骤可以匆匆掠过。

从"思维五步"的观点出发，杜威指出，教学过程也相应地分成五个步骤。

第一步，教师给儿童准备一个真实的经验情境，一个与实际经验相联系的情境，同时根据儿童的本能需要和生活经验给予一些暗示，使得儿童有兴趣了解某个问题，以便去获得某种为现在的生活所需要的经验。

第二步，在这个情境中须能产生真实的问题，作为思维的刺激物。在这个阶段，儿童要有足够的资料，更多的实际材料，以便应付在情境中产生的问题。这些资料和实际材料首要的是儿童本人现在的生活经验、活动或事实。

第三步，从资料的应用和必要的观察中产生对解决问题的思考和假设。在这个阶段，儿童要进行设计、发明、创造和筹划，以找到问题的答案。

第四步，儿童自己负责一步步地展开其所设想去解决问题的方法，同时把这些方法加以整理和排列，使其有条不紊。

第五步，儿童通过应用来检验其想法，验证假设的价值，在个人亲自动手做的过程中，自己去作出判断。

杜威所说的这种教学过程，在教育史上一般被称为"教学五步"。杜威认为，在这种教学过程中，儿童通过发现式的学习，可以学到创造知识以应付社会生活需求的方法。但他也指出，这实在不是一件容易的事。

应该说，在教学活动中，有可能会采取这样的步骤。但杜威把它作为教学过程的一般规律，那显然是片面的。

（二）"从做中学"

杜威认为，儿童出生后几乎对每一件事情都要学习，例如，看、听、伸手、触摸、保持身体平衡、爬、走等。要达到精通熟练的程度，就需要练习，需要观察，需要选择有效的动作。在《民主主义与教育》一书中，杜威明确指出："人们最初的知识，最根深蒂固地保持的知识，是关于怎样做（how to do）的知识……自然的发展进程总是从包含着从做中学（learning by doing）的那些情境开始。"[1] 在杜威看来，儿童应该有机会运用其身体，并由此使其自然冲动有表现的机会。对儿童来说，"做事"本身就是一种最好的教育。教育应该以儿童的本能和冲动为出发点，通过活动（即做事的过程）使儿童得到新的发展。学校应该采取与儿童校外活动类似的形式。这样，"从做中学"就使得学校中知识的获得与儿童在共同生活的环境中所进行的活动或工作联系了起来。由于杜威相信一切真正的教育从经验中产生，一切学习都来自经验，因此，他所说的"从做中学"，实际上也就是"从活动中学""从经验中学"。

对于传统学校教育，杜威进行了尖锐的批判。他指出，传统学校教育方式是与实际的经验情境相脱离的，是与儿童现在的生活相脱离的；它不仅使儿童很少有进行活动的余地，而且企图用各种方式压制儿童的一切身体活动，因此，必然会阻碍儿童的自然发展。

杜威明确指出，儿童生来就有一种要做事和要工作的愿望，对活动或工作具有强烈的兴趣。在他看来，游戏是儿童幼年期一种主要的，几乎是唯一的教育方式。游戏时，儿童会把扫帚当作马，把椅子当作火车，把一块石头当作桌子，把树叶当作盘子等。杜威强调说："为了使儿童游戏的态度不终止于恣意的幻想，并在建造一种想象的世界时，能认识现存的、真

---

1 杜威.民主主义与教育[M]// 杜威教育论著选.赵祥麟，王承绪，编译.上海：华东师范大学出版社，1981：192.

实的世界，就有必要使游戏的态度逐渐地转化成为工作的态度。”[1] 当儿童准备进行工作时，如果不引导其从事工作，那就是蛮横地阻挠其发展。因此，如果注意使儿童从那些真正有教育意义和有兴趣的活动中进行学习，那也许标志着对于儿童整个一生有益的一个转折点。但是，如果忽视了，那机会一去就不会再来了。

从智力活动的意义上看，工作具有极大的教育价值。工作作为儿童的一种活动方式，是指使用各种材料和工具以及使用各种技巧的一切活动，包括任何形式使用工具和材料的表现活动和建造活动，任何形式的艺术活动和手工活动等。杜威认为，随着儿童的心智在能力和知识上的生长，这种工作不仅成为一种愉快的事情，而且越来越成为理解事物的媒介、工具和手段。如果离开了工作，那不仅取消了兴趣的原则在教育中的地位，而且也不能在经验的理智方面和实践方面之间保持平衡。杜威还强调指出，儿童参与工作不同于所谓功利性的职业教育。学校里各种形式的活动的重要意义是使儿童在社会和个人两方面之间保持一种协调。

杜威提出的“从做中学”是从批判传统教育的弊病出发的，也含有一些合理的因素，但它过分强调了活动或工作在教育中的地位。

六、儿童与教师

在儿童与教师的关系方面，杜威也批判了传统教育的做法。他强调：传统教育的“重心是在儿童之外，在教师，在教科书以及在其他你所高兴的任何地方，唯独不在儿童自己即时的本能和活动之中。在那样的条件下，就说不上关于儿童的生活”[2]。在他看来，在传统教育中，来自教师的刺激和

1 杜威.我们怎样思维[M]// 我们怎样思维·经验与教育.姜文闵，译.北京：人民教育出版社，1991：174.

2 杜威.学校与社会[M]// 杜威教育论著选.赵祥麟，王承绪，编译.上海：华东师范大学出版社，1981：31.

控制太多，而对儿童的兴趣和经验的需要考虑太少，甚至忽略了儿童这个教育对象。

由此出发，杜威认为，学校生活组织应该以儿童为中心，一切必要的措施都应该是为了促进儿童的生长。因为是儿童，而不是教学大纲决定教育的质和量，所以，教学内容、计划和方法以及一切教育活动都要服从儿童的兴趣和经验的需要。杜威曾这样说："现在，我们教育中将引起的改变是重心的转移。这是一种变革，这是一种革命，这是和哥白尼把天文学的中心从地球转到太阳一样的那种革命。这里，儿童变成了太阳，而教育的一切措施则围绕着他们转动，儿童是中心，教育的措施便围绕他们而组织起来。"[1]

在杜威看来，教育以儿童为中心是与儿童的本能和需要协调一致的。心理是一个生长的过程，教育必须从心理学上由探索儿童的能力、兴趣和习惯开始，而以儿童为中心正体现了这一点。所以，杜威强调：学习是主动的，它包含着心理的积极开展，它包含着从心理内部开始的有机体的同化作用，毫不夸张地说，我们必须站在儿童的立场上，并且以儿童为自己的出发点。[2] 在杜威看来，儿童的发展，儿童的生长，就是教育理想的所在。

杜威还认为，教育过程是儿童和教师共同参与的过程，是儿童和教师真正合作和相互作用的过程。在这个过程中，儿童和教师是作为平等的学习者来参与的。学校需要有一种儿童和教师在情感上、实际上和理智上共同参与的现在的社会生活。

因此，杜威在论述教育以儿童为中心的同时，也指出教师不应该采取"放手"的策略。教师应该把儿童的兴趣和需要转变成他们发展的手段和使

---

1 杜威.学校与社会 [M] // 杜威教育论著选.赵祥麟，王承绪，编译.上海：华东师范大学出版社，1981：32.

2 杜威.儿童与课程 [M] // 杜威教育论著选.赵祥麟，王承绪，编译.上海：华东师范大学出版社，1981：79.

他们的能力进一步发展的工具，既不予以压抑，也不予以放任。在杜威看来，如果在学校生活中教师只是问儿童喜欢做什么，然后就告诉他们去做，教师既不动手，也不动脑，不给儿童以必要的指导，那就不能促进儿童的生长和发展，不能引导儿童获得一种生动的和个人亲身的体验，就会使儿童所做的事情仅仅成为一时的冲动和兴趣的表现而稍纵即逝。这里杜威所说的"必要的指导"，就是选择对儿童的本能和冲动适当的刺激，以便使儿童更好地去获得新的经验。

杜威指出："经验生长的连续性应该是教师的座右铭。"[1]教师的首要任务是为儿童提供一个实际的经验情境和适宜儿童生长的机会。因此，教师必须经常而耐心地观察儿童，了解儿童的兴趣和能力，注意儿童的哪些冲动在向前发展。只有这样，教师才能够进入儿童的生活，才能知道儿童要做些什么以及用什么教材才能使儿童工作得最起劲、最有效果。

对于传统教育中教师的地位和作用，杜威进行了尖锐的批判，并提出教育以儿童为中心的观点。但他并没有否定教师的作用，杜威的观点与传统教育相比，区别在于教师应该如何发挥作用。然而，在论述儿童与教师的关系时，杜威过分强调了儿童在教育过程中的地位。正如美国心理学家和教育家布鲁纳（Jerome Seymour Bruner）指出的："教育必须从'心理上探索儿童的能力、兴趣和习惯'开始，但是，一个出发点并不就是整个旅程。为了儿童去牺牲成人或为了成人去牺牲儿童，其错误是相同的。"[2]

作为现代西方教育史上最有影响力的一位教育家，杜威顺应时代发展的趋势，对传统教育的弊病进行了批判，强调儿童心理的发展和研究以及思维能力的训练，主张教育的一切措施都应该有利于儿童的成长，这不仅有一定的合理因素，而且对现代教育理论（包括幼儿教育理论）的发展起

---

1 杜威.经验与教育[M]//杜威教育论著选.赵祥麟，王承绪，编译.上海：华东师范大学出版社，1981：368.

2 布鲁纳，伟俊，钟会.杜威教育哲学之我见[J].外国教育研究，1985（4）：17—24.

了促进作用。然而，也很少有教育家像杜威那样在受到那么多赞扬的同时，又受到了那么多的批评和攻击。其原因除了杜威教育著作的晦涩和他人的误解外，也在于他的教育理论体系自身确实存在着一些不足之处。

第二节　蒙台梭利的幼儿教育理论

意大利教育家蒙台梭利（Maria Montessori，1870—1952）最初研究智力缺陷儿童的心理和教育问题，后来致力于正常儿童的教育实验，创办了举世闻名的"儿童之家"。她撰写幼儿教育理论著作，开设国际训练班，对现代幼儿教育的改革和发展产生了深远的影响。

一、生平活动与"儿童之家"的创立

蒙台梭利 1870 年 8 月生于意大利安科纳省的希亚拉瓦莱镇。父母对独生女蒙台梭利要求严格，特别是她母亲对她个人的志向一直给予支持和鼓励。6 岁时，蒙台梭利进入当地的公立学校读书，被大家认为是一个温柔但并不十分聪明的小女孩。但是，在早期的学校生活中，她已萌发了关心和照顾未来儿童的念头。蒙台梭利 12 岁时，父母为了使她能有一个更好的教育环境而迁居罗马。

1886 年，蒙台梭利进入高等技术学院学习，决心像班上的男同学一样成为一名工程师。然而在毕业前夕，由于对生物学的浓厚兴趣，她又产生了学医的想法。1890 年秋天，蒙台梭利进入罗马大学医学院，成为意大利教育史上第一个学医的女生。在学习的同时，她又在附属儿童医院当助手以获得一些临床经验。1896 年，蒙台梭利毕业，成为意大利第一位女性医学博士。

获得博士学位后，蒙台梭利担任了罗马大学精神医学科的助理医生。对许多不幸的智力障碍儿童，她深表同情，并开始阅读一些有关精神缺陷儿童的书籍。尤其是法国精神病医生塞甘（E. Séguin）的《智力障碍以及其他障碍儿童的精神治疗、卫生保健与教育》和法国医学家伊塔尔（J. Itard）的《关于野生儿阿维龙的报告和回忆录》，使她在思想上受到了影响并尝试在实践中应用其中的原理。为了弥补教育理论知识的不足，她又去旁听教育课程和阅读主要的教育理论著作。

1898 年在都灵召开的国际医学大会上，蒙台梭利建议要加强对智力缺陷儿童的研究工作。同年 9 月，她又出席了在都灵召开的全国教育会议，并作了题为"精神教育"的讲演，强调智力缺陷儿童应当和正常儿童一样享有受教育的权利。第二年年底，意大利全国智力缺陷儿童教育联盟成立，蒙台梭利是一个很活跃的成员。

1900 年春天，全国智力缺陷儿童教育联盟在罗马开办了一个医学教育机构。它附设一所实验示范学校，蒙台梭利受聘担任校长，时间为两年。这使她有了一个从事智力缺陷儿童教育工作的机会。这所学校后来以"国立特殊儿童学校"著称。

此后，蒙台梭利一直希望有机会把智力缺陷儿童的教育方法应用于普通儿童。1906 年底，机会终于来了，罗马优良建筑协会会长塔莱莫（E. Talamo）设想在圣洛伦佐贫民区的公寓里开办学校，并聘请蒙台梭利负责。蒙台梭利的朋友建议把这所学校命名为"儿童之家"，意为"公寓中的学校"，带有家庭的含义。1907 年 1 月 6 日，第一所"儿童之家"在罗马圣洛伦佐区正式成立。它招收了 50 多名 3 至 6 岁的儿童。

在"儿童之家"里，所有的一切都有助于儿童的发展。在蒙台梭利的努力下，"儿童之家"的实验是成功的，儿童的心智发生了很大的变化。越来越多的访问者去那里参观并给予赞扬。接着，罗马和米兰又相继成立了一些"儿童之家"。在友人的建议和鼓励下，蒙台梭利写成了《蒙台梭利方法》(原名为《应用于"儿童之家"的科学的幼儿教育方法》),记述了"儿童之家"的实践及其理论。该书于 1909 年出版,在世界上产生了广泛的影响。

为了进一步传播自己的教育理论,蒙台梭利不仅在国内开设训练班,而且在英国、法国、巴基斯坦和印度等国开设国际培训班。尤其是 1919—1937 年在伦敦开设的两年一期的国际培训班,每期 6 个月,培养了许多蒙台梭利学校教师。1929 年,国际蒙台梭利协会在荷兰成立,蒙台梭利去世前一直亲自担任该协会的主席。

从事教育实践的同时,蒙台梭利还撰写了许多论述幼儿教育理论的著作,主要有:《蒙台梭利方法》(1909)、《童年的秘密》(1936)、《有吸收力的心理》(1949)等。

1952 年 5 月,蒙台梭利在荷兰去世。

二、儿童观

从发展的观点出发,蒙台梭利认为,儿童是一个发育着的机体和发展着的心灵;儿童发展的时期是人的一生中最重要的时期。幼儿处在不断生长和发展变化的过程之中,而且主要是内部的自然发展。在这个连续的自然发展过程中,幼儿的发展包括生理和心理两方面。蒙台梭利强调,存在一种神秘的力量,它给新生儿孤弱的躯体一种活力,使他们能够生长,教他们说话,进而使他们完善,我们可以把儿童心理和生理的发展说成是一种"实体化"。[1]

在生理方面,儿童刚诞生时处于一种明显的孤弱状态,表现出一副令人怜悯的样子。在相当长的一段时间里,其孤弱而不能自助,不能说话,不能站立,不断地要人留心,唯一能发出的声音就是哭泣或叫喊,让人奔过

1　蒙台梭利.童年的秘密 [M].马荣根,译.北京:人民教育出版社,1990:30.

去给予帮助。但是，儿童的个体是在不断发展的，潜伏着的生命力量会逐渐显现出来。

在蒙台梭利看来，儿童身体内含着生气勃勃的冲动力。正是这种本能的自发冲动赋予其积极的生命力，促使其不断发展。一是主导本能。这种本能对处于生命初创时期的婴儿提供指导和保护，拯救既没有力量也没有拯救自己手段的孤弱生物，甚至决定物种的生存。二是工作本能。这是人的基本特征。儿童正是通过不断的工作而进行创造，使自己得到充分的满足，并形成自己的人格。它既能使人类更新，又能完善人类的环境。

在心理方面，儿童的心理发展既有一定的进程，又有隐藏的特点。蒙台梭利认为，儿童是一个"精神（心理）的胚胎"。因为每一个儿童都有一种创造本能，一种积极的潜力，能依靠其周围环境，构筑起一个精神世界，所以，儿童不仅作为一种肉体而存在，更作为一种精神而存在。只是，儿童的精神深深地隐藏着，不立即表现出来，而且，个体的精神也各不相同，儿童各有自己的创造性精神。

在蒙台梭利看来，儿童开始一无所有，经过适宜的环境的刺激，逐渐表现出令人惊叹和不可思议的心理活动，显现出自己特有的个性。而且，儿童的精神生命是独立于、优先于和激发所有外部活动的。儿童具有一种下意识的感受能力，积极地和有选择地从外部世界中进行吸收，使外部世界内化成为其自己心理的一部分。因此，蒙台梭利把儿童的心理称为"有吸收力的心理"。一个人在童年时期所获取和吸收的一切会一直保持下去，甚至影响其一生。

蒙台梭利还认为，在儿童的心理发展中会出现各种敏感期。她认为，正是这种敏感性，使儿童用一种特有的强烈程度去接触外部世界；在这时期，他们对每样事情都易于学会，对一切都充满了活力和激情。[1] 而人的智力发

1　蒙台梭利.童年的秘密 [M].马荣根，译.北京：人民教育出版社，1990：40.

展正是建立在幼儿敏感期所打下的基础上的。

（一）秩序的敏感期

儿童对秩序的敏感从出生第一年就出现并一直持续到第二年，甚至在出生后的第一个月里就可以感觉得到。这是儿童的一种内部的感觉，以区别各种物体之间的关系，而不是物体本身。

（二）细节的敏感期

儿童在 1 至 2 岁时会表现出对细节的敏感，其注意力往往集中在最小的细节上。例如，一块肥皂被放在脸盆架上，而没有被放在肥皂盒里。这表明儿童的精神生活的存在，以及儿童和成人具有两种不同的智力视野。

（三）行走的敏感期

这是在儿童的发展中最容易观察到的一个敏感期。从儿童行走第一步开始，似乎有一种无法抗拒的冲动驱使儿童去行走。儿童通过个人的努力学会走路，并逐渐取得平衡和获得稳健的步伐。

（四）手的敏感期

儿童会朝着外界的物体伸出小手。这个动作的最初推力代表儿童自我要进入外部世界之中。大约在 1 岁半至 3 岁之间，儿童经常抓握物体，特别喜欢把东西打开，随后又把它关上。蒙台梭利认为，正是通过手的活动，儿童才能发展自我，发展自己的心灵。随着年龄的增长，儿童的手将能按照其所看到的成人那样，以一种清晰的合乎逻辑的方式行动。

（五）语言的敏感期

儿童开始学习说话，他们所获得的语言是从周围环境中听到的。当他们说第一句话时，并不需要为此准备任何特殊的东西。儿童开始是牙牙学语，然后说单词，接着将两个单词组成句子，再就是模仿更复杂的句子。这些阶段是以连续的方式出现的，而不会截然分开。在蒙台梭利看来，语言能力的获得和运用，是儿童智力发展的外部表现之一。

蒙台梭利强调指出，应该注意儿童的心理发展和生理发展之间的密切关系。她认为，如果说心理的压抑会影响新陈代谢，并因此降低一个人的活力的话，那可以肯定，相反的情况也会发生：富有刺激的一种心理体验能够增加新陈代谢的速度，并因而促进一个人的身体健康。[1]

她特别指出，如果儿童在其心理发展过程中，遇到一个有敌意的和不相容的环境，加上成人的盲目压抑和干涉，往往会在人们毫无知觉的情况下出现各种心理畸变。例如，儿童会坐立不安地乱动，表现出心灵神游的现象；儿童过分依附成人，使自己的创造性能力衰退；儿童把自己依附于某种物质的东西，表现出强烈的占有欲；儿童的权力欲使其想通过利用成人满足自己无止境和变化无常的欲望；儿童会产生沮丧和缺乏自信的情绪，表现出自卑感；儿童会出现说谎的现象；等等。在儿童身上，这些心理畸变并不是孤立存在的，而是相互联系的。随着一种心理畸变的产生，往往又会产生另一种相关的心理畸变，因此，在一个幼儿身上可能会同时出现几种心理畸变的情况。

在蒙台梭利看来，心理畸变作为一种功能性的失调，会使儿童的心理处于紊乱的状态。儿童一旦出现了心理畸变的征兆，也就失去了保护自己并保证自己处于健康状态的敏感性，同时也会引起身体的失调。所以，对于这种功能性的失调，必须进行精心的治疗，才能使儿童的心理正常地发展。如果不消除儿童的心理畸变，这些心理畸变将会伴随其终生。

1　蒙台梭利.童年的秘密[M].马荣根，译.北京：人民教育出版社，1990：135.

外国幼儿教育史

三、儿童教育的原则及环境

蒙台梭利尖锐地批评传统的学校教育和旧的家庭教育，指出它们忽视儿童的内在因素和压抑儿童个性的发展，其结果必然是阻碍儿童生理和心理的正常发展。

在蒙台梭利看来，儿童教育是人类最重要的一个问题。它的目的是两重性的：生理的和社会的。从生理方面来看，儿童教育是帮助个人的自然发展；从社会方面来看，儿童教育是使个人为适应环境做好准备。为了促使儿童生理和心理的良好发展，儿童的教育应该始于诞生时。在儿童的教育中，要注意两条原则。

一是自由的原则。根据蒙台梭利的儿童观，儿童的内在冲动是通过自由活动表现出来的，儿童能根据自己的心理需要和倾向以及自己的特殊爱好选择物体进行活动。蒙台梭利曾举了这样一个例子：有一天，"儿童之家"的老师到校较迟，而且事先又忘记关上小柜子的门，因此等老师到校时，发现许多儿童站在小柜子的周围，有些儿童已取出了自己所需要的教具去活动。这件事情使她认识到，这些儿童已能识别教具，并作出自由的选择。蒙台梭利强调："科学的教育学的基本原理必须是学生的自由——这样的自由将允许个人的发展即儿童本性的自发表现。"[1]

但是，儿童有充分活动的自由并不意味着他们可以为所欲为，想做什么就做什么。蒙台梭利认为，儿童必须在自由的基础上培养纪律性。例如，"儿童之家"的儿童要遵守以下的规则：保持个人的整洁，服从教导，表现良好的品行等。在她看来，自由并不是放纵，自由和纪律是同一个事物不可分离的两个方面。自由活动是形成真正的纪律的重要方式，而真正的纪律也必须建立在自由活动的基础上。

1　蒙台梭利.科学的幼儿教育方法 [M].单中惠，译.济南：山东教育出版社，2018：24.

二是工作的原则。蒙台梭利认为，使儿童身心协调发展的活动就是"工作"。如果儿童能全神贯注地工作，正说明这种工作能满足其内在的需要。在敏感期，使儿童进行满足其内心需要的活动，他们就能专注地和独自地反复进行练习。这个过程也就是儿童生理和心理实体化的过程。这不仅使儿童得到了心理上的满足，而且也使他们获得了独立的能力。蒙台梭利曾举过这样一个例子：一个大约3岁的女孩在玩圆柱嵌入物时，尽管她周围有许多干扰，但她仍专心致志地一遍一遍重复"放进"和"取出"的动作，处于忘却外部世界的状态，一直重复工作到第42遍时才停下来，仿佛从梦中醒来并高兴地微笑着。因此，蒙台梭利强调，每次当儿童经历这种体验之后，他们就像经过休整的人，充满着活力，仿佛感受到某种极大的欣喜。[1]她认为，人之所以成为人，不是因为他的老师所做的事情，而是因为他自己所做的事情。[2]总之，工作对于儿童来说是极有帮助的，有助于其肌肉的协调和控制，能使其发现自己的潜力，有助于其培养独立性和意志力，能使儿童在生命力不断展现的神秘世界中训练自己并进一步完善自我。

蒙台梭利还强调指出，对于儿童生理和心理的正常发展来说，准备一个适宜的环境是十分重要的。她认为，必须注意为儿童期设置一个适当的世界和一个适当的环境，这是一个绝对迫切的需要。[3]因为正在"实体化"过程之中的儿童需要自己特殊的环境，需要外界环境的保护，这正如胚胎在母亲子宫这样一个适宜的环境中发育成熟一样。在这样的环境里，应该充满着爱和温暖，有着丰富的营养，所有的东西都不会对儿童有害。虽然儿童心理的发展是受其内在本能所引导的，但外部环境为儿童心理的发展提

---

1 蒙台梭利.童年的秘密[M].马荣根，译.北京：人民教育出版社，1990：120.

2 蒙台梭利.科学的幼儿教育方法[M].单中惠，译.济南：山东教育出版社，2018：143.

3 蒙台梭利.儿童教育[M]//王承绪，赵祥麟.西方现代教育论著选.北京：人民教育出版社，2001：95.

供了媒介。只有给儿童准备一个适宜的环境，才能开创一个教育的新纪元。因此，蒙台梭利说："我首先把注意力转向环境问题，这当然包括教室的设施。"[1] "我们教育体系的最根本特征是对环境的强调。"[2] 对环境的注重，既是蒙台梭利方法的特点，也是她倡导的新教育的三个要素之一。因为旧教育只包括教师和儿童两个要素，而新教育包括了教师、儿童和环境三个要素。在蒙台梭利教育体系中，除了教师和儿童发生关系外，教师和儿童都要和环境发生关系。

蒙台梭利认为，给儿童提供的那种环境应该是一个自由发展的环境。在那里，尽可能地减少障碍物，使儿童自然地得到发展，有助于儿童创造自我和自我实现。它应该是一个有秩序的环境。在那里，儿童能安静而又有秩序地生活，有规律地生活，减少生命力的浪费，以便不断地完善与发展自己的生理和心理。它也应该是一个生气勃勃的环境。在那里，儿童充满生气、欢乐、真诚和可爱，毫不疲倦地工作，精神饱满地自由活动，并不断地完善各种活动。它还应该是一个愉快的环境。在那里，几乎所有的东西都是为儿童设置的，适合儿童的年龄特点和身体发育，对儿童具有极大的吸引力。

给儿童提供一个适宜的环境，也就是提供最有利于儿童生长和发展的外部条件。因为儿童的生长和发展有赖于不断地使儿童和其周围环境之间的关系变得密切，有赖于良好的外部条件。可以说，儿童正是利用其周围的一切塑造了自己。所以，蒙台梭利始终强调，一个适宜的环境，实际上为儿童开拓了一条自然的生活道路。如果儿童没有这种环境，其精神生命就不能发展，而一直处于虚弱、乖戾和与世隔绝的状态。[3]

1　蒙台梭利. 科学的幼儿教育方法 [M]. 单中惠，译. 济南：山东教育出版社，2018：68.

2　蒙台梭利. 童年的秘密 [M]. 马荣根，译. 北京：人民教育出版社，1990：110.

3　同上：163.

四、儿童教育的内容和方法

在蒙台梭利的教育体系中，儿童教育的内容和方法是一个重要的组成部分。蒙台梭利指出，在"儿童之家"中对儿童的教育应该包括以下四个方面。

（一）肌肉训练

对于儿童身体的正常发展来说，肌肉训练是十分重要的。蒙台梭利作为一名医生，很强调儿童的身体发育以及体操活动的作用。她认为，幼儿期是肌肉训练的一个重要时期，应该为儿童设计各种有助于肌肉训练的体操。医学解剖学表明，在儿童的身体发育过程中，躯干比下肢长得快，两者在早期不成比例，腿部早期较短而无力。因此，要让儿童自然发展，给儿童自己踢和爬的机会，或者以其他方式使儿童不把身体重量放在腿上，以免腿部肌肉过度紧张。因此，要鼓励儿童多做些体操练习，但又要注意避免压制儿童的自然活动。

为了帮助儿童进行肌肉训练，蒙台梭利设计了一些专门的器械和设施，例如，平行木栅、摇椅、球摆、螺旋梯、绳梯、跳板、攀登架等。以绳梯为例，儿童攀登用麻绳做的带有横木棍的梯子，就可以锻炼上下肢、手的抓握以及身体的平衡等。

她还设计了有音乐伴奏的走步、跑步和跳跃练习，既使儿童感到有兴趣，又锻炼了儿童肌肉的力量，还发展了儿童的节奏感。

此外，儿童还可以利用球、铁环、棍棒、豆袋、手推车等开展自由的活动性游戏。这对儿童的肌肉训练有很大的作用。但是，蒙台梭利反对福禄培尔提出的象征性游戏，并把玩具看成儿童不喜欢的东西。这显然是片面的。

蒙台梭利强调指出，肌肉训练不仅有助于儿童的身体发育和健康，而且有助于儿童动作的灵活、协调和准确，还有助于锻炼儿童的意志和发展儿童之间的合作关系。

（二）感官训练

在"儿童之家"里，感官训练占有突出的地位。蒙台梭利认为，必须对儿童进行系统的和多方面的感官训练，使他们通过对外部世界的直接接触，发展敏锐的感觉和观察能力。这是儿童高级的智力活动和思维发展的基础。在她看来，3至6岁是儿童生理和心理迅速发展的时期，也是感官训练的重要时期，儿童的各种感觉也先后处于敏感期。因此，感官训练应该在整个教育阶段进行。感官训练不仅关系到感官能力的发展，也关系到智力的发展。蒙台梭利指出：感官训练的目的不在于让儿童认识各种颜色、各种形状和不同性质的物体，而在于通过注意、比较和判断的练习，使儿童自己的感觉更加敏锐；这些练习是真正的智力训练。[1]

为了对儿童的每一种感官单独进行专门训练，感官训练应该包括视觉、听觉、嗅觉、味觉和触觉的训练。每种感官又可以按其性质和形式分别进行训练。

触觉训练在蒙台梭利的感官训练中是最主要的方面。蒙台梭利认为，儿童常常以触觉代替视觉或听觉。[2]那是因为，没有运动，就没有发展，也就没有心智健康。触觉训练按其性质的不同，可以分为辨别物体是光滑还是粗糙的滑度触觉训练，辨别温度冷热的温度触觉训练，辨别物体轻重的重量觉训练，以及辨别物体大小、长短、厚薄和形体的实体觉训练等。

视觉训练包括识别物体度量、形状和颜色的训练。听觉训练包括辨别和比较极其微弱的声音，并对噪声产生反感。嗅觉训练包括提高嗅觉的灵敏

1　蒙台梭利.科学的幼儿教育方法 [M].单中惠，译.济南：山东教育出版社，2018：298.

2　蒙台梭利.为了新世界的教育 [M]// 为了新世界的教育·童年的教育.单中惠，李爱萍，王晓宇，译.济南：山东教育出版社，2018：54.

度。味觉训练包括识别各种味道的训练。

在进行感官训练时，可以先让儿童识别物体的相同属性，再识别物体的不同属性，最后识别相差较小的物体属性。

蒙台梭利认为，应该将外部世界对儿童感官具有吸引力的刺激系统地组织起来，设计和制成教具材料，并利用这些教具材料引导儿童进行有目的和有秩序的感官训练活动。这些教具材料要符合儿童心理发展的特点，又能激起儿童的兴趣，还能使儿童的注意力保持集中。例如，训练触觉的教具材料有"粗滑板"（在长方形木板上各贴一半光滑和粗糙的纸或交错贴光滑和粗糙的纸）、"轻重板"（用三种不同质地的木料制成的光滑小板，漆上不同的颜色）；训练视觉的教具材料有圆柱嵌入物、各种几何图形的嵌板、64 种颜色和色调深浅不同的丝线卷板等；训练听觉的教具材料有 6 个分别装着不同小东西和摇动时会发出不同声音的有盖木盒、外形相同但敲打时会发出不同音调的小铃铛串等。

蒙台梭利还认为，每种教具材料都应配合一系列的固定动作，各训练一种特殊的感觉。在由易到难地有次序使用教具材料进行感官训练时，应该使儿童的注意力集中于一种感觉的刺激，并在观察、辨别、比较和判断的基础上，找出错误并自我更正，以增进实际的感觉经验。例如，在训练触觉时，要求儿童蒙着眼睛进行，以排除视觉的干扰。

（三）实际生活练习

蒙台梭利十分重视儿童的实际生活练习。实际生活练习可以分成两大类：一类是与儿童自己有关的，另一类是与环境有关的。与儿童自己有关的实际生活练习主要是自我服务，包括穿脱衣服、梳头、刷牙、洗手、洗脸、刷鞋、洗手帕等。与环境有关的实际生活练习主要是家务工作，包括卷小毯子、扫地、拖地板、擦桌子和椅子、擦亮门把手、打扫走廊、削土豆、剥豌豆、摆餐桌、端菜、洗盘子、开关门窗、整理房间等。通过实际生活练习，儿童可以培养独立生活和适应环境的能力。

为了帮助儿童参加实际生活练习，蒙台梭利认为，"儿童之家"应该摆设与儿童身材相适应的小型家具，例如，小桌子、小扶手椅，以及自己可以方便地打开的小橱；"儿童之家"还应该备有小扫把、色彩缤纷的抹布、小刷子、小肥皂和轻便的清洁卫生用具等。室内应有足够的空间，让儿童自由地活动和练习。她还设计了专门的教具，使儿童通过反复练习，学会扣纽扣、系鞋带、打结等动作。等到这些动作熟练后，儿童就会想到自己穿衣服或试着帮其他人穿衣服。

此外，园艺活动和手工作业不仅符合儿童的兴趣，而且有助于儿童生理和心理的发展。应该让儿童参加户外的园艺活动，例如，刨土、下种、浇水、植花、喂养小动物等。园艺活动可以使儿童产生对自然的热爱，获得新的生活经验，得到更大的满足，并促进智力的发展。蒙台梭利还主张儿童进行专门的手工作业，例如，绘画、泥工等。儿童可以先用手指触摸各种几何图形的轮廓，再把这些图形放在纸上，把它们的轮廓勾画出来，然后用颜色笔给图形轮廓涂色。经过一段时间的练习之后，儿童会由涂得不规则变成涂得正确和均匀整齐。对于这样的绘画工作，儿童往往乐此不疲。蒙台梭利认为，这也为写字做了准备。另外，儿童也可以用泥土做常用的生活用品和各种物品的小模型。这时，应该让儿童按照自己所喜欢的方式去做。但蒙台梭利反对通过绘画等工作来培养儿童的想象力。

在蒙台梭利看来，儿童的实际生活练习除了培养他们的独立性和帮助他们掌握技能外，还可以使儿童练习各种动作，变得更完善。从动作练习这一点来说，实际生活练习与肌肉训练是密切联系的。

（四）初步知识教育

蒙台梭利认为，3 至 6 岁的儿童天生具有学习初步知识的能力，成人完全可以教他们学习阅读、书写和计算。她认为，"儿童之家"的儿童原来没有机会去学习或掌握什么，一旦有了机会，就渴望学习文化知识。

蒙台梭利还认为，初步的知识教育与感官训练是相联系的，正确的感官训练有助于初步知识的教育。

在学习阅读和书写时，书写的练习一般先于阅读的练习。通过触觉的训练，儿童可以自然地进行书写练习。给孩子一支笔，他就会在描摹的基础上"爆发"出写字的能力，不断地写，任意地写，到处去写。蒙台梭利还设计了简单的字母教具让儿童进行练习，使视觉、触觉、听音和发音结合起来。对此，"儿童之家"的孩子们很感兴趣，并很快就能辨认和记住字母的形状，学会辨别语音和拼音、阅读单词和理解短句。蒙台梭利在"儿童之家"的实践中发现，儿童学习书写的年龄是3岁半至4岁半。

学习计算时，可以先利用儿童日常生活中接触到的物品，帮助他们练习计数。由于与日常生活相联系，计算活动很容易吸引儿童的兴趣。然后，再用图形数字进行认数和记数的练习。最后，儿童学会1到20的简单计算。蒙台梭利根据自己的实际经验指出，6岁以前的儿童对此不会有什么困难。

瑞士心理学家皮亚杰曾这样指出：蒙台梭利对于智力缺陷儿童心理机制细致的观察成了一般方法的出发点，而这种方法在全世界的影响是无法估计的。[1] 但是应该看到，蒙台梭利的教育方法也带有机械的和形式主义的性质，因而受到了一些教育家的批评。

五、论教师

在蒙台梭利的教育体系中，"教师"改称为"指导者"。蒙台梭利说："按照我的方法，教师教得少，观察得多，而且教师的作用首先是引导儿童

1　皮亚杰.教育科学与儿童心理学 [M].傅统先，译.北京：文化教育出版社，1981：149.

生理发展和心理活动。为此，我把教师的名称改为'指导者'。"[1]在蒙台梭利看来，教师是儿童的观察者和引导者，主要职责是给儿童准备一个适宜的环境，给他们开个头和作些必要的指导，其余的应该让儿童自己去发展。教师还应该是个心理学家，能真正理解儿童和了解儿童的内在需要，不压抑儿童的兴趣和自由活动。1925 年 7 月，在伦敦的国际训练班上，蒙台梭利曾强调说："每一所蒙台梭利学校都是一个科学实验室，教师准备了实验的条件，允许各种现象的发生。"[2]

在儿童的生长和发展过程中，儿童和包括教师在内的成人往往会发生冲突。蒙台梭利认为，这种冲突主要是由成人引起的，因为成人始终像一个拥有惊人力量的巨人一样站在儿童旁边，等待着猛扑过去并把儿童压垮。要消除这种冲突，就必须在包括教师在内的成人中间进行一次剧烈的变革，对儿童采取一种新的态度。她强调指出：必须根除潜藏在成人心中的偏见，必须消除可能会阻碍成人理解儿童的那种成人所特有的思想观念，真正认识到"儿童是成人之父"。[3]

为了使儿童的生理和心理得到正常的发展，对于教师来说，所面临的最紧迫的任务，就是去了解尚未被认识的儿童，并把他们从所有的障碍物中解放出来。[4]要完成这个任务，教师就必须去掉自己内心里的傲慢和发怒等脾性，放弃过去被认为是教师"神圣权利"的那些特权，使自己不仅在仪表上具有吸引力和令儿童喜爱，而且具备沉静、谦虚、慈爱、耐心、机智等品质。他们应该为儿童的发展和教育以及成为良好的人而献出一切。他们应该耐心地对儿童进行观察，对儿童的困境进行反思，引导儿童自己去进行活动并提供必不可少的帮助和指导。蒙台梭利强调，教师和儿童之间

1　蒙台梭利 . 科学的幼儿教育方法 [M]. 单中惠，译 . 济南：山东教育出版社，2018：144.

2　KRAMER R. *Maria Montessori*: *A Biography*[M]. New York：G. P. Putnam's Sons，1976：297.

3　蒙台梭利 . 童年的秘密 [M]. 马荣根，译 . 北京：人民教育出版社，1990：153，194.

4　同上：110.

的积极关系是教育成功的唯一基础。但是，这种积极关系绝不是说教师可以代替儿童自己去活动。

尽管蒙台梭利强调教师的主要任务是观察和引导，但是，她也指出："这并不意味着我们必须完全避免评价儿童，或者我们必须赞成他们所做的每一件事，或者我们可以忽视他们的心理和情感的发展。相反，教师永远不能忘记自己是一位教师以及自己的使命就是教育。"[1]

蒙台梭利还认为，教师应该接受专门的训练，从精神上做好准备，熟悉心理学的原理和方法，熟悉教具的性质和使用，掌握教育的方法，成为适宜的环境的保护人。她强调，指导者"的指导要比一般理解的意义深远得多、重要得多，因为她指导的是生命和心灵"[2]。她还说："如果没有一位受过训练的教师，那么，适宜的环境将是无用的，甚至可以说比无用还要糟糕。"[3] 所以，蒙台梭利开办甚至亲自主持国际训练班，注重教师的培养工作。在其训练班里，除必要的课程外，每个学员还要在蒙台梭利学校中进行实际观察。学员训练结束时，要经过书面考试和口试并写出研究报告，才能获得"指导者"文凭。

蒙台梭利的教育学说与"儿童之家"的实践，使她在幼儿教育方面成为自福禄培尔以来影响最大的一个人。蒙台梭利甚至被称为"幼儿园的改革家"。蒙台梭利强调探索儿童的心灵，尊重、热爱儿童，重视儿童的早期教育，精心设计各种教具材料，促使儿童生理和心理的自然发展。蒙台梭利的许多观点是符合现代幼儿发展与教育理论的，具有一定的科学性和合理性。蒙台梭利方法也成为现代幼儿教育的主要方法之一。但是，她的教育学说中也存在着一些片面的观点，连蒙台梭利本人也明确表示过：她的学说体系还不够完善。

1　蒙台梭利.童年的秘密[M].马荣根，译.北京：人民教育出版社，1990：153.

2　蒙台梭利.科学的幼儿教育方法[M].单中惠，译.济南：山东教育出版社，2018：144.

3　STANDING E M. *Maria Montessori: Her Life and Work*[M]. New York：A Plume Book，1962：276.

第三节　德可乐利的幼儿教育理论

比利时教育家德可乐利（Ovide Decroly，1871—1932）从事过身心缺陷儿童的教育，创办了驰名世界的"隐修学校"，致力于儿童教育实验，强调研究儿童生理和心理的发展，从实验教育的角度对幼儿教育产生了较大的影响。

一、生平和教育活动

德可乐利1871年7月生于比利时东佛兰德省的雷克内斯。他父亲是位工业家，但很关心孩子的教育，引导孩子参加园艺劳动和手工活动。在寄宿中学读书期间，由于老师的鼓励和支持，德可乐利对自然科学产生了兴趣并喜爱做实验。

在受完中等教育后，德可乐利进入根特大学医学院学习。毕业时，他以最优等的学习成绩获得医学博士学位。在一笔旅行奖学金的资助下，德可乐利得到机会赴德国柏林大学留学半年，继续进行医学研究。后来，他又在巴黎大学进修学习一年。1899年回国后，德可乐利在布鲁塞尔的多艺医院担任医生。那时的布鲁塞尔正在成为研究身心缺陷儿童和普通儿童的中心，成立了世界上第一个"儿童学实验所"。后来成为布鲁塞尔自由大学校长的德慕尔（J. Demoor）博士提倡对身心缺陷儿童进行研究，在当时吸引了包括德可乐利在内的一批年轻医生。

1901年，德可乐利在布鲁塞尔利用自己的住宅创办了一所特殊儿童学校，招收一些身心缺陷的儿童，研究适合这些儿童心理的教育方法。德可乐利夫妇和这些儿童生活在一起，亲自照料他们，并对他们进行观察和教育，取得了显著的成绩。因此，1903年，德可乐利被任命为布鲁塞尔市的特殊教育督学。

在一些朋友的建议和激励下，1907 年，德可乐利在布鲁塞尔市近郊创办了一所生活学校，取名为"隐修学校"（一般以"德可乐利学校"著称）。它招收 4 至 15 岁的正常儿童，采用与身心缺陷儿童同样的教育方法。这所新型学校的校园宽敞美丽，空气新鲜，阳光充足，还有饲养小动物的地方和花圃等。教学大楼里的每间教室，既是活动室，又是工作室或实验室。在教师的热情鼓励和指导下，儿童可以按自己的兴趣和爱好自由地进行活动，以使自己的身心得到自然发展。总之，自然从各方面围绕着儿童。

后来，以这所学校为中心成立了"新学校联盟"。其目的是传播和应用教育上的最新观念，团结一切同情新教育和使新教育摆脱宗教影响，以及要解放而不是压抑儿童的人们。[1]1917 年，德可乐利还成立了一个家长委员会，旨在协助学校工作，为学校集资，并帮助推行德可乐利方法。家长委员会由从每班学生家长中选出的 2 位代表组成，德可乐利担任主席。后来，比利时政府在派人对德可乐利学校进行详细调查后，对其实验工作表示满意，并决定每年在经费上给予资助。

在德可乐利的倡议下，1911 年在布鲁塞尔召开了第一届国际儿童学会议，他被选为会议主席。1913 年，德可乐利被聘为布鲁塞尔高等师范学校教授。1915 年，他联合其他教育工作者和慈善家救护第一次世界大战中的孤儿，组织孤儿院并亲自担任院长。1920 年，德可乐利任布鲁塞尔大学儿童心理系主任；1921 年，任该大学医学院教育卫生系主任。

为了正确地观察和判断儿童身心的发展，德可乐利采用了智力测验的做法。在使用"比纳—西蒙量表"的基础上，他与比利时教育部督学布伊斯（R. Buyce）一起合编了"布伊斯—德可乐利量表"，并合写了《智力测验的实践》，于 1930 年出版。

此外，德可乐利于 1907 年第一个利用电影的手段来对儿童的活动进行

1　德可乐利，汉玛宜．比利时德可乐利的新教育法 [M]．崔载阳，译．上海：中华书局，1932：5.

观察。在第一次世界大战之后，他更广泛地运用这一手段，摄制了《儿童心理发展的阶段》《儿童的空间反应》《儿童的社会反应》以及《0—6岁儿童的模仿行为》等，推动了教育实验的发展。

1932年9月，德可乐利在于克勒去世。

二、生活教育观

德可乐利对传统教育提出了尖锐的批评。他认为，传统教育的弊病主要在于：学术性过强，过于注重书本教育，而没有充分适应儿童的年龄、兴趣、需要和能力；学习的科目是互相隔离的，没有注意到儿童的思维过程，不能很好地为儿童所掌握；儿童花在获得知识上的时间和精力过多，而花在表达上的太少；没有给儿童自由活动和发挥创造性的机会等。据德可乐利1921年对布鲁塞尔学生的调查，85%的儿童没有从学校教育中得到多少好处，在离开学校时仅有少量一知半解的知识；他们对学术活动不感兴趣，厌恶作业，并表现出沮丧的情绪。[1]因此，他强调："农业或商业不是凝固不变的，教育并没有更多的理由依然故我。经验表明，物理的和社会的环境，生活的需要和条件，都在变，因此，就必须适应这些新的因素。教育的方法必须进化。要进化，就得像工业、畜牧和种植那样的试验和尝试，即我们所说的实验。教育这事业，必须比人类的任何其他事业更灵活、更有进化的能力。"[2]在德可乐利看来，教育就是要发展儿童的创造力、想象力和观察力，培养他们专心工作和合作的精神。

德可乐利认为，要克服传统教育的弊病，只有使儿童从生活中学习。因为儿童将是一个参加社会生活的人，所以，教育应该使他们愉快地做好这一

1　CONNELL W F. *A History of Education in the Twentieth Century World*[M]. New York：Teachers College Press，Columbia University，1980：145.

2　洪丕熙. 德可罗利的教育学说及其影响 [M]. 外国教育资料，1983（5）：1—11.

准备；应该使儿童能接触一般的生活，尤其是社会生活，使他们通过对生活问题的了解，尽可能懂得什么是生活。德可乐利强调说："一个正在生长并有高度发展的大脑机制的生物具有广泛的心理和社会功能。"[1]在他看来，儿童是一个正在生长的整体，在每一个年龄段都有变化，有时可能是细微的和感觉不到的变化。同一年龄阶段的儿童之间也存在着差异，而不存在相似的复制品。某一年龄的儿童会表现出其特有的兴趣，心智活动应该以这种不同的兴趣为依据。在儿童生活中，感觉和肌肉运动是最主要的活动。

总之，德可乐利认为，教育就是生活。儿童的教育就是为了使儿童获得实际生活的经验。因此，他确立了"生活教育"的宗旨：一是使儿童在生活中为生活准备；二是组织适宜儿童发展倾向的环境并提供适当的刺激。这里，第一点指明了生活教育的目标，第二点指明了生活教育的方法。

1921 年，德可乐利在欧洲新教育联谊会上作了讲演，进一步阐述了上述的生活教育宗旨。概括起来有 15 个要点。

（1）对儿童实施自由教育的学校应该设在自然的环境中。学校的环境应能使儿童在日常生活中与各种自然现象相接触，使儿童了解各种生物以及人类的生活，给儿童提供通过他们自己努力去适应社会生活的机会。

（2）学校人数不要太多。在可能的范围内，招收 4 至 15 岁的男女儿童。

（3）学校的一切设施应该不同于课堂式的传统学校，宜设置小规模的工作室或实验室，并配备必要的工作或实验设备。

（4）教师应该聪明和充满活力，并富有创造力和想象力。他们应该受过训练，了解观察儿童生活以及动植物的方法。他们应该热爱儿童，对研究心理学以及有关的科学有兴趣。他们应该具有熟练的口头表达能力以及维持教育秩序和纪律的能力。

（5）应该尽量按儿童的生理和心理发展的标准来分班，班级规模愈大，

---

1 HUSEN T. *The International Encyclopedia of Education. Vol.3*[C]. New York，1985：1335.

愈需要考虑到这点。每班的人数最多不超过 25 人。

（6）如果一所学校里有 10 到 15 个有身心缺陷的儿童，就应该单独把他们组成一个班，由在特殊教育方面受过专门训练的教师任教。

（7）上午时间宜进行读写算教学，每周不少于 3 至 4 次，但应采用游戏的方式，使儿童从游戏的竞争和成功中得到适当的刺激。

（8）在读写算教学之后，应该继以各种活动，例如，观察、比较、联想、绘画、唱歌、体育、游戏、手工等。教师在选择各种活动时，应该考虑到儿童的兴趣、学校的环境所能提供的活动机会和儿童心理发展的需要。

（9）除放假日外，下午时间应该用于手工活动或学习外国语。

（10）应该用一些时间组织儿童郊游，采集动植物标本，或参观工厂、艺术馆、博物馆、火车站以及其他有趣的地方。

（11）应该向家长报告学校的目的和工作情况，使家长与学校配合。学校也应该组织家长委员会，使家长参与学校行政。

（12）应该使儿童学会自制和自治。平时除特殊活动需要安静外，儿童可以自由走动，与同伴或教师交谈。

（13）为发展儿童的创造力、自信心和团体精神，各班应经常举行演讲会，题目可以由儿童自己选择或经教师同意，但内容最好与全班儿童的观察和联想有关。

（14）组织儿童参加各种活动，例如，整理房间、搜集物品和图片、绘制图表、饲养小动物、照管植物等，激发儿童对个人或团体的工作产生兴趣。

（15）应该从儿童和环境出发制定课程，采用整体化教学的方法。

因此，德可乐利创办的在自然环境中的"隐修学校"，既是儿童学习的地方，也是儿童生活的地方，同时又是缩小的社会。儿童学习以活动为主，讲课和参观仅是它的补充。学校还设立了自治会和其他团体，许多事情，如环境整理、会场布置、家畜饲养等，也由儿童分别承担。这都充分体现了德可乐利的生活教育宗旨和原理。就生活教育观来说，德可乐利的思想与杜威的思想之间显然存在着一些相似之处。

尽管德可乐利强调学校要经常与家庭联系，把对儿童进行观察和研究的结果以及儿童的学习情况向家长报告，但是，他抛弃了传统的成绩单形式，而设计和采用了对儿童进行心理分析的综合报告单形式。这种综合报告单分析儿童各方面的发展情况，其中包括：身体状况（体操、游戏），知识状况（观察、测量、计数、口头表达、讨论、拼音、阅读、写字、作文、做模型、剪纸、绘画），社会和道德品行状况（品行、教室里的行为、游戏时的行为、对同伴的态度、对老师的态度），缺席天数，并由教师和校长签字。它最后还有"附注"一栏，需由家长填写，以便把儿童在家庭里的情况报告给教师和学校。

三、兴趣中心与教学过程

兴趣中心是德可乐利教学法的基础。德可乐利认为，兴趣是个水闸，依靠它，能打开注意的水库并指引注意流下来。[1] 在德可乐利看来，兴趣可以解释为"优势倾向"或"好奇心"。兴趣分为四类：对食物的兴趣；寻求保护自己的基本要素的兴趣；防御敌人的兴趣；对个人或团体的工作的兴趣。他认为，儿童兴趣的核心在于对事物整体的认识。对于出生至 8 岁的幼儿来说，整体化保证其在更复杂的条件下对事物的真正理解，是适应其需要和能力的。[2] 每个兴趣中心都像设计单元一样，应对一个大问题，由此出发学习各种知识。而且，每个兴趣中心都有一个中心概念贯穿全过程，以作为教育工作的枢纽。

---

1 CONNELL W F. *A History of Education in the Twentieth Century World*[M]. New York：Teachers College Press，Columbia University，1980：145.

2 HUSEN T. *The International Encyclopedia of Education. Vol.3*[C]. New York，1985：1336.

德可乐利强调指出，兴趣中心是以儿童的基本需要为根据的。由于生活包括生物自身和生物所处的环境两方面，因此，它也相应地分为满足个人需要的活动和满足社会需要的活动。儿童的基本需要大致可以分为四类：营养的需要；抵御寒暑的需要；自卫御敌的需要；工作和活动的需要。例如，"我饿"是儿童的需要，"果子"就是兴趣中心；"我冷"是儿童的需要，"衣服"就是兴趣中心；"我渴"是儿童的需要，"水"就是兴趣中心；"我游戏"是儿童的需要，"玩具"就是兴趣中心，等等。

因此，每一个儿童需要都构成一个兴趣中心。学校的课程就在一个兴趣中心周围组织起来。这种以兴趣为中心的单元课程在实施时，应该先从选择与儿童目前的兴趣有关的较小的兴趣中心开始，然后逐渐扩大，选择更大的兴趣中心。

在研究儿童的每一个兴趣中心时，应该注意两种关系，即儿童与各种需要的关系以及儿童和各种环境的关系。由于儿童的各种需要都要在环境中得到满足，因此，环境对儿童的发展来说是极其重要的。儿童与环境的关系，主要包括儿童与家庭、学校、社会、动物界、植物界、矿物界以及气象的关系。德可乐利说："最好的环境是儿童在那里能面对着要解决的实际问题。"[1]

德可乐利还认为，儿童的认识活动可以分为观察、联想和表达三个部分。具体来说，在儿童的生活中，以观察为基础，继之以联想，最后是表达。这是教学过程的三个步骤，其中，表达是最重要的一个步骤。

观察，指儿童个人对自然界和社会现象的直接观察。它分为日常的观察以及与所研究问题有关的观察两种。前者包括对动植物的生长、气候的变化等观察；后者包括让儿童按所研究问题进行有目的的独立观察，并及时把观察到的情况记录下来。德可乐利说："儿童具有一种观察力，不应该去

1　HUSEN T. *The International Encyclopedia of Education. Vol.3*[C]. New York，1985：1335.

扼杀它。"[1]他认为，观察可以使儿童接触第一手的现象和资料，获得直接的经验；使儿童养成注意各种现象的习惯，寻求因果关系；使儿童熟悉各种生活，逐渐获得有关动植物以及生物进化的观念。由于儿童要通过自己的感觉来搜集智力活动所依靠的第一手资料，因此，观察是儿童了解环境和智力活动的出发点。为了使儿童获得确切的概念，教师有必要帮助儿童对观察事物和现象的结果进行分析和判断。

联想，指儿童对直接的经验进行集合、分类和比较，使儿童认识由观察而获得的经验与由回忆而获得的经验两者的关系。它分为空间的联想、时间的联想、协调人的需要的联想以及因果的联想四种。德可乐利认为，联想不仅可以扩大儿童个人的经验领域，激起儿童对事物的进一步探究，逐渐认识事物的必然性，而且可以发展儿童的互助合作精神。由于联想是与观察活动紧密联系的，因此，儿童开始的联想往往是毫无系统的，但随着观察到的东西越来越多以及个人经验的增加，儿童的联想甚至会超越他眼前的实际生活，其作用也就显得更为重要。例如，在研究御寒的方式时，儿童会问："住在北极或非洲的人是否与我们一样穿衣服？"这就是空间的联想。儿童还会问："我们的祖先是否也与我们一样穿衣服？"这就是时间的联想。教师应该提供更多的机会，积极鼓励儿童进行联想的练习。

表达，指把观察和联想中所得来的知识应用于实践活动。它既满足儿童创造和表现的需要，又为儿童做好生活的准备。表达分为具体的表达和抽象的表达两种。前者包括制图、绘画、泥工、剪纸以及各种手工劳动；后者包括阅读、写字、作文、讨论、演讲、朗诵等。德可乐利认为，表达有助于儿童巩固通过观察和联想获得的经验及知识。对于儿童的智力发展来说，这是最重要的。

德可乐利强调指出，根据整体化和兴趣中心的原则，观察、联想和表达

1　HUSEN T. *The International Encyclopedia of Education. Vol.3*[C]. New York，1985：1336.

在教学过程中是密切联系的，同时必须由儿童自己去完成。以"果子"的单元教学为例，儿童先观察果子的种类、数目、形状、颜色、大小、轻重、味道、表皮的粗细和出售情况等；然后，儿童可以联想到果子的来源、运输和储藏等；最后，儿童读和写果子的名称，进行有关果子的游戏，画果子的形状，用泥土做各种果子的模型，编有关果子的故事等。再以"花"的单元教学为例，儿童先观察花的分类、颜色、大小、形状、花瓣、构造、果实、香味、生长情况等；然后，儿童可以联想到花圃的工作、花的作用、花店售花、花开的日期和如何做纸花等；最后，儿童读和写花的名称，画各种形状的花，参加花圃劳动，进行花店的设计，学做纸花，编有关花的故事，养成爱花的习惯等。

四、教学游戏

德可乐利认为，可以采用游戏的方式来进行教学活动。因为游戏是儿童心理活动和精神发展的强大动力。对于儿童来说，游戏是最愉快的学习。它既能使每个儿童都有事情可做，又能使他们乐此不疲。因此，德可乐利创设了教学游戏。其主要目的在于，利用儿童感兴趣的实物来满足他们游戏和活动的需要，养成专注学习和工作的习惯，同时使得每个儿童能充分发展自己的个性和能力。

为了便于儿童观察，教学游戏中主要使用珠子、纽扣、谷物、果子、贝壳或其他与儿童的兴趣中心有关的实物，甚至年纪稍大儿童的图画和手工作品等。虽然也使用了几何图形和抽象的东西，但数量很少。有些游戏用具还可以由儿童自己在手工课上制作，所需要的费用也就很低。

德可乐利提出，教学游戏可以分为五类。

第一类，实物分类或图片分类的游戏。它要求儿童将各种实物或图片，按照大小的次序、因果的关系以及部分与整体的关系进行系统的排列。其用具包括：区分谷物果子的箱子，区分各种颜色的立方体和各种颜色片的箱子，各种大小不一的盛放各种小物品的袋子，玩具娃娃、房屋和动物，各种玩具交通工具，多组难以依次排列的图片等。

第二类，学习数的概念和数的符号的游戏。其用具包括：盛放用于计算的珠子、果子和豆子等实物的箱子，钉有纽扣的布带，可以由 3 至 5 人均分的实物，绘有手指（1 至 10 个手指）以及与手指数相等数量实物的卡片，学习报告时间的玩具，包含整数与分数的玩具等。

第三类，用整体化意象视觉法学习阅读的游戏。其用具包括：各种用于口头表达的无文字说明的图片，用于看图识字的有文字解释的故事画，用于对照的较复杂的故事画与若干词句（文字说明），用于对照的与饮食、衣服、用具和装饰有关的单词与实物图片，以及简短的故事书与故事画等。

第四类，观念综合的游戏。通过反复练习，可以使儿童养成综合观念和分析观念的能力。在这种游戏中，儿童利用自然界和社会生活中的各种实物，以游戏的方式讨论与日常生活有关的各种物品的用途和制造等。

第五类，帮助学习和记忆各种功课的游戏。在学习地理时，有绘制地图并在地图上寻找地名、河流和山脉的游戏。在学习历史时，有关于名人、学者、发明家、衣食住行和战争等的游戏。在学习语法时，有单数与复数、阴性与阳性、词句分析与补充等的游戏。

德可乐利认为，在进行各种教学游戏时，儿童的人数没有一定的限制，个人或团体的方式都可以。尽管在游戏中，儿童常会出现错误的动作，但他们很容易发现并自己进行纠正。各种教学游戏的用具，可以按儿童的兴趣、需要和能力随时增减。

德可乐利作为一个医学博士、一个儿童心理学家和教育家以及一个学校教师，把教育理论和实际很好地结合起来了。他的实验教育理论和工作标志着新教育运动在比利时的扩展。尽管德可乐利没有一本系统阐述自己教育理论的著作，但他对于儿童特别是幼儿发展和教育的实际贡献远远超出他所写下的文字。他所创立的教学方法以"德可乐利方法"著称，也叫"比利时设计教学法"。

第四节　罗素的幼儿教育理论

英国哲学家和教育家罗素（Bertrand Russell，1872—1970）曾创办比肯希尔学校，进行教育实验活动。他所撰写的《教育与美好生活》一书，论述了改革教育特别是儿童早期教育的思想和方法，对于20世纪以后世界幼儿教育的改革和发展具有较大的影响。

一、生平活动与著作

罗素1872年5月生于英国威尔士蒙默思郡的一个贵族家庭。幼年时，他的父母先后病故，而由祖母抚养长大。他从小接受保姆和家庭教师的教育，喜欢在祖父的图书室里阅读伟人的作品，并静静地思考一些问题。这不仅使他养成了独立思考和认真探索的习惯，也为他后来的著述活动打下了一定的基础。

1890年10月，罗素考取了剑桥大学三一学院。先学数学，后改学哲学，对黑格尔主义很感兴趣，但后又转向新实在论。1894年，他以第一名的成绩从哲学系毕业。1900年，罗素转向研究数理哲学，曾与他的老师怀特海（A. N. Whitehead）合著《数学原理》三卷，赢得了世界性的声誉。

第一次世界大战爆发后，罗素把他的主要精力从学术研究转向社会政治活动，积极从事反战活动，曾受控而被罚款和监禁。1916年，他出版了《社会改造原理》一书，全面阐述了对国家、战争和教育等问题的看法，提出教育是通过改造人性达到改造社会和消除战争的重要方法。

1920 年春，罗素作为英国工党代表团的非正式成员访问了俄国，还会见了列宁。

同年 8 月，罗素又来中国访问和讲学，在中国哲学界和社会上引起了轰动。孙中山先生曾说过罗素是唯一了解中国的英国人。

1921 年 9 月罗素第二次结婚后，生了 2 个孩子。此后，他开始把注意力集中在儿童教育问题上，对儿童教育问题的关注超过了其他所有问题。在《教育与美好生活》(1926) 一书中，他系统地论述了对儿童教育的看法。

随着自己孩子的长大，罗素为了给孩子提供一种真正的现代教育，帮助他们独立思考和独立活动，使他们能解决在成长过程中必然会遇到的各种问题，于 1927 年 9 月 22 日创办了比肯希尔学校（Beacon Hill School）。这所实验性的寄宿学校设在伦敦郊区的一个山坡上，风景极为秀丽。入学儿童的年龄最小者 2 岁左右，最大者 10 岁左右。学校倡导自由，反对压制，使儿童能够根据他们自己的天性充分地发展。儿童的兴趣和活动受到鼓励，儿童可以独立活动和独立思考，可以自由回答各种各样的问题。可以说，学校基本上采用了蒙台梭利的方法，但也吸取了福禄培尔的一些做法。

然而，由于财政上的困难，加上罗素的教育方法过于理想化和缺少合适的教师，比肯希尔学校并没有取得完全的成功。1935 年，罗素因与第二任妻子离婚而离开了比肯希尔学校。

1938 年至 1944 年，罗素前往美国，担任过芝加哥大学和加利福尼亚大学的客座教授。其间，他完成了广为流传的《西方哲学史》一书。1944 年，罗素回到英国，受聘在剑桥大学三一学院任教。

1970 年 2 月，罗素在威尔士去世。

二、论自由教育

从对理想的社会与理想的人的分析出发，罗素论述了教育的目的和作用。他认为，教育的目的和作用就在于引导和改造人的本性，培养理想的人及其理想的品格，以达到改造社会以及创建理想社会和美好生活的目标。只要顺应自然法则，使儿童的本能或冲动得到良好的引导和充分的发展，就能培养出理想的人，并建立一个理想的社会，使每一个人都能过上美好的生活。

罗素强调指出，理想的人也就是具有理想品格的人。他认为，有四种特性共同组成了一种理想品格的基础：活力、勇气、敏感和智慧。[1]在他看来，活力就是正常的健康人所具有的精力，是形成理想品格的首要基础。它存在于每个身体健康的人身上，随着人的年龄增长而逐步衰退直至消失。在儿童时期，人是最富有活力的。勇气就是人在内心深处真正彻底克服恐惧的品性。它是积极的和出乎天性的，而不是消极的和被迫的。敏感就是对单纯的勇气的矫正。就好的方面而言，它是指由许多事物并由正常的事物而引起的愉快的或是相反的感情。智慧就是实际的知识和接受知识的能力。在一个人的教育中，训练智慧占有相当重要的地位，但智慧生活的本能基础是好奇心。

为了达到培养理想的人的目的，罗素强调指出，应该对儿童的身体、情感和智力予以恰当的处理，也就是说，应该对儿童实施自由教育。在儿童教育中，必须遵循更多地发展个人自由的原则，采取给予儿童更多自由的方法，使儿童自由自在地、无拘无束地成长。比肯希尔学校的基本原则就是，儿童根据自己的兴趣和需要活动，既不干涉别人的自由，也不限制别人的自由。

罗素认为，自由教育对于儿童情感和理智的发展来说是十分重要的。一方面，儿童情感的发展需要很大程度的自由。缺乏自由的儿童常常会同成人发生冲突，并对周围的一切怀有敌意和仇恨，最后导致一系列恶果。另

1　罗素. 罗素论教育 [M]. 杨汉麟，译. 北京：人民教育出版社，2009：38.

一方面，儿童理智的发展需要创造性和理智兴趣。缺乏自由的儿童就会使他们天生的好奇心和求知欲及兴趣毁灭。正如被强迫进食的儿童将会对食物产生厌恶感，被强迫学习的儿童也会厌恶知识。[1]

罗素提倡的教育上的自由主要包括两个方面：一是学和不学以及学什么的自由，二是见解和行动的自由。罗素认为，所有的儿童（除低能儿童外）都有必要学会读写，因此，学和不学的自由只能部分地给予儿童。然而，儿童应有更多的学什么的自由。他又认为，见解的自由既关系到教师也关系到学生。在各种教育上的自由中，它是最重要的，也是唯一没有任何限制的自由。当然，行动的自由也是重要的。只要儿童的行动是有益的或至少是无害的，儿童就应该有行动的自由，但他们决不能干涉别人的自由。

在罗素看来，自由不能当作一条绝对的原则。尽可能多地给儿童以自由是对的，但一定的纪律和约束也同样是必要的和合理的。因此，罗素不主张毫无纪律的绝对自由。他提倡的自由教育并不意味着儿童想做什么就做什么。在他看来，自由必须有具体的范围：凡是对别人或者本人有损害的自由都要受到限制。因此，实施自由教育的关键，在于自由和纪律之间的一种巧妙的结合。罗素说，虽然教育中也要尊重自由。但是，显然不能给予完全的自由，某些与自由的距离是不可避免的。[2]总之，教育者应该尽可能给儿童以更多的自由，更好地尊重儿童个人的自由，同时伴随必要的权威与纪律，但要按照自由的原则来行使权威与运用纪律。比肯希尔学校在规定必要的纪律的同时，更强调的是儿童的自律。罗素指出，在儿童教育工作中，压制是一个坏方法，它从未真正成功过，而且会造成儿童心理失常。

1　RUSSELL B. *On Education* [M]. London：George Allen & Unwin LTD.，1926：33.

2　罗素. 社会改造原理 [M]. 张师竹，译. 上海：上海人民出版社，1959：84.

外国幼儿教育史

三、论教育的年龄分期

根据儿童生理和心理的发展及其特点，罗素把儿童教育过程分成两个阶段：一是品格教育阶段；二是智慧教育阶段。

（一）品格教育阶段（出生至 6 岁）

罗素认为，6 岁以前的幼儿期是对儿童进行品格教育的最佳时期。在这一阶段，儿童极易受外界塑造。按照儿童身心的发展，品格教育阶段又分为两个时期。

1. 出生至 1 岁

在这一时期，人生的习惯开始形成，儿童的智慧和道德开始萌芽。这是儿童全部教育的开端。

罗素认为，儿童出生时只具有一些原始的本能和反射，因此，可以利用环境使儿童养成各种习惯，从而也可以形成各种品格。从儿童出生起，就应该重视对他们的教育。罗素强调，品格的培养必须从出生时开始，一定的教导可以开始得比以前认为的早。[1]

婴儿有很强烈的学习欲望，对于这种欲望，父母只需提供机会，剩下的就让婴儿自己去做。不要企图教婴儿什么，他会按自己的步子学习。父母要做的事情，就是向儿童做示范。罗素认为，对于婴儿的智慧发展，父母不要低估。例如，婴儿第一次以哭泣来呼唤父母或成人的照管就是智慧的萌芽。

总之，儿童生命的第一年是一切教育的开端。儿童以出生时的本能和反射为基础，养成良好的习惯，熟悉周围的环境。

2. 1 至 6 岁

这一时期是儿童性格和道德品质发展与形成的关键时期。教育的任务是

1　RUSSELL B. *Education and the Good Life* [M]. New York：Boni & Liveright，INC.，1970：45.

训练儿童的本能和反射，使之向良好的方向发展。在这一时期，教育者努力培养儿童的优良品格是最有希望的。通过这一时期的教育，儿童的基本品质已经定型，以后就难以改变了。

（二）智慧教育阶段（6至22岁）

罗素认为，智慧教育应该在6岁以后才正式进行。因为儿童经过恰当的早期教育，到6岁时身体健康，品格也基本定型，所以，品格教育就应该让位于智慧教育。按照儿童身心的发展，智慧教育阶段又分为三个时期。

1. 6至14岁

在这一时期实施初等教育。首先，学习内容应以基础学科为主，课程设置范围应包括人人都需具备的基本常识；其次，科目的学习应该循序渐进，由易到难。罗素认为，除了正规的课堂教育外，课外教育也不应该忽视。

2. 15至18岁

在这一时期实施中等教育。由于儿童生理和心理发展日趋成熟，教育者应重视发展其智力、培养其探索精神以及自主地思考问题和解决问题的能力。

3. 19至22岁

在这一时期实施高等教育。罗素认为，高等教育的目的，一是培养适合一定职业的男女青年，二是培养追求学问和研究而不顾及眼前利益的学者和科学家。

四、论学前儿童的教育

在《教育与美好生活》一书中，罗素具体论述了学前儿童的教育问题。

（一）形成良好的习惯

罗素认为，从儿童出生起，不仅应该十分重视其身体健康，而且更为重要的是，应该开始培养其良好习惯，例如，有规律地睡眠、饮食和排泄等。实际上，儿童形成习惯的速度是惊人的。如果儿童最初形成的习惯是好的，就可以免去以后的许多麻烦。

为了使儿童形成良好的习惯，父母应该正确处理好他们与儿童的关系，使儿童懂得生活中的一系列常规，尽量满足有利于儿童健康的必要条件，鼓励儿童的自发活动和自己娱乐，并及时为儿童提供活动和求知识的机会。

（二）防止和克服恐惧心理

罗素认为，在儿童生命的第二年里，儿童逐渐学会了行走和说话。这为儿童带来了自由感和权力感。儿童表现出无限的好奇心，例如，最普遍的表现就是"想看"。儿童自由地奔跑，试图探究每一个事物。这虽然增加了儿童的乐趣，但同时也容易使儿童受惊而产生恐惧的心理。

通过观察和分析，罗素把恐惧分为两种：一是非理性恐惧，指儿童对无危险事物表示出的恐惧，例如，对影子和机械玩具的恐惧等；二是理性恐惧，指对危险事物表示出的恐惧，例如，对悬崖的恐惧等。他强调指出，无论哪种恐惧，都应该逐渐克服。因为长期恐惧的心理不仅会使儿童养成一种懦弱胆怯的性格，而且会使儿童很快就泯灭好奇心，不利于儿童的品格形成和智慧发展。

为了避免儿童产生恐惧心理，与儿童接触的成人不要恐惧，要鼓励儿童和增加儿童的勇气。即使成人有恐惧的心理，也不要在儿童面前表现出来，以免把恐惧由暗示而传递给儿童。如果儿童已经产生了恐惧心理，就应该采取一切无害于身体和品格教育的方法尽早加以克服，培养战胜恐惧的勇敢精神。

（三）游戏

罗素认为，爱好游戏是儿童的天性。游戏活动既给儿童带来无穷的乐趣，也有助于儿童的身体健康，还可以使儿童获得新的经验和新的能力。

在罗素看来，游戏可以分为两种：一是训练儿童能力的游戏，在于使儿童获得新的能力；二是假想性游戏，在于使儿童发展想象力。他特别指出，儿童在假想性游戏中的幻想不是一种病态现象，而是正常的，是对现实生活的一种补偿。儿童决不会把幻想当作现实生活中的、永远的替代物，相反，他们会努力希望把幻想转化为事实。罗素还批评蒙台梭利学校的教师不喜欢儿童把教具想象为火车、轮船之类的东西，而认为它是一种混乱想象以及会使儿童丧失与现实世界交往的能力。他强调，只要给儿童以必要的知识和技能，就不必担心儿童会停留在幻想水平上。[1] 他甚至说："消灭儿童时代的幻想，必将造成现存事物的奴隶和束缚于地球上的动物。"[2]

儿童之所以喜爱游戏，是因为游戏满足了儿童的多种好奇心，使儿童在幻想中得到安全感。同时，游戏也是儿童权力欲的表现。权力欲作为一种本能欲望，是儿童发展的主要本能动力。因为儿童时期人的主要本能不是性，而是想成为大人的欲望，换一个更正确的说法，是权力意志。[3]

（四）培养建设性

罗素认为，建设性和破坏性都是儿童本能的特性，与权力意志密切相关。他说："用心理学术语来说，产生预先设计的结构，就是建设；让自然的力量随意变更现存的事物，就是破坏。"[4] 在罗素看来，这两种相反的品质可以同时存在于一个儿童身上。培养建设性的品质，减少和消除破坏性的品质，是儿童教育的一个重要方面。一般地说，儿童的游戏常以破坏开始，到后来的发展阶段才转向建设。这种由破坏性向建设性的转化对儿童具有

1　RUSSELL B. *Education and the Good Life* [M]. New York：Boni & Liveright，INC.，1970：131.

2　同上：129.

3　RUSSELL B. *On Education* [M]. London：George Allen & Unwin LTD.，1926：98.

4　RUSSELL B. *Education and the Good Life* [M]. New York：Boni & Liveright，INC.，1970：138.

重要的意义。正是在建设中，儿童形成了许多美德，增强了自尊心，并养成了忍耐性、坚持性和观察力等。

对于儿童来说，建设性是重要的品格之一，对其他品格起着良好的作用。罗素指出："许多美德的最初开始是由体验到建设性活动的愉快引起的。"[1] 为了更好地培养儿童建设性的品质，应该使儿童从小就感到生命的价值，教他们获得多种建设性技能，鼓励他们创造性想象的积极活动。

（五）培养公平的意识

罗素认为，儿童都具有自私的本能。因此，在儿童教育中，克服利己心与占有欲是经常碰到的十分普遍的问题。否认或回避这个问题是不可能的，关键在于认清儿童利己心与占有欲的性质，并加以恰当的引导。

为了帮助儿童克服利己心与占有欲，应该把公平的意识教给儿童，使他们具有公平的意识。但这绝不是采用各种手段使儿童作出自我牺牲。罗素说："我们应该努力将公平的意识注入到儿童的思想与习惯中去。"[2] 在他看来，应该使儿童懂得：每个人都有权在世界上占有一定的位置，拥有一定的权利和财物，并有理由享有他自己的权利和财物。但是，他不应该占据他人的位置和财物，要求不应该属于他的东西。罗素认为，如果一味地要求儿童自我牺牲，那么，不是引起儿童的愤怒和反抗，就是导致儿童虚伪的利他行为。

为了把公平的意识教给儿童，罗素认为，应该在儿童群体中进行公平的教育。因为只有在年龄相近和兴趣相似的儿童之间，才能有真正的平等交流，实现相互理解和尊重。教育者应该不偏不倚地对待每个儿童。

1　RUSSELL B. *On Education*[M]. London：George Allen & Unwin LTD.，1926：110.

2　同上：118.

（六）同伴的交往

罗素认为，同伴的交往在儿童教育中是十分重要的。培养儿童的公平意识和合作精神都需要同伴。他强调说："有许多事情没有其他儿童的帮助是不可能做到的。随着儿童年龄的增长，这一点越来越突出。"[1]

在罗素看来，儿童可以分为三类：一是年长儿童，二是同龄儿童，三是年幼儿童。罗素指出，年长儿童的作用是为年幼儿童提供可以达到的努力的目标。年长儿童的行为举止在年幼儿童面前十分自然，没有什么顾虑和伪装，也不完善，并易于为年幼儿童模仿。在这个过程中，年长儿童乐意表现和教导，年幼儿童乐意服从；年幼儿童得到了教导，年长儿童也学到了一些重要的美德。但是，当儿童到了 4 岁以后，他们的生活中就更需要同龄儿童，同龄儿童的重要性和作用也越来越突出。一个儿童在与同龄儿童的交往和共同活动中，最容易学会公平思想和养成合作精神。

（七）培养诚实的精神

罗素认为，儿童天生是诚实的，不诚实是后天形成的，而且不诚实实际上几乎总是恐惧的结果。他强调说："如果儿童是毫无恐惧地教育出来的，那他总会是诚实的。"[2]

为了培养儿童诚实的精神，罗素指出，关键在于教育者要诚实地对待儿童，尽可能诚实地回答儿童提出的一切问题，而不能对儿童撒谎。在儿童说谎时，教育者不要责骂和威吓，而要说服儿童并讲明说谎的坏处，让儿童慢慢地认识到诚实的合理性和必要性。如果儿童一说谎就受到严厉处罚，那只能加深恐惧，从而加强说谎的动机。

1　RUSSELL B. *Education and the Good Life*[M]. New York：Boni & Liveright，INC.，1970：178.

2　同上：158.

（八）培养爱心和同情心

罗素认为，爱心与知识是儿童教育的两个重要条件，也是儿童教育的良好结果。因此，教育者应该以自己的爱心和同情心来培养儿童的爱心和同情心。他认为，我们不否认儿童需要成人保护，但我们主张这种保护必须表示出爱心和帮助，而不是引起儿童的恐惧。[1] 在罗素看来，给予儿童的爱应该是一种自然的纯真的本能的爱，教育者不要把儿童对爱的反应作为有意识追求的目的。没有任何方法可以强迫儿童产生爱心和同情心，唯一可能的方法是观察自然产生爱心和同情心的条件，然后努力创造这些条件。

在培养儿童爱心和同情心的过程中，罗素强调指出，可以通过讲述历史故事，使儿童认识到世界上的美与丑、善与恶，增加他们对受苦难的人们的理解和同情。教育者在讲述故事时应该注意方法，选择好恰当的教育时机，运用教育机智，仔细选择一些事件，使儿童同情受难者和憎恨邪恶者。

（九）奖励和惩罚

罗素认为，在儿童教育中，奖励和惩罚是需要的。他说："没有赞扬和责备，进行教育是不可能的。"[2] 但是，在运用奖励和惩罚时，必须谨慎从事，例如，避免把两个儿童的优缺点作对比，运用惩罚必须少于运用奖励，对于理所当然应该做的事情不应该奖励，惩罚不应该使受罚者感到有罪而感到他正在错过别人享受的快乐，严格禁止体罚，等等。

在对儿童运用惩罚时，教育者一定要公平。也就是说，当儿童确实犯有错误时才给予惩罚。罗素强调说："我相信惩罚在教育中有某种极小的位置，但是，我怀疑，惩罚是否总是要那么严厉。"[3] 罗素坚决反对对儿童施行体罚。在他看来，轻微形式的体罚虽不致为害，但也没好处；严厉形式的

1　高宣扬. 罗素传略 [M]. 香港：南粤出版社，1979：159.

2　RUSSELL B. *Education and the Good Life* [M]. New York：Boni & Liveright，INC.，1970：172.

3　RUSSELL B. *On Education* [M]. London：George Allen & Unwin LTD.，1926：134.

体罚则会产生残忍与暴虐。

（十）幼儿园教育

罗素十分重视幼儿园的作用。他认为，儿童在家庭里受教育，由于缺少同伴，可能使得他们渴望交往的本性得不到发展，形成孤独的心理。这对进入社会后的进一步发展是极为不利的。在罗素看来，为了使儿童养成良好的品格，就要尽量让学前儿童进入幼儿园接受教育。随着现代科学技术的进步和现代儿童心理学研究的进展，学前儿童的教育已成为正规教育中一个不可缺少的重要阶段，幼儿园已成为介于早期家庭品格训练和以后学校传授知识之间的一种机构。

在《教育与美好生活》一书中，罗素介绍了蒙台梭利等教育家的幼儿教育实验以及幼儿教育的方法，并预言幼儿园在儿童早期智力发展中的地位将越来越受到整个社会的重视。

罗素作为一位社会思想家和教育家，从改造社会和改造人性的角度出发，批判地吸收了现代心理科学的研究成果，结合自己的教育实践探讨了教育问题，并在幼儿教育方面提出了许多颇有启发性的见解。他的教育思想在一定程度上顺应了当时的教育思潮，对英美国家的教育改革产生了一定的影响。但是，在他的教育理论中也有局限性和片面之处。

第五节　克鲁普斯卡娅的幼儿教育理论

苏联革命活动家和教育家克鲁普斯卡娅（Надежда Константиновна Крупская，1869—1939）长期从事教育实践活动，并形成了她自己的共产主义教育思想体系。她十分重视苏联幼儿教育理论的建设和发展，为创建苏联社会主义幼儿教育体系作出了很大的贡献。

一、生平活动与著作

克鲁普斯卡娅 1869 年 2 月生于彼得堡的一个进步知识分子家庭。在父母的影响下，她从小就具有正义感，仇恨沙皇专制制度。由于受到一位乡村女教师的影响，她年幼时就对乡村学校和教师工作产生了浓厚的兴趣。

1886 年秋天中学毕业后，克鲁普斯卡娅曾读过一年制师范班。从 18 岁起，她开始当教师。1889 年，她就读于彼得堡别斯图日夫高等女子学校期间，曾参加革命理论学习小组活动。

1891 年秋天至 1896 年，克鲁普斯卡娅在设在涅瓦关卡外的斯摩棱斯克星期日夜校担任教师，同时宣传马克思主义，并与工人们建立了广泛的联系。她还参加了列宁组织的彼得堡"工人阶级解放斗争协会"。正是从这一时期起，克鲁普斯卡娅成为一个马克思主义者。

1894 年，克鲁普斯卡娅与列宁相识，这对她一生的革命和教育活动产生了极大的影响。与列宁结婚后，她在革命斗争中成为列宁的忠实助手，积极捍卫列宁的思想及俄国社会民主工党的政治路线和组织路线。

在从事革命活动的同时，克鲁普斯卡娅开始研究教育问题。她把社会幼儿教育事业同无产阶级的革命任务和妇女的真正解放紧密地联系起来。在《女工》(1901)、《市立学校大纲》(1917) 等著作中，她论述了为工农子女实施社会幼儿教育的必要性。1917 年，克鲁普斯卡娅撰写的《国民教育和民主主义》一书出版，标志着她的教育思想体系的形成。

十月革命后，遵照列宁的意见，克鲁普斯卡娅一直在教育人民委员部担任重要职务。她把全部精力和热情投入了苏维埃教育的建设工作。在领导苏维埃学校教育事业的同时，她具体领导了建立和扩大学前儿童的教育网的工作，推动幼儿教育的建设和发展。在教育人民委员部设立学前教育处后，克鲁普斯卡娅负责该处的工作。她积极开办托儿所和幼儿园，组织幼儿教育干部训练班，帮助召开和亲自参加幼儿教育工作会议，并发表重要的讲话。她还在《真理报》等报刊上发表许多论述幼儿教育问题的文章。克鲁普斯卡娅有关学前教育的讲话和文章主要有：《发动群众参加学前教育工作》(1924)、《论儿童的学前教育》(1931)、《论学前儿童的玩具）(1936)、《要更加重视学前教育工作》(1937)、《与兄弟共和国幼儿园工作人员的谈话》(1937)、《在学前教育工作者大会上的演说》(1938) 等，奠定了苏联幼儿教育理论发展的基础。

1938 年，克鲁普斯卡娅亲自拟定了《幼儿园规程》。她还帮助修订苏联幼儿园大纲并领导制定了《幼儿园教养员工作指南》(1938)。这些幼儿教育的纲领性文件的制定，确定了苏联学前儿童教育的组织结构、目的与任务、内容与方法，以及幼儿教育干部的培训等。在苏联幼儿教育事业的发展中，克鲁普斯卡娅是一位思想上的指导者和实践上的积极组织者。

1939 年 2 月 27 日，克鲁普斯卡娅因病在莫斯科去世。她的全部教育论述由俄罗斯联邦教育科学院汇集成《克鲁普斯卡娅教育论文集》(11 卷)，于 1963 年出版。

二、论幼儿教育的重要性

克鲁普斯卡娅十分重视幼儿教育工作。早在十月革命前，她就在一些著作中论述了对无产阶级子女实施幼儿教育的必要性。她认为，幼儿教育是与解放妇女和吸引她们参加国家政治活动及生产建设紧密联系着的。

十月革命后，克鲁普斯卡娅又从以下三个方面论述了幼儿教育工作的重要性。

第一，幼儿教育是共产主义教育的一个重要的组成部分。克鲁普斯卡娅强调说："学前教育是我们工作中的一个极其重要的部分……学前教育工作是我们整个共产主义教育的一部分。"[1]在她看来，在苏维埃教育事业中，学前儿童的教育是一个重要方面。幼儿园和小学、中学是人的发展阶段中彼此密切联系的几个环节。通过幼儿教育工作，能够使儿童打下共产主义世界观的基础，使儿童从小就以共产主义态度对待生活中的各种现象，因此，苏维埃政府应该尽量扩大和广泛开展幼儿教育工作，尽量使更多的学前儿童受到教育，甚至使所有学前儿童到幼儿教育机构学习。在幼儿教育工作中，使儿童从幼年起就在感情上一天一天逐渐成为真正的共产主义者，以便把父辈已经开始了的事业进行到底。

第二，童年的生活和印象对于人的一生发展来说是十分重要的。儿童刚诞生时什么也干不了：既不能站，也不会走；既不能思考，也不会说话；对周围的环境毫无辨别能力。要在多年以后，儿童才能具备正常成年人所掌握的那种技能和知识。但是，克鲁普斯卡娅认为，培养儿童的某些能力的基础早就存在，不是在学龄时期，而是在学前时期。童年的早期对一个人以后的生活有着深远的影响。对人的能力发展来说，起决定作用的往往是童年的某种感受。因此，克鲁普斯卡娅强调，儿童最初获得的印象会使他们终生不忘，所以，如果我们要认真地、而不只是口头上培养出能逐年把生活提到更高阶段上的一代人的话，那就应该在儿童生活刚开始的头几年就非常慎重地对他们进行教育。[2]在她看来，重视学前期，为学前儿童提供教育，就能使他们健康成长，成为个性全面发展和积极有为的人。

第三，幼儿教育是社会教育的一个最切实可行的形式。克鲁普斯卡娅认为，学前儿童的教育是相当困难的。大多数家庭的环境都不能促进儿童外部感觉的发展，不能提升儿童的创造力；很多母亲都不能起到教育者的作

---

1 2 克鲁普斯卡雅.要更加重视学前教育工作[M]//克鲁普斯卡雅教育文选（下卷）.卫道治，译.北京：人民教育出版社，1988：376.

用，她们没有使儿童健康成长而应具有的知识，不了解人体知识和儿童的发育情况，不知道什么对儿童有害或什么对儿童有益，不知道应该教儿童什么和怎样去教。因此，尽力发展幼儿教育，开办足够数量的幼儿园，把所有的学前儿童都吸收进来，就是实施了一种群众性的社会教育。克鲁普斯卡娅强调，社会主义者希望对儿童进行社会教育；所谓对儿童进行社会教育，首先是指不要父母操心儿童的生活问题；社会不仅保证给儿童以生活资料，并且还要让他们得到完满而全面的发展。[1]因此，对所有学前儿童提供教育，可以在很大程度上把工人和农民从照顾儿童的家务劳动中解放出来，同时，又尊重了学前儿童受教育的权利，即受他们那一个年龄阶段所需要的那种教育的权利。

为了更好地发展苏维埃幼儿教育事业，克鲁普斯卡娅强调指出，应该正确而又广泛地宣传幼儿教育理论，例如，举行展现幼儿园工作方式的展览会，出版有关幼儿教育理论的书籍等，吸引最广泛的群众来参加幼儿教育工作并提出发展和改进幼儿教育工作的建议，同时吸引一切社会团体和文化团体来支持幼儿教育工作，唤起社会对幼儿教育工作的重视和支持，使幼儿园深入到城乡的日常生活中去。

克鲁普斯卡娅又提出了培养苏维埃幼儿教育工作者的问题。她认为，应该通过辅导课、讲座和交流等形式介绍幼儿教育工作经验，使幼儿教育工作者对学前儿童教育的重要性有较深的认识，使他们具有一些有关幼儿教育工作的初步知识，使他们在政治上成为一个对周围形势有所了解和分析的人，使他们具有一定的医学卫生知识。在克鲁普斯卡娅看来，幼儿教育工作者应该考虑这样的一些问题：从童年起应该明确一些什么东西？给予儿童的应该是一些什么材料？什么玩具才能培养儿童的某种能力，激发他

1　克鲁普斯卡雅.妇女与儿童教育[M]//克鲁普斯卡雅教育文选（上卷）.卫道治，译.北京：人民教育出版社，1987：49.

们的某种兴趣？[1]

克鲁普斯卡娅还指出，苏联的幼儿教育工作者应该批判性地学习瑞士教育家裴斯泰洛齐、德国教育家福禄培尔、意大利教育家蒙台梭利等人的经验，因为他们的教育理论和经验对于苏维埃幼儿教育工作的发展是很有益处的。

三、论幼儿的年龄特征及个性的全面发展

克鲁普斯卡娅一生热爱儿童，尊重儿童，了解儿童，研究儿童，对幼儿的年龄特征及个性的全面发展作了深入的论述。

（一）论幼儿的年龄特征

克鲁普斯卡娅站在唯物主义立场上，十分强调对幼儿的年龄特征（生理和心理特征）的研究。她认为，对于一个教育家来说，必须了解人体组织的发展，也就是说，必须了解年龄特征。她强调说："医生如果不了解病情，又怎么能治好病？如果我们不了解年龄特点以及儿童生长环境的特点，难道就能把儿童培养好吗？"[2] 在她看来，幼儿教育工作应该像工厂进行生产要研究加工的原料一样，仔细地研究幼儿的年龄特征。幼儿的年龄特征以及兴趣和需要，应该成为安排他们的游戏、劳动和学习的依据。

在幼儿的心理特征方面，克鲁普斯卡娅研究了幼儿的知觉、思维和行动与周围环境的关系。她特别指出了幼儿感知世界的具体性和形象性。幼儿思考事情总是特别具体，喜欢通过生动的形象来想问题。克鲁普斯卡娅

1　克鲁普斯卡雅.在全俄学前教育第三次代表会议上的演说 [M]// 克鲁普斯卡雅教育文选（下卷）.卫道治，译.北京：人民教育出版社，1988：11.

2　克鲁普斯卡雅.第十七次党代表会议和学前教育的任务 [M]// 克鲁普斯卡雅教育文选（下卷）.卫道治，译.北京：人民教育出版社，1988：301.

强调，如果观察幼儿，就可以发现他们非常需要具体化：要尝试一下，仔细看看，动手摸摸；幼儿的这种要求特别强烈，不了解这一点，也就是不了解幼儿。[1] 但是，幼儿感知事物的具体性的内涵是在不断变化的，随年龄不同而异。对于幼儿来说，只有那些能够摸得到、嗅得到的东西是具体的；对于年龄稍大些的幼儿来说，那些能使他们产生一定形象的材料：生动的故事、图画等也是具体的；而对于年龄再大一些的幼儿，具体性可以从生动的现实材料中去获取。

克鲁普斯卡娅还指出，幼儿是喜欢模仿和善于模仿的，喜欢重复性的活动。例如，幼儿可以多次重复地听取成人讲述同样内容的诗歌童话，而兴趣依然不减，并通过这种讲述记住其中的具体细节。对幼儿来说，模仿是掌握知识的一种方法，幼儿模仿本身表现出一定的积极性，因此，幼儿教育工作者要保持幼儿的这种积极性，并设法把这种积极性逐步发展成为他们的主动性和创造性。

最后，克鲁普斯卡娅坚持要求幼儿教育工作者热爱儿童，观察儿童，深刻了解儿童的生理和心理特征。她认为，决不能用同一标准对待不同年龄的幼儿。她甚至形象地提出：幼儿教育工作者"应该能够站在儿童的位置上"，而且"站到他们的肺腑里去"。[2] 因为只有在熟悉幼儿身心发展的基础上，才能建立正确的幼儿教育体系，才能使幼儿教育工作契合儿童的发展水平。例如，年龄小的儿童比较喜欢单独玩，年龄较大的儿童就喜欢大家一起玩。在克鲁普斯卡娅看来，如果我们不了解儿童的年龄特征，不了解每个儿童的兴趣，不了解他们如何感知周围世界，幼儿教育工作就不可能取得成果。因此，她强调，我们之所以全面研究儿童，因为他们是我们要

1　克鲁普斯卡雅.第十七次党代表会议和学前教育的任务[M]//克鲁普斯卡雅教育文选（下卷）.卫道治，译.北京：人民教育出版社，1988：300.

2　克鲁普斯卡雅.要更加重视学前教育工作[M]//克鲁普斯卡雅教育文选（下卷）.卫道治，译.北京：人民教育出版社，1988：379.

进行加工的原料，如果我们对之不了解，那我们就不可能正确地对待我们的工作。[1]幼儿教育工作者要了解儿童并理解儿童；只有理解了儿童，才能给他们以真正慈母般的关怀，使他们成为幸福的人。[2]

（二）论幼儿个性的全面发展

从为未来共产主义社会培养新人的观点出发，克鲁普斯卡娅十分强调幼儿个性的全面发展，并把它看作社会主义幼儿教育的最主要的特征。在她看来，在幼儿个性全面发展的基础上，就能培养出建设合理的和美好的社会生活的一代新人。

幼儿个性的全面发展表现为身体、智力、道德诸方面的发展。

首先，克鲁普斯卡娅把幼儿的身体摆在头等重要的位置上。她认为，为了保证培养出健康的新一代人，应该合理地组织幼儿的体育，使他们能健康地发育成长。在她自己拟定的《幼儿园规程》中，关怀儿童的健康、发展儿童的体力被看作幼儿园全部工作的基础。

在幼儿的体育方面，克鲁普斯卡娅提出了"保教结合"的方针。她指出，除了户外活动、游戏外，幼儿教育还应该包括睡眠休息、儿童营养、居住条件、必要的保健措施，以及形成有助于儿童健康成长的文明卫生习惯等。

其次，克鲁普斯卡娅十分强调幼儿道德品质的培养。她认为，幼儿的道德品质包括集体主义、互助精神、同志情谊、坚强意志以及对劳动、学习和周围生活的兴趣。这些优良的道德品质，应该从儿童幼年起就加以培养。

幼儿教育工作者应该像对待未来的公民那样去对待幼儿。尽管幼儿还很

1　克鲁普斯卡雅.教师怎样才能成为优秀的苏维埃教育家[M]//克鲁普斯卡雅教育文选（下卷）.卫道治，译.北京：人民教育出版社，1988：299—300.

2　克鲁普斯卡雅.对学前材料的几点意见[M]//克鲁普斯卡雅教育文选（下卷）.卫道治，译.北京：人民教育出版社，1988：369.

弱小而需要成人的帮助和保护，但他们是未来的一代人。为了把幼儿培养成未来新社会的建设者，克鲁普斯卡娅认为，应该从小教会他们劳动。但是，她又指出，儿童的劳动毕竟不是成人的劳动；儿童的劳动和游戏之间的界限是不明显的。对幼儿来说，劳动就是做游戏。在儿童的劳动中，最主要的是教他们学会自我服务性的劳动。在《幼儿园规程》中，对幼儿自我服务性劳动的要求作了具体的规定。

再次，克鲁普斯卡娅还强调幼儿智力的发展。她认为，学前期是儿童智力发展的重要时期。这一时期，主要发展幼儿的感官，激发他们的求知欲，培养他们的认知能力。因此，幼儿教育工作者应该提供必要的条件，使幼儿认识周围的世界，扩大他们的眼界。克鲁普斯卡娅指出，幼儿受教育的权利就是认识周围世界的权利。要通过丰富多彩的社会生活和自然环境，唤起儿童的自主性和积极性，锻炼他们的感觉器官。

在幼儿的智力发展中，观察能力的发展是极其重要的。克鲁普斯卡娅认为，要发展幼儿的观察力，使他们善于观察周围的世界，并注意寻找产生各种现象的原因。在她看来，观察既为幼儿的智力发展提供食粮，有助于扩大幼儿的视野和提高幼儿的认知能力，以便幼儿进一步掌握新的知识；又为他们形成唯物主义世界观的萌芽打下了一定的基础。

最后，克鲁普斯卡娅强调，在幼儿个性的全面发展中还应该包括审美能力的发展。她认为，美育不仅应该包括培养幼儿认识美的能力，而且应该让幼儿参加力所能及的创造美的活动，使他们精神丰富、情操高尚和体态优美。幼儿园应该组织各种形式的富有表现力的活动，例如唱歌、舞蹈、绘画、朗诵、讲故事等。

四、论幼儿园教育

克鲁普斯卡娅在她的讲话和文章中反复强调，要把幼儿园这一类型的幼儿教育机构办好，使幼儿对幼儿园感到亲切，使他们愿意到幼儿园来，使幼儿在幼儿园里能过一种幸福的生活。[1] 在她看来，幼儿在幼儿园里可以学到不少东西，而且比在家庭里快乐得多。

（一）幼儿园的任务

克鲁普斯卡娅认为，为了更好地对幼儿实施教育，应该设立幼儿园。早在十月革命前，她曾对瑞士和法国的幼儿园进行过考察。她指出，那里有一些幼儿园是办得比较完善的，但也有一些幼儿园没有给儿童任何乐趣，儿童在幼儿园里不能玩，不能唱，一动不动地坐在凳子上。她还指出，既然资本主义国家能够有一些办得比较完善的幼儿园，那么，幼儿园在社会主义国家将办得更好。在幼儿园里，幼儿可以做游戏，通过游戏来学习，认识事物，扩大视野，了解周围的生活环境和广阔的世界。在她看来，幼儿园应该具有清洁的环境、暖和的室温和新鲜的空气，能给幼儿无穷的乐趣，给他们一些有助于他们成长的东西，使他们以后回忆起幼儿园就感到很温暖。

对于幼儿园的任务，克鲁普斯卡娅作了比较深刻的论述。她认为，幼儿园的重要任务之一是注意幼儿的身体健康，使幼儿养成文明卫生习惯。她强调指出，幼儿园的首要任务是努力造就身体健康的一代人，让下一代从小身强体壮。为此，幼儿园应该制订各项适宜的保健措施，例如，经常洗手保持清洁，饮食简单而有益于健康等；应该设置儿童体育场，并使儿童夏天能有很多时间在室外度过，冬天也能呼吸到新鲜空气等。幼儿园的另一个重要任务是通过幼儿共同生活、游戏、活动和劳动，培养他们初步的共产主义道德品质，养成一种遵守纪律、守秩序和爱劳动的习惯以及集体主义精神，与小伙伴友好相处而不顽皮任性。幼儿园还有一个重要任务是，

---

1 克鲁普斯卡雅.要更加重视学前教育工作[M]//克鲁普斯卡雅教育文选（下卷）.卫道治，译.北京：人民教育出版社，1988：383.

努力扩大幼儿的眼界和对周围生活的印象，丰富他们的生活经验，唤起和发展他们对生活的兴趣，使他们受到一定的社会锻炼，打好培养他们某些能力的基础。克鲁普斯卡娅强调："无论在认识自然界方面，还是在认识社会生活方面，都需要经常扩大儿童的知识范围。"[1] 例如，带领幼儿外出参观游览，庆祝节日活动，给他们讲述城市或乡村情况，与工人、农民和少先队员会面等。幼儿教育工作者决不能把幼儿隔绝起来，让他们好像住在玻璃罩里一样。[2]

克鲁普斯卡娅认为，幼儿园对幼儿教育工作和家庭教育能产生很大的影响，是一个组织中心，因此，应该为幼儿开办很多的幼儿园，使他们都愿意上幼儿园。幼儿园实行一定的制度，清洁干净但不追求豪华，使孩子生活起居觉得方便。幼儿园的游戏和活动是多种多样的，幼儿可以分成各种各样的小组来进行游戏和活动。由于幼儿很容易疲乏，游戏和活动时间的安排要尽可能灵活一些。幼儿园里充满着团结友爱的气氛，能给幼儿无穷的乐趣，使他们感到在那里生活很美满，使他们留下终生难忘的印象。

对于苏联 20 世纪 30 年代初期的幼儿教育工作，克鲁普斯卡娅曾提出了批评。她指出，有些幼儿教育工作者不考虑幼儿的年龄特征，常常用成人的标准去衡量幼儿，用学校教育的标准去要求幼儿教育，因而幼儿园活动脱离儿童和生活实际，工作组织得机械呆板。这一切导致了活生生的儿童以及他们的兴趣从幼儿教育工作者的视野中消失了。因此，克鲁普斯卡娅认为，在幼儿教育工作中要注意防止一些偏差，不要以为幼儿什么都能做和什么都知道，不要把那些在成人中间行之有效的方法搬用到幼儿身上。例如，应该用共产主义精神来教育幼儿，但并不是在幼儿园里贴满各种各

---

1 克鲁普斯卡雅.第十七次党代表会议和学前教育的任务 [M]// 克鲁普斯卡雅教育文选（下卷）.卫道治，译.北京：人民教育出版社，1988：297.

2 克鲁普斯卡雅."学前教育"一文摘要 [M]// 克鲁普斯卡雅教育文选.卫嘉，译.北京：人民教育出版社，1959：389.

样的标语，让他们把某一些还不明白其意思的口号背下来。又如，应该促使幼儿智力的发展，但并不是单纯去追求知识的数量或用一些表面知识加重他们的负担，否则不仅会使幼儿的天赋全然消失，而且可能弄得他们疾病缠身。

（二）游戏与玩具

为了实现幼儿教育的任务，幼儿教育工作者应该合理地组织幼儿园教育。克鲁普斯卡娅认为，幼儿园教育包括游戏、劳动和学习三个基本组成部分，其中，游戏占有最重要的地位。游戏是幼儿教育工作的主要活动形式，也是幼儿个性全面发展的主要教育手段。游戏分为个人游戏和集体游戏，两者都很重要。对于幼儿来说，游戏是学习，游戏是劳动，游戏是重要的教育方式。克鲁普斯卡娅认为，幼童要有更多的自由，主要是做游戏。[1]游戏可以锻炼身体，发展劳动技巧，提高视觉的精确程度，使人机智灵巧。[2]在她看来，游戏在幼儿的生活中具有特殊的意义，是幼儿生活的基础，也是幼儿最实际的学习。通过游戏，幼儿可以增强体质，发展肌肉和感觉器官，也可以发展灵敏、机智、创造性和集体精神，又可以发展一定的组织能力和形成集体生活的习惯，还可以学到很多知识。克鲁普斯卡娅曾列举这样的情况：如果我们送给一个幼儿一些形状不同的大块积木，他就会把这些积木摆来摆去，并加以比较，想用它们来建成一个什么东西；在这种游戏的过程中，他也就对形式产生了兴趣。总之，游戏对幼儿的体力、认知能力、正确的生活态度、道德品质的发展具有重要的意义。

在幼儿的游戏中，克鲁普斯卡娅特别推崇幼儿自己设计的游戏方式，即

1　克鲁普斯卡雅.致彼得罗夫斯克—外贝加尔师范学校教师谢罗夫斯卡雅[M]//克鲁普斯卡雅教育书简.卫道治，译.长沙：湖南教育出版社，1984：470.

2　克鲁普斯卡雅.论儿童的学前教育[M]//克鲁普斯卡雅教育文选（下卷）.卫道治，译.北京：人民教育出版社，1988：267.

创造性游戏。她指出，儿童最喜欢、最需要的游戏，是儿童自己订出游戏目的的那些游戏，例如，造房子，坐车到莫斯科去，做饭，驱逐白匪，杀熊，等等；游戏的过程就是实现这一目的：儿童拟订计划，寻求实现目的的方法；尽管他们所坐的火车是用凳子做成的，尽管房子是用木片造成的，这都没有关系，儿童的想象力可以弥补现实情况的不足之处，这里最重要的是拟订计划的过程。[1] 由于在这种类型的游戏中，儿童自己提出游戏的目的，确定游戏的规则，并由儿童自己组织起来进行游戏，因此，它更有利于儿童的发展和教育。

针对苏联 20 世纪二三十年代幼儿教育工作中过分强调劳动而忽视个性全面发展的倾向，克鲁普斯卡娅提出了批评。她希望幼儿教育工作者对幼儿的各种游戏进行研究和分析，寻求在游戏和生活之间架设桥梁的形式，选择最有趣的形式并赋予它以现代的内容；同时，也要求幼儿教育工作者加强对游戏的指导，教幼儿学会做游戏，使游戏从形式到内容都符合社会主义教育的目的，成为幼儿教育的一种有效手段。

对于幼儿的玩具，克鲁普斯卡娅也进行了论述。在《论学前儿童的玩具》一文中，她明确指出："最需要玩具的是学前期的儿童。"[2] 但是，儿童的玩具应该是朴素大方、价廉物美的，而不必在玩具的装饰上煞费苦心。幼儿园也不必给儿童买一些价格昂贵的玩具或者是一些机械构造很复杂的玩具。因为评价一个玩具的价值，应该看这个玩具是否有助于研究周围的生活，是否有助于发挥儿童的积极性和主动性。[3]

克鲁普斯卡娅还认为，决不能从成人喜欢什么玩具的观点出发，而应该

1　克鲁普斯卡雅.少年先锋队员和游戏 [M]// 克鲁普斯卡雅教育文选.卫嘉，译.北京：人民教育出版社，1959：389.

2　克鲁普斯卡雅.论学前儿童的玩具 [M]// 克鲁普斯卡雅教育文选（下卷）.卫道治，译.北京：人民教育出版社，1988：365.

3　克鲁普斯卡雅.第十七次党代表会议和学前教育的任务 [M]// 克鲁普斯卡雅教育文选（下卷）.卫道治，译.北京：人民教育出版社，1988：302.

从儿童喜欢什么玩具和需要什么玩具的观点出发，来谈论儿童玩具的问题。她强调："重要之点在于确定什么年龄的儿童需要什么样的玩具。"[1] 在克鲁普斯卡娅看来，应该为不同年龄的儿童制作和挑选不同的玩具。但是，为年龄较大的儿童提供玩具是一件很难的事情，因为这个年龄时期儿童的生活环境是极其多样的。因此，玩具设计者和制造者应该仔细地研究儿童的年龄特征，设计和制造出为幼儿所喜欢和有助于他们成长与发展的玩具。

（三）集体主义教育

在克鲁普斯卡娅的幼儿教育理论中，集体主义教育是一个很重要的方面。她强调说："我们要把儿童从小培养成集体主义者，也就是说，要把他们培养成善于从事集体工作、适应集体生活的人……如果把我们的学前教育工作同资产阶级的学前教育加以比较，那我们就会发现，我们学前教育工作采取的是培养集体主义者的方针。"[2] 在克鲁普斯卡娅看来，组织和发展儿童集体，养成儿童集体生活的习惯，培养儿童的集体主义精神，是社会主义国家幼儿教育机构的首要任务和基本特征，也是与资本主义国家幼儿教育机构的主要区别。

因此，在幼儿园里，幼儿教育工作者应该使全体儿童无一例外地参加工作、劳动以及建构自己的儿童生活。在共同的生活中，儿童集体应能产生这样一种气氛：全体儿童善于集体地生活，善于集体地工作，善于集体地感受，逐步学会从共同的利益出发去处理每一个问题，能使自己的意愿服从于集体的意志。在克鲁普斯卡娅看来，应该让儿童在幼儿园的共同生活、游戏和劳动中，享受到与其他儿童交往的乐趣以及友好相处的乐趣。幼儿

1　克鲁普斯卡雅.论学前儿童的玩具 [M]// 克鲁普斯卡雅教育文选（下卷）.卫道治，译.北京：人民教育出版社，1988：365.

2　克鲁普斯卡雅.论儿童的学前教育 [M]// 克鲁普斯卡雅教育文选（下卷）.卫道治，译.北京：人民教育出版社，1988：263.

园里友爱的共同生活以及集体主义的感受，会成为幼儿将来形成集体主义观念的基础。

但是，克鲁普斯卡娅强调指出，幼儿园的儿童集体不同于学校的班级集体。这种儿童集体还不稳定，它的初步形式是在友爱关系上的共同生活。因此，幼儿园的儿童集体的结构和生活方式应该符合幼儿的年龄特征和教育目的，要防止出现成人化的倾向。一般来说，幼儿都希望和同龄儿童一起玩耍，也希望和成人接触。幼儿教育工作者对此要给予支持，并把儿童组织起来。克鲁普斯卡娅认为，最初由二三个儿童一起玩，然后集体在一起玩，这样可以使儿童一开始就学会在一个小组里友好地生活，这样就能在不知不觉中培养儿童对集体依赖的感情，使他们脱离不开自己的集体，把自己看成是集体中真正的一员。

在幼儿园教育中，幼儿个性的全面发展与集体主义教育并不矛盾。克鲁普斯卡娅认为，只有在集体的影响下，幼儿的个性才能得到更好的发展。集体并没有否定个性，相反，只有在集体中才能更完全、更鲜明地显露和发展每个幼儿的个性。幼儿教育工作者应该善于在幼儿园教育中发展集体，同时善于在集体的条件下提供幼儿个性全面发展的可能。

克鲁普斯卡娅还认为，集体主义教育有助于对幼儿进行国际主义教育和反宗教宣传。她认为，如果集体活动安排得很妥帖，如果儿童养成了在集体中友好生活的习惯，那么在此基础上就比较容易向他们进行国际主义教育，在反宗教宣传上也是同样的道理。[1]

（四）幼儿园教育与家庭教育的联系

克鲁普斯卡娅非常强调幼儿园教育与家庭教育两方面的互相联系。她认为，母亲乃是儿童天然的教师，对幼儿的影响是巨大而深远的。父母的感

1　克鲁普斯卡雅.论儿童的学前教育 [M]// 克鲁普斯卡雅教育文选（下卷）.卫道治，译.北京：人民教育出版社，1988：264.

情可以给儿童很多乐趣，完全不应该制止这种感情。在对幼儿进行教育的过程中，幼儿园如果和家庭密切配合，就能更好地促使幼儿个性的全面发展。因此，必须在社会教育和家庭教育之间建立起一种联系，这种联系是培养理想的一代人的保证。[1]

幼儿教育工作者应该认真地对家长进行幼儿知识教育，使他们掌握基本的教育学知识，把幼儿教育工作变为提高群众文化水平的工作的一个重要方面。克鲁普斯卡娅曾举例说：如果一位母亲注意给自己的孩子洗脸洗手，经常打开房间的气窗，按时给孩子吃饭等，她就能使自己的孩子一生都养成良好的卫生习惯。因此，幼儿教育工作者应该了解儿童的生活环境，与家庭保持密切的联系；以幼儿园为例子，告诉母亲们怎样给儿童洗脸洗手，怎样照顾儿童睡觉，以及需要为儿童做些什么；检查母亲们是否照着做了。当母亲们来幼儿园等着接孩子回家时，幼儿园的每个工作人员都可以对她们讲讲怎样教育孩子，使她们对孩子采取正确的教育方法。

克鲁普斯卡娅强调指出，幼儿园这一类型的幼儿教育机构对于幼儿的发展来说是极其重要的。如果家长对幼儿园的重要性有所认识，对幼儿园的实际工作有所了解，并自觉参加这一工作，就能有助于推动幼儿园教育向前发展。克鲁普斯卡娅经常对幼儿教育工作者说，要善于发动家长参加学前教育机构的工作，成立家长委员会，这种委员会就会主动关心并帮助学前教育机构开展工作，这样一来，幼儿园就会大为改观。[2]在她看来，家长工作是一个重大的问题，使家长关心和支持幼儿园的工作，安排家长有机会到幼儿园去帮助工作，对幼儿园教育的发展具有重大的意义。

克鲁普斯卡娅站在为未来共产主义社会培养新人的角度，论述了幼儿

1 克鲁普斯卡雅.要更加重视学前教育工作[M]//克鲁普斯卡雅教育文选（下卷）.卫道治，译.北京：人民教育出版社，1988：386.

2 克鲁普斯卡雅.与兄弟共和国幼儿园工作人员的谈话[M]//克鲁普斯卡雅教育文选（下卷）.卫道治，译.北京：人民教育出版社，1988：392.

的年龄特征和个性的全面发展以及幼儿园教育，奠定了苏维埃幼儿教育理论的基础。她的幼儿教育理论和实践，推动了苏维埃幼儿教育事业的发展，也为社会主义国家幼儿教育工作提供了极其重要的经验。

第六节　皮亚杰的幼儿教育理论

瑞士心理学家和教育家皮亚杰（Jean Piaget，1896—1980）毕生从事儿童心理发展的实验研究，深刻地阐述了儿童教育工作的新原则和新方法，对世界各国幼儿教育以及中小学教育的改革和发展产生了很大的影响，在国际上也享有很高的声誉。

一、生平活动与著作

皮亚杰1896年8月出生于瑞士纳沙泰尔的一个大学教授家庭。童年时代，他已在生物学观察方面表现出浓厚的兴趣和突出的才能。1907年，年仅10岁的皮亚杰发表了科学短文《一只患白化病的麻雀》。这是他发表的第一篇论文。中学期间，他将大部分课余时间消磨在纳沙泰尔自然博物馆里，通过对众多生物标本的分类工作，皮亚杰进一步增强了对生物进行观察和研究的能力。

由于教父的影响，皮亚杰早在少年时期就对哲学产生了浓厚的兴趣。柏格森（H. Bergson）的《创造进化论》是他的第一本哲学启蒙读物。这对他转向心理学并终身致力于发生认识论的研究有着深刻的影响。

中学毕业后，皮亚杰在纳沙泰尔大学主修生物学。1918年，他获得了纳沙泰尔大学的自然科学博士学位。此后，他一直致力于一种把生物学与认识论结合起来的新的研究领域。

1919 年至 1921 年，皮亚杰在巴黎大学研究病理心理学和精神病诊断，同时学习研究哲学和数理逻辑等课程。他也阅读过精神分析学派弗洛伊德（S. Freud）的著作。在心理学家西蒙（H. Simon）实验室的工作使他开始了对儿童心理发展的系统研究。

由于早期儿童思维研究的成果，皮亚杰受到了当时瑞士著名心理学家、日内瓦大学卢梭学院院长克拉帕雷德（E. Claparede）的赞赏。于是从 1921 年起，皮亚杰担任瑞士日内瓦大学心理学教授兼研究部主任，正式开始了系统研究儿童心理的工作。他主要研究 4 至 12 岁儿童的语言、概念和推理过程。其主要著作有：《儿童的语言与思维》（1923）、《儿童的判断与推理》（1928）、《儿童的道德判断》（1932）、《智慧心理学》（1950）皮亚杰的这些著作不仅引起了心理学家和教育家的兴趣，而且也成为他日后致力于儿童心理发展研究的基础。

1923 年结婚后，皮亚杰把他自己的孩子作为观察和研究的对象。在详细记录的基础上，他写了 3 本有关儿童心理发展的重要著作：《儿童智慧的起源》（1936）、《儿童对现实的构造》（1937）和《儿童符号的形成》（1945）。

20 世纪三四十年代起，皮亚杰与他的同事、学生开展了关于儿童概念形成的大规模研究工作。其最主要的成就之一是提出了儿童心理发展的完整理论，论述了关于儿童各个发展阶段的年龄特点。

1941 年至 1971 年，皮亚杰担任卢梭学院教育学院院长。他曾连续 3 年担任瑞士心理学会主席。

1954 年，皮亚杰在加拿大举行的第十四届国际心理学会议上被推选为国际心理学会主席。后来，他又担任联合国教科文组织领导下的国际教育局局长，亲自参加了当代世界许多重大教育问题的研究。1955 年，在洛克菲勒基金会的资助下，皮亚杰又和一些学者创建"国际发生认识论中心"，并亲自担任该中心主任。在此期间，他们出版了大量有关儿童思维发展理论的论文和著作，逐渐形成了一个颇具影响力的儿童心理学派——日内瓦学派，强调运用临床法观察、研究儿童。

皮亚杰曾先后去美国、英国、比利时、荷兰、瑞典、加拿大、巴西、苏联等国的大学讲学，获得了名誉博士、名誉教授或名誉院士等称号。1969年，皮亚杰获得美国心理学会的杰出科学贡献奖，他的研究成果被认为是"心理学文献中的一个宝贵的、不朽的里程碑"[1]。

1980 年 9 月，皮亚杰在瑞士日内瓦去世。

二、论儿童的心理发展过程

通过大量的观察和实验研究，皮亚杰具体论证了儿童的心理发展过程。他强调指出，儿童从诞生起，其心理就与生理一样在不断发展。这种发展是一个持续前进的平衡过程，从较低的平衡状态走向较高的平衡状态。它又可以分为前后相联和各有特点的四个阶段。每一个阶段都会出现一些新创的结构，把这个阶段和前面的阶段区分开来。前面阶段的结构都会继续存在于以后的发展阶段之中，成为一些附属的结构。它们结合起来就构成了后一个阶段所具有的新特征。

（一）感知运动阶段（出生至 2 岁）

感知运动阶段，儿童主要通过感知运动图式来和外界相互作用（同化或顺应）并与之取得平衡。也就是说，儿童利用感知和动作去征服周围的世界。皮亚杰认为，这个阶段的发展对儿童以后的发展具有特别重要的影响。因为这个阶段是人类生命最有创造力的时间。[2] 他强调说，儿童在这个阶段建成了所有的认识基础，作为他们日后知觉发展和智慧发展的起点，同时

1　玛格丽特·博登.皮亚杰 [M].谢小庆，王丽，译.北京：法律出版社，1992：2.

2　皮亚杰.皮亚杰谈创造力及教育改革 [M]// 皮亚杰教育论著选.卢濬，选译.北京：人民教育出版社，1990：252.

还建成了一定数量的基本情绪反应，这些将部分地决定着他们日后的情感。[1]因此，这个早期的心理发展决定着心理演进的整个过程。[2]

皮亚杰指出，感知运动阶段可以分为 6 个时期。

1. 反射练习时期（出生至 1 个月）

这个时期，婴儿的活动主要是遗传性的反射活动，其心理生活仅限于反射器官的练习，即限于感知与动作之间那种为遗传所决定的协调活动的练习。与之相对应的是营养之类的本能需要。开始时，婴儿的各种反射活动并不协调，似乎各种反射活动都是各自独立的。但这个时期，婴儿的反射动作练习一开始就表现出真正的能动性。例如，吮吸反射，只要婴儿的嘴唇接触到物体，他们就会自动地吮吸。婴儿这种反射影响行为的程度对于后来的心理发展会产生一定的作用。

2. 习惯动作时期（1 个月至四五个月）

这个时期，婴儿的发展主要表现在不同的感知运动图式开始协调起来。例如，声音的刺激不仅可以引起听觉反应，而且可以引起视觉或抓握反应。这种协调使婴儿形成了最初的习惯动作。例如，吮吸拇指的习惯。

3. 有目的的动作形成时期（四五个月至 10 个月）

这个时期，婴儿开始积极地选择某些能够引起有趣效果的活动，形成第二次循环反应。婴儿开始抓握和摆弄他们身边所见到的一切东西。例如，婴儿会重复拉摇篮里的一根绳子而使系在这根绳子上的拨浪鼓发出响声，这表明其处在智力的萌芽状态。

4. 手段和目的协调时期（10 至 12 个月）

这个时期，婴儿能够在一个新的环境中，运用他们过去已经学会的一些手段来达到自己的目的。因此，婴儿对主体和客体的关系产生了最初的协

1　J. 皮亚杰，B. 英海尔德 . 儿童心理学 [M]. 吴福元，译 . 北京：商务印书馆，1980：5.
2　让·皮亚杰 . 儿童的心理发展 [M]. 傅统先，译 . 济南：山东教育出版社，1982：26.

调。例如，婴儿会想法移开障碍物去拿到他想要的玩具。

5. 感觉运动智力时期（12 至 18 个月）

这个时期，儿童表现出了更为强烈的好奇心、预期和意向的灵活性。他们能够通过"尝试—错误"的方法去发现新的手段以达到自己的目的。他们会尝试不同的方法，并能发现新的手段以适应新的环境。皮亚杰认为，对于儿童来说，这是物质世界客体化的开始，是一次"哥白尼式"的革命。

6. 感觉运动智力的综合时期（18 个月至 2 岁）

这个时期，儿童能够在头脑中把许多运动图式联系起来，从而产生一种新的手段来解决新的问题。他们能通过直接的身体动作去观察和发展事物，并具有延缓模仿的能力，即模仿已不存在的原型。

皮亚杰认为，在感知运动阶段，儿童通过对自己的环境的适应，创造出自己的世界。在这个过程中，他们的情感也得到了发展。初生的婴儿会有一些与生理系统有着密切关系的情绪反射。这种情绪反射开始往往只与饥饿、口渴等营养需要有关，后来相应地和自己的动作发生了直接联系。由于手段和目的的分化，达到目的的动作或没有达到目的的动作就会使婴儿在情感上体验到成功的愉快或失败的痛苦。

当儿童获得了客体的稳定性认识之后，客体成了独立于自我之外的对象，他们的情感也就有了很大的变化。因此，儿童最初与动作本身相联系的基本情感，则由于人与物的客体化而发展成为人与人之间的情感。这对以后儿童社会化的过程和道德情感发展有着极其重要的意义。

（二）前运算阶段（2—7 岁）

大约从 2 岁开始，儿童的发展进入了一个新的阶段。进入这个阶段的标志是儿童的各种感知运动图式开始内化成为表象，儿童开始运用表象符号，或者说，语言的出现标志着这个阶段的开始。毋庸置疑，儿童在感知运动的基础上掌握了语言，并用语词来指代外界事物。这在广度上和速度上提升了他们的思维活动能力。皮亚杰认为，这是儿童的思维与语言的第一次结合。随着语言的出现和发展，无论在情感方面，还是在认知方面，儿童的行为发生了深刻的变化。儿童发现了一个超越于他们本身、具有十分丰富内容的现实世界。儿童越来越多地用表象符号来代替外界事物，开始了表象思维。凭借这种表象思维，儿童不仅可以进行各种象征性的游戏活动，而且可以理解童话故事中关于过去的和远方的事情。皮亚杰强调，在表象思维水平上，所有出现在感知运动水平上的东西，现在都必须重新建构了。[1]

但是，皮亚杰认为，这个阶段儿童的表象思维都是自我中心的。儿童开始以一种不自觉的自我中心态度来对待他们的周围世界和他们头脑中的表象。儿童考虑一切事情都只是从自己的角度出发，想象每个事物都与他们自己的活动相联系，而不能脱离自我中心。例如，在与别人交谈时，儿童只顾自己把头脑中想到的东西大声说出来，而不管别人是否愿意接受。但这种自我中心的同化乃是儿童思维开端的特征。儿童的表象思维不仅表现在他们的延缓模仿活动中，例如，儿童能对自己过去曾经看到和听到的活动或事物加以模仿；而且也表现在象征性游戏中，例如，儿童能把竹棒当作马，把排成行的木凳当作火车等。在象征性游戏中，儿童不是使自己的想象服从于现实，而是把现实同化于自己的想象。在皮亚杰看来，其原因在于这个阶段的儿童还不能像成人那样有效地满足他们个人情感上和智力上的需要，于是他们便利用游戏的同化作用来改变现实，以满足自己的需要。

按照同化与顺应平衡的法则，这个阶段，儿童的表象思维会逐渐发展到直观思维。但在直观思维中，感知仍占首要的地位。例如，对于这个阶段的儿童来说，数量的等值就是视觉的对应，就是空间位置的完全一致；一

1　皮亚杰 . 发展与学习 [M] // 皮亚杰教育论著选 . 卢濬，选译 . 北京：人民教育出版社，1990：20.

旦这种视觉的对应被破坏，数量也就不相等了。由于儿童所感知到的形象就是他们直觉思维的依据，因此，直观的表象在很大程度上决定了儿童的判断。当然，这个阶段儿童的行动已不再像前一个阶段那样是纯粹的感知运动的性质。皮亚杰认为，这种直观思维总是按一定的次序朝着一个目标前进，而不能逆行；同时，这种直观思维不具有守恒性，不是根据逻辑而是根据直观图形来进行推理的。

应该看到，这个阶段的儿童把纯粹的感知运动图式内化为直观的表象，不仅表明了儿童心理发展的一个新的水平，而且也为后来发展运算思维做好了准备。

在这个阶段，儿童的人与人之间的情感得到了发展。它的主要特征是儿童对成人单方面的尊敬。其主要原因之一是成人对儿童的强制。因此，成人变成了儿童一切道德和一切真理的源泉。这往往会使儿童在情感方面和智力方面都养成一种顺从的心理，不假思索地接受成人的一切判断。例如，儿童能够接受成人强加于他们的"要诚实"和"不许说谎"等道德规则，但他们并没有从内心真正体验到诚实和不说谎的价值。对于这个阶段的儿童来说，"不许说谎"仅是一条外在的道德规则，而不是出于他们自己内心的道德需要。可以说，儿童中常见的说谎问题，实际上就是儿童的自我中心态度和成人道德强制之间所发生的冲突。

（三）具体运算阶段（7—12岁）

这个阶段相当于学龄初期。皮亚杰认为，在儿童的心理发展过程中，7岁是一个具有决定性意义的转折点。这个阶段的儿童无论在智力方面还是在情感方面都出现了新的组织形式，并从前一个阶段的那种自我中心状态中逐渐解放出来。

这个阶段的儿童开始进行具体运算思维，能够客观地构造类、关系和数之间的联系。儿童的具体运算思维具有守恒性、可逆性和整体性。在儿童构成具体运算思维的同时，他们也获得了社会合作的能力。

随着具体运算思维的构成和社会合作能力的获得，这个阶段儿童的情感和道德又得到了发展，逐渐形成互相尊敬的情感和自律的道德。尤其突出的是，这个阶段儿童的公正和平等观念得到了发展，不仅影响了儿童之间的关系，而且也影响并改变了儿童与成人之间的关系。

（四）形式运算阶段（12—15 岁）

这个阶段相当于学龄中期。大约从 12 岁起，儿童便进入了青春期。这个阶段儿童的思维发展很迅速，发生了一次根本性的变革，达到了形式运算的阶段。它的主要特征是儿童从具体事物中逐渐解放出来，也就是说，这一阶段儿童的思维与成人的思维接近，儿童可以在头脑中把形式和内容分开，可以离开具体事物，根据假设和条件进行逻辑运算。

皮亚杰认为，与具体运算相比，形式运算是一种命题的运算。它可以脱离感知运动和表象的支持，而以命题为依据，并借助命题的形式来进行。它也可以使儿童不受时间和空间的限制，去认识和把握事物的发展规律，去探讨研究命题的各种关系。

这个阶段，儿童在情感和道德发展上也表现出新的特征。儿童在成人社会中已开始取得地位，他们的人格已开始形成。儿童使自己的思想形成了体系。因此，从某种意义上说，这些新的变化标志着儿童期的结束。[1]

儿童的心理发展过程可以看作不断地脱离自我中心的过程。由于各种发展因素的相互作用，儿童的发展是具有阶段性的。各个阶段的出现，从低到高是有一定次序的。每个儿童都以不同的速度按次序地通过这些阶段。每个阶段都是一个统一的整体，而不是一些孤立的行为模式。皮亚杰强调指出，尽管儿童心理发展的四个阶段之间有着质的差异，具有本质上不同

1　J. 皮亚杰，B. 英海尔德 . 儿童心理学 [M]. 吴福元，译 . 北京：商务印书馆，1980：99.

的模式，但是，前一个阶段总是后一个阶段的必要准备，并为后一个阶段所取代；后一个阶段总是建立在前一个阶段基础上的，是前一个阶段的自然延伸。由于环境、教育和文化等各种因素的作用，儿童的心理发展阶段出现的一般年龄会发生差异，但各个阶段的先后次序不变。只要儿童继续发展，他们就必须循着四个阶段的次序前进，而不可能逾越某一个阶段。当然，在儿童心理发展过程中，前一个阶段和后一个阶段会有一定程度的交叉和重叠。

皮亚杰关于儿童心理发展过程的理论，系统地论述了儿童心理发展的一般模式，为幼儿教育工作者研究幼儿的发展与教育提供了理论依据。

三、论儿童教育的基本原则

皮亚杰认为，学前儿童的教育旨在使义务教育年龄以前的儿童受到教育。从儿童心理发展过程的理论出发，皮亚杰提出了一系列儿童教育的基本原则。

（一）符合儿童的心理发展阶段

在实验研究基础上，皮亚杰用大量令人信服的实验材料论述了儿童心理发展的阶段及其特点。他认为，儿童的认知结构发展与成人有着质的不同，而且不同阶段的儿童的认知结构也不完全一样，表现出其特点。因此，教育应该符合儿童的心理发展阶段，按照儿童的年龄特点来加以组织。因此，皮亚杰强调，我们必须承认有一个心理发展过程的存在，一切智力的养料并不是所有年龄阶段的儿童都能够吸收的，我们应该考虑到每个年龄阶段的特殊兴趣和需要。[1]

---

1 皮亚杰.新方法，它们的心理学基础 [M] // 皮亚杰教育论著选.卢濬，选译.北京：人民教育出版社，1990：66.

在皮亚杰的心理学体系中，心理发展阶段理论实际上是一个核心。儿童从出生到成人时期的心理发展，会自然地划分为人人相同的、按不变次序相继出现的、有着性质差异的几个明确的阶段。皮亚杰认为，儿童的教育如果脱离了儿童的心理发展阶段，实际上也就是在浪费时间和精力。只有在每一个年龄阶段都施以良好的教育，才可以促进而不是损害儿童的发展。逾越儿童心理发展阶段的教育，实际上否定了儿童的心理发展是一个不断建构的过程。例如，在感知运动阶段，儿童只有感知运动智力，父母和教育者应该多为儿童提供各种各样有趣的物体，如玩具、模型等，供他们观察、抚摸和摆弄；应该多考虑促进儿童动作发展的训练，如触摸、推拉和抓握等。在前运算阶段，为了促使儿童表象思维和直观思维的发展，父母和教育者就应该注意选择具体形象的方法，如游戏、童话故事、图画、手工等，来帮助儿童形成数、几何、空间和时间等概念。因此，皮亚杰强调指出，教育是从属于受教育者的发展水平的，受教育者的发展水平决定着教育的步调。

皮亚杰强调，教育者应该懂得儿童心理学，了解儿童并重视儿童的特点。尊重儿童心理发展的水平，能够避免儿童教育成人化的倾向。

（二）分析儿童心理发展的因素

皮亚杰认为，在儿童教育中应该注意分析和考虑制约儿童心理发展的四个基本因素。

一是生物成熟的影响。皮亚杰指出，有机体的成长，特别是神经系统和内分泌系统的成熟，是儿童心理发展的必要因素。生理学研究的成果表明，儿童的某些行为有赖于一定的生理结构或神经通路的作用。生物成熟的影响在儿童心理发展过程中起着不可缺少的作用，但它并不能说明全部发展过程，因此它仅仅是制约儿童心理发展的因素之一。它主要表现在为儿童心理的发展提供了可能性。

二是练习和习得经验的影响。它指个体对物体施加动作过程中的练习和所获得的经验（不同于社会性经验）的作用。皮亚杰认为，儿童所获得的经验可以区分为物理经验和数学逻辑经验两类。前者指个体作用于物体，并抽象出物体的特性，如物体的大小、轻重等；后者指理解动作与动作之间相互协调的结果。在皮亚杰看来，当儿童这个主体认识客体或与客体发生关系时，总是要有一个同化或顺应的过程，否则他们就无法获得经验。

三是社会传递的影响。社会传递包括语言传递和教育传递。皮亚杰认为，社会传递在儿童的心理发展过程中是一个必需而重要的因素。它对儿童的影响大大超过自然环境对儿童的影响，因为它不仅促使儿童去认识它，而且也给儿童提供了现成的和最好的符号系统，即语言和文字。尤其是作为社会传递组成部分的教育，对儿童心理的发展有很大的影响。尽管教育并不能逾越儿童心理发展的某个阶段，也不能改变儿童心理发展阶段之间的次序，但适宜的和良好的教育在一定程度上能促使儿童心理发展阶段的过渡，能引起儿童主动的同化或顺应。如果缺少儿童主动的同化或顺应，社会传递的影响将是没有效果的。

四是平衡化的影响。平衡化既指使同化或顺应获得平衡的过程，也指同化或顺应获得平衡的结果。皮亚杰认为，上述三个因素都起着重要的作用，但它们并不足以说明儿童心理的发展过程，还需要有第四个因素，那就是平衡化。这个因素常常被人忽视，但皮亚杰认为这是一个基本的甚至是首要的因素。皮亚杰把它称为"平衡因素"，也叫作"自我调节的因素"。[1]只有通过平衡化，儿童的心理才能得到发展。平衡化之所以重要，就在于它使生物成熟、练习和习得经验以及社会传递三个因素协调起来，就在于它通过"尝试—错误"的过程使儿童得以自我调节。儿童正是借助平衡化的作用，在每一个阶段重新建构认知结构，并克服自我中心的倾向。

---

1 皮亚杰.发展与学习 [M]// 皮亚杰教育论著选.卢濬，选译.北京：人民教育出版社，1990：21.

（三）发展儿童的主动性

皮亚杰十分重视主体在教育中的作用。他认为，儿童的教育必须是一个主动的过程，教育者必须注意发展儿童的主动性。传统教育理论把儿童看成是一个"依赖的变量"，但皮亚杰强调指出，儿童是一个"独立的变量"。在皮亚杰看来，儿童的心理发展是一种主动积极和不断的建构活动。儿童通过自己的活动，不断建构基本概念和思维形式。儿童获得的知识，是儿童这个主体与外部世界这个客体不断相互作用而逐步建构的结果。因此，儿童是个具有主动性的人，他们的活动受兴趣和需要所支配。因为只有儿童自我发现的东西，他们才能积极地将其同化或顺应，从而形成深刻的理解。教育者最好使儿童自己找到他们问题的答案，如果每样事情都教给儿童，就会妨碍他们的发现或发明。

皮亚杰所说的"主动性"有两层含义，一是儿童直接作用于他们的环境，二是儿童在心理发展上是主动的。在儿童教育上，儿童通过自己的主动性活动来培养兴趣和发展才能。教育者的作用是间接的，不是直接把某种现成的知识转交给儿童，而是介绍问题和对策，让儿童自己主动地学习。教育者要去发现最适宜的环境和方法，帮助儿童自己去获得认知能力的发展。

（四）强调儿童的实际活动

从发生认识论出发，皮亚杰十分重视"动作"在儿童心理发展中的作用。"动作"指的是个体的实际活动。他认为，由于认识起源于动作，认识是从动作开始的，动作在儿童心理发展中起着重要的作用，因此，教育者应该使儿童通过实际活动和具体事物进行学习。对于儿童来说，动作是儿童主体与客体相互作用的唯一可能的联接点。例如，婴儿重复摇动一个悬挂着的物体发出音响，他就是通过动作与实际摆弄物体而认知世界的。儿童所获得的知识和观念都离不开动作。在皮亚杰看来，主体通过动作对客体的适应，乃是儿童心理发展的真正原因。

因此，皮亚杰认为，在儿童教育中，教育者应该强调儿童的实际活动，重视儿童的动作。例如，在前运算阶段，就应该重视游戏活动。皮亚杰指出，游戏是幼儿所特有的活动之一。游戏可以分为四类。第一类，练习性游戏。它是一种最初步形式的游戏，是感知运动阶段唯一出现的一种游戏。儿童在适应过程中重复着所练习的活动以取得快乐。练习性游戏在以后的阶段仍部分地保留着。第二类，象征性游戏。它不仅把现实同化于儿童自我和自己的愿望之中，而且通过象征性语言使同化作用成为可能并得到强化。它是儿童游戏的高峰。第三类，有规则的游戏。例如，打弹子、独脚踢石块等。它是促进儿童社会生活的一类最有效的游戏活动。随着儿童社会生活的不断丰富，它的重要性增加了。第四类，建构性游戏。它最初受游戏的象征主义影响，后来倾向于构成"真正的"适应活动或构成对问题的解决以及构成智慧性的创造活动等。对于儿童来说，游戏在教育过程中起着极其重要的作用。游戏是儿童心理活动的一种机能练习。不管在什么时候，只要运用游戏的方式，儿童就会充满热情地投入活动中去，受到真正的教育，获得真正有益的知识。所以，皮亚杰强调，儿童不能像成年人那样有效地满足他们个人情感上的甚至智慧上的需要，因此，为了达到必要的情感上和智慧上的平衡，他们需要一个可资利用的活动领域，在这领域中，他们的动机并非为了适应现实，恰恰相反，是使现实被他们自己所同化，这样一个活动领域便是游戏。[1] 在他看来，过早地让儿童进行读写算方面的系统学习，实际上是一种不明智的做法。

（五）重视儿童的社会交往

皮亚杰很强调社会交往在儿童心理发展中的重要作用。他认为，与他人

1　J. 皮亚杰，B. 英海尔德 . 儿童心理学 [M]. 吴福元，译 . 北京：商务印书馆，1980：46.

交往有助于儿童语言和思维的发展以及情感和道德的发展。这种社会交往主要是指社会合作，尤其是儿童之间的合作。它是推动儿童个性发展的一部分，也是儿童认知发展的重要源泉。通过社会交往，尤其是处在同一认知水平上的儿童之间的交往，儿童彼此交流看法，有助于摆脱自我中心状态，从他人那里获得丰富的信息，从共同合作中学到有益的东西，促使认知和思维的进一步发展。

在大量的实验研究基础上，皮亚杰认为，几乎从出生那一天起，儿童就开始具有社会性。在出生的第二个月，婴儿就会对人微笑，试图与人接触。从出生第一年的下半年起，婴儿不仅试图接触别人，而且还经常模仿别人。这一切都表明，儿童在社会交往方面具有高度的感受性，这使得儿童的社会交往有可能实现。

在儿童的发展和教育中，皮亚杰认为，教育者应该重视儿童的社会交往，积极组织儿童之间的合作活动，帮助儿童理解社会中人与人之间的关系，更好地促进儿童心理的发展。

皮亚杰根据他自己长期对儿童心理发展研究的成果，深入地和富于想象力地探究了儿童教育原则和方法的心理学基础，系统地论述了儿童的心理发展过程以及它与教育的关系问题。他的理论对许多传统的教育观念提出了挑战。由于他的理论以实验研究为依据，因此就显得更为深刻和令人信服。尽管有这样或那样的批评，但毫无疑问，在20世纪60年代后，皮亚杰的儿童心理发展理论以及新的教育原则，对世界幼儿教育的改革与发展产生了重要而深刻的影响。

第七节　维果茨基的幼儿教育理论

维果茨基（Лев Семёнович Выготский，1896—1934）是苏联心理学

家。1896 年 11 月，他出生在白俄罗斯东部的戈麦里市。他曾先后在莫斯科大学、克鲁普斯卡娅共产主义教育学院、第二莫斯科大学从事研究和教学工作。通过对儿童心理和教育的研究，他创建了心理发展的社会文化理论，强调儿童言语与思维的发展，以及儿童心理发展与教学的关系。1934 年 6 月因患肺病去世。20 世纪 50 年代，美国心理学家和教育家布鲁纳（Jerome S. Bruner）对维果茨基作了高度的评价：在过去的四分之一世纪中从事认识过程及其发展研究的每一个心理学家，都应该承认维果茨基的著作对自己的巨大影响。[1]一位权威的研究者认为，维果茨基无疑在许多方面都超越了我们的时代。[2]维果茨基的主要著作有：《教学心理学》（1926）、《思维与言语》（1934）、《学前教学与发展》（1935）等。

一、论儿童言语与思维发展

维果茨基创建了心理发展的社会文化理论，强调个体是在一定的社会文化背景下进行学习并形成各种高级心理机能的，把儿童的心理发展理解为文化形式的掌握。由此出发，他对儿童的言语与思维发展问题进行了探讨。美国心理学者贝克（Laure E. Beke）这样指出：在维果茨基的理论中，"丰富的社会文化背景深刻影响儿童对世界构成的认知方式"[3]。

维果茨基强调了言语具有交际和思维这两种功能。其中，交际是言语的基本功能。他指出："言语首先是社会交际手段，是发表意见和理解的工具。但是，交际和思维这两种功能似乎是平行地、各自独立地从属于言语

---

1 余震球．维果茨基教育思想评介 [M]// 维果茨基．维果茨基教育论著选．余震球，选译．北京：人民教育出版社，2005：18.

2 伊凡·伊维奇．列夫·S. 维果茨基 [M]// 扎古尔·摩西．世界著名教育思想家（第四卷）．梅祖培，龙治芳，等，译．北京：中国对外翻译出版公司，1996：285.

3 劳拉·E. 贝克．儿童发展（第五版）[M]．吴颖，等，译．南京：江苏教育出版社，2002：362.

的，言语好像同时兼有交际功能和思维功能。"[1] 正因为如此，儿童会积极地寻找词汇和扩大词汇量，询问他们所不知道的事物的名称；儿童会借助有意义的词语建立与成人的交往。在维果茨基看来，这标志着儿童发展中的一个全新的时期，那就是：从单纯使用言语的信号功能转变为使用有意义的言语功能，从声音信号的使用到创造和积极使用声音。而且，儿童言语的发展依据其周围人们言语的丰富或者贫乏而变化。儿童并没有创造自己的言语，而是追随和掌握周围成人的现成言语以及它们的具体意义。

在与外界交往的基础上，维果茨基认为，儿童的思维得到了发展。这体现了言语的思维功能。儿童的思维发展分成三个阶段：在含混思维阶段，直接的、偶然的、情景性的印象起着主导作用；在复杂思维阶段，直接的实践经验和记忆起着主导作用；在概念思维阶段，具有抽象和概括功能的词起着主导作用。因此，维果茨基强调指出："当儿童超越自己直观—具体的小世界和自己实际—有效的经验进行推理和思考的时候，他经常显示出令成年人不解的出乎意料的近似，思维中出现何等的飞跃、勇敢的概括和弥漫的转折。"[2]

维果茨基还指出，在儿童的言语与思维发展过程中会表现出一些特点。例如，儿童从婴儿期就有了对言语交往的需求；儿童的词汇极其缺乏，儿童的词语和成人的词语在意义方面是不一致的；儿童需要具体的、直观的和实际的经验；和成人的言语交往是儿童思维发展的重要因素，等等。在维果茨基看来，对这些特点予以重视就能更好地促进儿童的言语与思维发展。

对瑞士心理学家皮亚杰有关儿童言语与思维的研究，维果茨基给予了高度的评价。他指出，皮亚杰的研究构成了一个时代，并且有令人瞩目的历

1　维果茨基. 思维与言语 [M] // 维果茨基教育论著选. 余震球，选译. 北京：人民教育出版社，2005：12.
2　同上：144.

史意义；皮亚杰采用的临床法成为了一种不可替代的手段。但是，维果茨基也认为，皮亚杰的自我中心主义学说需要重新研究，因为这种学说没有看到儿童智力发展的过程和内容会随着社会文化的不同而存在一定的差异。所以，维果茨基特别强调社会互动与发展过程之间相互影响的关系。

最后，维果茨基认为，言语和思维的发展并不是平行等量的，而是在数量和质量上有所变化的。因为言语和思维的发展斜线有时多次交叉，有时又平行前进，有些部分甚至重合，而后又分开。

二、论儿童发展与教学

维果茨基对儿童发展与教学的问题进行了长期的研究。他认为发展是理解任何高级形式的钥匙。因此，"发展"可以说是维果茨基的核心思想。

在儿童发展与教学的关系上，维果茨基提出了以下观点。第一，教学取决于发展。也就是说，发展创造了可能性，而教学建立在发展之上。教学总是应该与儿童的发展水平一致。例如，教儿童读书写字只能从一定的年龄开始。因此，任何教学都要求具有一定成熟度的心理功能作为必要的前提。第二，教学促进了发展。也就是说，教学实现了可能性，使发展达到一定的极限，但不可能无限。因此，儿童在合作中能做的事比独立工作时多，但并不是无限多，而是在由他们的发展状态和智力潜力严格限定的一定范围内。儿童不能借助模仿解决一切未能解决的问题。第三，发展的速度和教学的速度是不一致的，因为发展有它自己的内部逻辑。在一定的意义上，发展过程和教学过程是不可能相提并论的。因此，维果茨基强调说："发展进行的速度，如果可以这样表达的话，是与教学的速度不一样的。"[1] 第四，不同儿童的发展极限是不同的，即存在着差异的。维果茨基强

1　维果茨基.思维与言语[M]//维果茨基教育论著选.余震球，选译.北京：人民教育出版社，2005：241.

调："两个儿童都能演算 7 岁儿童力所能及的习题，但是，如果我们想在测验中将这两个孩子往前推一步，那么他们之间就会出现巨大的差异。一个儿童……很容易演算了超越发展水平两年的试题，而另一个儿童只能解决往前延伸半年的试题。"[1]

为了更好地处理儿童发展与教学的关系，维果茨基创立了"最近发展区"概念。在他看来，这对于儿童的智力发展具有更为直接的意义。所谓"最近发展区"，是指儿童的现实发展水平与儿童的潜在发展水平之间存在的差异。前者指一定的已经成为的儿童发展周期的结果和由它而形成的心理机能的发展水平，即儿童个人独立所能达到的发展水平；后者指儿童在与同伴合作时或在成人指导和帮助下所能达到的发展水平。在维果茨基看来，确立了最近发展区概念，教育者不仅可以了解儿童已经达到的发展状态，而且可以发现儿童正在成熟的状态。由此出发，维果茨基明确指出：教学所依赖的与其说是已经成熟的功能，不如说是正在成熟的功能；它总是从还未成熟的部分开始；教学的可能性是由它的最近发展区决定的。[2] 所以，教育学不应当以儿童发展的昨天，而应当以儿童发展的明天作为方向；只有那时它才能在教学过程中发现处于最近发展区里的发展过程。[3] 在维果茨基看来，在童年期，只有走在发展前面并引导发展的教学才是好的教学，因为这种教学能激发处在最近发展区中成熟阶段的一系列功能。意大利教育家、瑞吉欧方法创始人马拉古兹（Loris Malaguzzi）曾这样指出：维果茨基告诉我们最近发展区的益处，最近发展区就是幼儿的实际表现程度与幼儿的潜能发展程度之间的差距，借由成人或更进一步发展的同伴协助而达

1　维果茨基.学龄期儿童的教学和智力发展问题 [M] // 维果茨基教育论著选 . 余震球，选译 . 北京：人民教育出版社，2005：385.

2　维果茨基 . 思维与言语 [M] // 维果茨基教育论著选 . 余震球，选译 . 北京：人民教育出版社，2005：247.

3　同上：248.

到最接近潜能的阶段。[1]

基于最近发展区的概念，维果茨基认为，在儿童发展的过程中存在着对某些外界影响特别敏感的时期，也就是说，任何教学都存在最佳的、最有利的时期。他强调指出："对这个时期任何向上或向下的偏离，即过早或过迟实施教学的时期，从发展观点看，总是有害的，对儿童的智力发展产生不良影响。"[2]维果茨基还认为，这种最佳时期也就是意大利教育家蒙台梭利所说的敏感期，即在这一时期一定的影响能对儿童发展的全过程产生敏感的影响，引起发展中这样或那样的深刻变化。因此，他对蒙台梭利的敏感期理论以及把它作为研究学前教学与发展的基础给予了肯定："蒙台梭利发现的事实仍然有自己的说服力和效力。"[3]

三、论学前儿童的教学

对于幼儿教学，维果茨基不仅给予了关注，而且根据心理发展的文化历史理论和最近发展区的概念进行了论述。

维果茨基认为，学前期儿童会表现出这一年龄阶段的特点。例如，知觉在童年早期起着主导作用，而记忆是学前儿童意识的中心；学前儿童的思维以形象性和具体性为特征；学前儿童的概括水平随着儿童与成人交往的发展而提升；学前儿童的需求与兴趣会产生更迭和转变；学前儿童的活动出现了实践自己意图的可能性，等等。

与3岁前儿童按照他们自己的大纲进行学习相比，3岁儿童开始将教师的大纲变成他们自己的大纲而进行学习。这表明，成人能够开始一种新的

1　卡洛琳·爱德华兹，等.儿童的一百种语言[M].罗雅芬，等，译.南京：南京师范大学出版社，2006：81.

2　维果茨基.思维与言语[M]//维果茨基教育论著选.余震球，选译.北京：人民教育出版社，2005：366.

3　同上：249.

类型的教学，维果茨基称之为"学前教学"（即幼儿园教学）。他认为，针对
3 岁前儿童的教学是自发型教学，针对学龄儿童的教学是反应型教学，而针
对 3 至 6 岁儿童的教学是自发-反应型教学，处在以上两种教学之间的过渡
位置。因此，"学前教学"大纲（幼儿园教学大纲）应该适应 3 至 6 岁儿童
的特点，而有别于针对学龄儿童的学校大纲。它应表现出两个特点：一是
按照引导 3 至 6 岁儿童达到一定目的的体系来编制教育大纲；二是教育大纲
应该是儿童自己的大纲，符合 3 至 6 岁儿童的兴趣和思维特点。在维果茨基
看来，如果从适应学校大纲的角度来编制幼儿园教学大纲，那是不能完成
学前教育任务的。

尽管幼儿园教学与学校教学是不同的，但是，维果茨基认为，这两者是
相互联系的。在他看来，幼儿园教学应该做三件事：一是使儿童做好接受
学校教学的准备；二是使儿童做好接受分科教学的准备；三是使儿童初步
学会看书识字。因此，从实质上说，学校从来就不是从零开始工作的，而
是以儿童在学前期的经验为基础的。

维果茨基通过对儿童心理和教育的研究，在儿童言语和思维、儿童发展
与教学以及学前教学等方面提出了许多有价值的观点，尤其是他的最近发
展区理论，对现代西方国家幼儿教育的改革和发展产生了重要的影响。维
果茨基的思想也与皮亚杰、杜威的思想一起，成为当今在世界上十分流行
的瑞吉欧方法的理论背景。

第八节　马拉古兹的幼儿教育理论

意大利教育家马拉古兹（Loris Malaguzzi，1920—1994）曾参与 20 世
纪 50 年代在意大利开展的合作教育运动，后在罗马国家研究中心学习心理
学。1963 年，他创办瑞吉欧幼儿学校，并在杜威、皮亚杰、维果茨基、蒙

台梭利等人的教育理论的影响下形成了举世闻名的"瑞吉欧方法"，不仅对意大利而且对世界上许多国家的幼儿教育产生了广泛的影响。马拉古兹曾担任幼儿教育期刊《零到六岁》（后更名为《儿童》）的指导工作。1992年，曾获教育工作贡献奖。马拉古兹的主要教育著作有：《儿童的一百种语言》（1987）、《权利的宣言》（1993）等。

一、瑞吉欧幼儿学校的创办与发展

在合作教育运动的推动下，马拉古兹于1963年在瑞吉欧这座意大利北部的小城市创办了幼儿学校，招收3至6岁的儿童。1970年，又创办了婴幼儿中心，招收4个月至3岁的儿童。到20世纪80年代中期，瑞吉欧已拥有21个幼儿学校和13个婴幼儿中心。

在瑞吉欧幼儿学校中，马拉古兹与他的同事们提出了创新的教育理念，并运用于教育实践，取得了令人瞩目的成就。曾多次赴瑞吉欧参观的美国教育学者卡德威尔（L. B. Cadwell）曾感叹，不论教师还是行政人员，记者还是政治家，父母还是祖父母，在他们第一次访问瑞吉欧的任何一所学校时，大部分人都会惊讶得无法用语言表达，且常常感动至流泪。[1]

自1975年起，瑞吉欧幼儿学校开始在意大利产生影响。1981年，瑞典斯德哥尔摩举办了一个题为"如果眼睛能越过围墙"的展览，介绍瑞吉欧幼儿学校的工作成果。此后，瑞吉欧与国外的交流日益增多，到瑞吉欧参观访问的学者络绎不绝。1987年，美国纽约也举办了介绍瑞吉欧工作成果的展览，名为"儿童的一百种语言"。1994年，马拉古兹逝世后不久，瑞吉欧幼儿学校荣获安徒生奖。同年，"瑞吉欧儿童中心"和"瑞吉欧儿童之友"成立，致力于宣传瑞吉欧的教育理论与实践。

---

1 路易丝·博伊德·卡德威尔.把学习带进生活——瑞吉欧学前教育方法[M].刘鲲，等，译.上海：华东师范大学出版社，2006：2.

美国教育家布鲁纳（J. Bruner）和加德纳（H. Gardner）在参观瑞吉欧幼儿学校后都表示了赞赏。布鲁纳在《一个小城的奇迹》一文中写道："当我去参观举世闻名的瑞吉欧托儿所和幼儿园时，原以为只是看到'另一个小城的奇迹'，但眼中所见到的实在出乎意料。"[1] 加德纳则在《儿童的一百种语言》一书的"前言"中这样写道："在我的心目中，现今的世界里，没有任何一个地方能够像瑞吉欧如此卓越出众。"[2]

二、儿童观

在瑞吉欧幼儿学校实践中，马拉古兹确立了自己的儿童观。他强调，我们必须持有这样的儿童观：相信儿童是有力量的和完美的，并且充满很热切的期望和需要。[3]

（一）儿童拥有天赋的潜能

马拉古兹认为，每个儿童都拥有异常丰富的、与生俱来的天赋潜能，例如，观察能力、思考能力、语言能力等。对于出生在地球上任何文化、任何地方的每一个儿童来说，这个观点都是成立的。儿童身上的这些潜能具有强大的力量和充沛的创造性。正因为如此，每个儿童都能提出自己的构想。马拉古兹在那首题为《其实有一百种》的著名诗篇中如此精辟地写道："孩子有一百种语言，一百只手，一百个想法，一百种思考、游戏、说话的

---

1 马拉古兹，等.孩子的一百种语言：意大利瑞吉欧方案教学报告书[M].张军红，等，译.台北：光佑文化事业股份有限公司，1998：108.

2 卡洛琳·爱德华兹，等.儿童的一百种语言[M].罗雅芬，等，译.南京：南京师范大学出版社，2006：4.

3 乔治·亨瑞克.学习瑞吉欧方法的第一步[M].李季湄，等，译.北京：北京师范大学出版社，2002：130.

方式。"[1] 在他看来，如果儿童的这些天赋潜能得不到承认和发展，就会导致他们的痛苦，并使他们产生一种无助感，从而影响其发展。

（二）儿童应该拥有自己的权利

在《权利的宣言》中，马拉古兹首先写到儿童的权利。他认为，作为文化的享有者和创造者，儿童有权被承认其拥有个人的权利。具体来说，儿童有权实现和扩展自己的潜能，展现社交的能力，获得爱和信心以及满足学习的需求和愿望。在马拉古兹看来，如果儿童拥有了自己的权利，那么他们就会更健康，更聪明，更具潜力，更愿学习，更好奇，更敏感，更具随机应变的适应能力，对象征语言更感兴趣，更能反省自己，更渴望友谊。

（三）儿童具有主动学习的愿望

马拉古兹认为，由于儿童的智慧是流畅的、直觉的和富有好奇心的，因此，他们从一开始就有主动学习的愿望，愿意寻找交流和互动的机会。对于儿童来说，这是一种来自生理和文化的需求，也是一种幸福的生命状态。马拉古兹强调，越是和孩子在一起，就越能发现他们是如此好奇地窥探这个世界，也越能意识到孩子们是如此敏锐地关注细微的事物，包括那些非物质的、不能一目了然的、没有特定形状的、不受不变定理约束的事物；包括那些介于有形与无形、真实与虚假之间的，具有神秘性的，留给人宽广理解空间的事物。[2] 通过自己的学习，儿童可以重塑自己、同伴、家长、教师和这个世界的形象。

1　马拉古兹，等.孩子的一百种语言：意大利瑞吉欧方案教学报告书[M].张军红，等，译.台北：光佑文化事业股份有限公司，1998：9.

2　同上：110.

（四）儿童之间存在差异

马拉古兹认为，应该意识到儿童之间的差异，以及这些差异可能因为环境的理想与否而扩大或缩减。例如，在讨论"鸟的乐园"的构想时，有的儿童建议在树上搭建鸟巢，有的儿童建议安排音乐旋转木马，有的儿童建议做喷泉，等等。应该看到，儿童建议的多样性正呈现出他们之间的差异。在如何对待儿童之间的差异上，马拉古兹特别强调要保持谨慎态度。他指出，我们若能远离速成的、暂时的解决方式以及急躁的方式去面对个人的差异，我们假设的范围就越广；我们越能坚持对儿童进行分类，便越有能力去改变计划和提供更多不同的活动；这并不会减少我们注意儿童之间差异性的责任与用处，反而让我们仔细思考并加以注意。[1]

三、论环境

在瑞吉欧幼儿学校中，环境是教育的一个重要组成部分。马拉古兹强调，我们的目标，也是我们一直追求的，是创造一个和谐的环境，在此环境中的每一位幼儿、家长及教师都感到自在。[2]

（一）环境的重要性

马拉古兹认为，瑞吉欧幼儿学校之所以重视环境，是因为环境对于儿童在情感、认知和语言方面的发展具有较大的影响力。美好的环境可以让儿童的选择和活动更加完善，激发儿童的学习兴趣。因此，每一所幼儿学校都要能呈现出教师、家长和儿童共同创造出的一起工作与游戏的特殊环境。马拉古兹把幼儿学校比喻为一艘航行在大海上的船，大家一起出航见

---

1 卡洛琳·爱德华兹，等.儿童的一百种语言[M].罗雅芬，等，译.南京：南京师范大学出版社，2006：77.

2 同上：61.

识不同的景观、变化、现象等。他又把幼儿学校比喻为一个水族箱，可以映照出想法、价值、态度以及身处其中的人们的文化。他还把幼儿学校比喻为一个广阔的掷绳索的斗牛竞技场，儿童可以在那里学习驾驭一百种马匹。在马拉古兹看来，正是在这样一个充满生气与真诚的环境里，儿童能够激发最大的活动力以及在最大范围内互动，并感到这个世界是充满活力的、令人愉快的和真诚可信的。总之，幼儿学校的空间环境必须确保每一位儿童拥有幸福感及团体的归属感，同时促进教师、职员、家长以及儿童之间的关系与互动。

（二）环境的多重选择性

马拉古兹认为，为了符合儿童的需求，环境必须创造一种儿童文化，具有多重选择性。具体来讲，就是让儿童有建构主客观经验的空间，使他们在相互合作和社会化的气氛中不断地获得主客观经验。

根据马拉古兹的构想，学校环境主要包括以下方面。

大厅入口。在那里，贴通告、记录以及预告有关学校的整个形式和组织。

广场。这是一个共同的空间，作为接触、交往、游戏及其他活动的场所。马拉古兹认为，广场在儿童的生活中是重要的，因为它不仅仅是教室空间的延伸，而且是一个鼓励不同的活动和交流不同的信息的地方。可以这样说："广场"是一个想法降临和出发的地方。[1]

教室。每间教室被分隔成三个紧邻的空间，并应使其有更多的用途。其中一个空间可以当作小型工作间。此外，马拉古兹认为，整个市镇、郊区以及附近的山区都可以作为额外的教学场所。

工作坊。它是一个拥有丰富材料、工具以及配备专业人士的空间，儿童

1　卡洛琳·爱德华兹，等.儿童的一百种语言[M].罗雅芬，等，译.南京：南京师范大学出版社，2006：160.

在那里可以独自或共同进行工作和活动。马拉古兹指出：工作坊是学校的一个额外的空间，在那里，可以通过我们的双手和心灵去探索。[1]此外，在马拉古兹看来，工作坊也能够收藏儿童的工作成果以及教师知识与研究的档案。

四、论方案教学

马拉古兹明确反对漏斗式教学，而大力提倡方案教学。在他看来，"一百种世界，等着孩子们去发掘；一百种世界，等着孩子们去创造；一百种世界，等着孩子们去梦想"[2]，因此，儿童需要许多自由，例如，自由地探究，自由地选择，自由地欣赏，自由地意识，等等。

（一）方案教学的课程

马拉古兹认为，应该在儿童身上发现课程，也就是说，课程应该来自儿童的生活。他曾用"眼睛"这两个字来代表儿童的心智、教学和教育。在他看来，只有当眼睛越过围墙时，儿童才能真正地开始看，开始推理，开始更新。因此，在瑞吉欧幼儿学校中，屹立不动的狮子雕像、城市中的雨、一片梧桐叶、影子、鸟的乐园、人群、母猫和它的小猫等都成为方案教学的题材。因为自然现象和社会形态不能躲过儿童的敏感和智慧，恰恰是对这些现象所产生的一些问题打开了一条使儿童通向兴趣和知识的道路。例如，当儿童通过皮肤、眼睛、耳朵去感受雨的时候，他们也在雨中游戏和思考。

---

1 卡洛琳·爱德华兹，等.儿童的一百种语言[M].罗雅芬，等，译.南京：南京师范大学出版社，2006：168.

2 马拉古兹，等.孩子的一百种语言：意大利瑞吉欧方案教学报告书[M].张军红，等，译.台北：光佑文化事业股份有限公司，1998：9.

针对有些人认为方案教学的课程太随意的想法，马拉古兹强调指出："我们是真的没有计划或课程，但是若说我们只依赖那种令人羡慕的技巧，像临时起意的课程，那也不正确。我们并不依赖机会，因为我们深信我们也可以期待某些我们尚未了解的事物。我们知道的是，与幼儿一起共事，是三分之一的确定以及三分之二的不确定和新事物。"[1]但是，马拉古兹也指出，教师应该有许多事先的考察，并大略草拟出一系列长期或短期的相关项目计划。

（二）方案教学的方法

马拉古兹认为，在方案教学中，应该采取适应儿童兴趣和需求的方法。教师更应该重视的是儿童发展与工作成就的全面性和优质性，而不是只重视其速度和节奏。

一是图像创作。马拉古兹认为，在动作、文字、绘画、雕塑等多种语言中，尤其要注重图像创作。由于儿童（如同诗人、作家、音乐家一样）渴望寻求影像和创作图像，因此，可以发展一种重视儿童图像创作的教育。例如，通过儿童的图像创作，屹立不动的狮子雕像会从石头材质转变到黏土，转变到纸，转变到颜色，而在这个过程中儿童表达其直觉和象征的意义。

二是对话。马拉古兹认为，教师在方案教学中应该与儿童一起交流和讨论，因为儿童是语言的共同建构者，而且所有已存在于儿童心智和活动中的语言都具有推动其他语言、行为和创造性潜能产生的力量。在马拉古兹看来，教师与儿童的对话实际上是心灵的沟通，因此，他强调指出："成人必须试着掌握正确的时机，找到正确的方法，将他们自己的意义与诠释，

1　卡洛琳·爱德华兹，等.儿童的一百种语言[M].罗雅芬，等，译.南京：南京师范大学出版社，2006：87.

与幼儿的意义与诠释相结合，融入丰富的对话中。"[1]

三是探究。马拉古兹认为，探究对于儿童的发展和工作成就是十分重要的。在一种愉悦和谐的气氛中，儿童可以探索不同的语言。探究既使得现实里的事物在儿童的手里展现其无穷的变化，也使儿童能遨游在自然与事物之间。当然，在探究中，儿童需要投入其所有的智慧去观察，去用直觉感知和去思索。在马拉古兹看来，在葡萄收获的季节，大部分儿童通过和农民一起劳作就能有所发现，例如，发现每一片土地在辛勤耕耘之后都会有它自己的收获，发现广大的农村及其文化占去了自己城市历史的大部分，发现在农民的大手里有着繁重劳动的烙印，发现自己的身份根植于更多样但又不过时的世界里，等等。

四是记录。马拉古兹认为，"记录"是方案教学的一个不可缺少的组成部分。教师应该采用各种方式从不同的角度把方案教学的整个过程以及幼儿学习知识的方式和进展状况记录下来。对于儿童来说，"记录"可以帮助他们进一步回忆，使他们变得更好奇，更有信心，更积极地参与各种活动；对于教师来说，"记录"可以帮助他们更好地了解和诠释儿童，并重新检视其工作，促进与儿童的互动以及自身的专业发展；对于家长来说，"记录"为他们提供了一个了解自己孩子发展和教师工作的机会，激励他们的积极参与和支持。因此，在马拉古兹看来，教师必须找出沟通和记录幼儿在校经验的方法。

五、论教师和家长

在瑞吉欧幼儿学校实践中，马拉古兹十分强调教师的职责、家长的参与以及教师与家长的合作关系。

1　卡洛琳·爱德华兹，等. 儿童的一百种语言[M]. 罗雅芬，等，译. 南京：南京师范大学出版社，2006：79.

（一）教师的职责

马拉古兹认为，为了提升儿童所有感觉器官的敏锐度，刺激它们高度运作，提升儿童深入探究和敏锐吸收事物的能力，教师必须帮助儿童发挥其所有的潜能、力量与世界进行沟通，并帮助他们克服现代文化所设置的各种障碍。因此，教师应该向儿童提供经验并共同创造获得知识的机会，找出他们在各个时期所能选择的活动和所能选择的方向。

作为儿童的伙伴与向导，教师应该观察和倾听儿童，了解他们感兴趣的和想更深入探讨的事物，支持他们探究的动机与学习的兴趣。在这个基础上，教师应该及时掌握儿童准备向学习迈进的时机，选择有利于儿童的教学方法，建立合适的教学模式，制订观察和研究计划。

此外，教师应该一起进行开放性研讨，共同研究发展策略，由研究到行动或由行动到研究。在马拉古兹看来，当所有的教师一致同意时，工作的方案、策略和风格就能交织在一起，那么学校就能创造出其真正不同的特色。

（二）家长的参与

马拉古兹认为，家长的参与十分重要。因此，在瑞吉欧幼儿学校中，家长是一个重要角色。在他看来，家长参与的作用主要在于：一是使孩子获得更多的安全感和幸福感；二是使教师和家长双方更能互相了解，更有效地研究优质教育的形式、内容和意义；三是促使家长去思考儿童的教育问题，尤其是与自己孩子成长和教育有关的问题。因此，在《权利的宣言》中，马拉古兹也明确指出，家长拥有参与自己孩子成长和发展过程的权利。

在马拉古兹看来，家长的参与并不是给自己的孩子施加过度的压力，使他们匆忙地脱离童年，而是使孩子在发展过程中得到成人的尊重和援助以及真诚的对待。对此，马拉古兹指出：父母的生命和关注的焦点都投向了孩子，父母的这些想法表达了一个共同的愿望，那就是教育不能违背儿童的潜能，儿童必须首先得到尊重和信任。[1]

（三）教师与家长的合作

马拉古兹认为，对于儿童的发展和教育来说，教师与家长的合作关系极为重要。这种合作关系意味着，教师与家长之间建立理性的互惠和互动关系，使双方都能关注意义深远的教育经验。在马拉古兹看来，它是瑞吉欧幼儿学校社区或管理的一个组成部分，对整个教育工作起着支持的作用。如果教师与家长能有效地团结一致，随时提供支援和帮助，重视寻找建构儿童思考和行动的方法，那么儿童的权利就会备受保护。

在教师与家长的合作中，马拉古兹认为，教师应该及时为家长提供信息，提供了解的机会，使他们重新思考自己的看法，并以一个全新的和更具好奇心的方式来了解儿童成长和看待教育经验。例如，让家长了解儿童如何思考，如何表达自己，如何与他人一起游戏，如何讨论假设，如何进行逻辑思维等。

在马拉古兹看来，"参与"和"研究"这两个词概括了开创和维持教师与家长合作关系的最佳条件。对于儿童教育的未来，这将具有很重要的意义。

通过瑞吉欧幼儿学校的实践以及瑞吉欧方法的传播，马拉古兹的幼儿教育思想，尤其是方案教学理论，对现代西方国家幼儿教育的改革和发展产生了很大的影响。美国教育家、哈佛大学教授加德纳就指出：毫无疑问，马拉古兹，正如他被全球所公认的，是引领瑞吉欧的天才；这位思想者的名字的确可以与他心目中的英雄——福禄培尔、蒙台梭利、杜威及皮亚杰相提并论。[2]

1　乔治·亨瑞克.学习瑞吉欧方法的第一步 [M].李季湄，等，译.北京：北京师范大学出版社，2002：4.

2　卡洛琳·爱德华兹，等.儿童的一百种语言 [M].罗雅芬，等，译.南京：南京师范大学出版社，2006：前言.

拓展阅读

1. 赵祥麟："杜威评传"，载赵祥麟主编：《外国教育家评传》第 2 卷。上海
   教育出版社 2002 年版，第 471—522 页。

2. 单中惠等编译：《蒙台梭利幼儿教育著作精选》，华东师范大学出版社
   2009 年版。

3. 罗素：《教育与美好生活》，杨汉麟译，河北人民出版社 1999 年版。

4. 克鲁普斯卡娅：《克鲁普斯卡雅教育文选》(上下卷)，卫道治译，人民教
   育出版社 1987 年版。

5. 皮亚杰：《教育科学与儿童心理学》，傅统先译，文化教育出版社 1981
   年版。

6. 劳拉·贝尔克，亚当·温斯勒：《鹰架儿童的学习——维果斯基与幼儿教
   育》，谷瑞勉译，南京师范大学出版社 2007 年版。

7. 卡洛琳·爱德华兹，莱拉·甘第尼，乔治·福尔曼：《儿童的一百种语
   言》，罗雅芬等译，南京师范大学出版社 2006 年版。

思考练习

1. 试析杜威基于儿童生长的幼儿教育理论。

2. 试析蒙台梭利的儿童之家教育理论体系。

3. 试对蒙台梭利和福禄培尔幼儿教育理论作一比较。

4. 简述德可乐利的兴趣中心和教学游戏。

5. 简述罗素的儿童早期教育理论。

6. 试析克鲁普斯卡娅培养社会新人的幼儿教育理论。

7. 简述皮亚杰的儿童心理发展过程和儿童教育基本原则。

8. 简述维果茨基的儿童发展和学前儿童教学理论。

9. 试析马拉古兹的瑞吉欧教育法。

第十二章　20世纪外国幼儿教育发展综述

20世纪60年代以来，世界进入一个以生物工程、电子计算机、空间技术为标志的新技术革命时代。新技术、新产品、新工艺不断涌现，"知识爆炸"、人才竞争、经济繁荣，推动了教育的蓬勃发展。重视儿童的早期教育已成为世界各国幼儿教育界的一种共识，这使得幼儿教育获得了更大的进展。

第一节　20世纪外国幼儿教育发展的概况

据《联合国教科文组织统计年鉴》(1987)显示，自1965年后的三十年间，世界上一些发达国家的幼儿教育事业有了成倍甚至好几倍的增长（见下表）。

一些发达国家幼儿教育事业的发展情况

名称	年度	美国	英国	法国	德国	日本	苏联
入园人数	1965年	2645000	220917	1778404	962560	1146306	5253483
	1981年	5219000	315335	2161738	1582035	2228006	10899100
幼儿教育组织数量	1965年		416	7445	14586	8604	314586
	1984年		1254	16618	27103	15152	122000

资料来源：① 联合国教科文组织：《世界学前教育区域性研究》(1960—1975)。

② 《联合国教科文组织统计年鉴》(1987)。

综观 20 世纪外国幼儿教育的发展情况，其特点可以概括为：儿童的早期教育受到普遍重视；学前教育趋于普及，起始年龄向下延伸；入小学的年龄有所提前；幼儿教育职能有所扩大；幼儿教育理论研究取得了突破性的进展；对幼儿教育的必要性和重要性的认识有了质的飞跃；幼儿教育组织管理进一步加强；一个世界幼儿教育新局面已经形成。

以往，学前儿童的教育一般是指儿童自 3 岁至入小学前这一阶段的教育。自从"早期教育"被提出后，学界人士已认识到，学前儿童的教育应当包括从儿童出生到入学前的全部时间。显然，学前儿童的教育年限提前了，即从儿童出生起就要开始进行教育。20 世纪 60 年代以来，现代心理学、生理学和教育学的研究发现了一个惊人的事实：在人的大脑的约 140 亿个神经细胞中，还有很大一部分潜力没有加以利用，有的甚至高达 90% 的潜力未被利用。而人的学习潜力最大的时期正是在人生的初期，人的最主要的习惯、倾向和个性也多半是在这一时期形成的。这促使了人们对儿童的早期教育的重视。

1977 年，第 20 届欧洲各国教育部部长常务会议通过的声明指出：3 至 8 岁这一年龄阶段是所有儿童发展的关键时期，是儿童认识周围世界和文化最积极的阶段，是学习社会行为和社会关系最迅速的时期，也是获得语言交流和计算等基本技能的阶段。一个人以后在社会中所起作用的大小，在很大程度上取决于这一时期的教育。因此，幼儿教育机构应该为幼儿提供以下独特的机会：一是与其他儿童、成人交往并向他们学习的机会；二是获得新的社会经验与文化经验并为入小学做好有效的准备；三是促进身体、智力、情绪等方面的和谐发展。

美国关于幼儿发展与教育的理论是颇为丰富的。早在 1925 年，美国耶鲁大学的一位教授就提出：在学龄前阶段，大脑发育的速度非常快，大脑的大部分在 6 岁前几乎都成熟了，以后人的脑力、性格和心灵将永远不会再像幼儿发育阶段那样迅速地发展了。这一看法起初并未引起人们注意，但随着时间的推移，已被越来越多的人所接受。当代美国教育家布卢姆

（Benjamin S. Bloom）根据他长期对人的发展的追踪研究，于 1964 年发表了《人的特征的稳定性与变化》一书，提出以下主要观点。第一，5 岁前是智力发展最迅速的时期。尽管每个人的智力发展多种多样，但是其发展方式一般是：与 17 岁能达到的普遍智力水平相比较，从 4 岁起就约有 50% 的智力，其余 30% 的智力是 4 至 8 岁获得的，最后 20% 的智力是 8 至 17 岁获得的。第二，一个人赖以发展的环境对智力发展的影响在智力发展极为迅速的时期为最大，而在变化极为缓慢的时期则甚少。第三，儿童学业的成败在很大程度上取决于早期经验。其智力早期发展阶段中的 1 年比后来发展阶段中的 8 至 10 年更为重要。第四，一个人智力发展的度量与其智力发展时期所处的环境条件很有关系，幼儿期被剥夺了智力刺激的人，永远达不到他们原来应该达到的水平。这项研究被列为近年来较有意义的教育研究之一，受到世界各国幼儿教育家的重视。

就幼儿早期教育政策而言，在 1998 年至 2004 年这六年间，约有 20 个国家参与了相关调查，24 个国家举行过相关研讨会，讨论相关的问题。德国早期教育家费纳克斯（W. E. Fthenakis）强调指出："我们每个人都有责任为共同构建一个和谐的世界而努力。在整个教育系统中，早期教育领域由于自身特殊的贡献而成为重要的组成部分。"[1]

外国幼儿教育学者强调站在"儿童科学"的立场来思考儿童早期教育与发展，基于多种视角来看待儿童身体和心智、机体功能的发展。他们一致认为，从零岁（不满 1 岁）开始进行早期儿童教育是可以的，3 岁或 4 岁前是早期儿童教育的最佳时间。但是，儿童早期教育不等于片面的知识教育或智力教育，应该是全面发展的教育，即促进身体、智力和情感等方面的和谐发展。就儿童要培养的能力来说，主要是思维能力、创造能力、解决问题能力和合作能力等。

1　费纳克斯.早期教育的趋势和展望——从国际化视角重新构想早期教育 [M]// 朱家雄.国际视野下的学前教育.上海：华东师范大学出版社，2007：37.

第二节　20世纪外国幼儿教育发展的新措施

为了进一步发展幼儿教育，世界上一些发达国家采取了一些新的措施。

一、普及与提高相结合，大力发展幼儿教育事业

从一些发达国家幼儿入园率上升情况可以看出其在普及幼儿教育方面的成果。例如，美国3至5岁幼儿的入园率，1964年约为25%，1975年约为49%；其中，5岁入园率1975年约为89%，1989年约为99%。再如，已实行5岁入学制的英国，1971年3岁入园率约为5%，4岁入园率约为20%，到1978年分别提高为15%和53%左右。法国1960年3至6岁幼儿的入园率约为26.9%，1973年约为90.3%，但1981年以后已达到100%。

在大力发展幼儿教育的过程中，这些国家注意了以下方面。

（一）增加对幼儿教育的经费投入

随着对幼儿教育的进一步重视，一些发达国家在幼儿教育方面提供了更多的投资。例如，英国根据发展幼儿教育的远景规划增加幼儿教育投资，1971—1972学年幼儿教育经费约4200万英镑，1981—1982学年幼儿教育经费已增加为1.2亿英镑。为了保证"开端计划"的顺利实施，美国国会1985年的幼儿教育拨款数额为10.7亿美元，到1997年已增加为39.8亿美元。日本1982年提供给幼儿教育的经费约为6209亿日元。

（二）制定幼儿教育发展的长期规划

一些发达国家已认识到，国际间的激烈竞争实质上是科学技术及人才的竞争，而幼儿教育对于培养国家所需的科技人才起着奠基的作用，所以必须把幼儿教育作为国家教育制度的一个重要组成部分，并制定其发展的长

期规划。例如，日本文部省 1964 年制定了一项幼儿园教育七年计划，旨在使 1 万人口以上的市、町、村的 5 岁儿童入园率达到 60%，继而又制定从 1972 年起实施的幼儿园教育十年计划，要求到 1982 年实现 4 至 5 岁儿童全部入园。英国政府也制定了发展幼儿教育的远景规划（1974—1984），决定为 3 至 4 岁儿童开设大批保育学校和保育班，逐步实现幼儿义务教育。

（三）使幼儿教育的任务由保育转为全面教育

在注重幼儿全面教育的前提下，培养幼儿良好个性品质已成为世界各国幼儿教育改革的重要内容之一。1985 年 6 月，在日本东京举行的日、美、欧幼儿教育与保育会议上，与会者一致强调：幼儿教育要重视培养幼儿的良好个性，绝不能以牺牲幼儿的社会适应行为和情感的发展为代价，来换取单纯地开发幼儿的智力。人们已经普遍认识到，知识不能代替能力，智力因素要以非智力因素为依托。

（四）在重视普通幼儿教育的同时，重视特殊幼儿教育

教育科学研究表明，智力障碍、听力障碍等特殊儿童的可塑期比正常儿童要短，因此不少国家成立了关注智力迟钝儿童发展的研究中心或开设了言语发展迟钝儿童的实践班，专门对 3 至 6 岁的特殊儿童进行培训和研究。美国、日本、俄罗斯等国还专门开设特殊幼儿园、疗养幼儿园。

（五）积极支持学前儿童的教育社会化和多样化

基于幼儿教育社会化和多样化，英国、法国等国普遍设立幼儿游戏班或游戏小组，由家长或社团组织。法国还在每个地区开办"小小俱乐部"，招收 12 个月至 8 岁的儿童，全年开放，家长可陪儿童去玩。日本在全国范围内开设了许多儿童公园、游戏场、儿童之家、儿童馆，为幼儿提供学习和娱乐场所。

二、充分利用幼儿玩具、图书及现代化教育手段

一些发达国家在幼儿玩具制作方面力求做到操作化，即能供儿童自己动手操作；科学化，即应具有声、光、电等原理制作的玩具以启迪儿童的好奇心；个性化，即给儿童提供多种多样的边角用料、废品等鼓励儿童根据自己的想象动手制作自己喜欢的玩具。在图书方面，选择内容和形式更符合幼儿的年龄特点和兴趣爱好的图书，例如，提供带香味的书、带音乐的书或能呈现立体画面的书等以刺激儿童的读书兴趣和求知欲。

在电视、电影、录音、录像、广播、报刊等方面，幼儿教育的内容越来越丰富多彩。有的国家还专门编排幼儿专题节目。例如，美国自 1969 年 11 月 10 日开播的电视节目《芝麻街》，每天播出一小时面向学前儿童的教育内容，深受幼儿欢迎。该节目的制片已向世界上 60 多个国家发行。

三、加强师资培训与管理，不断提高幼儿教师质量

一些发达国家对幼儿教育师资的培养与管理十分重视，认为这是确保幼儿教育质量的关键所在。美国要求幼儿教师必须具有大学本科学历，但不少幼儿教师已具有硕士学位，甚至还有的幼儿教师在职获得了博士学位。英国要求幼儿教师具有学士或学士学位以上文凭，要求保育员经过 2 年大学的培训。日本幼儿教师与小学教师一样称为"教谕"，必须通过大学来培养；教谕证书又分一级和二级，前者授予大学毕业生，后者授予专科毕业生。此外，还有临时证书，授予报考幼儿教师合格的高中毕业生，但这部分毕业生只能担任助理教谕。法国对幼儿教师的要求由原来的 2 至 3 年专科程度提高到 4 年本科程度。

四、加强对幼儿教育的综合研究，采用多种研究方法

20 世纪 80 年代以来，国外许多心理学家、教育家和生理学家对幼儿教育方面的重大课题进行了大量的研究工作，取得了丰硕的成果。其特点是，幼儿教育研究朝着综合化方向发展。例如，在研究幼儿的个性发展问题时，从心理学、教育学和生理学等领域进行多学科的研究。又如，在研究幼儿身体发展问题时，儿科专家、心理学家和体育专家共同进行研究。目前，在国际上运用最多的幼儿教育研究方法有：综合研究法、教育实验法、多因素分析法、追踪研究法等，通过运用这些研究方法，进一步提高了幼儿教育研究的水平。

五、积极支持公立幼儿园和鼓励私立幼儿园

一些发达国家既大力发展公立幼儿园，也鼓励私人开办幼儿园，以调动全社会关注幼儿教育的积极性。例如，英国 5 岁以下的幼儿教育机构一般称为保育学校或保育班，有公立和私立之分。公立的保育学校或保育班一般由地方教育当局管辖，并由该地区负责初等教育的官员兼管；私立的保育学校或保育班，除一部分接受地方教育当局补助外，实行经费自理，不受地方教育当局管辖。但是，所有的幼儿教育机构都必须遵守国家规定的有关条例和章程，并接受地方教育当局的监督。20 世纪 80 年代以来，日本入园儿童的四分之三是在私立幼儿园。据 1985 年统计，日本的私立幼儿园有 8903 所，入园儿童数 1556881 人，占入园儿童总数的 75.3%。

第三节　20世纪外国幼儿教育发展的特点

综观20世纪外国幼儿教育的发展，可以发现以下四个特点。

一、进一步重视发展和完善幼儿教育事业

20世纪60年代以来，许多国家已清楚地认识到，国际间政治、经济之竞争最后决定于科学技术之竞争，而科技之争实质上又是人才之争；人才培养靠教育，幼儿教育是基础。因此，人们对加强幼儿教育的必要性和迫切性，对于幼儿教育与智力开发，给予了高度的重视。一些发达国家进一步发展和完善幼儿教育事业，加强对幼儿智能的早期开发。

二、注重幼儿教育机构多样化和幼儿教育普及化

为了创造条件让更多的幼儿接受教育，许多国家在大力发展公共幼儿教育机构的同时，还支持与鼓励社会团体、民间组织开办幼儿教育机构，使幼儿教育事业成为全社会关心的事情。幼儿教育机构多种多样，以满足各阶层儿童的入园要求，提高适龄幼儿的入园率，逐步实现幼儿教育普及化。

三、幼儿教育的年龄日趋提前

传统的幼儿教育一般面向3至6岁儿童。但是，越来越多的教育科学研究表明，只要使用方法适当，儿童能在更小的年龄阶段获取知识技能、接受品格陶冶和进行身体锻炼，而不会疲劳过度。联合国教科文组织国际教育发展委员会发布的题为《学会生存——教育世界的今天和明天》的报告指出，学前教育将提前到更小的年龄。

四、加强对幼儿创造性能力的培养

重视发展幼儿的潜能和幼儿创造性能力的培养，已成为世界各国幼儿教育改革的重要内容之一。科学技术的迅速发展和社会的不断进步越来越需要把培养创造性能力放在首位。幼儿教育科学研究表明，创造性能力是每个人都具有的。在幼儿教育中，培养幼儿的灵活性、差异性、敏感性和独创性无疑是很重要的。

拓展阅读

1. 梅根悟：《世界幼儿教育史》（下册），梁忠义等译，吉林人民出版社 1986 年版。

2. George S. Morrison：《当今美国儿童早期教育》，王金志等译，北京大学出版社 2004 年版。

思考练习

1. 简述 20 世纪外国幼儿教育发展的概况。

2. 简述 20 世纪外国幼儿教育发展的新措施。

3. 试析 20 世纪外国幼儿教育发展的特点。

第十三章　当代外国幼儿教育的几个理论问题

当代许多国家考虑到幼儿教育是整个教育制度的基础，都十分重视幼儿教育，积极促进幼儿教育的改革和发展，使学前儿童受到有助于全面发展的教育。从世界范围来看，现在越来越多的学前儿童进入幼儿园接受教育。幼儿园被当作对教育改革和人才培养具有重要影响的一个领域。正因为如此，幼儿教育应该随着人们对儿童理解的加深，随着现代科学技术和社会文化的发展而不断地进行改革。

第一节　幼儿教育的指导思想与方法

第二次世界大战以后，特别是 20 世纪七八十年代以来，世界各国对儿童的早期教育都十分重视。在儿童的早期教育中，幼儿园又起着极其重要的作用。尽管各国的幼儿教育工作者在幼儿教育上提出了体、智、德、美全面发展的要求，但是其幼儿教育的指导思想并不完全相同，这导致了幼儿园课程模式和方法上的不同。

当代外国幼儿教育的指导思想主要有两种。第一种，"自由教育"理论。它强调，幼儿教育应该以儿童为中心，以儿童的生活经验为基础，根据儿童个人的兴趣和需要，让儿童在一定的活动中发展自己的体力、智力和道德情感，反对偏重书本知识；它主张幼儿教育工作者应该既是研究人员，又是儿童学习活动的指导者，提出过早地对儿童施加压力不利于儿童的发展。这种指导思想在欧美国家的幼儿教育机构中占据主导地位，美国和英国更为典型。第二种，"学习教育"理论。它强调，幼儿教育应该按照统一的教育大纲，有目的、有计划、有组织地进行系统知识的传授和技能的严格训练；它主张幼儿教育工作者发挥主导作用。这种指导思想在苏联和日本的幼儿教育机构中占据主导地位。

幼儿教育指导思想的不同，实际上反映了幼儿教育观的不同。它也必然会反映在幼儿教育的课程模式和方法上。

以"自由教育"理论为指导思想的幼儿教育机构没有统一的教育大纲，在幼儿教育实践中主要采用两种课程模式。第一种是发展成熟论模式。这种模式要求幼儿教育顺应和保护儿童的天性，反对强制儿童接受教育；主张以儿童的兴趣为中心，尊重儿童的自由，让儿童自己选择活动，使其身心得到自由的发展；强调游戏在儿童个性发展中的作用，通过游戏结合儿童个人的生活经验进行学习，注重培养儿童的敏感性、自信心、独立性和创造性等。第二种是认知相互作用论模式。这种模式重视儿童在认知过程中的主体作用，主张由教师提供环境、材料和指导，鼓励儿童自己动手，通过自己参加各种活动去发现问题和探索解决问题的办法，强调儿童的自我指导和自我纪律。

在幼儿教育的方法上，以"自由教育"理论为指导思想的幼儿教育机构强调开放式的教育方法。它主张幼儿园里应该布置图书角、绘画材料角、黏土作业角、木工角、做饭游戏角、玩具角等，让儿童进行游戏和活动；儿童所从事的一切活动不必按照一定的顺序，而要从儿童的兴趣和需要出发，儿童可以自由选择活动，而不受任何约束；对儿童的活动事先不作具体的和统一的安排，80%的在园时间由儿童自由支配；教师的任务就是布置一个适合儿童发展的多样化环境，尽可能让儿童了解、熟悉和利用环境，激励和指导儿童去发挥潜在的才能。

以"学习教育"理论为指导思想的幼儿教育机构有统一的和系统的教育大纲，结合幼儿各个年龄阶段身心发展的特点，提出了他们在各个年龄阶段体、智、德、美应达到的水平和要求，在幼儿教育实践中采用根据大纲进行分科教学的模式。这种模式要求给幼儿的知识内容能反映出事物的本质联系和依存关系，使知识系统化，并要求通过各方面更为系统的教育和教学活动，促使幼儿个性全面协调地发展；强调教师在幼儿教育和教学活动中起主导作用。

在幼儿教育的方法上，以"学习教育"理论为指导思想的幼儿教育机构强调封闭式的教育方法。它主张全班幼儿必须按照教师的指导在同一时间内去做同一件事情，而不考虑他们的兴趣和要求；要求教师根据教育大纲的规定，有计划地向幼儿系统地传授知识和进行技能训练。

尽管在幼儿教育上存在着两种不同的指导思想、课程模式和教育方法，但是当代外国许多幼儿教育工作者越来越认识到，幼儿教育的任务应该是促使幼儿在生理、智力、情感、道德等方面的全面发展，帮助他们获得基本的生活能力，养成良好的生活习惯，为顺利地进入小学打下基础。

儿童生理与心理的实验研究表明，婴幼儿存在着很大的学习潜能，这种潜能是天赋的。每个儿童出生以后，就会主动地感受各种刺激，主动地学习。正是在这种感受和学习中，儿童的心理迅速发展起来，个性也开始形成，各种心理能力和动作能力也迅速形成和发展起来。但是应该看到，幼儿教育与初等教育的性质和任务是不同的，在婴幼儿的教育中，游戏和自由活动无疑占有相当重要的地位。如果在幼儿教育机构中采用小学的做法，必然会剥夺学前儿童的童年时代，损害他们的身心发展。还是美国教育家萨瓦（Samuel G. Sava）说得好："一个好的学前教育计划能提供与儿童年龄和发展阶段相称的刺激。"[1]

第二节　幼儿教育与初等教育的衔接

幼儿教育与初等教育的衔接问题，已成为当代幼儿教育的焦点之一。其正受到世界上许多国家的重视，并成为当代世界幼儿教育科学研究的重要课题之一。针对幼儿教育与初等教育的衔接，许多国家进行了各种改革实验。

早在 17 世纪，捷克教育家夸美纽斯在他的《母育学校》一书中就对幼儿教育与初等教育的衔接问题有所论述。夸美纽斯强调指出，明智的父母应该把满 6 岁的儿童送入初等学校接受高一级的教育；当儿童接近入学的时候，父母应当以快乐的心情尽力鼓舞儿童，好像节日和收获葡萄季节快到那样；父母应该使儿童知道入学获得学问是何等美好的事情，应该采取各种不同的做法努力激发儿童对于未来教师的信心和爱戴。[2]尽管夸美纽斯的论述缺乏儿童心理学研究的依据，但他毕竟在世界教育史上第一次论及了幼儿教育与初等教育衔接的问题。到 19 世纪末 20 世纪初，美国心理学家、教育家霍尔倡导的儿童研究运动在欧美国家兴起。研究人员通过对刚入小学的儿童进行问卷调查和统计分析，提出了改进幼儿园教育和初等学校教育的建议与方法，实际上也涉及了幼儿教育与初等教育衔接的问题。美国教育家杜威更是强调把幼儿园工作和初等学校工作紧密地衔接起来。他在《学校与社会》中曾这样指出，"只要初等学校在精神上还是与儿童生活的天然兴趣无关的，它就与幼儿园隔离了，以致现在的问题是要把幼儿

1　"外国教育丛书"编辑组.学前教育[M].北京：人民教育出版社，1980：9.

2　夸美纽斯.母育学校[M]//夸美纽斯教育论著选.任钟印，选编.北京：人民教育出版社，2004：70—71.

园的教学法引进到初等学校中去，即所谓衔接班的问题。困难在于两者的起点不同"[1]。

儿童的身心发展是一个分成不同阶段的连续过程。每一个阶段都有它的基础和特点以及各自的教育任务。幼儿教育与初等教育是两个教育任务不同的阶段。既有其区别性，例如，作息时间、学习要求以及学习方式的不同，但也有其连续性，例如，前一个阶段为后一个阶段做好了准备，并为后一个阶段创造了条件；后一个阶段是前一个阶段的继续，其本身又衔接地包括着前一个阶段所准备的东西。因此，根据儿童的年龄特点，依据循序渐进的规律，处理好幼儿教育与初等教育的衔接，就能更有利于儿童的身心发展。反之，如果幼儿教育与初等教育前后脱节或重复停滞，就会使儿童在其过渡中产生困难和障碍，不利于他们的身心发展。

上小学对于儿童来说是一件大事，也是儿童生活的一个大转变。为了帮助幼儿更好地面对这个转变，顺利地实现从幼儿教育阶段到初等教育阶段的过渡，幼儿教育工作者和父母应该使幼儿做好入小学的准备工作。首先，要使幼儿有强健的身体。小学阶段是以学习为主的，要求儿童进行较长时间的较紧张的智力活动，只有发育正常、身体健壮和精力充沛的儿童才能愉快地胜任小学的学习任务。其次，要发展幼儿各种心理活动的有意性，使他们形成刚开始学习的小学生必须具有的品质。例如，坚强的意志和毅力、听讲能力、注意力集中的能力、自制力、克服困难的勇气等；同时，还应该激发他们对学习的向往和正确态度，不断培养他们正确的学习动机。还有，要重视幼儿智力的培养。通过各种方法，培养幼儿学会观察、分析、思考和解决问题，发展他们的认知能力。最后，要重视幼儿语言的发展。由于在小学阶段，语言是小学生的一种学习形式，因此，要注意幼儿发音是否正确和清晰，同时要利用各种机会丰富他们的词汇。

1　杜威.学校与社会 [M]// 学校与社会·明日之学校.赵祥麟，等，译.北京：人民教育出版社，1994：58.

为了使幼儿更顺利地适应从幼儿园到小学的过渡，当幼儿五六岁的时候，幼儿教育工作者特别应该做好幼儿入学的准备工作。这种准备工作并不是把幼儿园和小学等同起来，而是应该保持幼儿教育机构本身的特点，根据幼儿的年龄特点和已有的水平，利用各种机会，选择适当的内容，采取多种多样的方法来进行。应该看到，解决幼儿教育与初等教育衔接的问题，最根本的是减少从幼儿教育到初等教育阶段的"坡度"，使幼儿顺利地从幼儿教育阶段过渡到初等教育阶段。

幼儿教育与初等教育的衔接问题，不仅涉及幼儿园教师，也涉及小学教师。幼儿园教师应该了解小学低年级的教育和教学工作的内容及特点，以便使幼儿更好地为入小学做准备；小学教师也应该了解幼儿园的教育和教学工作的内容及特点，以便根据入小学儿童已有的知识和经验施教。要解决幼儿教育与初等教育的衔接问题，重要的是使幼儿园教师和小学教师在相互了解彼此工作的基础上建立起衔接关系，熟悉和了解对方的教学环境、要求和方法，以便更好地调整各自的教育活动。

世界上一些发达国家在幼儿教育与初等教育衔接方面进行了大量的实验研究和理论探讨工作。他们普遍认为，幼儿教育除了使所有幼儿的身体、智力和道德得到发展外，还要为他们创造接受初等教育的最好条件。从一些实验研究来看，在小学里附设学前班是解决幼儿教育与初等教育衔接问题的一个较好的方法。学前班既保留幼儿园的特点，又有小学的某些特点。在学习安排上，与幼儿园相比，学前班的学习内容增加了，学习要求提高了，但又不使幼儿感到疲劳；与小学相比，学前班中，游戏和户外活动仍占有重要的地位。在生活管理和安排上，学前班保持了幼儿园的特点，但又注意向小学的过渡。总之，幼儿教育与初等教育衔接的实验研究，旨在减少幼儿教育和初等教育两个阶段之间的"坡度"，减轻幼儿入小学后的负担，使他们更好地适应小学的学习生活。

第三节　幼儿教育机构与家庭的合作

幼儿教育机构的工作离不开与家庭的合作，因为幼儿的发展和教育不能与家庭环境割裂开来。儿童诞生以后，就开始在家庭环境中生活和成长。

对于幼儿来说，家庭是他们最重要的生活基地，父母是他们的第一任老师。家庭教育也是幼儿教育的一个重要方面。家庭教育具有权威性、连续性、随机性和普遍性。在幼儿心目中，家长具有权威的力量。在共同的生活中，幼儿与家长形成了亲密的依附关系，家长通过日常生活和言传身教潜移默化地对幼儿产生了长期的和持久的影响。从某种意义上说，家庭教育是任何教育所不能替代的，幼儿脱离父母的教育是不可想象的。

家庭教育的作用与家庭结构环境密切相关，例如，家庭的自然结构有无缺损，家庭关系是否正常，家庭的意识形态、习惯传统和生活作风等如何；又涉及家长的态度、能力和水平，教育的方式和方法等。不可否认，家庭教育存在着一定的局限性，它表现在家长本身知识和经验的局限，加上各个家庭环境不同，许多家长难以胜任全面教育子女的职责。

相对家庭和家庭教育来讲，幼儿教育机构是它们的扩展。为了使工作更有成效，幼儿教育机构必须注意与家庭的合作。因为有目的、有组织建立起来的幼儿教育机构的教育，肯定会远远超出家长本身的知识和经验，克服家庭教育的局限性。美国心理学家佩克（R. F. Peck）和哈维格斯特（R. J. Havighurst）在20世纪60年代的调查研究表明，儿童的品德发展与家长的教养态度关系甚为密切。这也从一个方面说明了幼儿教育机构与家庭密切配合的重要性和必要性。美国教育家赫德里克（Joanne Hedrick）也指出，家长参与幼儿教育机构的教育过程能使儿童获得长期延续的教育效果。

在幼儿教育机构与家庭的合作中，幼儿教育工作者应该重视和加强与家长的联系，使家长了解幼儿教育的意义、任务、内容和要求并积极参加幼儿教育工作。幼儿教育工作者可以采用家庭访问、家长联系本、接待家长咨询、设立家长委员会、举办科学育儿讲座、注意家庭教育经验交流等方式，加强与家长的联系和合作，让家长参与幼儿教育机构的工作和管理，帮助改善幼儿教育机构的设施和环境。在幼儿教育中，幼儿教育机构和家庭共同担负了促使学前儿童全面发展的责任，因此，需要采取协调一致的行动，对学前儿童提出共同的要求。幼儿教育机构应该把与家庭的密切配合和指导家长作为自己的本职工作。幼儿教育工作者应该帮助家长正确组织儿童在家庭中的生活，鼓励家长及时反映儿童在家庭中的行为表现以及在家庭教育上所遇到的困难和问题。

当代外国幼儿教育专家和学者普遍认为，在幼儿教育机构与家庭的合作过程中，幼儿教育工作者首先应该尊重家长，维护家长的威信，相互信任，诚挚合作；其次应该帮助家长与幼儿教育工作者保持协调一致的目的和要求，有效地运用家长的聪明才智，使家长更好地履行其职责，促使学前儿童身心的全面发展。例如，日本文部省领导的"关于幼儿园和家庭合作的研究"，其目的就在于加深幼儿园和家庭对各自的教育功能的相互了解，进一步明确幼儿园教育和家庭教育的责任，探索幼儿园和家庭更有效地相互配合的途径和方式。

第四节　幼儿教育的师资培养与科学研究

与其他形式的教育一样，幼儿教育的改革和发展的关键之一是幼儿教育师资的数量和质量。

在当代世界各国日益重视幼儿教育改革和发展的情况下，幼儿教育事业发展到了一个新的阶段，因此，对幼儿教育师资的培养也提出了更高的要求。其目标主要是提高幼儿教育师资的专业水平，更新知识，提高各种能力。从一些发达国家培养幼儿教育师资的情况来看，基本上形成了多层次、多学制、多规格的培养体制，培养学历层次不同、适应不同年龄幼儿要求、保教结合并有所侧重、专业知识结构合理、教育理论素养高的幼儿教育师资队伍。

幼儿教育工作者应该热爱儿童和了解儿童，掌握儿童的年龄特点和发展水平，激发儿童主动活动的兴趣和动机，尊重儿童的意愿和兴趣，并不断调整教育的内容和方法，向儿童施加适当的教育影响。由于儿童的幼稚性和可塑性，他们第一次获得的印象是比较深的，而且对教师的依赖程度很大，因此，幼儿教育工作者的一言一行会对他们产生很大的影响。美国教育家萨瓦曾说过："从最深远的专业意义上来说，教学前儿童的教师可能做的工作，比教研究生的大学教师可能做的工作，更令人兴奋，并且更为重要。"[1]

为了做好幼儿教育工作，幼儿教育工作者必须具有良好的职业道德和较高的职业智能。在职业道德上，幼儿教育工作者应该热爱幼儿教育事业，愿意为幼儿教育事业献身；应该爱护儿童和尊重儿童，为儿童主动地、创造性地活动提供前提；应该注意与家长的交往和合作，尊重每个儿童的家长，吸引家长参与幼儿教育工作；应该不断地更新知识，提高教育理论修养和个人修养。在职业智能上，幼儿教育工作者应该具有广博的文化科学知识和艺术知识，掌握关于幼儿生理和心理的科学知识；应该具备观察和了解幼儿的能力，较强的组织能力和教育能力，良好的语言表达能力和艺术表达能力，以及良好的思维力、想象力和创造力等。随着幼儿教育改革和发展的深入，幼儿教育师资问题将越来越表现出其重要性和迫切性。

幼儿教育改革和发展的另一个关键是加强幼儿教育科学研究，进一步推动幼儿教育理论的发展。因此，当代世界许多国家都十分重视幼儿教育的科研工作，尤其是一些发达国家。20 世纪 80 年代以后，美国建立了全国

---

1 "外国教育丛书"编辑组 . 学前教育 [M]. 北京：人民教育出版社，1980：13.

幼儿教育实验室，又在哈佛大学、芝加哥大学等高校设立了幼儿教育科学研究中心，研究与幼儿教育有关的课题，特别侧重于智力开发方面的研究。日本在 20 世纪 80 年代中期的教育改革中也把幼儿教育列为改革重点之一，注意研究幼儿园工作中所面临的新课题。苏联早在 1960 年就成立了学前教育研究所，把有关学前儿童教育的一切科学研究工作统一起来，侧重于体、智、德、美全面协调发展的研究。

在当代外国幼儿教育科学研究中，普遍的趋势是不断改进科学研究方法，以提高科学研究的水平。幼儿教育的专家和学者都认为，幼儿教育科学研究的新成果的取得，无一不与研究方法的改进和创新有关。在幼儿教育科学研究中，他们综合运用了观察、问卷、个案分析、实验研究等多种方法，体现出研究方法的灵活性和多样性。同时，幼儿教育研究手段丰富，他们采用了录像、照相、录音、观察室观察等方法。多样化的教具和玩具为幼儿教育科学研究提供了充分的物质条件。这些，使研究的结果具有较高的客观性和应用价值。

为了更好地进行幼儿教育科学研究，世界上一些发达国家的幼儿教育专家和学者十分强调实践性，即在教育实践过程中遇到什么问题就研究什么问题，使幼儿教育能更好地从幼儿的实际出发，取得最佳的教育效果。尤其值得注意的是，一些幼儿教育专家和学者提出，幼儿教育科学研究应该朝着综合研究的方向发展。

随着幼儿教育科学研究的深入，早期教育对人的一生发展的巨大影响已被人们所认识。20 世纪 80 年代以后，世界上一些发达国家开始进行"零岁实验"，提出了从零岁开始教育。应该说，早期教育理论的研究在一定程度上促进了幼儿教育的改革和发展。但是，认为早期教育只是进行早期智力的开发，这显然是一种片面的理解。它也使得在幼儿教育上不免存在一些偏向。例如，忽视了幼儿教育应该以游戏活动为主；幼儿教育工作中出现小学化的倾向，不注意幼儿园教育工作的特点和规律，出现揠苗助长的做法等。对早期教育理论的不同理解，往往又会影响幼儿教育的指导思想、课程模式和方法。针对这种偏向，不少外国幼儿教育专家和学者强调指出，早期教育实际上包括了幼儿的体力、智力、道德等方面，因此，要考虑从心理因素的整体性和个体发育的系统性来组织儿童的早期教育。

第五节　幼儿教育的国际交流和合作

对于当代世界幼儿教育的改革和发展来说，国际交流和合作是极为重要的。在人类社会迈进 20 世纪之际，瑞典教育家爱伦·凯曾提出了世纪性的口号："20 世纪将是儿童的世纪。"然而，世界幼儿教育的迅猛发展发生在第二次世界大战之后，加强幼儿教育的国际交流和合作是重要原因之一。联合国教科文组织已经提出，要把发展幼儿教育作为未来教育发展的主要目标之一，把幼儿教育作为终身教育制度的一个重要组成部分。

1959 年 11 月 20 日，联合国大会通过了《儿童权利宣言》。这份宣言指出，为了全面和谐地发展儿童的性格，我们必须热爱儿童并了解儿童；只要有可能，儿童应在他们父母的负责和关心下成长；在任何情况下，他们应在慈爱的气氛中，在道义上与物质上有保障的情况下成长；除特殊情况外，不使一个幼弱未成熟的儿童离开母亲；社会和政府当局有责任对没有家庭的儿童和没有充足生活资料的儿童给予特别照顾；希望政府资助和在其他方面援助多子女家庭养育儿童。《儿童权利宣言》还指出，儿童有受教育的权利，对儿童应给予这样的教育，这种教育能增进他们的一般文化知识，并在机会均等的基础上，使他们能够发展各种能力、个人判断力和道德以及社会责任感，成为对社会有益的人；儿童的最高权利应成为负责教导儿童的人们的最高原则；这种责任首先在于他们的父母；儿童应享有充分的权利玩耍和娱乐，应该把这种活动的目的与教育的目的同样看待；社会和公共当局应该努力促进儿童享有这种权利。毫无疑问,《儿童权利宣言》的通过推动了第二次世界大战后世界各国幼儿教育的改革和发展,也促进了幼儿教育的国际交流和合作。

在幼儿教育方面,20 世纪 60 年代以来曾召开了许多次国际会议。1961年,国际教育局与联合国教科文组织一起在瑞士日内瓦召开了国际公共教育大会,集中讨论了幼儿教育问题,并提出了有关幼儿教育改革和发展的建议。1971 年 10 月,欧洲委员会在意大利威尼斯举行了国际幼儿教育讨论会,讨论了幼儿教育的宗旨和作用。1974 年,在委内瑞拉的加拉加斯举行了世界幼儿教育机构大会。大会强调指出,应该把幼儿教育机构理解为由幼儿、教师、父母及其他社会人士组成的幼儿教育中心,而且这个中心与社会的联系应该不断地加强。1981 年,联合国教科文组织在法国巴黎召开幼儿教育讨论会,指出 20 世纪 80 年代的趋势是早期认知或智力发展的优势让位于体力、智力、情绪和精神的协调发展;在幼儿教育的机构和实施方面提倡多样性,以保证学前儿童接受合理的保健和教育。1984 年,在第25 届国际教育成就评价会上,美国提出了幼儿教育研究的计划,并成立了幼儿教育研究国际课程委员会。有 21 个国家计划用 9 年时间完成什么是影响幼儿从 4 岁到入小学这一阶段的主要因素的课题研究。1985 年,在日本又举行了日、美、欧幼儿教育和保育会议,与会的各国学者和专家讨论了世界幼儿教育发展的趋势和现存的问题。会议呼吁,在幼儿教育领域应该纠正片面强调智力开发和忽视儿童个性全面发展的偏向,要求幼儿教育从"智育中心"转向幼儿个性的全面发展,特别提出要重视幼儿社会性和情感的发展。1990 年 9 月 30 日,由于巴基斯坦、马里、瑞典、埃及、墨西哥和加拿大六国的倡议,在美国纽约召开了世界儿童问题首脑会议,促使国际社会高度重视儿童,特别是关心发展中国家的儿童,为他们创造良好的生存和发展的条件。会议最后通过了两个世界性文件:《世界儿童生存、保护和发展宣言》和《1990 年代执行〈世界儿童生存、保护和发展宣言〉行动计划》。

幼儿教育受到当代世界各国教育专家和学者乃至政府的重视，显然与幼儿教育的国际交流和合作有着密切的关系。世界学前教育组织前主席米亚拉雷（Gaston Mialaret）曾这样指出："我们可以毫不犹豫地断言，现今在所有国家，学前教育已经成了人们关心的对象，不仅教育工作者和与他们有关的所有人（心理学家、儿科专家、社会学家、社会活动家），而且家长、行政人员和政治家也都关心学前教育。这种关心不仅是新的技术、经济和政治形势引起的问题所影响的结果，也是一些大的国际组织所作的努力的结果，如国际联盟、联合国、联合国教科文组织、欧洲委员会，更确切地说，由于一些非政府性组织努力的结果。"[1] 世界著名早期教育家、美国伊利诺伊大学荣誉教授斯波代克（Bernard Spodek）在他与其他学者合撰的一篇论文《早期儿童教育研究和实践的国际视野》中也指出：很明显，在许多国家，有利于早期儿童教育发展的条件已经有所进步，并且还在不断地改革；为了对儿童进行研究，早期儿童教育的研究学者和教育学家将继续把握时机，去创造新的教育环境；他们的思想和工作能够影响早期儿童教育方案的趋势，这对他们来说是一个挑战，也是一种责任。[2]

应该看到，在第二次世界大战后幼儿教育的国际交流和合作中，联合国儿童基金会无疑起了极其重要的作用。联合国儿童基金会成立于 1946 年，当时的名称是"联合国国际儿童紧急救助基金会"（UNICEF），目的是对遭受第二次世界大战灾害的儿童提供紧急救援，这是世界上第一个为儿童谋福利的国际组织。1950 年，该组织扩展了自己的目标，把其任务改为着重在发展中国家开展为儿童谋求长期福利的活动，并更名为"联合国儿童基金会"，但其原来的英文名称缩写未变而且沿用到现在。它作为联合国下设的一个组织，

---

1 "外国教育丛书"编辑组 . 学前教育 [M]. 北京：人民教育出版社，1980：26.

2 朱家雄 . 国际视野下的学前教育 [M]. 上海：华东师范大学出版社，2007：19—20.

其经费来源于各国政府及民间的自愿捐款。它在世界范围内的工作重点，是为发展中国家儿童的生存和发展提供援助。联合国儿童基金会由于工作卓越，曾于 1965 年获得诺贝尔和平奖。中国作为联合国儿童基金会执行局的一个成员，也积极参与制定其方针政策和各种活动。

拓展阅读

1. 朱家雄主编：《国际视野下的学前教育》，华东师范大学出版社 2007 年版。

2. 乔治·S.莫里森：《学前教育——从蒙台梭利到瑞吉欧》，祝莉丽等译，中国人民大学出版社 2014 年版。

思考练习

1. 试对外国幼儿教育的"自由教育"和"学习教育"思想作一比较。

2. 试析幼儿教育与初等教育衔接的重要意义。

3. 试析幼儿教育机构与家庭合作的现实作用。

4. 简述幼儿教育的师资培养与科学研究。

5. 简述幼儿教育的国际交流和合作。

后 记

《外国幼儿教育史》一书由华东师范大学单中惠教授和北京师范大学刘传德教授合著。在撰著本书时，我们遵循"教育要面向现代化，面向世界，面向未来"的原则，坚持以辩证唯物主义和历史唯物主义为指导，力图全面梳理和阐述外国幼儿教育实践与理论的历史，探讨和分析外国幼儿教育发展的一般规律，既为我国幼儿教育的改革和发展提供有益的借鉴，也有助于形成具有中国特色的社会主义幼儿教育理论体系。

在上海市教育委员会师资处的组织下，本书于1997年7月由上海教育出版社出版。我国著名教育学家、北京师范大学资深教授顾明远先生特地为本书赐序。本书出版后，作为在职幼儿园教师培训的外国幼儿教育史课程教材，曾被众多在职进修成人高等师范专科的幼儿园教师以及华东师范大学等高等师范院校幼儿教育专业学生使用。此外，本书还被21世纪以来出版的《学前教育》《学前比较教育学》《学前比较教育》等列为参考文献。

为了给高等师范院校学前教育专业提供更好的外国教育史课程简明教材，同时也为幼儿教育学者、幼儿园教师以及对幼儿教育感兴趣的家长提供更好的外国教育史领域的基础读物，现对《外国幼儿教育史》一书作了认真的修订，对框架进行了调整，在内容上也进行了扩展。全书分为古代幼儿教育、近代幼儿教育、现代幼儿教育三编，共十三章。为了有助于读者的阅读和思考，每一章最后的"拓展阅读"中列出了相关的阅读书目，"思考练习"中设置了相关的思考题。

本书中，单中惠具体撰写前言、第三章第四节、第四章第四节、第五章

第二节至第五节、第七章、第八章、第九章、第十一章、第十三章以及后记；刘传德具体撰写第一章、第二章、第三章第一节至第三节、第四章第一节至第三节、第五章第一节、第六章、第十章、第十二章。单中惠负责全书统稿。

最后，我们两位著者要向顾明远先生致以最诚挚的感谢，承蒙他为《外国幼儿教育史》一书赐序。

因著者学识水平有限，书中如有不妥和不周之处，恳请批评指正。

2023 年 3 月

图书在版编目（CIP）数据

外国幼儿教育史 / 单中惠，刘传德著. — 上海：上海教育出版社，2023.10
ISBN 978-7-5720-2162-6

Ⅰ.①外… Ⅱ.①单… ②刘… Ⅲ.①幼儿教育 – 教育史 – 国外 Ⅳ.①G619.29

中国国家版本馆CIP数据核字(2023)第161221号

策划编辑　董　洪
责任编辑　钦一敏

外国幼儿教育史
单中惠　刘传德　著

出版发行　上海教育出版社有限公司
官　　网　www.seph.com.cn
地　　址　上海市闵行区号景路159弄C座
邮　　编　201101
印　　刷　上海龙腾印务有限公司
开　　本　700×1000　1/16　印张 25.25　插页 2
字　　数　340 千字
版　　次　2023年10月第1版
印　　次　2023年10月第1次印刷
书　　号　ISBN 978-7-5720-2162-6/G·1930
定　　价　78.00 元

如发现质量问题，读者可向本社调换　电话：021-64373213